北京市教育科学"十二五"规划重点课题（ACA11068）
"提高职初期幼儿教师班级管理能力的实践研究"课题成果

幼儿教师必备基本功丛书

主　编　何桂香
副主编　苏　晖　陈培燕

YOU'ERYUAN
JIAZHANG GONGZUO ZHIDAO

# 幼儿园
## 家长工作指导

北京师范大学出版集团
BEIJING NORMAL UNIVERSITY PUBLISHING GROUP
北京师范大学出版社

**图书在版编目（CIP）数据**

幼儿园家长工作指导/何桂香主编. —北京：北京师范大学出版社，2012.4（2025.11重印）

（幼儿教师必备基本功丛书）

ISBN 978-7-303-14137-1

Ⅰ.①幼…　Ⅱ.①何…　Ⅲ.①幼儿园－家长工作（教育）

Ⅳ.①G616

中国版本图书馆 CIP 数据核字（2012）第 019014 号

出版发行：北京师范大学出版社 https://www.bnupg.com
　　　　　北京市西城区新街口外大街 12-3 号
　　　　　邮政编码：100088
印　　刷：北京溢漾印刷有限公司
经　　销：全国新华书店
开　　本：710 mm×1000 mm　1/16
印　　张：19.5
字　　数：345 千字
版　　次：2012 年 4 月第 1 版
印　　次：2025 年 11 月第 15 次印刷
定　　价：36.00 元

策划编辑：罗佩珍　　　　　责任编辑：黄柳慧
美术编辑：袁　麟　　　　　装帧设计：李尘工作室
责任校对：李　菡　　　　　责任印制：赵　龙

# 编委会

# 序

　　走向新工作岗位的教师，会面临许多新的挑战。怎样带好班、怎样面对每个孩子、怎样上好每一节课、怎样面对挑剔的家长……在众多的问题与困难面前，家长工作又是新教师工作中的一个难点问题。因为年轻，家长会不信任新教师；因为没有经验，即使家长有事情也会不屑于与新教师交流；因为方法的不适宜，家长还会不理解新教师的意图。家园沟通是否顺畅、家园教育是否一致，都会影响幼儿园保教工作的质量，因为"孩子的教育并不是家庭抑或是幼儿园单方面进行的教育。"

　　随着社会的不断发展与进步，当过教师的人都会有共同的感受：孩子越来越不好带，家长工作也越来越难做。因为都是独生子女，家长对子女的期望值高，孩子集百般宠爱于一身，说不得、碰不得……随着家长学历的提高，对教师的要求也在不断提高，因为教师是教育孩子的专业人士，做得好理所应当，做不好则不依不饶……

　　那么，幼儿园教师应该用什么样的方式开展家园共育工作？怎样与家长进行有效的互动与沟通？怎样取得家长的信任和支持呢？由何桂香老师主持编写的《幼儿园家长工作指导》会帮你找到答案。书中既有理论的认识，又有实践的做法。告诉年轻的幼儿教师怎样用不同的方式做好家长工作、如何应对家长提出的问题、怎样与不同类型的家长互动，书中用大量生动、详实的案例帮助年轻的教师解答家园共育的问题，提供了可供支持的策略和方法。

　　何桂香老师多年从事教育科研工作，有敏锐发现教师工作中的问题和帮助教师解决问题的能力，《幼儿园家长工作指导》是她多年深刻思考、潜心研究、积极探索、大胆创新的成果汇集，这些优秀的成果，充满了教育的智慧，体现了新理念的光辉，是经过实践的检验、行之有效的"锦囊妙计"，相信这些有价值的"良方"能够让更多的教师受益，激励他们快速成长。

　　教育是需要用心去做的事情，年轻的教师要用细心观察孩子的特点，用真心换取家长的支持、用爱心诠释教育的真谛、用恒心提升自己的专业能力，在学习和感悟的过程中寻求适宜的方法，解决家园共育中的种种问题。也希望年轻的教师能够在不断学习和积累的过程中不断成长。今天的积蕴是为了明天的放飞，希望你们能用自己的耕耘换来桃李满园香。祝愿你们的工作一路顺畅！

北京教育科学研究院早期教育研究所　梁雅珠

2012 年 3 月

# 前　言

两年前，我们出版了第一本写给青年幼儿教师的书《成长在路上》，两年后，寄托着对新教师的期望与关爱，我们将目光锁定在了"家园共育"这个视角，更加深刻和具体地解读新教师工作上到底有什么需要，尽我们的所能帮助新教师顺利度过一个又一个难以逾越的沟壑。

提起家园共育，每一名幼儿教师心中恐怕都有一本自己的故事书，记载着不被理解的辛酸，记载着浸润双眼的感动，记载着被理解后的豁然开朗，也记载着工作初期与家长沟通时的那份青涩……当您手捧这本书的时候，希望您能在阅读中重新审视曾经的家园共育片段，从中获得愈发成熟的感悟和反思，也能满心承载着快乐与信心去面对今后的家园共育工作。

幼儿教师每天的工作是琐碎而又绝不重复的，和孩子家长的交流每天都有许许多多新的话题，出现的问题与解决的良方也不是一成不变的。这本书无疑会教给您很多面对各种家园共育问题的好办法，但是使用这些方法的前提是您能站在家长的角度来思考问题，真正用一颗诚挚的爱心与家长沟通——这也正是本书的精髓之处，需要每一个幼儿教师去用心感悟和体会。

如果您愿意体会这份爱与真诚，就请您走进我们的家园共育的天地吧！

本书内容简介：

第一章"彩虹桥——理性思考"，从看似宏观却又十分崭新的视角来解读什么是家园共育、为什么要进行家园共育以及如何进行家园共育等问题。用幼儿教师熟悉的事例说明晦涩难懂的概念，用幼儿教师喜欢看并且能看懂的语言剖析家园共育的深刻内涵。

第二章"信息站——不同的家长工作方式"，这个部分对家园共育的方式进行了详细的分类，即早晚沟通、家访、半日开放活动、家园联系册与家长会等。每种方式笔者不仅分析了它的优点，还给出了很多实用的实施策略，以便于教师在与家长进行沟通的时候最大程度上达到最好的效果。

第三章"能量源——不同年龄班的家长工作"，这个部分针对不同年龄班家长经常提出的典型问题，从"在线咨询""行为解读""出谋划策"三个方面进行诠释。每一个问题都可能是教师与家长交流时遇到过的，编者不仅帮助新教师分析问题出现的原因，还会为您支上几招，力图帮助新教师从容应对家长提出的问题。

第四章"智慧树——给你支招",这个部分对我们遇到的形形色色的家长进行了分类,了解各类家长可能会出现的不同问题,然后站在家长的角度去思考,找出问题的根源,最后再给予新教师们一些处理的方法,真正做到具体问题具体分析。

第五章"家园互动经典案例",这个部分我们选择了幼儿园常见的、比较典型的家园互动的活动,通过一个个实践案例的介绍,给新教师提供了家园互动活动具体、可参照的操作范本。新教师可以从案例中借鉴具体的方法,并能尝试在自己组织的家园共育活动中灵活有效地运用。

本书特点与创新:

首先,选取新教师关注和面临的重要问题入手。新教师在工作之初遇到的一个棘手问题就是如何独立开展家长工作。新教师因为年纪轻,不容易被家长信任;因为经验少,不容易被家长重视;因为没有掌握沟通的技巧,处理不好突发的问题。基于以上的种种可能性,我们设想了许多真实的情境,并且告诉新教师出现这些情况的原因,帮助他们尽快成为一名全面的幼儿教师,承担起家长工作的重任。

其次,本书的写作特点是文风轻松自然,化大道于无形之中。由于这本书是写给幼儿教师的,所以编者摒弃了教条式的方式,换了一种新的角度,把难懂深奥的理论通过新教师身边每天都会发生的家园共育事件进行解读,站在家长和教师各自不同的立场分析事件,把实践性的经验总结成巧妙的应对方法,希望给予新教师一些有效的帮助。

第三,本书的结构特色鲜明。本书从理论到实际阐述了家园共育的一系列问题,在充分认识幼儿园教育与家庭教育同等重要的基础上,笔者将重心集中到如何将两者结合的方式方法上进行探讨,从各种家园共育的方式、各年龄班的家园共育、不同类型家长的沟通方式,把一个整体的问题剖析为逐个具体细致的问题,并且每个问题都采用平铺展开、继而螺旋式提升的形式,层层论证,环环相扣,力求做到让新教师理解每个内容的根源。只有理解了根源,才能举一反三,真正悟出家园共育的本质核心内容。

了解了本书的基本内容与特点之后,请您深吸一口气,开始享受本书带给您如山河般的辽阔与清风拂面的温柔吧。一次次的豁然开朗源于退一步后的海阔天空,希望您能在本书中找到属于自己的无垠美景,重新站在爱与理解的高度,面对今后的教育问题。

编者
2012 年 3 月

# 目 录

第一章　彩虹桥——理性思考 ………………………………………… 1

什么是家园共育 ……………………………………………………… 1

为什么要进行家园共育 ……………………………………………… 4

怎样进行家园共育 …………………………………………………… 17

第二章　信息站——不同的家长工作方式 ………………………… 41

家园直通车之一——早晚沟通 ……………………………………… 41

家园直通车之二——家访 …………………………………………… 45

家园直通车之三——半日开放活动 ………………………………… 51

家园直通车之四——家园联系手册 ………………………………… 56

家园直通车之五——家长助教 ……………………………………… 64

家园直通车之六——专题家长会 …………………………………… 68

家园直通车之七——约谈 …………………………………………… 76

家园直通车之八——家长接待日 …………………………………… 81

家园直通车之九——班级家长会 …………………………………… 85

家园直通车之十——亲子共游 ……………………………………… 101

家园直通车之十一——家长园地 …………………………………… 105

家园直通车之十二——亲子活动 …………………………………… 111

家园直通车之十三——家长委员会 ………………………………… 117

家园直通车之十四——家长沙龙 …………………………………… 122

家园直通车之十五——网络沟通 …………………………………… 127

第三章　能量源——不同年龄班的家长工作 ……………………… 132

不同阶段家长工作重点 ……………………………………………… 132

不同年龄班家长提出的典型问题及应对策略 ……………………… 165

**第四章　智慧树——给你支招** ·················································· 202

面对不配合的家长 ·················································· 202

面对护短的家长 ·················································· 209

面对家长的不适当要求 ·················································· 212

面对隔代家长 ·················································· 216

面对总是生病的孩子的家长 ·················································· 224

面对在幼儿园受伤了的孩子的家长 ·················································· 229

面对高学历的家长 ·················································· 234

面对总是要求教师多照顾自己孩子的家长 ·················································· 238

面对出现问题的孩子的家长 ·················································· 242

面对家长间的矛盾 ·················································· 248

**第五章　家园互动经典案例** ·················································· 253

快来参加我们的运动会 ·················································· 253

幼小衔接，您准备好了吗 ·················································· 257

我们一起去郊游 ·················································· 261

六一游艺会 ·················································· 265

自助餐——面点品尝会 ·················································· 270

发生地震后 ·················································· 275

家园互动主题活动——我爱我家 ·················································· 278

家园互动主题活动——我爱北京 ·················································· 284

家园互动主题活动——我爱运动 ·················································· 290

# 第一章　彩虹桥——理性思考

**导读**

　　"即使是普通的孩子，只要教育得法，也会成为不平凡的人。"没有什么比培养一个好孩子更令家庭快乐和幸福，没有什么比培养对社会有用的人才更体现教师的价值与职业的幸福感。当家庭教育与幼儿园教育携手并进时，见证奇迹的时刻到了……我们会惊喜地发现：孩子会朝着我们期待的方向发展，那是令家长和教师都期待的事情。

　　本章从三个方面来解读家园共育。即家园共育是什么、为什么要进行家园共育和怎样进行家园共育。通过对这三方面的解读，使新教师在观念上更加明确家园共育的意义和价值，学会如何看待家长、如何有效利用家长资源、如何认识教师角色、如何开展家园共育。

　　孩子是家庭的核心，孩子的发展和教育牵动着每个家长的心；孩子是幼儿园的核心，幼儿园提出"一切为了孩子，为了孩子一切，为了一切孩子"的教育宗旨。是孩子把家庭和幼儿园联系在一起，孩子是连接家庭和幼儿园的纽带，也因此有了"家园共育"的概念。

## 什么是家园共育

　　家园共育是指家长和幼儿园共同完成对孩子的教育。它包含了两个因素：一个是家庭教育，一个是幼儿园教育。

　　幼儿在成长的过程中，会受到各个方面的影响。有来自家庭的影响，有来自幼儿园的影响，还有来自社会的影响，多方面的因素影响着幼儿未来的发展。

　　幼儿最终能发展成为一个什么样的人，取决于遗传和教育环境的影响。幼儿园与家庭是幼儿生活中两个最重要的环境。两者对于幼儿学习和发展的影响各不相同。"家庭和幼儿园犹如一辆车的两个轮子，只有朝着一个方向行驶，才能够达到预定的目标。"

　　家庭教育是教育的起点，是一个人最早接受教育的场所。家庭教育对幼儿的品格、情感、思想等影响非常大，对生活、学习、劳动等各项习惯的养成至关重要。因此，人们常说，家庭是孩子的第一所学校，父母是孩子的第一任教师。家长是孩子的第一任教师，并不仅仅指家长是孩子成长和学习的教师，更是孩子全面发展的教师。

幼儿园的教育环境是以育人为宗旨，是由经过专业训练的教育者以及明确的教育目标、教育内容和教育方法所构成的一种可控的教育环境。幼儿园在对孩子的教育过程中起到了主导和导向的作用。"懂教育的人就像一根'指挥棒'，给孩子营造一个自然成长的环境需要它指引好方向。"正因如此，家长都愿意自己的孩子能上好幼儿园，享受优质的教育。

由于家庭教育是一切教育的起点和基础，幼儿园教育起主导作用，社会教育影响最广泛。所以我们只有把学校教育、家庭教育和社会教育有机结合，形成合力，才能够真正促进幼儿的全面发展、终身发展。

**（一）家庭教育与幼儿园教育的区别**

了解家庭教育与幼儿园教育的不同，是家园共育形成教育合力的基础。家庭教育与幼儿园教育尽管有着同样的教育目标和理想，都希望把孩子培养成全面发展的人。但是施教者与幼儿的关系、教育环境、教育途径与方法等又都不尽相同。

1. 界定不同。

家庭教育是在家庭生活中，由家长（主要是父母或其他长辈）对其子女进行的教育和施加的影响。

幼儿园教育指儿童在幼儿园所接受的教育。幼儿园是对三周岁以上学龄前幼儿实施保育和教育的机构，是基础教育的有机组成部分，是学校教育的起始阶段。

2. 施教者与教育对象的关系不同。

家庭教育的施教者是家长（多为父母），幼儿园的施教者为教师。

孩子和父母的关系是有血缘的，父母生下孩子，教育孩子，对孩子的爱更加具有本能的特性，不带任何附加的条件，爱得更加浓烈，亲情关系更为突出，但对于孩子的教育往往不够理性，不容易客观。

孩子和教师之间更多的是宜师宜友的关系，突出责任、尊重，教师对孩子的爱一般比较理性、客观，但对孩子的了解不如家长全面、深刻。

3. 教育环境和设施不同。

家庭教育与幼儿园教育的环境也存在着很大差别。在家庭中往往是两个或者多个家长教育一个孩子，孩子在每日的家庭生活中接受生活和学习上的教育。这种教育让孩子感受到更多的亲情、更多的包容，以及家长的意愿和对孩子的期待……家庭中的教育环境更加符合家长的审美眼光，设施材料不一定具备儿童化的特点。

幼儿园的教育环境是两个或者三个教师和很多的幼儿一起生活学习，从施教者和受教育者的数量上就有很大的差别。孩子在幼儿园中受到单独宠爱的概率没有在家庭中那样高。但幼儿园有专门的教育活动和设施材料，教育环境能够做到教育化、艺术化和儿童化。

4. 教育途径和方法不同。

家庭教育中以个别教育为主，幼儿园教育则以集体教育为主，辅以小组教育、个别教育。学习的方式也大不相同，孩子在家中是单纯的向家长学习，在幼儿园中不仅向教师学习，而且在和其他幼儿的游戏中也能获取一定的技能和信息。

5. 教育的侧重点不同。

家庭教育更加关注幼儿智力的开发，相对来说对于幼儿非智力因素的培养不够重视。表现为家庭教育有明显的小学化倾向，家长认为孩子越早学习越好，认字、算数、拼音、古诗、才艺都是孩子应该学习的内容，更为关注近期幼儿智力上的培养。

幼儿园教育不仅能依据幼儿当前发展的需要设计活动内容，更关注幼儿长远发展需具备的能力和品质（如能自理、会合作、勤于思考、乐于助人等内容），更加关注幼儿情商的培养。

6. 教养方式的不同。

家庭教育贯穿于家庭日常生活之中，只要是与孩子有关的家庭长者，都客观上承担着教育的责任。家庭教育具有随意性大、不系统、不连贯的特点。孩子经常处于被动受教育状态。

幼儿园教育则有明确的目的，有详细的计划。教师有步骤地组织各种形式的活动，包括引导幼儿主动活动。

7. 长远发展的定位不同。

在对幼儿的培养方向上，家庭教育很大程度上取决于家庭特别是父母的意志，受父母的思想觉悟、文化素质、职业、经历、兴趣和爱好的影响。家庭在确定孩子发展方向时是针对家中的个体，因为父母对孩子的期望较高，容易造成拔苗助长的现象，可能对于孩子的发展定位过于理想化、单一化，有时甚至超出了孩子能够承受的范围。

幼儿园教育的目标是依据《幼儿园教育指导纲要（试行）》（以下简称《纲要》）中幼儿全面发展的教育目标、幼儿的实际水平和兴趣需要来制定的，有专门的课程和教材供选择、安排，活动内容形式多样，方法科学合理。幼儿园在制定目标的时候考虑的是全体幼儿，在保证全体幼儿健康和谐发展的基础上，关注个别幼儿的差异化发展。幼儿园目标不是一个机构、一个教师就可以制定的，是从多年来总结的科学育儿方法中提炼出来的，更加具有科学性，适应幼儿的生长发育规律及心理需求，可促进幼儿全面地发展。

**（二）家园共育的特点**

家园共育，即家长与幼儿园共同完成孩子的教育，而不是由家庭或是幼儿园单方面进行教育。

1. 家园共育的本质特点就是"共"字。

家园共育即幼儿园与家庭、教师与家长相互配合，共同促进幼儿发展。家园共育改变了以往整个教育以幼儿园教育为主以家庭教育为辅、幼儿园要求家长配合、家长只是被动顺从的局面。家庭与幼儿园都是培育幼儿的重要环境，家长与教师都是教育实施的主体，两者应是互动、合作的伙伴关系，共同担负着教育幼儿的任务。

2. 家园共育中的"育"包含着保育和教育。

幼儿的生理和心理特点决定了对其不能只进行单纯的教育，幼儿园教育是"保教结合"的教育，而家庭教育中保育的成分占有较大的比重，但也是幼儿道德教育、情感教育的重要场所。所以，家园共育的过程是幼儿园与家庭合作，结合幼儿的生活习惯、个性特点对幼儿进行全面教育的过程。

可见，家庭教育与幼儿园教育对幼儿来说是不可分割的两个重要组成部分。少了哪一个方面，幼儿的成长都是有缺失的。家庭教育与幼儿园教育之间应该是相互合作的关系，在家园双方了解与沟通的基础上，正确定位自己的教育观念，在幼儿的发展中发挥各自不同的作用。


# 为什么要进行家园共育


幼儿园与家庭社区的合作共育，是当今教育改革的趋势，它既有理论的支持，也有现实的意义。

家园共育，对于提高学前教育质量、提升幼儿园品质、促进幼儿全面发展、转变家长育儿观念、改进教育方法都起到积极的促进作用。

**（一）促进学前教育质量的提高**

家园共育的一大优势就是拓展和丰富了教育资源，实现了家园互惠。一方面是家庭、家长以及与家长有关的一些社会联系作为社会资源被吸纳到幼儿园教育中；另一方面是幼儿园较为丰富和全面的教育资源将有利于改变家庭教育资源匮乏的状况。

1. 家长资源使幼儿园教育更加丰富全面。

案例：

幼儿园经常要开展一些有意义的主题活动，比如大班在开展"有趣的报纸"活动时，老师因为幼儿无法理解报纸的来源、报纸的组成、报纸的内容等问题而苦恼，因为孩子虽然每天都能看见报纸，但是由于孩子不认识字，对于报纸上的一些新闻还没有深入的认识。鉴于以上问题，老师和班中一名在报社工作的家长联系商量后，先是组织孩子到报社进行参观，了解了报纸的版面组成和制作过程，然后又和工作人员进行了座谈，知道了报纸上的新闻是怎么来的以及为什么要写新闻。在简单的社会实践后，孩子们开始设计自己班级的报纸，拟订了班级报纸的版块，还在报纸上进行自己班级的广告宣传，和以往没有家长参与的时候相比，整个主题活动变得立体而又深入。

解读：

（1）家长资源丰富了幼儿园教育的社会资源。

幼儿园教育活动内容分为五大领域，即语言领域、科学领域、艺术领域、社会领域和健康领域。我们开展的主题活动往往是综合了各领域的活动内容，既丰富幼儿的认知经验，又促进幼儿的全面发展。但是，教师因为受个人爱好、研究范围和知识能力的限制，有一些特定的活动在开展的过程中会遇到"瓶颈"和无法解决的问题，这时就可以挖掘利用家长方面的有效资源。比如，上面事例中提到的"有趣的报纸"主题活动，如果教师仅仅停留在对报纸的浅表认识，活动也可以进行下去，但是孩子因为没有直观的体验，对活动感兴趣的程度、主动性与创造性都不会体现得很充分。这个时候就需要一些实践活动来支持幼儿的经验与体验。家长资源在活动中得到了充分体现。首先家长利用工作的便利，为孩子们联系了到报社参观，让孩子有了最直观的感性经验。接着，家长又将自己的职业优势运用到活动中，和孩子交流互动，通过家长的介绍、孩子的提问、家长的解答等环节，让孩子对记者的职业有了深入的了解，也对记者这个职业产生了浓厚的兴趣。可见，家长资源给幼儿园提供了丰富的社会资源，让幼儿园的活动更加丰富多彩。

（2）家长融入幼儿园教育，使幼儿园教育打开了创新的思路。

上面的事例很好地说明了家长在幼儿园活动中起到的重要作用。其实，家长在幼儿园教育中起到的作用还远不仅如此，有些深远的影响是隐性的，尽管可能当时没有完全体现出来，但是在日后的教育中就表现得非常明显，为教师和孩子的发展打开了无限的创意空间，拓展了教育中创新的思路。比如，家长在"有趣的报纸"活动中和孩子进行了知识的介绍和交流，孩子了解了记者的职业。看似活动到此戛然而止了，家长的作用也看似完成了，但是纵观整个活动就会发现，家长的职业介绍为后面整个主题的延伸起到了画龙点睛的作用。幼儿通过了解记者的职业，调动了生活中的已有经验，他们将看到、学到的内容和自己的生活建立了联系，萌发了想采访身边亲近的人的想法。有的想采访家长、老师，有的想采访遵守纪律的小朋友、进步快的小朋友等，他们还将普通报纸中的版块运用到平时的生活中来，设计了"班级趣事""进步小星星""幼儿园广告"等栏目，每日更新班级的报纸。可见，家长的职业介绍给孩子拓展了思路，让孩子把成人的报纸搬进了自己的生活，使整个活动和孩子的联系更加紧密，孩子在参与中得到了能力的发展和提高，活动内容也较以往更为深入，更加贴近孩子的真实生活。

家长资源的有效利用拓宽了幼儿园活动的空间，丰富了幼儿园活动的内容，从另一个角度来说，家长成为幼儿园教育的合作伙伴，使家庭社区与幼儿园教育一体化，提高了对幼儿教育的一致性和有效性，因而有助于提高学前教育的整体质量。

2. 幼儿园教育给予家庭教育正确的理论支持。

每个家庭都会把教育子女当做头等大事来做，它承载着家长的理想和希望。然而，受文化、经验、观念的影响，家长对教育的理解也各不相同。

案例一：

天天是一个在班级中各项能力都偏弱的幼儿，因为早产的原因，家长对孩子宠爱有加，生怕孩子生病，对孩子照顾得极其周到细致，凡事都包办代替，在主观上造成了自己孩子与其他孩子发展上的差异，孩子几乎没有锻炼和发展的机会。升入中班后，教师很快发现了这个问题，先是和孩子的姥姥和妈妈交流天天在班里的表现及与其他小朋友能力上的差异，再一起探讨孩子发展缓慢的原因，让家长意识到包办对孩子成长带来的危害，统一了观念和认识，然后一起制定了帮助天天进步的方案，告诉家长多给孩子锻炼和发展机会的方法。无论在生活方面、学习方面还是在交往方面、动手能力上，教师都把幼儿园的要求一一告诉家长，家长按照幼儿园的标准继续引导孩子自己的事自己做，并且随时交流孩子在家中和幼儿园中的点滴进步。经过一个学期的努力，孩子的能力突飞猛进，家长都有点不相信孩子的变化了，对教师说："看来我们以前对孩子的溺爱不是一件好事，只有放开手，孩子自身的潜力才能释放出来。"

案例二：

小奇是一个有点淘气的男孩子，尤其对动画片里的打杀场面很感兴趣，在幼儿园也喜欢和小朋友模仿动画片里的打斗场面，经常在玩得尽兴的时候弄伤其他小朋友。许多家长对小奇很是不满，向教师表达不愿意自己孩子和小奇一起玩的想法。教师和小奇的妈妈进行了沟通，和妈妈说了这些情况，妈妈也甚为担忧，又不知道怎么办。教师给了妈妈一些建议，比如挑选一些有益孩子身心健康的片子来看，多教孩子一些处理交往问题的方法，给小奇提供和同伴玩的机会，让小奇知道没有伙伴会很孤独，学习与同伴相处的方法。这样的引导果然效果不错。教师偶然发现小奇是一个内心很热情的孩子，就给了他一些为小朋友服务的机会，慢慢地，孩子们又重新喜欢小奇了。小奇的妈妈也很欣慰。

解读：

有的家长不在乎幼儿园的教育内容，也不关心教师的教育理念，他们觉得自己本身就受过良好的教育，懂得如何教育自己的孩子，因而忽视与教师的沟通和交流。

家长如果不了解幼儿园的教育宗旨、教育观念和教育方法，很可能造成自己对孩子的教育与幼儿园的教育背道而驰，形成孩子无所适从的局面。

没有了解，何谈配合？所以要想让家长配合幼儿园的工作，最重要的就是打开幼儿园教育的窗口，让家长更多地了解幼儿园教育。即使一次普通的半日开放活动，也会让家长切身体会到"老师对待不同的孩子真有招""老师带这么多孩子真不容易""老师在教学活动时更关注孩子的兴趣和主动性""老师很会欣赏孩子，孩子越来越自信了"……

这样的开放活动在一定程度上影响着家长对孩子的看法，也增强了对教师的信任和理解。

幼儿园教育的内容一般都是根据孩子的年龄特点制定的，具有一定的科学性。家长通过多询问孩子在园的一日生活，多和孩子聊聊幼儿园的事情，一方面可以帮助孩子回忆幼儿园的学习内容，另一方面可以了解教师的教育意图。家长在了解的基础上可以配合幼儿园近期的学习内容，在家里也设计一些类似的小游戏，或者在家中遇到类似问题的时候，尽量将对孩子的教育观点保持与幼儿园统一。只有这样，才能帮孩子建立正确的认知，向健康快乐的方向发展。

3. 幼儿园教育帮助家长正确看待孩子、理解孩子。

尽管每个家长对孩子的爱都发自肺腑，但这种爱有时缺少理性。这主要是由于部分家长缺少对孩子年龄特点的把握和对孩子内心世界的理解。

案例一：

有一天，毛毛对妈妈说："我真羡慕姥姥，因为姥姥退休了，什么也不用学，我什么时候能退休呢？"听毛毛的妈妈说，毛毛每周只来幼儿园两天的原因是：要去学游泳、练舞蹈、学钢琴、学书法、学表演。这样，每周两天来幼儿园成了毛毛最快乐的事情。

案例二：

可心在离园的时候拿着自己的绘画作品，兴冲冲地对妈妈说："妈妈，你看我画的画，是我设计的未来汽车，它能在下雨时自动把水吸起来浇树，还能在堵车时从地下走呢。"妈妈看了看说："什么呀，尽瞎画，一点儿也不像，哪有这样的汽车。"

解读：

（1）兴趣比学习更重要。

家长因为望子成龙心切，或者觉得自己孩子聪明能干，常把自己未实现的理想和美好愿望强加给孩子。为了孩子不输在起跑线上，往往给孩子制定一些不符合孩子年龄特点的目标和要求。比如让三四岁的孩子背三字经、学习写字，让刚接触钢琴的孩子就去考级，结果导致孩子连基本的学习兴趣都没有了……发现这样的现象，教师可以和家长交流，将不同年龄阶段幼儿的发展特点告诉家长，游戏才是幼儿阶段的基本活动，孩子在游戏中那种主动性、专注性、创造潜能、学习兴趣都会被调动起来，在游戏中获得经验，远比简单的知识灌输更重要，对幼儿长远发展更有效。学什么并不重要，更重要的是引导孩子会学习，对学习感兴趣，具有良好的品质。

（2）学会尊重孩子的想法。

孩子都是天生的发明家，但他们的想法常被扼杀在摇篮中，原因是大人对孩子的评价制约着孩子的发展。由前面可心妈妈对可心的画的评价，可以反映出许多家长对孩子想法的不尊重。长此以往会打击孩子的自信心，也许以后都不喜欢绘画了。教师可以通过观摩活动为家长提供与孩子互动的范本，在孩子绘画后，引导全班小朋友发现每幅作品的优点，表扬孩子独特的想法，使家长在家庭教育中也能理解孩子想法、尊重孩子的意愿、赏识孩子的优点，起到教育一致的效果。

正是因为家园共育，让家长看到实际的效果、孩子的进步和变化，让家长更加信服教师的专业能力，提升了幼儿园的品牌和教育的整体质量。正如陈鹤琴先生所言，幼稚教育是一件复杂的事情，不是家庭一方面可以单独胜任的；也不是幼稚园一方面可以单独胜任的；必定要两方面合作方能得到充分的功效。

### （二）家园共育促进幼儿全面发展

每个孩子都是一个独特的个体，他们各有所长，在成长中也会各有各的问题。家长面对一个孩子，因为没有比较的对象，总觉得孩子哪儿都好；抑或是总拿自己孩子的短处和人家孩子的长处比，觉得孩子哪儿都不行，形成不同的看待孩子的观点。在幼儿园中，因为孩子多，有对些不声不响、较为听话的孩子教师往往关注不够，对淘气孩子的看法也常是问题多于优点。这样也容易造成对孩子看法的偏颇。只有幼儿园与家庭携手合力，才能更多了解孩子，正确看待孩子，用适宜的方法引导孩子，从而促进孩子全面发展。

1. 家园共育帮助幼儿形成好的习惯。

案例一：

丹丹的妈妈一直为孩子乱扔乱放的习惯头疼不已，在家中为了这个事情打也打了，骂也骂了，可是收效甚微。实在没有办法了，丹丹妈妈向教师求助了。教师和妈妈一起想办法，在班里举行了一次整理书籍和玩具的比赛，小朋友互相交流收拾整理的小窍门。在家中，妈妈给丹丹设立了一个收拾物品统计表，把她每天收拾的物品进行分类统计。在双方共同的努力下，丹丹把在幼儿园学到的收拾小窍门应用在家里和区角游戏中，渐渐改掉了乱扔乱放的坏习惯。

案例二：

小然升入大班已经有一段时间了，可是回家后一点儿也不想着完成老师留的一些简单的"作业"，比如：练习剪窗花，给家长复述故事等。爸爸妈妈对小然的现状非常着急，因为明年就要升小学了，孩子一点儿完成老师作业的意识都没有，到家就是玩，早把老师的话忘到脑后了。教师针对小然的一些情况和家长进行了沟通，商量出了一些好的办法。每天回到家中，爸爸妈妈要为小然营造一个好的学习环境，妈妈可以陪着孩子多看书看报，增加亲子阅读的时间，然后再让小然玩一会儿。慢慢地，小然习惯了每天的学习时间，开始主动完成教师留的作业了。教师在拿到小然的作业时，趁机在孩子们面前表扬小然的进步，给了小然学习的动力和积极性，增加了他的成就感。小然不爱学习的毛病就这样迎刃而解了。

解读：

从以上两个简单的实例中我们发现，要想在家园共育中解决孩子的习惯问题，首先最重要的是家长与幼儿园之间的沟通。孩子的有些问题是在两种环境中都存在的，有些是只存在于家中或幼儿园中的，所以双方的沟通就显得特别重要，既有利于教师了解孩子在家中的情况，又能让家长了解孩子在园中的情况，方便双方制订最适合孩子的解决方案。

孩子的习惯一般分为生活习惯和学习习惯。一个好的习惯和一个坏的习惯的养成，都不是由单一、简单的因素促成的。所以很难通过家长或教师单方面的努力快速找到坏习惯的症结所在，也不可能只在一个方面的努力下就能改掉坏习惯。必须是在双方的配合下完成，首先幼儿园可以教给孩子一些养成好习惯的方式方法，设计一些有趣的游戏，让孩子在游戏中改变习惯。教师还可以在孩子们面前多鼓励孩子，给予孩子正面的引导。其次生活也是孩子的课堂，家长可以因势利导地帮助孩子在家中按照幼儿园的要求进行练习，并且以身作则，让孩子从父母的言行中看到什么是好习惯，继而逐渐改掉坏习惯，养成好习惯。

幼儿的年龄特点也决定了各个年龄阶段幼儿习惯的养成方式也各不相同。比如小班幼儿更多的是生活习惯的培养，幼儿在幼儿园可以尽可能地做到自己的事情自己做，避免家中"包办代替"的情况，所以这个时候家长就要在家中努力配合老师的教育目标，让幼儿自己穿脱衣服，自己收拾玩具。坚持让幼儿自己的事情自己解决，幼儿的基本生活习惯就会慢慢建立起来。中班幼儿容易出现行为问题，主要原因是不知道怎样和同伴交往，他们有了一定的主见，又不愿意顺从别人，常会出现争抢、打人的问题。这是家园配合的重点，应该在交往的方法上给孩子支持和帮助，家长也要有意识地扩大幼儿交往范围，引导幼儿能够正确表达自己的想法。大班的幼儿更偏重于学习习惯的建立，聪明的幼儿不一定会学习，学习习惯对于马上要上小学的幼儿是非常重要的。这个时候幼儿园会每天留一些简单的作业，目的是培养幼儿每天回家能有学习的意识，逐步适应小学的学习生活。所以家长也应该配合好教师的工作，帮助幼儿安排好自己的时间，顺利完成这个重要阶段的过渡。

2. 家园共育帮助幼儿形成好的性格。

案例一：

小米是一个活泼可爱的女孩子，就是凡事爱较劲儿。妈妈对孩子十分的头疼。小米早晨来园经常迟到，往往就是因为她吵着要穿一件已经洗了的衣服而哭闹不止这样的小事。妈妈和老师进行了沟通，老师先是让妈妈不要着急，因为人和人的性格是不一样的，有的孩子就是特别"拧"，不可能每个孩子都那么温顺。还有就是让妈妈想一想，是不是自己就特别喜欢和孩子急，这样容易造成孩子较劲儿的性格，家长首先要做到遇事心平气和，处理问题的时候不能说一不二，要多听听孩子的意见，慢慢地孩子才会也听取家长的意见。

案例二：

班级中的有些孩子特别喜欢告状，别人稍微碰到他一下，就告诉老师说有人打他了，或者有小朋友抢了他的书，马上就哭鼻子了。长此下去，班里的小朋友都不喜欢和他做朋友，大家都觉得他娇气，事儿多。和家长沟通后，我们决定给这样的孩子讲一些和交朋友有关的故事，让孩子明白别人都喜欢和什么样的小朋友成为伙伴。并且在他每次告状的时候都告诉他，其实小朋友碰碰你是因为喜欢你，并不是想要攻击的意思，让孩子能够宽容对待别人。爸爸妈妈在家中也要多鼓励孩子大方地和别人交往，愿意和别人分享自己喜欢的东西。

解读：

幼儿期是人生个性开始形成期，是形成良好的个性品质的重要时期，也是可塑性最强的时期。现在不少独生子女的性格中有许多消极的方面，如自私、娇气、任性、不合群、缺乏同情心等，这些不良的个性一旦固定下来，再想去改变它，就不那么容易了。所以，我们必须及时地、有针对性地进行教育，培养孩子们良好的个性品质。

《纲要》中明确指出，"应关注个别差异，促进每个幼儿富有个性地发展"。幼儿的个性倾向是在家庭和幼儿园里通过各种各样的游戏、学习、生活和劳动逐步形成的。家长和教师对幼儿是否严格要求和耐心教育，对幼儿今后意志、责任感、独立性和创造性的形成都有潜移默化的影响。因此，家长和教师必须密切配合，遵循教育规律，从生活细节入手，坚持不懈地加强教育才能取得成效。

3. 家园共同合作使幼儿受益终身。

案例：

孩子刚刚入园的时候，家长总是会觉得孩子在情绪上会有一些波动。年轻的老师往往只是将关注点放在孩子的生活自理能力培养上，而忽视了孩子的情绪变化，在和家长沟通的时候也没有将这方面的情况进行适当的说明，没有告诉家长孩子因为环境的变化肯定会有一些爱发脾气、焦虑等情绪特点，这样就使得家长产生了对幼儿园教育的质疑。小梅的爸爸就是这样的家长，因为孩子上了幼儿园后变得脾气暴躁，经常摔东西。爸爸就觉得肯定是小梅在幼儿园情绪太压抑了，在家就无限度地容忍小梅，老师越是说让孩子在家也要练习自己的事情自己做，小梅爸爸越是娇惯孩子，以为这样做能够弥补孩子的情感缺失。双方从始至终都没有沟通，这样的情况一直持续下去，孩子一直到大班还是自理能力很弱，对老师总有抵触情绪。从幼儿园毕业很多年后，听说孩子上了初中还经常在课堂上顶撞老师，在家也是想怎样就怎样，不知道如何调整在学校和在家的情绪转换，根本不把父母的话放在心上。

解读：

幼儿的个性品质作为一种内在的因素，在很大程度上能左右人的一生，包括才华的积累、才能的增长和才干的发挥。俗话说："三岁看大，七岁看老。"这话虽说有些绝对，但其中包含着一层意思，就是说幼儿从三岁到六岁就要加强其个性品质的培养。从三岁以后，幼儿产生了自我意识，逆反心理强、好强、好表现、图赞扬等个性特征不断反映出来，在人与人交往中，模仿、暗示、顺从、竞争等行为特征相继产生。而这些现象又是在家庭和幼儿园两个环境共同显现出来的，所以家园的共同努力就更加重要。家园步调的统一可以让幼儿免于受到"双重"的相反教育，从小就对事情建立清晰明确的认识，在处理问题的时候能够快速作出正确的反应。这些对幼儿的成长至关重要。

不仅如此，幼儿个体的发展也是具有整体性，家园共育将幼儿的生活环境作为一个整体呈现于教师和家长的视野内，而不是明确地区分开幼儿园教育和家庭教育。幼儿园教育主要从健康、语言、科学、艺术、社会五大领域切入，促进幼儿全面发展。家庭教育主要则在幼儿良好生活习惯养成教育和道德教育方面具有重要作用。幼儿教师和家长对彼此环境中幼儿的受教育情况有较为清晰的了解，通过沟通，达成教育目标的一致，有利于实现幼儿教育的连贯性和一致性，促进幼儿全面和谐地发展。

由此可见，家园共育是对家园双方的共同要求，目的是为了更好地促进孩子发展。家园共育的前提和基础就是教育目标的一致性。家园双方都希望孩子和谐发展、健康成长。也就是说，家园双方要在促进孩子健康成长的共同目标下，保持一致的教育理念，相互理解，形成和谐发展的理念，使孩子受益终身。

### （三）家园共育促进施教者教育观念的转变

对幼儿进行教育是一个复杂而系统的过程，既不是幼儿园单方面能够完成的，也不是家庭独立发挥作用可以完成的。对于幼儿园而言，不能忽视家庭教育对幼儿的作用，要将家长放到平等合作的位置上，充分利用家长资源，更加有效地对幼儿进行教育。对于家长而言，幼儿入园不是教育责任的移交，而是教育资源的丰富、教育合作伙伴的增加，家庭在幼儿发展过程中的作用并不会因为幼儿进入专门的教育机构而减弱，相反，家庭除了要充分发挥原有的作用外，更应该与幼儿园合作形成教育合力，共同促进幼儿的健康成长。家园共育促使教师和家长转变原有的教育观念，把教育看成是发展的、联系的、整体的过程。

案例一：

林老师每个学年之后的家长评价分数都很低，别人劝她应该多和家长进行教育上的沟通，可是林老师不屑一顾地说："我是对得起这些孩子了，家长不理解我也没有办法。我从来不和家长说孩子们在幼儿园的问题，说了也没用，在幼儿园的事情就是老师管，告诉家长干什么！"其实林老师对孩子非常负责任，教育教学的水平也很高，可就是得不到家长的认同。

案例二：

老师利用假期的时间到孩子家中进行家访，刚走进奇奇的家中，家长就迫不及待地问老师："幼儿园假期可以照常送孩子吗？他在家可淘气了，我们可看不了他。"老师告诉奇奇的家长："幼儿园假期也有老师，可以送孩子。但是家长应该抽出一些时间带孩子到大自然中游玩，帮助孩子身心获得发展，也能增进亲子之间的感情。"奇奇的爸爸却反驳道："在幼儿园玩就挺好的了，有老师教，有小朋友一起玩就够了，等他不淘气再出去玩吧。"

解读：

1. 教师应重视家庭教育，与家长平等合作。

一个好的教师首先应该重视的就是家园合作，孩子的第一任教师就是家长，孩子的优点和缺点都和家庭教育息息相关，不可分割。在家园共育中的首要一点就是要重视和家长的沟通。教师与家长的沟通是要建立在平等理解的基础之上的，只有这样沟通才是有效的沟通。教师切不可觉得自己具有专业知识而高高在上，降低家长的人格和威信。家长即使是在教育中存在一些问题，也是很正常的，教师应该耐心地帮助家长发现问题，解决问题。而不是简单地责备家长，埋怨家长。

同时，教师还应该成为家长的朋友，换位思考家长为什么会产生急躁情绪，要学会冷静思考，包容理解。还有更重要的一点就是合理利用家长的资源，一方面丰富平时的教育教学活动，另一方面可以促进幼儿的健康成长。教师要时刻记住，幼儿的问题不是一朝一夕形成的，解决的时候也不可能是一蹴而就的。要积极与家长沟通，帮助家长从平时的生活中找到不合适的方面，结合幼儿园的情况给予有效的帮助，真正做到家园平等合作。

2. 家长应与教师成为幼儿教育的合作伙伴。

有的家长觉得孩子一上幼儿园自己终于可以解放了，孩子终于有人帮忙教育了，自己就可以喘一口气了。一味地把教育的重任让教师承担，甚至觉得从此自己可以只负责保育，教育的任务可以移交了。这样的家长其实不在少数，他们往往缺乏教育的知识，觉得只要每天都来幼儿园就是得到了教育，回家就只要吃饱穿暖就可以了，导致孩子的两面性逐渐形成，在家一个样在幼儿园一个样，没有从根本上养成一个好的习惯和性格。

通过在家园共育的正确引导下，家长明确自己的教育任务不是移交，而是转变了另外一种方式。首先要配合幼儿园的教育；其次是要结合自己孩子的特点，进行更加有针对性的教育。家长平时应该注意多和教师交流孩子近期的表现情况，及时发现孩子存在的问题，及时解决，不要使孩子小班的问题等到大班才去重视，让孩子的问题越来越严重。教师平时可能会让家长进行一些教育上的配合，家长应该充分地重视，不要觉得还没有上小学不用完成作业，要明确教师的教育目的，帮助孩子建立认真的态度和责任心，在点滴的小事中帮孩子慢慢养成良好的生活习惯和学习习惯。

3. 家园共育是一个发展、联系、整体的教育过程。

家园共育让教师重新审视自己的角色特点，主动和家长建立平等合作的关系，并充分利用好家长的资源，使班级活动更加丰满。家长通过家园共育明确自己的教育任务，不断改进自己的教育方法，更好地配合幼儿园的教育。家庭和幼儿园的教育是紧密结合在一起的，不可能一方发展而另一方停滞，必须是双方共同努力，树立"大"教育观，创建共同发展的目标。

家园共育的长远目标就是让幼儿园和家长的关系形成"鱼水"关系，在不同的位置，各自进入教育角色，共同发挥对孩子的教育作用。家园之间只有形成合力，将共育作为素质教育的立足点，在相互理解的前提下，将教育的理念拧成一股绳，才能使孩子得到真正健康和谐的发展。

**（四）通过家园共育改进教育孩子的方法**

家庭教育更多是指在家庭生活中，家长有目的、有计划地对其子女实施的教育和影响。而中国的家长根据自己的期望对孩子实施一种他们所构想出的教育，孩子又根据自己的表现反作用于家长，这个双向互动过程给"中国式的家庭教育"赋予了更多的特色，在这种特色下，家园共育的价值就凸显出来了。

**方法一：会赏识——好孩子都是夸出来的**

赏识是爱，是尊重、理解、宽容前提下的爱，是包含信任和等待的爱，是和谐而平等的爱，是鼓励孩子追求成功的爱，更是陪伴孩子品尝失败的爱。

没有赏识，就没有教育。赏识用老百姓的话说就是"看得起"，对孩子而言，就是"你真棒，你真行"。这是让孩子快乐成长的奥秘。家长在家庭教育中，要多说一些"太好了""你真棒，你真行"这样的话，能让孩子感到自信。这样，就能够使孩子在各项活动中保持良好的状态，能够积极参与活动，充分体现活动中的主体意识，也能够拉近家长与孩子之间的距离，使孩子更能亲近家长、信任家长。

"行"这个字为什么起这么大的作用？因为这个"行"字满足了孩子心灵深处最强烈的需求。所有的孩子心灵深处最强烈的需求和成年人一样——渴望得到别人的赏识。孩子的成长道路犹如跑道和战场，家长应该为他们多喊"加油"，高呼"冲啊"，哪怕孩子一千次跌倒，也要坚信他们能一千零一次站起来。因此，要教育好孩子，就要从赏识孩子开始，相信他们的能力！

**方法二：健康是财富——养成锻炼的习惯**

家长们经常拍着胸脯说："我小时候一回家就是玩。挖沙子、滚铁圈，甚至满院子疯跑。"可现在的孩子们回到家也没什么伙伴一起"疯"，家长更希望孩子多读书、多学习。在日益严峻的社会压力下，很多家长都把主要的注意力放在了孩子的学习和特长培养上。"身体"只要不生病，就"小车不倒尽管推"，有意无意间，孩子的身体素质就被放在了其次的位置上。家长更愿意孩子利用课余时间去学外语、学钢琴。

孩子的一生什么是最重要的？我想每个家长都会说：健康。运动对人的影响，大至改变命运、人生轨迹，小到调整生活习惯、为人处世的态度。在运动中我们浑然不觉地生长，每一个运动项目都是多种品格的结晶与融合，而且这种品格会渗透到我们的日常行为中。运动不仅可以为孩子提供大量的"生长维生素"，还可以帮助孩子培养情商。运动就是苦乐相伴。坚持的辛苦、训练的艰苦，给身体和心理提出了很多挑战，而正是在这样的过程中，孩子的身心都获得了成长。

只是认识到健康的重要性还不够，重要的是家长们一定要调整好"急功近利"的思想，要"忍痛割爱"，让孩子多做力所能及的事情，最关键的是一定要让孩子到阳光下，到户外去跑、去跳、去游戏。把一些智力投资的钱和时间，分配到参加正规的体育锻炼的运动项目上去，让孩子从小就爱运动和会运动。让他们在寒冷的冬天跑步、跳跃，让他们在炎热的夏天打球出汗。不仅如此，健康锻炼还一定要有计划，循序渐进。这样既能让孩子学会吃苦，让孩子磨砺意志，又能刺激孩子身体的新陈代谢，让孩子体内形成一个良性循环的代谢过程。总之，体育锻炼能够刺激孩子身体的生长发育，锻炼孩子的意志，只要合理地、科学地、持之以恒地坚持运动，孩子一定会有一个结实、健康、匀称的身体。

**方法三：知心朋友——平等对话**

"我愿意和孩子做朋友。"不少家长这样说。嘴上说和孩子做朋友，实际执行起来什么样呢？我们和孩子交流的时候，是否不自觉地带有家长的"威严"？是否习惯用命令的口气？当孩子遇到诸如情感问题、人际问题和家长诉说的时候，我们有没有不假思索地训斥或者否定孩子？

什么是朋友？志同道合的人。总说家长是孩子的朋友，是孩子的领路人，有时候孩子也是我们的指导者。孩子的心澄澈清明，不被世俗所污染，往往能看到事情很纯粹的一面。所以很多时候，孩子成了我们的老师。如果在孩子还小的时候，家长就有意识地培养与孩子的和谐交流关系，这种交流的大门是会一直敞开的。

这种交流取决于我们是不是尊重自己的孩子，即使在家长与孩子的意见不统一的时候，孩子也总是在无意识地观察，然后按照他的结论去作出相应的反应。如果我们自由地接受孩子的思想，与他们一块讨论，研究可能的结果，经常问："那样的话将会有什么情况发生？""你会有什么感觉？"孩子就会感到，在解决问题上，他有了同伴，家长才能真正做到成为孩子的朋友，随时进行一场平等的对话。

**方法四：放开手脚——失败与成功同样重要**

孩子们的每一天，都在重复进行着新挑战和失败的循环。失败是一次"通过亲身体验获得认知"的宝贵机会。无数次直面自己的一个个小的失败，逐渐能够用自己的行动来处理如何对待失败，这样孩子就能渐渐走向自立。有时面对失败，有些父母显得比孩子更懊丧，赢了大声喝彩、输了大发雷霆。孩子受到训斥，头脑会僵化，变得难以考虑问题。如果父母害怕失败，孩子就不敢挑战。

当孩子失败的时候，作为家长的你，无论是在哪种情况下，孩子首先需要的不是你直接的帮助，家长也千万不要孩子一有困难就直接帮助他解决，这时候的孩子最需要鼓励，让他明白失败和成功同样重要而且光荣。并且在你鼓励他的同时，你还应该告诉孩子，问题为什么还没有解决，要想办法让孩子自己尝试解决问题。其次，对于孩子来说，他们有丰富的想象力，但对一些生活常识还缺乏经验，所以，当孩子在解决困难时有了正确的想法后，作为家长的你就要注意他们所采用的解决办法是否合理，并适当给予他们一些合理的意见和建议。

**方法五：学做人——有理行天下**

有人说，人的一生只在做两件事：做事与做人。其实人的一生只是在做一件事，那就是做人。因为做事的过程就是学会做人的过程。

一个孩子如果从家长那里学会了勤劳善良、自强不息、坚韧不拔、博学博爱、以礼待人、诚实守信，那么即使他现在调皮捣蛋，也只是暂时的，即使他学生时代成绩平平，将来也可能大有作为。才的不足可以由德来弥补，反之，德的不足却无法用才来弥补。著名教育家陶行知有言："千教万教教人求真，千学万学学做真人。"教孩子做学问，先要教会孩子做人。育人是培养能力，育智是学习知识，先能力，后知识。只盯着学习，无异于舍本逐末，也终究会害了孩子。学会做人是人生第一课，也是人生永远的一课，因为一切成功皆源于做人的成功。作为父母，除了要以身作则，用行动来引导孩子，在日常的生活中，恰当的教导也是不能少的。例如当我们遇到孩子撒谎或者表现出无礼举止的时候，只是简单对他说"不许这样做"，或者给他一个复杂的解释，这些都不能在他的脑海里留下持久的印象。应该让孩子明白撒谎其实是非常没有必要的，是不光彩的，有时候还会带来更多不必要的麻烦。在孩子不遵守规则的时候要告诉孩子玩游戏时应该公平、公正，并且给他指出他应该到达的位置。

在别人需要帮助的时候，告诉孩子应该尽最大的努力帮助别人，让孩子体会帮助别人的快乐。总之，家长不要放过生活中的小事，时时事事教育身边的孩子学会做人做事的道理。

**方法六：榜样的力量——言传身教**

一个人的思想品德首先是在家庭中形成的，因此父母在教育孩子的过程中，应当是父母与孩子共同学习，一起成长的过程。克鲁普斯卡娅说过："家庭教育对父母来说，首先是自我教育。"父母是时刻立在孩子眼前的一面镜子，孩子们常常是通过"照镜子"在不知不觉中"修改"自己的言行。家长待人言行不一，缺"诚"乏"信"，做事三分钟的热情，虎头蛇尾，半途而废，又如何能教会孩子正直、善良与坚持不懈呢？家长的一言一行、一举一动，孩子都会看在眼里记在心里，并在言行中模仿。

在现实生活中，家长时常报怨现在的孩子没有责任感，缺乏同情心，可我们家长作为孩子的第一任启蒙老师，是否也应该反思一下，自己给孩子起到了什么样的示范？父母自身对家庭、对社会的责任心，会影响孩子的责任心。而父母对孩子责任感的培养不是单单靠口头说教就能轻易实现的。孩子的可塑性很强，模仿是他们的天性，大人日常行为的点点滴滴，或多或少都会被孩子看在眼里、记在心上，父母的言行会对孩子产生潜移默化的影响。作为家长，对子女都有望子成龙、望女成凤的渴望，我们只有给孩子树立了良好的榜样，才能让孩子具体地感觉到正确的处事方法在生活中的重要性，才能使孩子主动地、积极地养成好的习惯。在我们的家庭教育实践当中，父母在待人处事方面，一定要给孩子做一个好的榜样。

# 怎样进行家园共育

家长是幼儿的第一任教师，家庭教育对于幼儿的影响也十分重要。家园主动携手对幼儿进行同步教育，是促进幼儿健康发展的必由之路。有句话说的好："家园如同一车两轮，只有同向运转，才能共同促进孩子的发展。"家庭和幼儿园是影响幼儿身心发展的两大环境，如何充分合理地运用家园的共同教育资源，帮助孩子拥有更好的发展环境，是教师面临的一个重要的问题。

**（一）如何看待不同类型的家长**

家长的类型形形色色，各不相同。由于特点的差异化导致教师有时候在面对家长的时候不知道从何说起，突发的一些事件家长的态度和方式也让教师非常为难。但是教师不难发现，家长的共性也是很明显的，一切都是为了自己的孩子。掌握了这个基本点，教师可能在处理问题的时候就有了一把开启的钥匙。

1. 高期待的家长。

案例：

妈妈一脸焦急地说："老师，您别看云云是个女孩子，可云云是三代单传，我们全家的期望都放在她一个人的身上了。您上次和我说孩子上课注意力不集中的情况，这可怎么办啊？现在就不注意听课，以后怎么上得了名牌的大学啊！"说着说着，眼泪都快要流下来了。

云云是一个在幼儿园表现十分乖巧的女孩子，老师和小朋友都很喜欢她。但是云云总是一副若有所思的样子，让人感觉她有些闷闷不乐。在和家长取得联系后，老师得知云云不仅参加了幼儿园里的所有兴趣班，周末还要参加英语、思维训练、创意阅读三个课程的学习。云云家长的年纪与其他孩子的爸爸妈妈相比已经算是比较大的了，他们对孩子寄予的期望非常高。因为家长自己的年纪比较大，所以几乎把半辈子的积蓄都用来对孩子进行智力投资，而且还把自己年轻时未能完成的愿望也都放在了孩子的身上，希望云云能够圆他们上名牌大学的梦想。

解读：

（1）理解家长并帮助家长理解孩子。

面对这样的家长，教师首要应该做的就是先让家长理解自己的孩子。家长对孩子期望过高，往往会造成孩子对学习甚至其他事情都不感兴趣。教师要帮助家长理解孩子以及他们不同发展阶段的年龄特点。教师可以站在第三者的角度，建议家长尝试换位思考：自己在孩童时代最渴望什么？是无休止地学习吗？一个天真无邪的孩子，一个不谙世事的孩子，一个需要童年快乐的孩子，若他的一切都被压力和众望所笼罩，试问天真与快乐从何而来呢？没有了快乐又怎么能够完成别人所期望的事情呢？如果家长能够理解孩子，帮助孩子在兴趣的指引下，怀揣幸福去学习自己想学的知识和本领，将会起到事半功倍的效果，如果只是给予孩子压力，那无疑只能将家长的期望与孩子的抵触形成恶性循环。

（2）在家园共育中帮助家长调整期望，科学挖掘孩子的潜力。

家长对孩子有一些比较高的期望其实并没有错，只是表现的方式应该有所改变。"调整期望"我认为应该有两个方面需要调整。首先，应该调整的是期望本身，对于孩子的期望应该是最适合自己孩子的，而不是家长喜欢的，想当然的期望。只有在充分了解自己孩子的基础上，帮助孩子找到兴趣点，指定一个属于孩子和父母共同的期望，才能是一个科学的期望。如若只是盲目追高，结果不言而喻，只能是孩子望尘莫及，家长希望落空。其次，应该调整的是家长在帮助孩子实现期望时的外部表现，我们的家长本身压力大，望子成龙、望女成凤心切，所以在对孩子的一些方式方法和表现手段就显得不那么适合年龄幼小的孩子。轻者孩子对家长的教育产生抵触情绪，重者会影响孩子一生性格的形成。这个时候，作为家长应该把自己的焦躁情绪稍作掩藏，不要把终极目标一下子灌注给孩子，而是要慢慢地带着孩子走好每一步，脚印一定要扎扎实实，随时关注孩子的情绪变化，及时做好孩子的情绪疏导工作。

（3）在家园共育中帮助家长关注孩子的更多方面。

有一句很流行的广告词是"不要让孩子输在起跑线上"，这话如果抛开商业目的，仅从教育的角度看是有道理的，问题是在"起跑线"上究竟该做些什么才能使孩子将来"不输"？是不是孩子从幼儿阶段起就必须上各种辅导班，积累一大堆英语、数学、语文知识，学会弹钢琴、电子琴，拉小提琴、手风琴的技能等这样才算是不会输在起跑线上？

有的家长只关心孩子的学习，其他的一概不闻不问，这种做法是不可取的。我曾遇到过这样的家长，孩子在园的情况从来不屑于和班上的老师交流。但是在遇到思维训练兴趣班的老师时，追着不停问孩子情况，交流孩子学习的难点。这样的家长其实真的让人哭笑不得，他关心孩子的思维训练并没有错，错的是他没有分清楚对于孩子来说，最重要的到底是什么？是学习？是知识？还是孩子平时习惯的养成？其实不用说，大家都知道习惯养成的重要性。陶西平曾经说过："习惯决定性格，性格决定命运。"可见一个人的习惯在人的一生发展中都会起到决定性作用。

幼儿期是培养学习习惯和生活习惯的重要时期。每天在园的一日生活恰恰就是在培养孩子如何学习，如何生活。家长往往关注的是孩子学会了什么，而不是孩子到底会不会学。就学会什么和是否会学来说，显然后者要重要。一个没有良好生活习惯的孩子，他的学习习惯一般也很糟糕。所以，作为教师我们应该告诉家长习惯的重要性，以及如何培养孩子的好习惯，逐渐引导家长发现习惯与孩子学习之间的关系，帮他们找到正确的教育方法。

2. 过度关心和照顾的家长。

"宝宝，记得要大便啊！"

往往孩子已经升入中大班了，家长还在每天询问老师幼儿大便的次数或者吃饭吃了几碗等。其实这些问题孩子已经可以独立解答，而且会说得很清楚。

"乖乖，搬好小椅子再洗手哦！"

孩子在园的一些习惯，他们自己已经记得很清楚，就算是忘记了，其他小朋友或者教师都会提醒他，家长没有必要在门口反复提醒孩子，孩子也会觉得难为情和不自信。

"妈妈给你带了一片泡腾片，不喜欢喝白开水就放进去啊！"

有时候家长的方式看似解决了暂时的问题，但是很可能影响了老师的集体教育。比如，孩子的白开水变成了橘子水，确实让孩子把水喝了，但是这样的水并没有白开水健康；而且一个小朋友水里放了泡腾片，其他孩子也会争着要，教师要额外花费时间和精力去调解。

"老师，琳琳哭了一路了，她袖口的纽扣在来幼儿园的路上丢了，我已经找了几圈儿了，就是没有找到，我一会儿回家给她送一颗纽扣过来啊！"

孩子其实很容易在早晨的时候闹情绪，家长也不必为孩子的哭闹过于揪心，你越是百般满足，孩子就越是觉得委屈。久而久之，孩子就会形成早晨"找茬"的习惯，让家长头疼不已。

"老师，孩子昨天怎么了？她说贝贝不和她做好朋友了，这可怎么办啊？"

孩子有孩子的世界，他们有自己的处理方式，有的时候我们家长不要刨根问底，随便"插一手"。

解读：

（1）家园共育让父母反思："陪一事"，能否"陪一世"？

"含在口里怕烫着，吐出来怕冻着。"这是很多家长的形象写照。类似的关心过度、照顾过度还从家庭延伸到了幼儿园。如替孩子穿衣服、擦屁股、代替劳动等。至于孩子参加春游、采摘等活动，父母都悄悄随从，紧随其后。孩子上幼儿园全家陪送，孩子上兴趣班父母充当"保镖""陪读"等。

对孩子的生活过度保护和照顾，实际上剥夺了他们学习独立做人、独立解决问题和锻炼意志的机会。如果总是在家长保护下生活，孩子的独立意识就会萎缩，而变成一个缺乏自理能力的孩子，犹如雏鹰禁止飞行，而只能成为一只小鸡一样。这样的孩子长大成人，又如何去面临复杂而严峻的现实生活呢？

一件事你替代孩子做了，那今后孩子的一生呢？作为家长，难道你都要陪护吗？难道你都能陪护吗？没有了你们的帮助，我们的孩子怎样面对困难呢？也像孩童时一样哇哇大哭？所以，教师应该告诉家长多多放手，把孩子的生活交还给孩子自己吧！

（2）通过家园共育，让孩子学会"等一等"。

现在的家庭多是独生子女，孩子都是众星捧月的宝贝。所以如果孩子有什么要求，家长只要办得到，都会忙不迭地满足孩子。但是你知道吗，如果孩子的什么需求都能立即得到满足，次数多了，反而让孩子没有耐心、自控力变差。教师可以建议父母不妨偶尔延迟一会儿再满足孩子的要求，让孩子学会等待，培养他的耐心、毅力、自制力，给他独立思考的机会。因为没有延缓满足的经验，他的要求总是能马上得到回应，所以一旦让他"等一会儿"，孩子就会觉得"妈妈不爱我了，不关心我"，情绪就会发生变化，不能控制自己的行为，如哭闹、发火等。

能控制住自己的冲动，朝着既定的目标前进，是取得成功的很重要一个因素，而延缓满足就是锻炼一个人自制力的好方法。从孩子小时候，就该寻找合适的机会，延缓满足孩子的要求，让他学会克制自己的欲望。

（3）在家园共育中给孩子空间，不要"刨根问底"。

孩子离开一整天，家人的惦念是可以理解的，但孩子回家后，全家人围着孩子问这问那，使孩子无从回答，甚至厌烦急躁，还会增加孩子对幼儿园"不适应"的感受。孩子的情绪受客观环境影响，成人的紧张和焦虑表现会直接影响孩子，使孩子产生焦虑情绪。

每个人都有高兴和不高兴的时候，情绪的波动是再正常不过的事情，如果家长小题大做，发现孩子不高兴，就使劲刨根问底，情绪激动，只会使孩子把很小的事情无限放大，把很容易解决的事情搞复杂。老师应该告诉家长充分相信自己的孩子，相信他们能够处理自己世界里的问题。其实经常是我们成人还在为一些孩子之间的小事耿耿于怀，而那些天真可爱的孩子早已经和好如初了。反观成人，我们是不是显得还没有自己的孩子宽容大度呢？

3. "说不得"的家长。

案例一：

然然平时待人热情，心地善良，接受能力快，是一个聪明、可爱的男孩子。但他说话时有些吐字不清楚，偶尔还会出现口吃的现象，语言表达能力稍弱一些。我很婉转地向然然的妈妈说了这个情况，在我表扬然然的时候妈妈还很爱听，但是当听到老师说然然说话吐字不是很清楚的时候，突然反驳道："是吗！我可没有觉得，我觉得孩子说话挺好的！"一句话顿时让老师吃了个闭门羹。

案例二：

豆豆在班上是一个很调皮的孩子，自控能力很差，而且胆子特别大，总是做一些很危险的举动。比如把头放在滑梯的侧面，在楼梯上推其他的小朋友等，老师向豆豆的奶奶反映这些情况时，刚要开口说说孩子最近的表现："豆豆最近表现得不是很好……"奶奶一见老师要批评孩子了，马上把话锋一转，说道："豆豆可是个好孩子，是吧，老师！我们豆豆特别可爱！他可会招人喜欢了！"奶奶一下子把老师的话堵住了，弄得老师不知道怎么开口！

解读：

（1）帮家长正视孩子的不足。

当遇到一些"说不得"的家长，老师不要着急，也不要生气。也许家长在不爱听的时候可能说了一些带有负面情绪的话语，老师千万不要放在心上，一定要充分理解家长。想一想，家长不爱听的原因到底是什么？是因为爱面子？没有达成共识？帮孩子护短儿？找到了不爱听的原因，老师这个时候就要具体问题具体分析。作为教师发现孩子发展中的问题、解决这些问题是教师的职责，不能因为家长的态度而躲避家长。年轻教师本身就对家长工作有为难情绪，再"吃了"家长的"闭门羹"，很多年轻教师就会尽量减少和这样的家长交谈，其实这样会导致问题越来越不好解决。

每一位家长都喜欢听老师夸奖自己的孩子，但是孩子不可能没有缺点和弱项。"说不得"的家长主要是因为不能正视自己孩子的问题。老师应该告诉家长，这样的问题在孩子的成长过程中是很正常的，只要处理得当就能帮助孩子改善和更好地发展。第一要让家长感觉到孩子出现问题并不可怕，可怕的是成人不能面对；第二要让家长感觉老师对孩子的喜爱和对孩子发展的责任心，知道老师也是为了让孩子更好才提出建议的。这样，老师就能和家长站在同一个角度来思考解决问题的方法，对于教师的建议也会乐于接受了。

(2) 家园共育有利于教师和家长更好地沟通孩子的问题。

现在社会节奏非常快，小朋友的父母又正好是这个社会的中坚力量，他们很忙，多半没有时间接送自己的孩子，爷爷奶奶代劳接送孙子孙女的比例很高。所以我们教师经常打交道的很多都是孩子的爷爷奶奶。老一辈对孩子照顾得十分细心，隔辈疼更是让孩子成为家里的小公主、小王子。在老人眼里自己的孩子都是优点，即使发现了不足也觉得是孩子小，没什么。如果有人说自己的孩子不好，那老人就更是忙着护短儿。尤其是老师说自己小孙子、小孙女缺点的时候，老人更是帮孩子解释个不停，恨不得把所有的错误都揽到自己的身上来，生怕老师说孩子不好以后就不喜欢孩子了。这个时候老师首先要打消老人的顾虑，让老人觉得老师是因为爱孩子，才想帮孩子改正身上的缺点，帮孩子变得越来越好。不会因为今天老师说孩子了，明天就不喜欢孩子了。教师要多在老人面前表扬孩子的优点，渐渐地老人会觉得老师是真的爱孩子，他们就会没有顾虑了。在和老人说孩子的时候要掌握分寸和技巧，有的老师情绪激动的时候把孩子说得一无是处，这是孩子的爷爷奶奶根本无法接受的。

老师在开家长会的时候应该提出一些对爸爸妈妈的要求，比如即使父母再忙，也应该一个月抽出几天的时间来接送孩子，和老师聊聊孩子的情况。老师可以利用这些时间多和孩子的爸爸妈妈介绍一下孩子在园情况，进步和不足都应该和父母沟通清楚。说问题和不足的时候要有理有据，并要适当地给予家长一些在家配合解决的方法，让家长对老师的意见更加信服。如果家长实在没有时间接送孩子，老师就要主动给孩子的父母打电话沟通，把孩子当下最应该解决的问题说一说。与家长建立一个良好的联系，是使孩子健康成长最关键的一步。

随着家庭经济条件的改善，家长更有能力和精力来教育培养孩子。捧在手中怕掉了，含在嘴里怕化了，给予孩子最好的学习与成长条件，弥补自己年少时的缺憾，这是生在艰苦年代家长的普遍做法。孩子的吃喝要操心，总担心孩子缺锌少钙；孩子的穿着要操心，嘘寒问暖，从孩子房里的太空被和空调，到出门武装到牙齿的装备，无一不体现了家长细腻的爱心；孩子的出行要操心，在幼儿园附近春游，父母也要请假奉陪；孩子的交往要操心，本着近朱者赤、近墨者黑的道理，孩子只容许与"优秀"的同龄人交往；孩子的学习更要操心，从胎教到艺术素质的培养，再到幼儿园的选择、老师的选择，无一不体现了家长的"智慧"。

家长们却没有料到，人的思虑有限，自然的造化无穷！这样的做法，培养的是温室的花朵，禁不住一点点风吹雨打，"温室"培养出来的孩子，离开父母，无法适应社会。难道这就是父母的爱吗？难道父母就一定要事事亲力亲为吗？难道父母只能哀叹自己无法与天地同寿吗？俗话说："子把父当马，父望子成龙。"可怜中国父母心！舐犊之情，不能不令人感动，然而舐犊的方式，恐怕尚待改进！

家长都不愿孩子输在起跑线上。在重视孩子早期的智力开发的同时，更应关注孩子的非智力因素。爱孩子，重视孩子，但不能溺爱，满足合理的要求，但要让孩子自己明白哪些是应该的、哪些是不应该的；严格要求孩子，但应给孩子适度的活动空间；重视幼儿阶段的教育，这是决定孩子的行为习惯、思维方式以及培养孩子兴趣爱好的重要阶段，孩子的学习习惯、生活习惯、思维习惯以及性格都将要影响他的终生，都将决定孩子的成就！

### （二）如何利用家长资源

生态世界观把整个世界看成一个和谐统一、协调发展的生态系统，在这个生态系统中，人、自然和社会等各种因素相互作用，相互影响，相互依存，共同维持着生态平衡。以生态世界观来看待幼儿园教学活动，我们就有了一种全新的思维方式和研究方法——生态教学观。生态教学观认为，各种教学资源与幼儿园教学之间存在着生态互动关系，构成了一个影响儿童发展的重要生态系统。在这个生态系统中，家长作为一种重要的教学资源，在幼儿园的教学活动中扮演着极其重要的角色。

新《纲要》中指出："幼儿园应与家庭、社区密切合作，与小学相互衔接，综合利用各种教育资源，共同为幼儿的发展创造良好的条件。""家庭是幼儿园重要的合作伙伴，应本着尊重、平等、合作的原则，争取家长的理解、支持和主动参与，并积极支持、帮助家长提高教育能力。"这些新理念的提出，要求教师将幼儿园家长工作的重心从以往的"教育家长"转变为"家园平等合作"，要善于利用家长资源，使家长切实参与到幼儿园的活动中来。

幼儿园活动的开展，光靠老师的力量是不够的。实践证明，一个好的活动能否顺利、深入开展都需要家长的支持和配合，因此家长是主题教学活动的一块宝贵资源，如家长的人力、物力、文化、专业技术、信息资源等。如果能够充分挖掘这块宝贵的资源并合理利用，对我们的主题教学活动将会起到很大的促进作用。

1. 家长资源的分类。

（1）无形资源。

家长的无形资源是指在家园共育的过程中，家长给予那些非物质性的、看不见摸不着的人文资源。如思想观念、理论知识、科学技术、文化传统、道德伦理等资源。

①特长资源。

新年快到了，班里都忙着布置教室，孩子们自制拉花、剪窗花，忙得不亦乐乎。为了让班里更有过年的气氛，孩子们提议在班门口贴一副对联。既然是对联就要用毛笔写，谁写好呢？安安的爸爸字写得特别好，早就听说经常在家练习毛笔字，老师找到了安安的爸爸，把这个想法告诉了他。家长不仅欣然接受，还很愿意来班里辅导孩子们写大字，孩子们都特别感兴趣。

幼儿园在进行"民风民俗"主题的时候，了解到牛牛的妈妈是刺绣的高手，老师和牛牛妈妈商量能不能到幼儿园给孩子们讲一讲刺绣的历史和基础知识，在孩子感兴趣的基础上，我们买来了绷子和线，让孩子学着绣一些比较简单而富有童趣的图案，提高了孩子的动手能力。

家长们具有不同的兴趣爱好，具有很大的潜能。有的爸爸厨艺精湛，有的爷爷酷爱画画，有的妈妈擅长手工，如果家长能用自己的才能来影响孩子，带动孩子的发展，那孩子就受益匪浅了。

家长的特长是多种多样的，教师要在了解的基础上，将与自己活动相联系的、适当的特长才艺融入进来，切不可生拉硬拽。比如书法、绘画等特长可以与过年、艺术欣赏等课程结合，手工刺绣可以与民俗介绍等主题结合，利用孩子身边的资源——家长，为孩子亲自讲一讲，这样可以更好地培养孩子多方面的兴趣，使他们主动投入到活动中来。

②职业资源。

在进行"各行各业"主题活动的时候，教师请来一些典型职业的家长来和孩子们进行面对面的交流。比如一名家长正好是京剧演员，他告诉孩子们很多这方面的知识，还教孩子们做了亮相的姿势，唱了几句简单的台词，孩子们的兴趣一下子就来了。比如大班还可以请小学老师来给他们讲讲小学生的一日生活，让孩子对学校的生活充满向往。或者是孩子们普遍感兴趣的记者职业，通过和家长的交流，孩子们知道了，要想成为一名记者首先要具备哪些本领，在现阶段应该做哪些准备，让孩子切切实实地为自己的理想而制订一些简单的计划。

在专门的职业主题中请来家长，比如在保护牙齿等活动中可以请医生职业的家长，来给孩子们介绍牙齿的生长、换牙前的准备，以及如何保护自己的牙齿。真正的医生来讲述这些知识的时候，就会比老师讲要更加具有说服力了。

每个孩子都应该对自己父母的职业有一个简单的了解，并且通过与各行各业的家长进行接触，让孩子明白社会中每个职业都有独特的地方，对于社会来说每个职业都是不可或缺的，没有高低贵贱之分，每一个劳动者都很光荣和伟大，帮助孩子树立正确的世界观和人生观。

每位家长从事不同的行业，具有不同的经历、职业特长。家长参与教学过程，一方面家长会给老师以启发、灵感；另一方面家长可以运用各自的专业知识和技能拓宽孩子的视野，丰富孩子的社会生活经验，提高孩子的社会交往能力。

③生活资源。

小美是班里特别优秀的孩子，虽然年龄小，但是各方面的能力都特别强。不仅自我约束能力强，而且各方面发展都十分均衡，老师在与家长交谈后得知，小美的爸爸对于教育孩子很有一套自己的方法。老师邀请了小美的爸爸和全班的家长进行育儿的经验交流和分享，一起找到各自家庭教育的不足之处，探讨解决的方法，目的只有一个，就是帮助孩子们得到更大的进步。这样的活动在家长中非常受欢迎，家长们都希望能有多一些的机会。

青青的妈妈是一位很成功的翻译家。但是她却是一个身有残疾的母亲，她能够克服自己身体的残疾，努力刻苦学习，并且取得今天的成绩，一定是付出了比常人更多的艰辛。老师在青青妈妈同意的前提下，把她请到幼儿园，和孩子们进行了一次非常有意义的谈话，讲述了她人生中一些非常有意思的小故事，比如她是怎样克服生活中和工作中的困难，并描述了她一个人远赴美国求学的学习和生活。孩子们特别感动，还问了青青妈妈很多解决生活中困难的方法，虽然很多问题还略显幼稚，但是孩子们对青青妈妈这种顽强、刻苦的精神非常钦佩。

家长在生活中有很多人生的感悟，有的家长更是让孩子们觉得很有人格的魅力。如果教师能够将平台搭设好，让家长将自己的一些儿时生活游戏的感悟，或者是自己在长大后如何成功的经历讲述给孩子们，可以帮助孩子们获取很多无形的"财富"。

孩子在幼儿园光靠老师每天谆谆教诲是远远不够的，社会上很多新鲜有趣的人物和事件给孩子们注入了更多探索的激情。家长在生活中、社会中有着和教师不同的人生体验，恰好可以填补教育的盲区。而且家长之间可以相互交流育儿的经验，他们往往更加有共鸣，提供的一些好方法都是经过实践、很有效果的。

（2）有形资源。

家长的有形资源一般指家长在家园共育的过程中给予幼儿园的一些物质上的提供。这些帮助一般都是能看得见、摸得着的，如能被教师和幼儿园利用的图片和材料等资源。

①图片资源。

幼儿园无论是在教育活动中还是在平时的墙面布置时，都需要一些生动鲜艳的图片进行解说和装饰。图片可以是教师下载或者拍摄的，也可以让家长从家中收集，然后让孩子带到班上来。

比如，班中要布置图书角，可以让家长带来孩子在家阅读时的图片、照片，营造班级中温馨阅读的气氛。或者班中在进行环保的主题活动时，可以让家长把孩子在家是如何将垃圾分类的图片带到班上来并进行简单的讲解，丰富主题活动的内容，等等。总之，图片资源是家长给予幼儿园活动支持的一个很重要的方面，教师应当引导家长和孩子一起"图记"生活，把和活动相关的图片带到班上来和其他小朋友共享资源。

②材料资源。

这里所说的材料资源一般分为知识类材料的收集和平时生活中的废旧材料两种。

让孩子自己探寻问题的答案已经成为幼儿园教育中的一种新型有效的方式。家长帮助孩子在家中查找收集知识的答案，比如"小动物过冬的各种方式""马路上各种交通标志"等，都可以让家长帮助孩子进行材料的收集，提高幼儿主动学习的能力。

还有一种是家庭中废旧材料收集。将家中的手纸筒、薯片桶、小纸盘、药盒空瓶等带到幼儿园，孩子可以充分地发挥想象进行手工制作，变废为宝。老师可以将废旧材料的收集当成一项长期的工作，鼓励孩子养成节约环保的好习惯。

2. 重新审视家长资源的有效利用。

（1）重视开发家长资源。

家长资源虽然可以极大地丰富幼儿园的教学资源，但这些资源并非都可以直接为教师所用，因此幼儿园教师既要有效利用现有的家长资源，又要充分开发潜在的家长资源。

有的家长开朗外向，喜欢和老师交流教育的方法和体会，也愿意主动地参加到幼儿园的活动中来。有的家长内敛沉稳，凡事在交流的时候表现得比较被动，不太喜欢表现自己。但是并不代表这样的家长就不是教师可利用的资源，这样的家长就是教师可待开发的潜在资源，调动起他们的积极性，让他们知道和孩子一起参与的重要性，然后发挥这些家长身上的优势因素，久而久之不太主动的家长也会成为班级活动中的活跃分子。

每个班级的家长资源都是自然存在的，如何利用和开发是每个教师值得深思的问题。有的教师思维活跃，观察力强，充分全面地利用好家长资源，将自己的班级活动搞得有声有色。有的教师只会抱怨自己班里的家长不合作，其实往往是教师自己的问题。家长资源是需要培养和开发的，没有前面的过程，到想用的时候拿来就用，一般都起不到良好的效果。

家长的性格是不同的，作为教师我们应该认真分析每个家长的特点，可以适当给予内向的家长一些简单的班级任务，然后在完成之后表示赞许和感谢，这样家长就会感受到参与到班级工作中的乐趣，渐渐变得熟络起来，继而喜欢和教师合作，更加关注幼儿园的各种活动。如果只是一味埋怨自己班里的家长不合作，不从自己的身上找问题，那这种冷漠的家园关系就很难得到改善。比如在进行主题活动之初，教师就可以先将主题的脉络和设计目标与家长进行交流，这样家长就会明白自己配合活动的意义是什么，后面的合作阶段就比较容易展开。其实，家长的每个改变都是和教师离不开的，只要教师肯花心思去和家长交流、沟通，家园合作一定会越来越顺畅的。

（2）从长远角度看家长资源。

家长资源是幼儿园教学资源的重要组成部分。教师理应深入地调查，将家长资源的开发与利用进行长远规划和具体策划，最大限度地发挥家长资源的作用，提升教学有效性。

有些幼儿园对家长资源的开发与利用尚处于无意识状态，甚至在有些教师看来，家长资源对教学来说是可有可无的，临时想起来就用一用，没想起来不用也无所谓。在这种观念的误导下，教师对家长资源的利用往往是即兴的，家长第一天下午来接儿童时才会被告知第二天要来参加家长会、家长开放日等活动，导致家长和教师都准备不足，很多家长都不能临时请假，没有时间参加活动，活动效果很不理想。

教师在请家长参与教学活动时不追求教学效果，仅仅是例行公事而已，久而久之，家长难免产生应付心态，无法认识到自己在幼儿园教学中的特殊价值。比如在一次亲子活动中，教师请来家长和孩子一起参加班级运动会，可是事先没有任何的通知和筹划，家长不知道运动会的规则和计划，无法帮助孩子完成既定的运动会项目，整个运动会杂乱无章，几次还差点出现危险事件，直到运动会结束，有的家长和孩子都没能完整参加一次项目。在这次活动中，教师虽然想到了要利用家长资源，但事先并未进行周密的策划和精心的准备，因而未收到应有的教学效果，家长参与幼儿园教学活动的意义没有得到体现。

家长资源的利用对于教师来说是很有学问的，绝不是教师单方面一意孤行就能维系的。现在的家长资源较之以前丰富了很多，但是教师的开发利用却十分有限。其中一个重要的原因就是教师没有站在家长的角度去思考问题，没有具体的计划安排。教师不能认为幼儿园教育是自己的工作，家长就应该听自己的安排。每一次和家长的交流互动最好都应该是有准备有计划的，让家长感觉到教师的活动是有水平有目的，这样家长在参与的时候才会心甘情愿，心悦诚服。尤其是一些重要的会议和活动，教师事先一定要做好周密的计划安排，并提前和家长沟通，让家长有充分的时间做一些相应的准备，这样不仅家园关系会更加和谐，开展的活动也能够在有保障的情况下顺利进行。

3. 增强家长资源的参与性。

家长是幼儿园重要的教学资源，更是儿童的教育者，因此家长不仅要配合幼儿园的教学活动，更应该经常参与具体教学活动的设计与实施，与教师一起协商对儿童发展最有利的教学方案。

在很多幼儿园中，大多数家长没有真正参与幼儿园的教学活动，基本上是幼儿园教学活动的旁观者甚至无关者。一部分幼儿园管理者或教师对家长资源的价值认识不足或认识模糊，因而不能有意识地、主动地开发和利用家长资源，或者不知道该怎样开发和利用家长资源，对家长资源的开发与利用仅限于请家长配合教师收集制作玩教具。

有些需要家长配合、参与的活动，教师事先没有让家长了解活动的目的和意义，也没有与家长一起讨论活动的设计、组织等问题；有些需要延伸到家庭教育中的活动，教师没有向家长进行必要的说明，受到了家长的误解；有的幼儿园将家长资源局限于家长委员会中的个别家长，有的幼儿园甚至连家长委员会都形同虚设；有的幼儿园、有的教师过度开发和利用家长资源，导致家长的经济负担和精神压力过大，引起家长不满，等等。以上种种问题造成了幼儿园家长资源的极大浪费，不可避免地导致幼儿园教学的生态失调，影响了幼儿园教学的有效性。

如何真正让家长参与到幼儿园的活动中，是摆在每一个幼儿教师面前的问题。幼儿园管理者和教师与家长之间缺乏有效的沟通，未能充分调动家长的积极性，是导致家长对幼儿园教学参与不足的原因之一。家长真正参与进来不仅是看一看、听一听、做一做，而是从本质上理解幼儿园的活动意义，给予教师相应的意见建议，成为活动的有效支持者。只有这样幼儿才能将在幼儿园获取的信息在家中得到消化、吸收和提高，轻松得到全面的发展。在参与的过程中，教师在注重活动深度的同时也要注意参与的广度，不要以点盖面，每次总是重点和几个家长交流心得，这样做只会让其他家长失去积极性，甚至产生不被教师重视的负面影响，使得教师后面的家长工作更加难以进行。所以，教师应该关注到每个家长，根据家长的不同特点，采用适宜的沟通方式，让家园合作真正体现出参与的重要性和有效性。

### （三）如何看待教师角色

《纲要》中指出：教师应成为幼儿学习活动的支持者、合作者、引导者。显然教师和幼儿的相处与教师和家长的相处有着截然不同的地方，也不可能照搬和幼儿的相处之道。那么，在家园共育的工作中教师应当承担一个什么样的角色？这是值得我们深思的问题。

1. 教师是家园共育中的服务者。

在家园共育中，教师首先应该摆正自己的位置，明确自己的服务意识，明确教育是一项服务性的工作，幼儿园的工作要服务于家长、服务于社会。因为归根到底教师的一切行为目的都是为了孩子更好地发展，为了帮助家长更好地教育幼儿。可见，教师的服务者角色是由教育的目的来决定的。

在家园共育中"服务者"的角色特点就是要全心全意为幼儿着想，为家长着想。把幼儿和家长的利益放在最高的位置。树立为幼儿服务、为家长服务的思想，以积极主动、妥善细致的方法做好家长工作，以微笑、大方、诚意、有礼的言谈举止和处世态度来赢得家长的信任、理解和支持，促使家长与幼儿园结成合作伙伴，共同培养教育幼儿。

案例一：

琳琳的爸爸妈妈离婚了，妈妈的工作非常忙，经常忙得不能按时接送琳琳。早晨，老师有时就会接到一个短信，希望帮琳琳留一下早饭，因为妈妈要先去办事，然后才能送琳琳来幼儿园。有的时候琳琳生了一点小病，妈妈不能请假在家里照顾孩子，只能把大瓶小瓶的药带到班上来麻烦老师给琳琳服用。晚上，没有兴趣班的孩子都回家了，琳琳的妈妈赶不上接她了，还要让值班的老师多看一会儿孩子。这些琐碎的小事经常要麻烦到老师，琳琳的妈妈很不好意思。老师看出了她的顾虑，主动对琳琳的妈妈说："孩子的特殊情况我们都了解，有什么困难您就直接说，孩子在幼儿园您就放心吧。"琳琳的妈妈非常感动，消除了和老师之间的隔膜，而且还经常逢人就夸班里的老师特别好，对班里的活动也是特别支持。

案例二：

最近班上在进行"叶子"的主题活动，家长们很不解，这个主题小班也搞过，中班也搞过，为什么孩子到了大班了还要进行？家长们的议论无意中被老师听见了，老师及时地给家长们写了一封信。信的主要内容就是把这个主题的脉络进行了一下说明，并且指出了孩子在这个主题中如何从五大领域得到发展，还介绍了一些这个主题中认识茶叶、品茶、叶子贴画等有趣的活动，消除了家长对于该主题的疑虑，让家长知道了同一主题在不同的年龄班有不同的目的和意义，对班上的教育教学工作也更加了解了。

案例三：

小宝的爸爸有一天在和老师的聊天中无意透露出了一点想法，他觉得孩子回家总是说不清楚在幼儿园一天的活动，有的时候光听老师介绍孩子在班里的情况和孩子的不足很不解渴，不知道如何才能更加真实全面地了解孩子。听了小宝爸爸的想法，老师设计了一个区角游戏开放的亲子活动，并且还要家长亲临现场听听孩子们是怎样评价自己的区角游戏。家长们参观后反响非常好，而且也对班里的一些丰富有趣的活动有了更多的了解。有个家长指着老师制作的玩教具说："老师真是不容易，为了孩子们的发展动了太多脑筋。"老师和家长的距离因为这次活动拉近了不少。

解读：

①一切为了孩子，在生活上解决家长的实际困难。

幼儿园教育很大一部分的意义是在于为家长解决后顾之忧，从生活等细节之处服务于家长。服务家长的根本目的也是为了幼儿的健康成长。尤其是在面对有实际困难的家长时，教师更多地给予帮助和抚慰，无疑让家长对幼儿园更加地信任和爱戴，增进教师与家长之间的距离，对教师日后开展教育工作也是一个很好的铺垫。

②介绍班级教育内容，便于家长了解孩子的活动。

家长对于幼儿园的教育内容没有一个具体和全面的了解，这个时候就需要教师用各种合适的方式进行介绍。班级的一些新活动，新主题在开展的时候，教师更是有必要向家长进行解说和介绍，可以采用张贴公告的形式或者给家长一封信的形式，方便家长了解教师进行主题活动的主旨，也让孩子在活动中能够得到相应的发展。尤其是一些主题活动需要家长的帮助和支持，教师更应该说清用意，让家长能够在理解的前提下配合教师的活动开展。这也是服务家长一个很重要的方面。

③适时开展各种形式的开放活动，拉近与家长之间的距离。

服务家长中一个很重要的方面就是让家长随时了解孩子在幼儿园动态的生活。让家长了解孩子一个最直观的方式就是让他们亲身来到幼儿园，观看孩子的学习生活。

教师在进行家长工作的时候，家长经常在听到老师评价自己孩子的时候一头雾水，半信半疑，觉得老师说的和孩子平时在家的情况很不一样。家长非常需要看看孩子在集体中是如何表现的，观察孩子在家中和在集体中有什么不一样的地方。适时开展面向家长的开放活动不仅满足了家长的需求，也便于教师日后和家长进行沟通，使家长更能接受孩子存在的一些问题，拉近教师与家长之间的距离。

2. 教师是家园共育中的观察者。

家园共育中经常存在很多微妙的问题，这些问题可能会在教师的仔细观察下迎刃而解，也可能会在教师的麻痹大意下升级。所以教师的观察在家园共育的工作中起到至关重要的作用，不容忽视。

在家园共育中观察分为与家长交流中的观察和共育事件中的观察两种。前者教师可以从交流中体会家长的用意，从而给予适当的配合；后者教师在一些典型的事件中发现共育中的问题与优势，便于继续开展今后的工作。

案例一：

最近班上在进行环保的主题活动，老师发动孩子们找一找家中的废旧材料，带到班上来制作一些小发明，或者是将家中一面写过字的 A4 纸拿过来，用背面画画。

早晨文文的奶奶一脸不高兴，话也没说就递给老师一个塑料袋，里面有几个废旧的牙膏盒。第二天，文文的奶奶还是一脸严肃，递给文文两张 A4 纸，说："拿着，你们老师要的。"老师连忙对文文的奶奶说："谢谢您，给班里带来了纸。"文文的奶奶没好气地回答："我们上幼儿园是交钱的，连画画的纸还要自己带啊！"老师听明白了为什么文文的奶奶这两天一直不高兴，原来是没有明白老师的用意，于是马上和文文奶奶解释这是为了配合班里的环保主题，班里画画的纸不是没有，而是让孩子把家中废旧的纸张带来再利用，让孩子养成不浪费的好习惯，还能培养孩子的动手能力。文文奶奶听了有点不好意思地对老师说对不起，以后不会误解老师的意思了。

案例二：

班级中有一个孩子叫小豪，老师留的作业从来不带到幼儿园来，老师和妈妈说过很多次孩子不认真学习，可是妈妈听后总是支支吾吾，红着脸就走了。老师每次批评小豪的时候，小豪总是说故事讲了，妈妈就是不肯帮他记录。

老师十分困惑，不知道孩子为什么从不带作业，批评、交流都收效甚微。别的家长在提醒后都能帮助孩子完成老师的要求。难道是小豪的妈妈不认同老师的教育理念？还是什么别的原因呢？老师仔细回忆，发现小豪的家园联系手册上的字歪歪扭扭，而且很难看，还经常有空着的项目，填写的内容也有很多错别字。职业一栏上老师发现家长填写的是"无业"，文化水平填写的是"小学"。和小豪妈妈吞吞吐吐的样子联想起来，老师恍然大悟，原来是因为家长的文化水平低，记录孩子复述的故事和诗歌时有困难。老师主动找到小豪，告诉他以后老师帮他记录。小豪的妈妈非常感动。

解读：

（1）从交流中观察家长的动态情绪，及时发现问题。

家长点滴的情绪情感会体现在与教师的交流中。教师在交流的过程中应当认真倾听，不仅要听取好的赞美之词，还要感受家长对幼儿园教育的不满之处。只有发现了家长不满意的地方，才能进行有效的改进，从而促进自己工作更好地开展，并更加有效地加深与家长之间相互理解、相互配合的关系。

比如案例一中文文奶奶的不高兴的情绪，老师发现后及时询问，知道了家长不满意的地方，马上解释，让家长了解工作意图，取得信任。如果教师从来就没有发现家长不满的情绪，或是将这种不满的情绪置之不理，那么问题就有可能积压，甚至到后来逐渐升级。只有及时发现及时解决，才能有利于今后教育工作的实施。

还有更多的家长会把对老师的赞美之词挂在嘴上，老师们听了很高兴。但是家长有时候随口说的一些事情可能也包含着他们的一些想法。比如家长觉得孩子平时没有吃饱，会和老师聊天的时候说："孩子回家还吃了很多。"等话语，教师这个时候可以劝导家长要掌握好孩子的饭量，并反馈孩子在园的吃饭情况，平时更加应该注意孩子一日三餐的情况，确保孩子不吃撑，但是要吃饱。

由此可见，观察的能力对于教师在家园共育中是多么的重要，在与家长的交流中有不少的学问。

（2）从平时的典型事件中寻找"观察点"，关注细节，更深入地理解家长。

除了在与家长交流的过程中教师需要观察之外，教师还应该注意平时一些不起眼的小事，稍不注意就会误解了家长和孩子，出现一意孤行地批评孩子、对孩子造成伤害的现象。

案例二中小豪其实不是不愿完成作业，而是因为妈妈的文化水平有限，不能帮助小豪完成故事的记录或想法的记录。如果教师不能从一些细节中发现问题，可能还会对家长造成误解，以为家长故意不配合工作，或是孩子因为调皮而不愿意完成老师布置的任务。

在我们的日常工作中有很多类似的事件，比如孩子经常咳嗽，家长带来了梨水，可是带了两天，第三天突然不带了，接孩子的时候也不愿意和老师说话了。老师敏感地发现了不对劲的地方，细心地询问孩子为什么今天不带梨水了呢？原来是孩子觉得总是喝梨水耽误自己玩游戏的时间，就骗妈妈说老师不让带梨水。老师知道后教育了小朋友不能说假话来解决问题，然后和家长解释了事情的原委，化解了一场不必要的误会。可见教师的观察者身份是多么的神奇，从小小的细节中发现问题，解决问题，使一位不满意的家长重新和老师建立起亲密的感情。

观察观察，先"观"而后"察"，在"观"中发现，在"察"中思考。细节决定成败，这句话是对教师观察者的身份的最好诠释。

3. 教师是家园共育中的指导者。

教师每天都会面对不同层次、不同要求的家长，有的家长自己的知识水平比较高，对孩子的要求和发展有自己的想法；有的家长工作很忙根本无暇顾及自己的孩子，孩子全权交给了长辈；有的家长自己的学识水平比较低，对孩子该如何教育的问题很茫然。无论什么样的家长都需要我们给予一定的指导，针对家长在教育中出现的问题进行解惑。

教师的指导者身份常常伴随其他几种角色特点而同时存在。服务的同时有指导；观察的目的在于解惑；合作的过程中也离不开指导。教师的指导主要是解答家长在育儿中出现的问题，以及教师在教育中发现的家长一些需要改进的方面。

在指导的过程中教师应当注意与家长交流的方式方法，使指导的过程成为帮助家长的过程，探寻家长易于接受的方式进行指导与解惑。

案例一：

壮壮在班级里是一个特别热情快乐的孩子，显得有一些淘气。平时，做很多事情壮壮都是特别能干，但是只要一学习，壮壮就唉声叹气，一点也提不起兴趣。上课的时候壮壮也是东张西望，好像和他没有关系一样。和壮壮奶奶交流的时候得知，他的爸爸妈妈都是放任式教育，随便孩子怎么样发展，从来不约束孩子，喜欢什么做什么，不喜欢的就不做。老师在了解情况后没有马上告诉家长这样的家教观有弊端，而是一点一点渗透给家长孩子在幼儿园的一些表现，让家长有一个系统的了解。然后在一次偶然的机会中，和妈妈聊起了她教育孩子的观点，在肯定这种教育方式的同时，也指出了自由发展式教育的不足之处，让家长明确过于放纵孩子，没有任何要求会造成什么后果。虽然做事情要从兴趣入手，但是兴趣有的时候也是需要培养的。如果孩子不喜欢学知识就

第一章 彩虹桥——理性思考

不学，那以后怎么办？妈妈觉得很有道理，和孩子的行为联系起来，觉得确实有不妥之处，很感谢老师的提醒。

案例二：

小梅的妈妈着急地找到老师，说小梅最近总是在家里发脾气，有时候摔东西甚至大叫，不知道孩子怎么了。老师在得知了这一表现后，回想小梅在幼儿园的表现，孩子在园非常听话，而且这些天更是比以前还要乖，做什么事情都要尽力做到最好，争取老师的表扬。可是回家后怎么就变了个人呢？再次询问孩子的妈妈后，小梅不仅发脾气，还在家故意淘气，做错事情，让家长生气。

老师结合小梅在园的表现和在家的表现，觉得孩子在园对自己的要求可能太高了，无形中给自己形成了一定的压力。回到家后又将自己这种压抑的情绪发泄到父母身上，寻找一个压抑与发泄的平衡点。根据以往的经验，老师让家长在家不要太严格地要求孩子，并要经常带孩子到大自然中游玩，让孩子在运动和游戏中宣泄自己的压力情绪，尽情的欢笑和释放，帮助孩子调节好情绪。在园中老师也经常和小梅聊天，告诉小梅淘气的孩子也是很可爱的，不可能每件事情都得到表扬，只要做到就可以了。慢慢的孩子的压抑情绪被疏散了，家长也松了一口气，觉得老师的办法很有效果。

案例三：

小班的家长经常问老师，孩子就是不自己动手做事情，有没有什么培养独立的好方法，老师针对本班情况告诉家长应当首先树立让宝宝自己做事情的意识，然后相信孩子能够做到，在孩子自己做事情的时候家长不要在一边指手画脚，这样只能让孩子没有耐心完成。

大班的家长问的更多是孩子的学习问题，很苦恼如何让孩子爱学习。老师在指导家长的时候要让家长明白，爱学习说明孩子有学习的兴趣，不要让孩子没完没了的学，这样只能磨灭孩子的兴趣，要有规律有步骤地指导孩子学习，尤其是帮助孩子形成好的学习习惯才是关键。

解读：

（1）从幼儿的行为入手，纠正家长的教育观。

幼儿的行为是家长教育的一面镜子，直接反应家长对待幼儿的态度以及教育的方式。任何教育观都要一分为二地看，没有绝对的好和坏。所以教师应该在发现孩子的一些不适当的行为时，和家长沟通教育观念，发现不好的地方，结合孩子的行为问题，给予指导和纠正。

比如案例一中家长放任式的教育观，给了孩子充分的成长空间，孩子的性格十分阳光热情，但是孩子由于没有约束，在遇到不喜欢的事情时，就不知道如何面对，往往采取了躲避的方式。不喜欢就不做，喜欢就做。这种观念直接影响着孩子的行为，导致孩子不喜欢的学习就不学，遇到困难就放弃。

在家长的教育观念出现偏颇的时候，教师给予指导要讲究策略，先说明孩子的一些不恰当行为，从分析行为入手，首先让家长接受教师的看法，继而再将行为与教育观念相联系，指出不合适的地方，帮助家长调整。

（2）了解幼儿在家庭中的表现，给予具体有效的指导。

幼儿在园的表现与在家庭中的表现虽然有时候反差较大，但二者是相互联系的。

在园的表现出现一些问题，往往和幼儿在家发生的事情有关系。同样，幼儿在家出现了反常的行为，也很可能是受幼儿园里发生事情的影响。所以分析幼儿的问题要将孩子家、园中的表现联系起来看待，教师更要向家长询问幼儿是否在家遇到了什么事情。因为幼儿的年龄小，遇到问题不知道如何调整情绪，就会用最直接的方式——情感宣泄，表现出和往常不太一样的地方。无论是哪一方出现了问题都不要过于紧张，教师应该结合自己在工作中总结的经验，具体问题具体分析，帮助家长和幼儿找到问题的症结，有针对性地来解决，肯定会见效很快的。

（3）在共育中体会家长的需求，及时进行解惑答疑。

幼儿在各个不同的年龄阶段会有不同的问题出现，每个阶段幼儿的发展又各不相同，所以家长在家园共育的过程中遇到的困惑也不尽相同。教师在与家长进行交流的时候不要指责家长的教育不到位，比如小班时，不要指责家长总是娇惯幼儿。家长其实也很想让幼儿什么事情都自己完成，可是实际操作起来绝对不是那么简单的。幼儿在家就会不自觉地耍性子，会做的也不做。这个时候教师就要给予家长一些行之有效的方法，而不是讲一些宽泛的大道理，因为家长最需要的就是操作性强的具体做法。

教师带班一般都比较有经验，所以在家长会上可以提前预见一些幼儿可能在家会出现的一些问题，并提供几个好办法，这样就可以及时帮助家长处理教育幼儿时的困惑了。

4.教师是家园共育中的合作者。

家园共育顾名思义就是家庭与幼儿园共同教育幼儿，即家长与教师合作完成幼儿的教育工作。幼儿的健康成长与和谐发展不是单靠一个方面的努力就能完成的。作为教师，家园共育中不可或缺的角色，应该更加主动地与家长进行配合，随时转变自己的角色。

幼儿教师在家园共育中应当主动配合家长。在合作过程中主动地将家长引领为家园共育的合作共同体，让家长与教师一同成为教育的主导，在合作中建立尊重、理解的良好关系。这一切首先取决于教师的合作态度与建立亲密关系的能力。

作为一名教师以平等的身份和家长交往、交流，如同合作者一般做好孩子的教育工作也是很重要的，因此，教师的第四个角色定位就是合作者，与家长合作、充分的利用家长资源也是教师做好家长工作的重要方面。

幼儿园新《纲要》中指出："家庭是幼儿园重要的合作伙伴。"因此仅仅把家长看成被动的配合者，只替教师做一些辅助是远远不够的，教师应本着尊重、平等、合作的原则上建立家园双方新型的合作伙伴关系。

**（四）家园共育中需要关注的问题**

家园共育的重要性教师和家长都非常认同。教师非常愿意和家长建立良好的合作关系，家长也十分想和幼儿园的老师经常沟通，可是为什么看似完备的家园合作机构无法有效运行？教师、家长们的观念和行为之间为何存在差异？如何求同存异解决当前的问题，确实值得我们深思。

1. 摆正位置，创建平等、相互尊重的家园关系。

在家园共育中，教师与家长同样是教育者，身份应该是平等的。双方以平等的身份，以互相尊重为前提，才能建立积极健康的合作关系。教师过分地以专家自居，不能够理解尊重家长的教育方式理念的话，就会在教育方式方法上与家长产生分歧。如果教师采用"以上对下"这种教育人的方式对待家长，会使家长更加被动甚至产生负面效果。

当然家长也要理解教师的教育对象为全体孩子，教师的职业能力肯定比家长专业和全面，避免提出一些过分的要求和产生一些不必要的误解。在家园共育中，双方互相尊重、相互理解，才能平等地讨论自己的观点，进行富有成效的沟通。

2. 增强家园共育的计划性、商讨性、连续性。

目前有部分幼儿园既没有家长工作计划，更缺乏有关家长工作的记录、总结和专题研究。家长工作处于有时间就做，没时间就不做的水平，随意性和盲目性很大，大多数幼儿园教师虽然写有学期、月、周家长工作计划，然而计划似乎是写给别人看的，目标不明确、内容不具体，学期、月、周计划之间缺乏有机的联系，更没有像其他教育教学计划那样，依据对工作对象事先的观察与调查，体现出针对性、年龄特点和家长需求。

家长工作的计划是为了更好实现家长工作的目的，取得家长工作实效的保证。系统、周密、科学和具体的计划不仅是工作开展的指南，更能对整个工作起到促进作用。

除了上述的工作计划，帮助家长树立正确的育子观念，指导家长实施科学有效的家庭教育，还可以有许多方法和途径。然而笔者在考察中发现，目前教师们采用最多的仍是简单灌输的方法，仅仅把书报杂志上的有关文章摘抄一些贴在墙上、门上或家园栏上，就算开展了家长工作。从内容上看，这些文章都是很好且有说服力的，然而由于它们针对性不强，又缺乏教师深入浅出的"就事论理"的说明，因此很难被家长真正接受并内化为今后教育子女的正确模式和自觉行动。

教师与家长共同商讨对孩子进行教育的形式，是指将家长看成平等的教育主体的前提下，教师与家长为着共同的目标，互相沟通、彼此交流，商讨出每个幼儿的最佳教育方案。

不仅如此，教师在与家长进行共育工作的过程中普遍存在"阶段性强、连续性差"的问题，不仅表现在时间上的时断时续，还包括内容上的不连续性。不少幼儿教师的家长工作主要围绕着几个大的时期进行，如学期初、学期末、节假日等。就是板报、墙报也是一两个月甚至几个月才更换一次。这种断断续续、时有时无的家长工作，不能切实提高家长工作的效果。家长工作内容上的不连续往往会产生这种结果：家长的确知道了一些教育观念和某种具体做法，但是由于其所获得的都是些零碎的知识和简单的技能，没有从根本上形成一种相对完整的观念、知识和方法的体系，因此，既不能很好地迁移到日常家庭对孩子的教育上，也难以建立适合家长自身素质水平、兴趣特长和适合孩子个性特点的教育模式。

3. 家园共育应以儿童的发展为基石。

实现家园共育，需要幼儿教师与家长以儿童发展为中心，进行经常性的双向沟通与交流。教师要随时向家长介绍孩子在园里的生活、学习情况，进步与不足；家长也要向教师反映孩子在家里的表现与变化。双方相互商讨、沟通，取得共识，有了共识才能做到共育。

此外，家长和教师除了针对孩子的问题进行沟通共育外，还需要针对家长在教育中的问题进行沟通。有的家长在教育观念与态度方法上，存在各种各样的问题，直接影响孩子的健康发展。这就需要教师通过沟通帮助家长转变态度，提高认识。当然，教师也要虚心听取家长的意见和建议，家长中很多就是从事教育工作而且颇有建树的，他们的很多想法也为老师的工作提供了更好的思路。幼儿教育是为整个人生奠定基础的教育。其培养的不再仅仅是了解某些知识具有一定智力和体力的人，而应是身体、社会适应性、情感、认知和道德等方面全面和谐发展的完整儿童。要实现这个目标，仅靠幼儿园单方面的教育不能完成。因为幼儿园仅是幼儿生活的一部分，对幼儿的身体、情感、品德、行为习惯以及个性的影响力更大的则是幼儿所在的家庭和家庭教育。

甜甜在幼儿园总是什么事情都要争第一名，洗手要第一个去，吃饭要第一个吃，连排队都要第一，只要不是第一个去的，甜甜就哇哇大哭。老师怎么劝说、讲道理都不管用。无奈之下，老师只好找到了家长，和甜甜的妈妈沟通了这个事情。妈妈一听立刻觉得很不好意思，原来在家所有的人包括爷爷奶奶、爸爸妈妈什么都让着她先做，大到回答问题，小到走路盛饭，什么都说甜甜是第一名。渐渐的孩子就觉得自己应该是第一，所以在幼儿园无法调整自己的心理状态，经常哭闹。在沟通后，家长及时改变了自己的教育策略，甜甜也变得懂事了很多。

由此可见，幼儿的全面发展离不开家庭教育优势的发挥。幼儿教师只有在了解孩子的基础上，才能有针对性地采取措施，提出适宜的发展方案，从而有效地促进孩子的发展。而这种了解应包含对儿童早期经历、家庭教育情况及儿童在家中现实表现的了解。因为儿童早期经验和家庭的教养情况对儿童的影响是深刻的，同时，儿童在家庭中的表现又是最真实、最充分显示其个性特点的。但这些信息材料如果没有教师与家长的沟通，没有双方及时的反馈是无法掌握的。

**（五）避免形式单一地进行家园共育工作**

在以往的家园互动中，教师一般采用家长会和家长谈话的方式进行家园共育。传统的形式有值得我们借鉴的地方，但是新的形式下，一些多姿多彩、形式新颖的合作方式帮助教师赢得了家长更多的理解、支持，更好地发挥了家庭蕴藏的教育资源，使家长的参与意识、角色认识、教育观念、教育策略都发生了很大变化，更好地实现了多角度、全方位、深层次的家园互动，提高了家园同步教育的有效性。

1. 打破传统的家长会。

目前教师在幼儿园与家长进行家园共育的方式是多种多样的，但是现有的方式也需要根据实际的效果不断进行调整、改进。比如传统的家长会形式单一，老师讲，家长听，有必要通过不断的改革和探索，在园内开展一些家长育儿座谈会，即以家长的交流为主，让家长们聚在一起，讨论自己的一些育儿经验，谈谈教育中的困惑，然后大家共同商讨，取得一致性的建议。

在经验交流会中，我们获取了很多信息，比如，浩浩妈妈谈到孩子在家中和在外面的两面性特别严重，孩子在外面是一个典型的乖乖女，但是在家里却总是和妈妈说话非常没有礼貌，大喊大叫。妈妈为了改善孩子的这种性格，先是和老师进行了沟通，在老师的鼓励和妈妈的引导下，孩子渐渐知道和家长发脾气是很没有礼貌的行为；为了让孩子学会自己穿脱衣服，家长在家耐着性子和孩子玩穿衣服比赛的游戏……这些事例，感动了在场的每一个人，同时大家也受到了教育，纷纷表示要多花时间陪孩子。

通过交流会，教师更多地了解到家长的想法和希望，让所有家长分享了别人的成功经验，并且有效地拉近了教师与家长之间的距离。

我们开展庆祝活动，首先考虑家长的参与性，鼓励家长积极参与。例如，元旦庆祝活动，我们设计的项目有孩子的，有家长和教师的，还有家长与孩子的亲子游戏，大家积极参与，仅一个班就有40多位家长到场，而且感叹幼儿园活动丰富多彩，家园、亲子之间得到了很好的交流。我们还开展集体游玩活动，集体带上孩子爬山、玩游戏、吃饭，孩子们有同伴玩耍显得格外开心，家长之间有效地进行了交流，促进了友谊。

在组织孩子的过程中，家长亲身感受到了教师的辛苦与工作的强度，他们更加理解教师，即使在工作中产生误会也能很快消除。在组织这些活动日，作为教师，也看到了家长的支持度，能广泛地倾听家长声音，从而激发自己参与幼儿园工作的热情，使家园互动充满活力。

2. 信息时代的新途径和新手段。

以往传统的与家长沟通的方式固然重要，但是处于科教前沿阵地的教育事业面临着全新的技术挑战，老师有必要利用最新的科技手段，全方位构建与家长的沟通渠道。在传统的家访、电话联系、家园手册、家长宣传栏的基础上，应该不断创新家园联系办法。

有的幼儿园通过网络主页的形式让家长了解幼儿园的成绩和过去，还通过建立班级QQ群，实现了家长和老师，家长和家长的实时交流；通过班级博客系统地介绍每周教学重点、工作计划、班级特色、班级动态，而博客中的家长日记、童言无忌、周末趣事、妈妈讲故事等栏目也为家长提供了交流平台。

利用网络平台进行交流的方式极大地激发了家长的参与热情，而且使家长资源更加有效地得到利用，家长经验实现共享。现代信息技术实现了教育问题共商、教育资源共享，网络这个信息化交流平台在家园共育中发挥了重要的作用。

3. 多种形式创设家园专栏。

参观过很多幼儿园的家园共育展板，但是不论从形式还是效果都不太尽如人意。存在栏目形式单一、内容较少等一系列的问题。

大一班的老师为了和家长进行更加有效的沟通，将孩子讲的故事、活动照片、手工作品以及家长的育儿心得、教师日记展示在墙壁上，家长们既看到了孩子的成绩，又从中了解到一些优秀的经验，还缓解了接孩子时的拥挤。

班里的家长还把孩子在家结合主题活动制作玩具的过程拍成照片，主动要求展示。比如环保主题活动时，咪咪在家和奶奶用一些玉米穗制作成好看的衣服；时钟主题活动时，晨晨和爸爸一起制作钟表……通过照片展示，家长参与活动的积极性越来越高了。

　　每天接孩子的时候，家长可以在展示板前面等待一会儿，就在这短短的几分钟里就能获取很多育儿的信息，免去了家长无暇查阅最新育儿知识的问题，家长们都觉得受益。幼儿平时活动的场景也是家长最感兴趣的，他们从照片中了解班级活动的开展，知道了孩子在园的一些基本活动，并且从几次的照片中还发现了孩子的小小进步，家长很是欣慰。这些有意义的展示内容拉近了家长和教师之间的距离，对教师的工作也更加支持了。

# 第二章　信息站——不同的家长工作方式

**导言**

　　作为刚刚入职的年轻教师，当有人问"幼儿园家长工作的方式有哪些"时，也许你不能对答如流、说出所有，但也不会全然不知。然而，在众多可选择的家长工作方式中，你又应该如何进行选择呢？面对家园共育中出现的某个问题，是选择早晚交流，还是选择约谈，抑或是电话交流？选择不同的方式又会有怎样不同的效果？在家园之间，在家长和教师之间，乘上哪辆家园共育的直通车，才能够让我们取得最佳的家园共育效果呢？信息站会为你提供各种家长工作方式的详细信息，为你做出选择提供重要的依据。

　　本章内容将从四个方面向你揭示不同方式的家长工作，"线路简介"帮你明确各种家长工作方式的内涵；"沟通驿站"使你更加清楚地了解不同方式的家长工作所能实现的特殊作用；"安全行驶"则提示你在使用某种家长工作方式时需要注意的问题；"一路风景"将向你展示每种家长工作方式中活灵活现的故事，从中给你更多的启示。

## 家园直通车之一——早晚沟通

### 线路简介

　　早晚沟通是教师利用家长每天接送孩子之际与家长进行的简短谈话，是教师使用频率最高、也是效果即时显现的一种家长工作方式，其特点突出体现在及时、简短、有效。

　　早晚沟通主要有两种形式，一是教师根据平时的观察，针对幼儿某方面的问题与家长进行的有计划、有准备的沟通和交流；二是家长根据自己的需要主动与教师进行的沟通和交流，或是就某方面的问题向教师进行的相关咨询。

### 沟通驿站

**便于教师了解家长的需求**

　　对于大多数家长来说，与教师早晚沟通的重要内容便是幼儿生活护理及健康方面的问题。如，向教师了解幼儿最近饭量怎样、衣服穿得是否合适、交代教师给幼儿服药的事宜、请教师关注幼儿近期的身体健康状况及生活护理方面需要注意的事情。通过早晚沟通，教师可以了解不同家长的需求和关注点，及时发现家长心中的担心与顾虑，为教师有针对性地开展工作提供依据。

### 及时解答家长的问题

答疑解惑也是早晚沟通非常重要的内容之一。通过这种沟通方式，家长可以向教师面对面地提出自己在教养方面的困惑，并能快速地得到教师的解答和帮助。如，对幼儿园或班级的某个通知内容不是十分明白、对班级某个活动不理解、对孩子回家后反馈的事情有困惑、希望了解幼儿某方面的发展状况或孩子在园表现等。

### 拉近教师和家长间的距离，建立情感

早晚沟通的内容涉及非常广泛。教师可以随时将幼儿在园发生的一些有趣的事情和家长进行分享或对家长的一些疏忽给他们提个醒儿，等等。在这个过程中，家长会感受到教师对幼儿的关注和喜爱，有助于拉近彼此间的距离，建立情感。

### 让家长及时了解幼儿在园的情况

早晚沟通相对于其他家长工作的方式而言，具有较强的灵活性和随机性。因为，家长和教师同时具有沟通的主动权，既可以是家长就某方面的问题主动与教师进行沟通，也可以是教师有目的、有计划地与家长进行沟通，反馈幼儿的在园表现。如，介绍幼儿在某方面的进步和存在的问题、反馈幼儿在某方面的潜力和闪光点等。通过这种反馈，有助于家园对幼儿形成统一的认识，为家园更好地合作奠定基础。另外，如果教师想与家长就幼儿某方面的问题进行单独谈话，也可以通过早晚沟通中的点滴反馈为后面的深入谈话做好铺垫。如，某位幼儿的攻击性行为比较严重，教师可以在早晚沟通时，先向家长反馈幼儿的在园表现，让家长对孩子这方面的问题有所了解。再进行单独谈话，家长会更容易接受和配合。

### 及时处理特殊事件，避免误会的产生

幼儿在园生活一天，很有可能突发一些比较特殊的事情，通过早晚沟通，教师可以当面与家长进行沟通，第一时间解决问题，避免产生不必要的麻烦和误会。如，幼儿在园受伤了、尿床了、身体不舒服等。

## 安全行驶

### 沟通内容短而精，时间宜短不宜长

早晚沟通是教师一边组织幼儿活动，一边与家长进行的简短交流。所以，教师与家长主动沟通的内容要短而精，切忌不要过长时间地与家长进行交流，

而忽略对幼儿的关注和照顾，造成不必要的意外发生。对于想与教师进行细致交流和深入探讨的家长，教师要婉转地提示家长，或者与家长预约其他交流时间，以满足家长沟通和交流的需要。

### 灵活之中有计划

早晚沟通具有较强的灵活性，与哪位家长沟通、沟通什么，往往是无法预计的。作为教师，我们要充分利用每一种家长工作方式，尤其是这每天与家长短暂的见面时间。因此，教师心中要有一定的计划。如，哪些家长很少主动地与教师沟通，教师要心中有数，主动在早晚见面时向他们反馈幼儿的情况。近期，幼儿有哪些发展状况需要教师与家长进行沟通，教师也要心中有数，有计划地在早晚沟通中向家长反馈。

### 教师间要有分工与合作

尽管早晚沟通不适合长时间与某位家长交谈，但有时候针对一些特殊事件，教师也需要与家长详细地沟通。这时候，教师间的分工与合作就显得尤为重要。如，晚离园时，教师要跟某位幼儿的家长交代今天孩子发生的一件事情，需要时间较长，教师可以先让这位家长稍等一会儿，待幼儿快要接完时，由配班教师负责照看未接的幼儿，主班教师再详细地与这位家长沟通，既保证有充分的时间，又避免幼儿出现意外。另外，早晚班的教师也要随时进行沟通，避免将家长嘱托的事情遗忘，如，早晨来园时家长请教师帮忙问询补办接送卡的事情，这就需要两位教师协商好，并在晚离园时，由晚班教师及时回应家长嘱托的事情。

### 展示教师良好的职业形象

早晚沟通既是教师开展家长工作的方式之一，也是家长了解教师的一个非常重要的途径。因此，教师要注意自身良好形象的塑造。如，礼貌待人、微笑面对每位家长、语言要亲切、交谈内容以幼儿的教育为主，避免和家长聊家常；另外，对一些老年人要多加关照；家长提出的问题尽量给予详细的解答，如果不清楚，可以请家长咨询相关部门或者主动帮助家长询问清楚再转告家长，切不可模棱两可或随意答复。

### 面向全体，关注每位家长

教师与家长在早来园和晚离园时进行沟通，正值幼儿集中来园和离园的高峰期。教师切不可因与个别家长沟通，而忽略了与来园的幼儿问好，或者让其他家长在门口等较长时间，造成门口拥挤。遇到这种情况，教师可以先暂停与家长的沟通，与来园的幼儿问好，或者先帮其他家长叫孩子，让每位家长都感到教师对自己和孩子的关注。

## 妈妈出差了

张文杰

像每天早晨一样，我站在门口等待着孩子们的到来，期盼着看到那一张张熟悉而洋溢着欢乐的面庞，听到那一声声清脆而甜美的问候。

时间一点一滴地过去，活动室里也逐渐热闹起来。这时，我望见楼梯口，悠悠跟着爸爸正往上走，看不到悠悠平日那兴奋快乐的表情，只看到她低垂的眼睛和缓慢的脚步，我就开始有些疑惑了。"小张老师早！"悠悠用有些颤抖的声音问候着。"悠悠早！"我还是和平时一样回应着孩子的问候。在我还没来得及问明缘由时，悠悠就已经进了盥洗室。没办法，我只好问孩子的爸爸。爸爸很无奈地告诉我，悠悠的妈妈出差了，悠悠本来对妈妈就很依恋，感情也比较脆弱，这样一来，悠悠的情绪特别受影响，他自己也在为这件事发愁，正在考虑是否把孩子送到老人那去。

果然，半天过去了，悠悠还是闷闷不乐的，偶尔还自己找个角落伤心地哭两声。平日的好朋友约她一起玩，她不理。老师尝试着安慰她，反而令她更伤心。我看在眼里，急在心里。这样下去可不行，妈妈出差要好几天才能回来呢！这样一来，每天来幼儿园都会增加她的忧虑，怎样才能让悠悠在妈妈出差的日子也成为一个快乐的孩子，并且还和平时一样爱来幼儿园呢？我想了想，拿起《家园联系手册》，用手机拨通了悠悠妈妈的电话，告诉她悠悠现在很好，让她放心，可就是特别想妈妈，想和妈妈说说话。于是，悠悠和妈妈便在幼儿园里通上了电话。打完电话，悠悠漂亮的小嘴都合不上了。我和悠悠约定好，每天早晨八点，妈妈都会往我的手机上给她打电话，希望她准时来幼儿园，接妈妈的电话。

晚离园时，悠悠的爸爸第一个跑上楼梯，从他的表情中不难看出对孩子的担心。"悠悠今天情绪挺好的，您放心吧！"我赶快向爸爸汇报孩子的情况。原本还想把我和悠悠的约定告诉爸爸，以便爸爸和我们一起配合，帮助悠悠克服妈妈出差时的情绪问题，但家长们陆续都来接孩子了。于是，我对悠悠爸爸说："您稍等一下，好吗？一会儿我再详细跟您说。"爸爸欣然同意了。几分钟后，活动室里就剩几个没接的孩子了。我请配班教师帮忙照看，然后继续和悠悠爸爸沟通，希望他能配合我们，坚持送孩子来园。悠悠的爸爸看到孩子开心的笑脸，悬着的一颗心终于落了地，他对教师的做法十分赞同，也非常感谢，表示一定会坚持送孩子来园的。

就这样，一个星期过去了，悠悠每天都坚持来幼儿园，而且还是平时那个快乐的小悠悠。

**分析：**

上述案例充分反映了早晚沟通的特殊价值，同时，也反映了教师在采取这种方式开展家长工作时需要注意的事项。

第一，早晚沟通具有较强的随机性。教师完全没有预计到幼儿会因妈妈出差而产生情绪问题，也不会想到家长会对孩子是否能够正常来园有所顾虑。这就提示教师，尽管早来园和晚离园时教师会非常忙碌，但却是发现家长隐忧的最好时机，一定要用心观察，用心体会。

第二，早晚沟通在具有随机性的同时，也具有一定的计划性。教师在发现了家长的担心后，想出了很好的解决办法，并有计划地利用晚上离园的时间与家长进行沟通。

尽管早晚沟通时间不宜过长，但面对一些特殊事件时，教师在采取这种方式的过程中，很好地协调了与个别家长沟通和面向全体家长两者之间的关系。

# 家园直通车之二——家访

## 线路简介

家访是教师对幼儿家庭进行的上门访问，是教师与家长在其家庭中进行的面对面的沟通。它在家园工作中具有不可替代的作用，能够帮助教师在真实情境下，快速、准确、详细而全面地了解幼儿及其家庭和成员的各方面信息，充分体现了教师对幼儿的关注、对家长的尊重与理解。

家访主要有两种情况，一是对新入园幼儿进行的普遍家访，这种家访对于绝大多数幼儿园来说是家园共育中的一项常态工作。二是根据幼儿或家园共育中的某些特殊问题进行的个别家访。如，当幼儿发生意外事故后；当幼儿家庭发生重大变故需要给予安慰和协助时；当幼儿长期缺勤，需要了解原因时等。

## 沟通驿站

首先，教师对即将入园的新小班幼儿进行家访，无论对于幼儿，还是家长和教师，都有着十分重要的意义。

**帮助幼儿认识教师，有助于缓解入园焦虑**

对于绝大多数幼儿来说，入园是他们第一次离开熟悉的家庭环境及家人，去面对一个陌生的环境和一些陌生的人。因此，教师在幼儿入园前，走进他们的家庭，和他们面对面地接触，对于幼儿具有至关重要的作用。它为幼儿提供了认识教师的机会，使幼儿从完全陌生到留有初步的印象，建立初步的情感，这就为他们入园后尽快适应幼儿园生活，接纳教师奠定了基础。而在自己最熟悉的家庭环境中，在家人的陪伴下与教师初次见面，可以让幼儿最大限度地减少恐惧感，使他们更加愿意和教师接触和交流。试想，入园第一天，当幼儿发现家人不在身边，因为陌生而产生恐惧时，曾经到他家做过客，送过自己小礼物，和自己玩过游戏的教师出现在他的身边，将是对幼儿多大的安慰呀！反之，在幼儿对教师完全陌生的情况下，即使教师再温柔呵护，再细心照顾，也不能马上赢得孩子的信任。因此，家访对于缓解幼儿的分离焦虑具有重要的作用。

**使家长消除顾虑，明确准备工作**

在实际工作中，我们常常会看到这样的情景：新生入园，幼儿在屋里哭，家长在门外哭；或是幼儿情绪已经稳定，但家长还在门外忧心忡忡，不肯离去。可见，教师不仅有责任帮助幼儿减轻分离焦虑，同样，也有必要在幼儿入园前与家长进行深入地交流，帮助他们消除种种顾虑，并从教师的介绍中明确幼儿入园前应该做好哪些准备工作。由此可见家访的重要性。

当你走进幼儿的家庭后，也许会听到家长一连串的问题：孩子这么小，在家都是几个大人照顾一个孩子，入园以后一个班那么多小朋友，教师照顾得过来吗？孩子受了委屈怎么办？那么多孩子哭闹，教师会不会烦呀？孩子不会自己吃饭，教师能一个个轮流喂饭吗？……教师进行家访可以面对面倾听和解答家长提出的种种问题，帮助家长消除顾虑。同时，教师也会向家长介绍一些需要他们配合的事情，使家长心中有数，更加放心。如，入园前尽量按幼儿园作息时间生活，练习自己进餐，大小便知道告诉成人，将幼儿的所有物品绣上名字，把幼儿送进班后尽快离开，等等。教师提供的建议，为家长有针对性地为孩子进行入园前准备工作提供了依据，使家园共育有一个良好的开端，使双方紧密地联系在一起，共同肩负起教育幼儿的责任。

**熟悉幼儿和家长，为今后开展工作提供依据**

通过家访，可以帮助教师直观、客观、全面地了解幼儿、家长及其成长环境，为今后的因材施教以及有针对性地开展家园工作提供依据。

教师在家访时通过观察、与幼儿的互动和交流，对幼儿的性格、爱好及生活自理能力、饮食、睡眠、如厕等生活习惯，及各方面发展水平已经有了一定的了解。入园初期，教师可以依据之前获得的信息，有效地帮助幼儿缓解分离焦虑。例如，有的幼儿喜欢听故事，教师可以在他们想念家长时，把他们抱在怀里，讲他们喜欢听的故事；有的幼儿情绪不稳定时，抱着自己熟悉的毛绒玩具就会有所好转。在以后的教育过程中，这些信息同样具有重要的作用。又如，有的幼儿想如厕时，不会主动告诉成人，而是通过哭闹的方式向成人表达自己的意愿。教师了解幼儿这个特点后,在带班过程中,就会加以关注,有的放矢。

此外,教师在家访时还可以身临其境地观察和了解到亲子关系、家长教养观念、教育方法、家长性格、个人素养等方面的信息,为今后开展家园工作积累宝贵的资料。例如家访时,教师发现天天把玩具扔得到处都是,就对他说:"天天,玩具躺在地上多脏呀,你能把它们送到床上去休息吗?"天天还没有说话,妈妈就说:"没关系,他就喜欢这么玩儿,我们给他的环境特别宽松。"从妈妈的话语中,教师初步了解到这是一位对幼儿缺少要求的家长,她将没有要求和宽松自由等同起来,教育观念有些偏执。在获得这个信息后,教师在今后的交流中,就要有意识地引导家长正确看待规则和自由的关系。

其次,根据幼儿或家园共育中的某些特殊问题进行的个别家访,虽然是计划之外的,但却具有特殊的意义。

**有利于教师客观、全面地评价幼儿**

作为教师,我们常常抱怨家长不了解幼儿在园的表现,认为家长对幼儿的评价不全面、不客观,可是反问我们自己,我们又了解幼儿在家庭中的表现吗?我们对幼儿的评价就十分客观、全面吗?是的,也许有时候在我们自认了解幼儿的情况下,同样需要走进幼儿的家庭,它能帮助我们在教育幼儿遇到瓶颈时,找到新的突破点。如,教师发现某位幼儿经常和同伴发生矛盾,有时还有攻击性行为。教师与家长多次沟通这个问题,也尝试了许多办法,却没有明显的效果。时间长了,教师认为家长不重视这个问题,家长则认为教师不喜欢他的孩子,为此,家长和教师在心理上都有些不愉快。然而,教师并没有放弃对这个问题的分析和思考,而是与家长协商好进行家访,希望和家长就这一问题进行深入分析,共同商定教育对策。在家访过程中,教师注意到这位妈妈在和孩子相处的过程中非常急躁,同时也了解到爸爸工作非常忙,回到家就打开电脑开始工作,根本没有时间和孩子交流,妈妈则要准备晚饭,收拾家务,孩子只好一个人孤单地做自己的事情。由此,教师找到了孩子不会与同伴交往的主要原因,他是在通过一种不恰当的方式吸引同伴的注意,另外,家长急躁的态度也在一定程度上影响了孩子。于是,教师和家长坦诚地说出了自己的想法,并和家长就这个问题达成了一致的意见,制定出相应的教育对策。

**增进教师和幼儿、教师和家长间的情感**

在实践工作中,教师往往重视新生入园前的家访,容易忽略日常工作中对幼儿及其家庭的家访。一是教师工作比较忙碌,家访又是家园工作中比较费时的一种方式;二是在自己的观念中,认为家访的作用可以通过其他家园工作的方式进行弥补。其实,在一些特殊情况下,家访仍旧有其不可替代的作用。

如，当幼儿生病长期不能来园时，教师的家访往往能够温暖幼儿及其家长的心，使其感受到教师对幼儿的关爱和重视。当教师因某方面的失误令家长对班级工作怀有不满情绪时，教师的家访往往能够及时弥补以往的过失，让家长感受到教师的真诚，拉近彼此间的距离。

## 安全行驶

### 家访前的准备工作要充分

1. 教师的仪表、谈吐要符合教师的身份，做到端庄大方。

2. 家访前事先电话沟通，向家长告知简单的家访目的，落实地址、时间后再出发；电话预约本着"家庭和幼儿园是合作伙伴"关系的意愿，尊重家长提出的时间及要求，介绍老师的安排，相互协商，融洽地达成家访计划。

3. 带齐物品：开学后的亲子活动邀请函、做小标志用的各色漂亮的小贴画、写着幼儿名字的标签、笔、家访记录本、幼儿基本情况调查表、班级温馨提示（内容为需要家长为宝宝准备的生活必需用品）。

### 家访中注意营造良好氛围

教师在家访时首先是教师角色，同时又要把自己看成家长的朋友，做到态度谦逊，举止文明，语言朴实诚恳。谈话时，避免单刀直入，可先围绕一些家长感兴趣的话题聊起，引导家长积极主动地参与到谈话中，与家长产生共鸣，取得家长信任，然后，再逐步引入主题，向家长了解幼儿的情况、介绍入园后的相关工作。

### 家访的工作流程

1. 教师进行自我介绍，帮助孩子记住自己明显的特征。如：刘老师头发是长长的，卷卷的，张老师个子高，带着眼镜等。教师与孩子交流态度要亲切自然，可以用搂抱、抚摩拉近与孩子的距离。

2. 教师一边与家长交谈、记录，一边观察孩子在家庭中的表现，家长怎样称呼孩子等。也可以向家长发放"幼儿健康状况调查表"，了解孩子的健康状况。教师可以和孩子聊天或游戏。

3. 请小朋友选一个自己喜欢的小标志。（老师做好记录，此标志入园后用于班级内贴放在幼儿的水杯、毛巾旁）

4. 教师向家长介绍班级教师工作分配情况。

5. 给家长发亲子活动的邀请函，介绍活动时间和内容安排。

### 家访时沟通的内容

1. 了解幼儿的基本情况。

（1）身体健康状况。

由于孩子的年龄小，有了病痛自己不太会表达，因此教师先要向家长了解孩子平时身体健康状况，生病时会有什么表现，同时，也要了解孩子有无食物过敏史。

（2）性格特征。

每个孩子因先天遗传及家庭教育环境的不同，形成了不同的气质类型，有的活泼好动，有的沉稳安静，有的内向胆怯。幼儿在家庭中的表现是最为原始、真实自然的，教师通过家访可以直观地了解幼儿的性格特征，以便孩子入园后采用适宜的方式进行教育。

（3）自理能力。

大多数孩子由于年龄小，在家被过分呵护，自理能力普遍较差，到了幼儿园以后，由此产生的不便会使得他们对上幼儿园产生畏惧情绪。同时教师向家长了解到孩子在吃饭、喝水、穿衣、如厕等方面的习惯后，可以在入园初期为幼儿提供有针对性的帮助与照顾，让家长放心。

2. 给家长提出建议。

孩子即将入园绝大部分家长会牵肠挂肚，不放心，教师要帮助家长分析幼儿入园后可能出现的各种不适应，并根据幼儿的现状有针对性地提出建议。

（1）建议家长不要因幼儿的哭闹而心软，切忌入园初期就三天打鱼两天晒网，要坚持送幼儿入园，并将幼儿园在新生入园阶段所做的各项工作向家长进行介绍，以使家长放心，树立信心。

（2）有意识地培养孩子的生活自理能力，从生活中最基本的内容做起，让家长认识到，孩子的生活自理可以有效地促进大脑结构的发展。尽快学会自理有利于孩子较好地适应幼儿园集体生活，而且能培养孩子的独立性、自信心。

（3）让孩子的生活作息时间逐渐与幼儿园接轨。很多孩子在家的作息很不规律，刚上幼儿园时会不适应，早上不起中午不睡，下午困得难受，孩子就会闹情绪，增加哭闹的频率。

（4）宣传幼儿园的办园理念，让家长对幼儿园教育、教学工作有初步的了解，赢得其对今后工作的配合和支持。

（5）鼓励幼儿多与社区中的其他伙伴交往，并对幼儿交往过程中出现的问题不过多干涉，不偏袒，让幼儿自己在与同伴的相处中学会与人交往，发展幼儿的社会性。

（6）不要用上幼儿园来吓唬孩子。有的家长在孩子哭闹时，用上幼儿园来吓唬孩子。久而久之，这就成了一种心理暗示，在孩子的意识中，幼儿园成了一个可怕的地方。在家长对我们幼儿园的教育、教学有所了解的基础上，我们建议家长把能上幼儿园当成对孩子的一种鼓励和赞赏，让孩子形成一种这样的心理暗示：上幼儿园是一件开心的事情，那里有很多好玩的玩具和小伙伴，只有表现好的孩子，才能被奖励上幼儿园。以此增强孩子上幼儿园的积极性。

（7）幼儿刚入园，进入集体生活之初，幼儿的种种不适应会对身心健康有短暂的影响，可能会生病，请家长理性对待；一旦幼儿适应了，身体就会好起来，幼儿刚入园的阶段班级活动以"养"为主，养身体、养情感、养习惯等。

（8）避免在幼儿面前消极地评判教师的行为，阻碍幼儿与教师建立感情。有问题直接与教师交流，才是最好的解决问题的办法。

### 注重教师、家长、孩子之间的互动

家访是教师、家长、孩子的"三方会谈"，教师要避免自己又"导"又"演"，口若悬河、滔滔不绝。为了使家访取得实质性的效果，教师要把传统的说教降到最低限度，对某些问题不宜轻易发表自己的看法，也不要轻易否定家长的某些做法、想法，而是讲一些其他家庭的家教实例，让家长自己去分析辨别，再共同讨论这些方法的优劣，避免家长被动接受；鼓励、支持家长积极主动的参与，在平等的交谈过程中受到启迪，掌握科学的育儿方法。教师在与家长的谈话过程中，不能忽视孩子的存在，可以让孩子坐在老师身边玩，在孩子游戏时偶尔介入。或让孩子参与老师和家长的谈话，发表自己的看法和想法，并对孩子的一些表现积极肯定，让孩子感到老师的亲切可信。

### 做好家访记录

教师对家访应做简单的记录，如果当面记录会影响家长谈话的效果，可等到回园后再进行追忆。也可以教师间进行分工，有的主要负责与家长沟通，有的负责观察了解幼儿，有的负责记录家访信息。家访记录为教师日后开展家园共育工作，对幼儿进行有针对性的教育提供了依据。

一路风景

## 入园前的新生家访

葛莉君

当小小看到老师来到家中以后，表现得非常兴奋，一刻也停不下来，一会儿玩玩具，一会儿打开电视，一会儿拿水果，十分热情，家长也很开心。教师在这第一次"串门"的过程中边看边听边问，向家长询问宝宝的性格、生活习惯和自理能力以及需要老师重点照顾的地方，从多方面了解孩子的特质。通过爷爷奶奶和爸爸的介绍，老师了解到小小在入园之前，多数时间都是跟着爷爷到老年俱乐部玩，是个有礼貌、乐于跟成人交往的孩子。小小在家人的鼓励下，给老师剥香蕉、端茶水、背唐诗、唱儿歌、表演打台球……做起事情十分大方，就像爷爷所说的一样，是个性格开朗、自理能力比较强的孩子，但有时也会犯倔，特别是吃饭和睡觉的时候。

教师在了解小小的优势后，凭借自己的专业知识对孩子做出了简短的评价，对于不足之处，也帮助家长从幼儿年龄特点上进行了分析，介绍了一些工作中的小策略供家长尝试。对于小小，老师为家长提供的建议是：

1. 与家长交流：看看所在小区里与小小同班的幼儿还有谁，如果熟悉的话可以尝试带孩子与他们接触一下，结识几个好朋友。

2. 增加孩子的户外锻炼时间，从而促进小小的饮食状况。

3. 结合幼儿园的午休时间，培养小小的午休习惯，以便孩子入园后能较快地适应集体作息时间。

4. 在办理入园手续时，可以带小小到班里看一看、玩一玩，激发孩子对幼儿园的兴趣，培养孩子的入园愿望。

**分析：**

每年开学前，在家访过程中会遇到较多类似小小这样的新生，教师做好这类家访时应注意：

1. 主动与孩子打招呼，借助看书、玩玩具与孩子逐渐亲近，帮助孩子消除老师间的陌生感，增进其对老师的情感。

2. 发现孩子的闪光点后积极予以肯定，并为其提出更高一点的发展标准，协助家长培养孩子的优势能力。

3. 对于家长反应的孩子的不足之处，不要大惊小怪过于惊讶和否定，避免家长担心孩子入园后的适应过程，而要与其共同探讨应该怎样配合老师，帮助孩子改掉一些生活中出现的不足之处。

4. 通过与家长交流，介绍幼儿园在新生入园前后所采取的相关措施，及家长需配合的方面。

# 家园直通车之三——半日开放活动

**线路简介**

半日开放活动是将家长请到幼儿园，走进幼儿所在的班级，向家长展现幼儿在园生活、学习、游戏状态的一种定期（或不定期）的开放活动，是幼儿园家长工作的一种重要形式之一，也是向家长全面、直观展示幼儿在园发展变化的一扇窗口，是实现家园合作的重要途径。

半日开放活动通常有每月一次的半日开放、学期末的半日开放、节日庆祝的半日开放等。

**感受教育的专业性，提高家长正确的育儿观念**

通过半日开放活动，能够较为直观、自然地向家长展示幼儿园的教育理念、方法、策略，让家长在活动中体验孩子的在园生活，感受幼儿园教育的专业性。引导家长逐步理解、掌握早期教育的正确观点和教育幼儿适宜的策略。

**沟通覆盖面广，短时、集中、高效**

家长在参与幼儿的半日活动过程中，可以直观地了解孩子在集体生活、学习中态度、行为、习惯等的具体表现。并结合孩子的表现及自己关心的教育问题与教师探讨，既有利于家长与教师间增进了解、达成共识，又能促进教师反思自身的教育工作。同时便于广泛、集中地收集家长们的意见和建议，促进家长与班级、幼儿园相互了解和沟通。

**安全行驶**

**提前准备半日开放活动的通知**

半日开放是家长十分期待的活动，家长特别愿意看到孩子在幼儿园与老师和同伴交往时的具体表现，而半日活动开放的通知则是活动的前奏。通知要明确告知家长半日开放的时间，便于家长在开放前做好准备。教师还要根据活动的安排和幼儿的年龄特点，告知家长在活动中重点观察什么。另外，还要提醒家长既要观察自己的孩子又要观察别的孩子，寻找幼儿发展中的闪光点及需要加强培养的方面；既要观察幼儿又要观察教师，学习一些具体的教育方法。

**确定半日开放活动的目标**

不同时期、不同形式的半日开放活动，有不同的开放目标和侧重点，教师要从幼儿园的教育目标出发，结合本班具体的教育目标、幼儿的现状、家长的实际情况、季节和重大节日、当前社会的热点问题等内容，来确定开放的目标。如，每月的开放为阶段性的开放，教师目标定位应在针对每月制定的教育和生活的重点目标，进行展示，在半日中凸显孩子发展的轨迹，引导家长发现自己孩子在这一个月中是否有了新的进步；学期末的开放为全面性的开放，教师目标定位应在如何进行全方位的展示，凸显孩子整个学期学到的各领域的技能和生活常规的能力；节日庆祝类的半日开放，教师目标定位应以调节气氛表演、游戏为主，展示技能为辅，凸显节日主题，在快乐中展示班级的融洽氛围和孩子积极参与活动的兴趣。不管是哪种形式的半日开放，教师都要做到心中有目标。

### 选择适宜的内容、形式

在半日开放内容的选择上，教师要根据本班幼儿的年龄特点和实际水平设计相适宜的活动。活动既新颖有游戏性，又要把幼儿平时所学技能融合在游戏中，展现幼儿实际能力水平。另外，家长开放日时，大多数幼儿的情绪都没有平时稳定，容易兴奋或哭闹，因此，教师在选择活动内容时，要避免安排过多的安静活动，或是需要保持较长时间注意力的活动，应该多设计亲子共同参与的操作活动。如，亲子制作、亲子游戏等。要注意的是，在一学期内的半日开放中不要采用重复的活动及游戏。

### 制定半日活动的流程

有了目标和活动的形式，活动流程的制订也是至关重要的一个环节。它能够清晰地反映活动的安排是否合理，是否符合幼儿身心发展的特点，既要使幼儿始终抱有很高的热情、又不至于让其感到疲惫；既符合全体幼儿的发展水平，又能兼顾个体差异。同时还要确保教师在半日活动中能有条不紊地进行，避免手忙脚乱。

### 明确班级教师人员的分工

在半日开放活动中，班级的每一名教师都是活动中不可或缺的一员。教师要提前协商做好人员的分配。如，半日活动以哪位教师为主线贯穿；哪位教师主要负责某个环节或活动，其他教师如何配合；哪位教师负责音响和游戏材料的准备；哪位教师负责解说；哪位教师负责活动的小结及建议的收集等。在半日开放前都要做好细致明确的分工，各司其职，确保半日开放活动的顺利进行。

**一路风景**

## 小班半日开放活动

刘海燕

活动目标：

1. 通过半日开放游戏活动，向家长展示本学期幼儿所掌握学习的新本领以及养成的生活和学习常规。

2. 引导幼儿积极主动参与各种游戏活动，并敢于在众人面前大胆表达。

3. 引导家长积极参与活动，了解体验幼儿在园生活。学习观察幼儿，在活动中能关注幼儿多方面的表现、并帮助家长尝试进行科学的分析，理解幼儿的行为表现。

活动通知：（主班教师拟写并打印）

尊敬的小四班全体家长:

您好!首先,孩子入园的第一个学期就要结束了,孩子们基本适应了幼儿园的生活,学到了很多本领。感谢您一直以来对我们工作的信任和支持。为了让您更加全面地了解孩子在幼儿园的生活、学习、游戏等状况,感受不断发展的幼儿教育,同时便于我们更好地携手促进幼儿身心健康发展,共建积极合作的桥梁,我们将于 2010 年 12 月 30 日(周四)下午 3:00 开展半日开放活动,地点在小四班。

其次,为了您能够在半日活动中更加细致、全面地了解孩子的发展,我们为您提供以下的温馨提示:

1. 在活动中请您注意观察孩子的游戏兴趣,看孩子是否主动与同伴交往、合作。观察孩子在游戏中的表现力与创造力,以及在遇到困难时,孩子解决问题的能力。

2. 请您在教育活动中注意观察孩子参与活动的情绪、态度、专注力,看孩子是否积极参与、主动探索、积极思考、大胆表达。

3. 在游戏活动中请您注意观察孩子基本动作的协调性和灵活性,观察孩子是否能够融入集体,与同伴共同游戏时是否表现得积极主动。

4. 在活动中请您注意观察孩子当日的表现,并和孩子以往的表现进行对比,切忌不要用横向比较的结果去指责孩子,对孩子的进步及时给予鼓励。

5. 对于孩子发展中的问题要客观分析,在活动后欢迎家长和我们进行约谈,共同商讨、制订个性化教育方案。不要在互动现场对孩子进行批评、指责,以免影响幼儿参与活动的兴趣和信心。

最后,再一次欢迎您来参加我们的活动。愿我们和孩子一起在半日开放活动中共同成长、体验成功!

小四班全体教师

2010 年 12 月

附:2010 年 12 月 30 日小四班半日开放活动签到表

半日开放活动签到表(主班教师拟稿并打印)

|  | 幼儿姓名 | 家长姓名 | 联系方式 |
|---|---|---|---|
| 1 |  |  |  |
| 2 |  |  |  |

活动摄像:

由家长委员会成员担任照相及摄像任务。

活动流程：

2：00～2：30　幼儿起床、盥洗、午点。（配班教师与生活教师主要负责）

2：30～2：45　幼儿如厕、整理衣裤。（配班教师主要负责）

2：45～2：55　热情接待家长、签到，并提示家长将手机调为静音。（主班教师主要负责）

2：55～3：00　引领家长进教室，准备开始开放活动。（主班教师主要负责）

3：00～3：15　游戏活动"到小兔家做客"。（主班教师执行，配班教师协助，生活教师发放材料）

3：15～3：30　综合亲子游戏活动"超级挑战者"。（配班教师及生活教师到场地提前摆放器材，主班教师向家长介绍玩法并示范）

3：30～3：40　幼儿如厕、盥洗、喝水，整理衣裤。（三名教师共同执行）

3：40～4：10　（主班教师主持、配班教师引领节目。生活教师播放音响）

幼儿节目展示：打击乐、歌表演、律动、舞蹈、儿歌、模仿操。

4：10～4：25　家长节目展示。

邀请准备好节目的家长进行展示，幼儿观看，并为家长加油。

4：25～4：40　亲子小制作"美丽的灯笼"。

4：40～5：20　幼儿盥洗、晚餐。（配班教师和生活老师执行）

家长小结会。（主班教师执行）

5：30　半日开放活动结束。（班级教师进行简单反思）

分析：

半日开放活动中比较全面地展示了幼儿园的活动安排和教师的教育活动。虽然有了完整的案例和充足的准备工作，但是教师也要重视以下几方面的事项，确保活动顺利进行：

1. 活动前告知家长参与半日开放活动的注意事项，提醒家长多做纵向比较，少做横向比较。切忌干扰幼儿的活动，以及当面给幼儿提要求或表扬、批评、包办代替等。

2. 发挥家长委员的作用，参与半日开放活动安排统筹，带动全班家长参与活动。

3. 多准备几个游戏方案和使用材料，以便应对突发状况。

4. 适时让家长参与游戏，不要只当旁观者。

5. 活动中注意给每个幼儿均等机会，让幼儿都有展示的机会。

6. 活动中有意识地与平时说话少的家长沟通，向家长介绍孩子的变化。

7. 活动后有意识地收集家长参与活动的感受（口头、书面）。了解家长对班级工作的评价，以便适时调整和改进。

# 家园直通车之四——家园联系手册

## 线路简介

　　家园联系手册是教师与家长围绕孩子的发展与教育进行的书面联系与交流的载体，也是实现家园联系的一种非常简便而有效的形式。

　　家园联系手册方便、灵活，传递信息及时。家长可以从中及时了解幼儿的点滴变化及家园配合教育方面的具体要求，教师则可以从中获得幼儿园教育效果的反馈信息，了解幼儿在家的表现，了解家长的需求和建议，从而使幼儿在家园双方一致的教育下得到更好的发展。

## 沟通驿站

### 便于家园双方及时交换信息

　　幼儿园的早来园和晚离园时间，教师比较忙碌，家长也比较集中，因此，不方便教师及时与每位家长反馈幼儿在园的情况，加之有些家长工作繁忙，很少亲自接送幼儿，与教师见面的机会也比较少。在这种情况下，家园联系手册就显得尤为重要，教师和家长可以通过它及时地交换信息，有利于家园配合共同教育幼儿。

### 为双方提供了一个理性交流的平台

　　家园联系手册可以为家长和老师提供了一个静心思考后交流的机会，教师可以针对孩子身上出现的问题，结合工作中的经验与家长进行沟通。不但使家长对幼儿在园的情况有所了解，且教师还可为家长提供一些育儿经验和育儿方法。对教师了解家长的家庭教育观念以及采取相应的教育措施也起到了很重要的作用。

### 针对个体差异，共同商讨教育方案

　　每个幼儿一份家园联系手册，这使得教师能与每位家长都进行沟通，而不至于因为有些家长不善言谈，不主动交流而疏于沟通。同时家园联系手册的内容因为来源于不同家庭，针对不同幼儿的表现进行交流，更体现教育的个性化，教师可以结合家园联系手册反映的问题，共同讨论、分析，形成对幼儿的个性化教育方案。

### 心与心的交流，建立融洽关系

　　家园联系手册的沟通方式虽然比较耗时，但书面语言比面对面的交流用词更为严谨、准确，必定要经过字斟句酌后才会落笔。当教师、家长在思考后，彼此使用亲切的话语进行真诚交流，能更好地拉近了教师与家长之间的距离。

同时一对一的家园联系手册，让家长体会到教师对自己孩子的重视与关注，会让家长更加信任教师，从而更好地携手进行教育。

### 用真诚吸引家长参与互动

刚开始使用联系手册时，家长们会特别迫切，急于看到老师给孩子写了些什么，此时家长只是阅读者，反馈率较低。这时，教师们要根据这个问题进行研讨，分析出家长不愿写反馈的原因。找到原因后教师们要调整写的视角，了解到家长最需要知道自己孩子哪一方面的内容后，再根据家长的需求进行沟通，这样家长的反馈率就会直线上升。

### 用关注引领家长客观地看待孩子

教师在写家园联系手册时，要客观、全面地介绍幼儿的情况，避免只报喜，不报忧，或一味告状的情况出现。家长对孩子抱着殷切的希望，孩子的点滴进步都是他们欣喜的源泉，是他们骄傲的资本。因此，教师应该在充分肯定孩子优点的基础上再提建议，这样就容易打动家长的心。同时，要用热情的话语唤起家长对孩子的教育意识和培养信心。如，有位大班老师这样对家长写道：告诉您一个好消息，啸啸近期在美工方面有了很大的进步。在一次美术绘画的活动中，啸啸画了一辆非常棒的坦克，还画上了炮、枪等装置！今天，我们用各种形状的纸，进行拼贴活动，啸啸构思得非常好！我真为啸啸的进步感到高兴。另外，啸啸在生活自理能力方面也有很大进步。他在教师的鼓励下，已经能够自己将柜子整理好，将衣物叠放整齐，相信在我们的共同配合下，孩子会取得更大的进步！不过，孩子还是没有养成良好的午睡习惯，这对孩子的生长发育可是十分重要的。我们会多加关注，希望您也能配合我们，共同培养幼儿良好的生活作息规律。家长真切地感到了教师对孩子的欣赏和关注，对教师的感激之情油然而生，自然更容易向教师敞开心扉了。

### 用真诚面对共育中的问题

我们需要和家长共同面对、解决我们教育中的问题。如：一位家长在联系手册上写道：我晚上11点下班到家，可是儿子没有入睡而是硬撑着眼皮等我回家。见到我第一句话就问我："爸爸，你还让我整托吗？老师说了我要是不听话，你就让我整托。"教师看完后，心里感到不是滋味。家长虽是以趣事形式记录，但含义深刻，他一针见血地指出了教师错误的教育行为，更使教师清醒地意识到了教育中不当行为给该幼儿心灵造成的伤害！教师及时与该家长联系，向他们表达了歉意，并表示今后一定会运用正确的教育方法帮助孩子尽快适应集体生活，并请他们随时监督班级教师的工作。教师有问题能真诚面对，不仅打消了家长的顾虑，也缩短了与家长的距离。

### 用细心记录幼儿的表现

教师精力有限，事无巨细，一本小小的联系手册却要包罗万象，因此教师在记录幼儿的表现时就要做到细心。一个问题、一个小故事都可成为家园联系手册的内容。如，在幼儿绘画时，教师发现一个小朋友眼睛离画纸很近，在短时间内不能纠正过来。于是该教师在联系手册上写道：今天我们发现您的孩子绘画姿势不正确，请您多注意观察、纠正。因为眼睛离画纸很近，会使孩子的视力受到较大的影响，易使眼睛产生疲劳……这样，既及时地提醒了家长，又向他们阐明了有关知识，起到了较好的作用。家长反馈写道：你们的细心观察和及时提醒非常宝贵，孩子的身体是最重要的，我们更换了护眼台灯，随时纠正看书姿势，减少玩电脑的时间，还用视力表进行测验，我们将密切观察孩子视力的变化。

### 用实例阐述，切忌空洞无物

家园联系手册中所写的内容要具体，忌空泛，不能写成流水账，要侧重反映幼儿的变化与新的情况，要围绕幼儿园的教育目标和近期的教育任务，结合孩子个体发展的实际来写。教师只有"眼中有孩子，心中有目标"，养成认真观察幼儿的习惯才会有可写的内容。当家园不间断地交流信息、相互配合，联系手册就会成为反映孩子发展与教育的宝贵资料。

### 做到量体裁衣

孩子的发展是循序渐进的，应按照孩子的身心发展特点，分年龄、有重点地进行反馈，做到量体裁衣。如，小班孩子刚离开家长的全面呵护，绝大部分生活自理能力都不是很强，教师将面对他们吃饭、穿衣、如厕等一系列烦琐的生活问题。因此教师应在如何提高孩子生活能力方面引导家长积极配合；中班孩子已具备一定的生活能力，可以在如何养成良好的生活、学习习惯方面与家长交流，让家长懂得好习惯是孩子走向成功的关键；大班孩子因为即将升入小学，可以着重从提高孩子学习能力、解决问题的能力等方面与家长倾心沟通。这种分层次、有重点的交流方式能让家长树立培养孩子全面发展的意识，转变家长重智轻能的观念。

### 搭建经验共享平台

有的家长非常关心孩子的成长，每次都认真地填写家园联系手册，还会把自己的育儿经验填写在上面。遇到需与老师探讨的问题时，能将自己的观点及看法开诚布公地写出来。有的家长将自己为孩子第一次入园写的连续观察日记奉献出来，教师可将这些日记展示在家园橱窗中，成为其他家长分享经验的窗口。幼儿园还可以将家长写的记录与老师写的孩子在园记录结合起来，装订成册作为成长档案为孩子珍藏起来。还可以组织教师进行班级之间的家园联系手册交换阅读活动。将有特色的联系手册内容朗读出来，供教师们汲取经验，使家园联系手册成为家长爱不释手的教育参考读本和孩子成长过程的真实记录。

家园联系手册是家园互相沟通、交流信息、合作教育的一种有效渠道，从最初发现问题到后来的改进策略，家园联系手册的功能越来越完善，一本小册子成为情牵幼儿园与家庭的重要纽带。家园如同一车两轮，只有同向运转，才能共同促进孩子的发展！

## 一路风景

### 托班家园联系手册摘录

刘　维

咚咚家长：

　　您好！

　　咚咚上午情绪比较稳定，没有哭闹，还和老师一起唱歌，户外玩游戏表现较好，喝水时，不太想喝，需要老师喂，喝了一大杯，中午自己吃饭，不用老师喂，中午12点睡着了。上午没有大便。

　　回家后，给孩子多喝些水，以免上火，愿我们家园共同配合，使孩子顺利度过入园分离焦虑期。

刘维老师

××年3月1日

刘老师：

　　您好！

　　首先对您的悉心照顾，我们深表感谢！您是咚咚的第一位启蒙老师，我们为她有您这样一位细心周到、和蔼可亲的老师感到欣喜！咚咚爱流口水，小手破了一点点都被您细心观察到了，您的细心让我们非常感动，也对咚咚的顺利度过入园分离焦虑期非常有信心。

　　当然，让孩子顺利入园不能单靠老师，作为家长，我们会全力配合幼儿园的工作。今晚给咚咚喝了大半杯水，但她一直没大便（三天了），请老师明天关注一下。

　　咚咚有个不良嗜好，睡前爱吮大拇指，不知在幼儿园是否仍然这样，我们想了很多办法都没帮她戒掉，这个可能还得从长计议，希望日后可以和您探讨、向您学习，帮助她改正，先谢了！

　　咚咚虽然话不多，但性格开朗、快乐、温和而有爱心，是个可爱的孩子。

熟悉环境后，您会发现她的闪光点。我们会在日常的教育中鼓励她勇敢地多用语言跟老师和小朋友交流，我们相信在您的教导下，她会勇敢起来的！

咚咚今天回家说："刘老师喂我吃饭啦！"孩子为此感到快乐！在此我们也深表感谢！非常感谢幼儿园安排这样一种交流方式，我们也希望您对我们家长在教育方面多提些指导意见！

对您的悉心照顾再此表示诚挚的谢意！

咚咚的妈妈<br>××年3月1日

咚咚家长：

您好！

咚咚在幼儿园一天都能表现出快乐的情绪，吃饭、喝水、睡觉都挺好，上午我在自己手上画了个小丑人，小朋友都争着要我帮他们在手上画，我在咚咚手上画了一个，她伸出左手让我再给她画只小猫，我们一起玩手指游戏，她高兴地笑着，中午她吃了一碗饭，还有菜花，她喜欢吃鱼，又给她添了一次饭。我想她多吃些饭，也许会有大便，午睡前她小便了，刚上床，她说想大便，我表扬她知道告诉老师，赶快给她拿来便盆，坐了一会儿，没有便出来，她想站起来不排便了，我拉着她的手说："老师帮你使劲。"过了一会儿，还是没有。她想坐便池，我给她穿上衣服，坐了一会儿还是没有。回家后，还请您继续观察。

关于孩子爱吮拇指的习惯，建议您利用孩子爱听故事的习惯，编个简单的小故事，讲讲吮手指的害处，平时发现她的这一动作，可用转移注意力的方法引导她。由于孩子刚刚入园，建议您过段时间再纠正孩子这个不良习惯。

刘维老师<br>××年3月2日

刘老师：

您好！

您辛苦了！看到您长长的留言，我既感动又不安，您的一天非常繁忙，恐怕只有中午短短的时间，而您要写的不只咚咚一个人的留言，以后不必写太多，简单写几句她的情况就可以了，您还要利用他们睡觉的时间备课，别影响了您的休息及工作！

咚咚晚上尿尿的时候又拉了一点，咚咚有这个毛病，尿尿的时候会带出一点尾尾，还烦情老师注意一下，给她擦屁屁！（又给您添麻烦了）

晚上我给她喝了蜂蜜加香油的水，还未见效，大便拉得还是不彻底。看到咚咚快乐地适应幼儿园的生活，我们都很高兴。她今天早上没让我送，快乐地跟我再见，和姥爷去幼儿园，看来幼儿园已经是她向往的地方了。

咚咚中午能够和小朋友一起同步入睡起床吗？在家她的午睡时间一直不太固定。我也觉得吮拇指的事要慢慢来纠正，先不要给她太多的压力吧，谢谢您的指导！我注意到您给咚咚的名字加上了两张"小嘴"，您的细心是渗透到点滴之间的，您和高老师、李老师都充满着爱心、责任心，我们很感动！

咚咚的妈妈

××年3月2日

刘老师、高老师、李老师：

你们好！仅作小诗一首，表达我们的心意：

一席知心话，

温暖全家心。

只要有您在，

我们都放心。

咚咚的爸爸

××年3月2日

咚咚家长：

您好！

首先感谢您每一次与我们真心地交流，早日让孩子适应幼儿园生活，让咚咚生活得更快乐，是我们共同的目标。

咚咚独立入园已经三天了，在这短短的接触中，我们发现咚咚有很多长处，从不哭闹，有事情能够跟老师交流，喜欢看书、讲故事，和小朋友共同游戏，表现出快乐的情绪，咚咚基本上适应幼儿园生活了，我想这与家长的配合和教育是分不开的。

关于咚咚大便的问题，我认为习惯的养成需要一个过程，让我们在观察孩子的基础上，逐步掌握孩子的大便规律，帮助孩子解决这个问题。

刘维老师

××年3月3日

咚咚的老师：

你们好！

首先非常感谢你们为我们提供了这种互动交流方式，这种方式对你们有帮助，对我们家长帮助更大，因为它让我们实时、准确、真实地掌握孩子的动态，所以我们希望这种方式能一直延续下去，当然前提是不影响你们的正常工作。

其实，对于孩子的教育，我们一直认为在五岁以前，孩子需要的是每天快乐地生活，培养一个良好的生活心理状态。基于此，我们在入园以前所做的就是让孩子干自己喜欢干的事情，而对于认字、背诵唐诗以及英文，我们都没有刻意地去追求数量。我们把这些东西融入到她喜欢的事情中去。我们都比较认同您现在的教育方式。小孩子身体、心理都能健康快乐，这远比学到东西更为重要。我们也非常感谢您在成为我们孩子的老师同时也成为孩子的好朋友。

当然，在培养孩子良好的生活习惯上，我们做的还远远不够，如大便问题，吮手指问题，我们至今也没有解决。对了，咚咚今天到家依然没有大便，还烦请您明天多加关注一下。不过我们都坚信在大家的共同努力下，一定会慢慢纠正上述孩子的不良生活习惯，我们深信！

咚咚的爸爸

××年 3 月 3 日

咚咚家长：

您好！

咚咚最近在幼儿园有了很大进步，能主动坐盆大便了。现在我们给她提出了更高一步的要求，鼓励她自己穿、脱鞋（老师为她穿脱衣服），以培养她自我服务的意识，建议您在家里也鼓励孩子做一些自己力所能及的事情，为她创造自己动手的机会，使咚咚有更大的进步。

另外，咚咚的小嘴上面有些红，在园里我们尽量多喂她喝些水，同时，也给她患处洗净后抹了些油，建议您周末时间也注意用温热水给孩子洗一洗，经常抹些油，孩子皮肤娇嫩，希望咚咚在我们共同护理下，尽快好起来。

刘维老师

××年 4 月 1 日

刘老师：

您好！

咚咚入园一个月（实际上仅 14 天），取得了很可喜的进步，我们都深有感受。首先，她每天回家都要诵唱一些未曾听过的儿歌和歌曲，并伴随一些舞蹈动作，活泼可爱；其次，我们最头痛的咚咚的大小便问题，尤其是大便顽症终于解决了，我们放心多了；再次，咚咚在家吃饭喝水都不认真，在幼儿园有老师的帮助和小朋友的带动，也有了较大的进步。咚咚这些进步的取得，是你们三位老师充满了爱心和适度科学的严格要求取得的成果，我们再次向你们表示诚挚的感谢！

刘老师提出的逐步培养咚咚的动手能力、培养她自我服务意识，我们非常赞成，我们将积极配合；只是我们叫她做什么，她总不照办，如经常在家脱了鞋满屋跑，还有爱坐地上、躺在地上也是屡禁不止。另外，咚咚小嘴上面有些红的事，遵嘱，我们已用热水经常给她洗并抹了油；我们也听人说是小孩初上幼儿园易上火，我们买了"健儿清解液"给她服用。现在看来有点效果了。

咚咚吃饭、喝水都不主动，请你们适当关照。

再次感谢你们为咚咚的进步付出的辛勤劳动！谢谢了！

咚咚的姥爷、姥姥

××年4月2日

咚咚家长：

你们好！

最近咚咚在幼儿园情绪比较好，能够主动地选择自己喜欢的玩具，玩完以后，按要求放好送回玩具柜。并且与其他小朋友、老师有了一定的感情，昨天她主动跑到我跟前，悄悄地对我说："我家有一条裙子呢！"我看她这样大胆地与老师交流，非常高兴，急忙鼓励她说："你的裙子可漂亮吧，过两天暖和了，穿来让小朋友、让老师看看好吗？"她说："好吧！"脸上立刻露出了笑容。

刘维老师

××年4月16日

刘老师、高老师、李老师：

你们好！

看到咚咚的进步以及快乐的入园情绪，我们非常欣慰。这都多亏了三位老师的辛勤培育，在此深表感谢！

咚咚能够主动跟老师交流，我们特别高兴，老师适时的鼓励，一定给了她很大的信心，希望老师以后继续多鼓励她，她一定会在跟老师、小朋友的交流中更加体会到幼儿园的快乐，逐渐培养起她与人交往的能力。

咚咚这两天在大院里，看到大宝还有刘以诺，都主动告诉我，那是她们托二班的小朋友，咚咚一说起自己是"托二班"的，很是自豪呢！

咚咚的妈妈

××年4月18日

**分析：**

上述案例教师能抓住托班孩子的年龄特点进行认真细致地观察，重点写了近期重点工作：分离焦虑期和吃饭、穿衣、如厕等一系列烦琐的生活问题，教师在提高孩子生活能力方面能有效引导家长积极配合。充分反映了家园联系手册的价值，拉近了家长与教师的情感距离。

# 家园直通车之五——家长助教

## 线路简介

家长助教就是幼儿园依据具体的教育内容和家长的职业特点、个人爱好等，把家长作为特邀的人员参与到教育活动之中，家长直接作为幼儿园活动室里活动的参加者甚至是组织者、重要信息和能力的提供者和展示者。不同文化背景、职业背景的家长群体，成为幼儿园丰富的教育资源。家长助教可以让家长根据自己的特点、专长，自愿报名，走进幼儿园和教师一起组织教育活动，为孩子的成长提供帮助。

## 沟通驿站

**可以拓展和丰富幼儿的学习经验**

幼儿园和家庭有着各自不同的优势和局限，家长来自各行各业，他们在其工作领域的专业知识和技能是幼儿园教师望尘莫及的。如：记者、警察、医生，他们的专业性很强，而且和幼儿生活经验息息相关。家长如果能够参与到幼儿园的各种活动中，不仅可以开阔幼儿的眼界，拓展幼儿多方面的经验；而且还可以使幼儿的活动更加生动、有趣，拓宽、丰富幼儿园的活动内容。

**让家长更加理解幼儿园教育，形成共识**

家长在参与幼儿园的各种活动中，可以更为直观地感受到孩子在幼儿园究竟学什么？是怎样学习的？家长通过亲身体验教师的角色，参与活动的组织，有助于家庭和幼儿园在教育理念和方式、方法上达成共识，提高了家长对幼教工作的认识与理解，是一种非常好的家园共育方式。

**促进家庭、幼儿园之间的沟通互动**

家长在参与幼儿园活动的过程中，为了组织好孩子的活动，家长必然与教师与之间进行多次交流，沟通活动方式，商讨教育方法，了解平时教师组织孩子活动的流程，针对活动的目标、组织、实施进行深度的互动，这就有效地促进了家园之间的沟通。

### 增进了亲子感情

当家长以老师的身份出现在孩子面前时，孩子会很自豪，觉得自己的家长了不起。有助于家长在孩子的心目中树立美好的形象，同时还拉近了孩子们与家长志愿者之间的关系。

## 安全行驶

### 要事先调整、安抚好孩子的情绪

为了避免幼儿在家长助教参与班级活动时情绪过度兴奋，教师要提前与幼儿进行交流沟通，让幼儿有充分的心理准备，并安抚好幼儿的情绪，引导幼儿配合好家长志愿者，做个好学、懂事的孩子。

### 充分尊重家长的意愿

1. 事先做好调查，要了解班级家长的资源，如每位家长的职业、特长等。更重要的是要征求家长意见，了解家长是否愿意来园组织幼儿的活动，以及擅长组织什么活动等。

2. 开展家长志愿者活动之前，一定要向家长宣传开展此项活动的意义、内容，调动家长参与的积极性，这点至关重要。可定期将需要家长参与配合的内容、方案进行公布，方便家长根据自己的时间自愿参加。

### 帮助家长树立信心

在活动中，不要用教师的标准去评判家长组织活动的效果，要多给予家长积极的鼓励与反馈。在家长组织活动过程时，教师要注意在其中"穿针引线"，帮助其顺利组织活动，使其体验成功，帮助家长树立自信。

### 给予助教者具体、适宜的指导

1. 教师要给予参与活动的家长具体指导，这样才能取得较好的效果。大部分的家长都是外行，教师可通过具体的指导增强家长的自信，使其对活动过程能做到心中有数。如活动中孩子会出现哪些反应和表现，提前做好预案。

2. 要提前做好充分、周密的安排。如教师与家长共同策划活动内容、活动方式、选择活动材料等。让家长清晰地了解活动的目的、要求、步骤以及具体的活动安排，同时要对场地及安全因素进行周密的考虑。

### 应让家长体验到参与幼儿园教育活动的乐趣

教师为家长提供相互交流的平台，分享家长志愿者中好的方法和经验，可以在班级家园栏中开辟出一块栏目，将每一位家长志愿者的感言张贴在栏目中，为家长创造交流经验的机会。同时通过家长的反馈，也可以使我们进一步了解家长参与活动的情况，让家长体验到参与幼儿园教育活动的乐趣。

**通过教师间的交流提升开展家长志愿者活动的经验**

可在学期末时，组织每班教师将本学期家长助教内容用 PPT（幻灯片）的方式梳理制作出来，并组织全体教师通过教研分享交流开展家长志愿者活动的过程。进一步充实和丰富家长志愿者活动的方式和内容。

## 一路风景

### 爷爷为我们讲京剧

刘淑环

活动背景：

京剧作为国粹离孩子的生活越来越近，孩子们对京剧有了初步的了解。教师在带孩子们到小区的花园散步时，经常看到爷爷奶奶唱京剧。教师问："你们还在哪儿听过京剧？"孩子们回答"在电视里听过""去剧场看过京剧"等。孩子们对京剧演员的鞋子、头饰、脸上的油彩、衣服及唱腔都有浓厚的兴趣。于是师生开展了"画脸谱—学京剧—演京剧"等主题活动。与此同时，我们向全园的家长发出了邀请信，邀请会唱京剧的家长前来为我们介绍京剧、唱京剧。

活动名称：今天我来当老师——爷爷讲京剧

（活动前教师和爷爷一起共同设计了活动目标）

活动目标：

1. 在幼儿了解京剧分类的基础上，引导幼儿进一步了解旦角动作的表现方式。

2. 体验与家长一起分享京剧动作的快乐。

活动准备：

1. 邀请家长参与助教活动。

2. 与家长共同设计活动内容，并选择视频播放内容。

3. 旦角头饰、京剧图片。

活动过程：

精彩对话

以孩子们比较好奇的旦角头饰为话题，展开讲解。

爷爷："小朋友，你们看这是什么？"（出示头饰）

幼儿："这是我爷爷。"（表情非常自豪）

爷爷："我现在是老师。在这个头饰上面你看到了什么？"

幼儿："我、我、我……"（举高双手）"是京剧头饰。"

爷爷："小朋友别着急。一个一个来回答。"（老师用举手动作暗示幼儿举手说）

爷爷："是哪个旦角戴的呢？"

幼儿："花旦！""老旦！""青衣！"

爷爷："别急、别急，咱们仔细看看这个头饰的颜色。（和幼儿一起观察头饰）这是谁戴的呢？"

幼儿："花旦。因为颜色鲜艳。"

爷爷："花旦走路什么样？那青衣又是怎么走路的呢？"

（家长志愿者和孩子们一起学花旦走路的样子，笑声此起彼伏）

爷爷：示范动作要领。（大腿夹紧，小腿步伐小，先起脚跟带动脚尖走小碎步）

幼儿：学花旦走路的样子。（放音乐及视频）幼儿与爷爷一起做简单的旦角动作。

幼儿：活动结束时，幼儿抱住爷爷的腿恳求说："爷爷，您别走，我们喜欢和您一起唱京剧！"

爷爷："我也喜欢你们，我还会来的。"

幼儿："那爷爷咱们拉钩吧。"

（爷爷与孩子们一个个拉钩保证还会来，孩子们依依不舍地目送爷爷离去，直到看不见爷爷的背影）

本次活动后的一天晚上，大班教师和部分幼儿在这位家长志愿者爷爷的陪同下，还一起来到了北京某京剧团的后台，进行实地考察与讲解。因为很多演员都在忙着化妆准备演出。师生带着预先准备好的问题，利用演员化妆的间隙与京剧演员进行了面对面的交流。了解到了京剧不同的脸谱、服装、服饰代表不同的人物角色，不同颜色的脸谱代表人物的不同性格。同时师生零距离目睹了京剧演员化妆时的真实情景，也了解到了如何挑选化妆笔、用笔勾勒线条、挑选什么样的油彩对幼儿的皮肤不损伤等，由于有了家长志愿者的辛勤付出，师生获得的是一次获益匪浅的实地考察！

家长参加活动后的体会：

很感谢老师提供了这样一次机会，让我这把年纪还给小朋友们当了半天的"老师"，发挥些余热。跟孩子们一起唱戏，让自己成为孩子们中的一员，体会到了孩子们的天真、热情，仿佛自己也年轻了许多。希望老师能多提供这样的机会，让家长们都参与进来，享受快乐，体验老师的艰辛，回味童年！

**分析：**

家长是教师密切的合作伙伴，我们有权利和义务共同努力，促进孩子的成长。但值得注意的是在邀请家长时要有选择，选择适宜的活动内容，选择适宜参加活动的家长助教。本次活动是在开展主题活动的基础上，发现孩子感兴趣的内容，同时充分利用家长资源——莹莹爷爷，一名京剧爱好者参与到班级活动之中，通过莹莹爷爷的讲解示范，让幼儿进一步了解京剧的内涵……家长在活动中也体验到孩子的纯真可爱，聪明好学，获得了与孩子们共同活动的快乐。在活动中家长也观察到自己的孩子与别的孩子之间的差异。对孩子的教育多了一份理解，多了一份支持，同时也多了一份好心情。

通过活动的展开，教师与幼儿都丰富了对京剧的认识，激发了幼儿表演京剧的愿望。在家长志愿者与剧团演员的指导下，教师辅导幼儿学习了《红灯记》《孙悟空三打白骨精》《苏三起解》等片段。孩子们在家长会上进行了表演，得到家长们的交口称赞。

# 家园直通车之六——专题家长会

## 线路简介

专题家长会（专题性的座谈会）是幼儿园经常采用的一种家长工作的方式，它是围绕着一个核心的内容（话题或主题）展开的座谈、交流和讨论。将幼儿发展中的问题和家长育儿方面的困惑等，以鲜活的事例或独特的视角进行诠释，共同分析产生问题的原因，寻找适宜的解决问题的对策。

## 沟通驿站

**利于家长了解幼儿现状和教育现状，达成共识**

专题家长会就某一方面的问题进行讨论，可以帮助家长了解孩子的现状。如教师可通过幼儿生活和学习中反映出的：做事丢三落四、有始无终、责任心不强等问题，结合幼儿即将升入小学的关键阶段，他们需要具备哪些生活和学习能力方面的内容，有针对性地组织召开专题研讨会。这样的内容可以帮助家长认识到孩子不良习惯对于今后学习生活的影响，从而达成共识，共同培养孩子的好习惯。

**成为家长经验分享、解决问题的互动平台**

专题家长会可以帮助家长解决育儿过程中遇到的较为普遍的困惑问题。即当教师在工作中发现某些家长在对孩子的教育上遇到了共性的问题，却又感到束手无策时，教师在给家长提供相关专业化建议的同时，可将有相同困扰的家长组织到一起，并邀请有经验的家长参加，就共性问题展开讨论。还可请家长围绕不同的话题或同一个主题开展专题交流活动，家长、老师们各抒己见，充分发表自己的见解，让专题家长会成为家长交流经验、解决问题的平台。如新生入园时家长对孩子能否应对入园后的生活忧心忡忡，此时就可以邀请部分已上幼儿园的孩子家长和部分新生家长一起交流、座谈。

### 增强理解、解决矛盾

由于家长教育观念的不同，在孩子身上会折射出不同的行为表现。当孩子之间发生矛盾后，家长处理不好也会产生连锁反应，给孩子的心理造成不良影响。如幼儿园常见的孩子之间发生的纠纷或攻击性行为，到底应该怎样面对？虽然这是个常见的现象但却深深的困扰着当事双方的家长。因此幼儿园或班级可以邀请发生攻击性行为的双方家长坐在一起相互交流、换位思考、相互理解，最终在认识上达成一致，在育儿策略上取长补短。

### 可帮助家长及时了解幼儿园某阶段的重点工作内容

幼儿园可通过专题家长会的形式向家长介绍某一阶段的重点工作，及为什么要将某项工作作为重点，它的意义、目的是什么？以求得家长的理解支持，争取家长的配合。

### 普及育儿知识

专题家长会是普及育儿知识的有效渠道，邀请幼儿教育学、心理学专家对家长进行专题理论讲座，向家长讲授教育子女的科学知识。帮助家长树立正确的儿童观、教育观，帮助家长解决家庭教育过程中出现的问题。如："如何看待孩子的学习""家教中的误区""赏识教育的理念"等。在保育方面召开"营养与健康"为专题的家长会，结合孩子的生长发育规律、学龄前孩子的膳食营养搭配、如何评价孩子的营养状况等方面进行详细生动的讲解。

## 安全行驶

### 做好会前准备

1. 确定专题。

确定家长会的专题，应根据情况，从实际出发，讲求实效。即通过本次家长会，需要达到什么样的目的，让家长了解什么内容，是口腔保健的还是安全教育的？只有明确了目的，才能确定本次家长会的专题。围绕这个专题来组织。

2. 确定形式。

专题家长会的形式应该根据主题和内容来选择和确定，而不是拘泥于形式本身。如：专家讲座、讨论座谈、家长代表发言、播放 PPT、发放问卷等。

3. 根据所选择的专题和会议形式进行准备。

（1）撰写和发放家长会通知。

通知中要明确会议时间、地点及大概内容。为了通知到每一个家长，除了张贴在幼儿园门口外，还要将通知发给每个孩子带回，或以"飞信"等形式通知家长。

（2）根据不同的会议内容和形式，确定主讲人、主持人、召集者等，邀请专家、家长代表、做 PPT、拟定发言稿等。

（3）确定流程，要对会议的发言顺序，总体时间等多个方面进行把握。明确的流程，可避免疏漏内容及掌控会议全程。同时，这部分的内容可作为发言的内容之一，在会议开始时告诉家长，使家长对整个会议过程、所需时间等，做到心里有数。因此制订流程的步骤一定不可缺少。

（4）在会议开始前，应做好会场布置、家长的接待、来客登记等准备工作。

（5）根据需要提前准备好多媒体、照相机、摄像机、麦克风等。

**会议过程中要关注**

1. 开场白要生活化，以便调节气氛。欢迎家长在百忙之中抽出时间到幼儿园参加专题家长会。

2. 会议要根据提前制订的流程进行。如有特殊情况的出现要灵活应变。

3. 请家长提意见建议的环节不能少。并做好记录，当时不能解答的，可以随后解决或借鉴。

4. 会议结束，应做一些家长的欢送工作，感谢家长的来访。

**会后工作**

1. 结合会议记录，进行会议反思，做好总结。

2. 一次集中的专题家长会，不可能完全解决家园配合的问题，或解答家长疑惑。所以应适时做好家长的回访，家长会后重点问题要跟进，以获得家长更好的配合。

**特别提示**

1. 家长会密度不宜过紧。选择适宜的时机召开专题会，才能达到高效。例：开学初连续召开了班级家长会、全园家长会后，紧接着展开口腔保健会。给家长请假造成困难，很可能出席的家长就会少，达不到预期的目的。

2. 家长会的准备要精心，考虑要周全；家长会的主题内容来源要真实具体、符合实际。多以实例打动家长的心，提高家长的认识，解决家教中的偏颇和家长在教育上的困惑，帮助家长解决操作性的问题，只有这样才能受到家长欢迎，收到良好的效果。

3. 使用 PPT，一定要拷贝备份，以防 U 盘（也称优盘、闪盘）出现问题。

**一路风景**

### 幼儿园专题家长会议实录
#### ——当孩子发生纠纷时

**主持人：**刘淑环

**家长嘉宾：**王泽君、刘兆东、张发世、律桂芳、诸葛元洪

## 我这样看待孩子之间的纠纷

刘淑环：

幼儿的社会性发展是在与人交往的过程中实现的。无论教师还是家长，都不可避免要面对孩子之间因各种原因引起的纠纷，教师常常因为孩子们之间的纠纷而陷入与家长共同的尴尬，家长们也难免因为孩子之间的纠纷而大伤和气。究竟该如何对待和处理孩子之间的纠纷，如何利用好纠纷这一教育契机促进孩子的发展，是我们每一个教育者应该思考的问题。我是一名教师，同时也是一位家长，今天和在座的各位家长聊聊"当孩子发生纠纷时"这个话题。聊一聊您是如何看待您的孩子与小朋友之间发生的纠纷？

刘兆东：纠纷是孩子成长中的必然

孩子之间发生纠纷，其实也就是孩子之间人际交往的问题。现在的孩子多是独生子女，在与人相处方面确实相对弱一些。有的孩子不能容忍别的小朋友和自己共同分享一件玩具，有的小朋友甚至不能容忍别的小朋友和自己的观点不一致。这些都可能导致他们之间发生纠纷。看似小事情，却反映着孩子们独立的个性和态度。纠纷，其实是孩子们成长过程中必然要出现的问题，需要我们家长的重视，一方面要创造环境培养孩子与人相处的能力，同时也要正确地引导孩子面对纠纷、解决冲突。

律桂芳：男孩绝不能"出手"

我们家孩子个头大、身体壮，所以我们总担心他跟别的孩子发生冲突。我要求他，无论有理无理，是绝不能出手的。有一次，孩子跟班里一小朋友玩游戏，不小心推了小朋友一下，结果把小朋友的耳朵磕伤了。虽然在当时情境下，孩子并不是出于攻击的心理，但是这种表达方式不合适，很危险。还有一点，我认为如果孩子，尤其是男孩，在小时候养成动不动就打人的坏习惯，上学以后，甚至成年以后都不好改。所以现在必须强制灌输给他"男孩不能打人"的观念。

张发世：站在孩子的角度看纠纷

孩子之间的纠纷，在我们成人看来可能只是一件小事，但在孩子的眼中，却是天大的事情。所以，我想还是要用孩子的眼光，站在孩子的角度，理解并对待孩子之间的纠纷。有一次，我们家孩子跟同班一个小女孩为做值日抢抹布，结果那小女孩就挠我们家孩子脸，挠了很深的一道印。我当时也挺心疼孩子的，但还是比较平淡地处理了这件事情。我认为，孩子的动机没有问题，都是为了能够得到抹布做值日，他们的关注点就在这块抹布上。没有意识到也没有看到，还有别的工具或事情同样可以帮助他们实现值日的目的，比如：扫帚、拖把、别的抹布，等等。这时，开导孩子解决问题时的思维是非常重要的，这往往比教给他是否还手，是否要告诉老师更为根本和有效。

虽然心疼自己的孩子，但如果对方并无恶意，同样我们也要心疼那个不小心的"肇事者"。如果我们对他们采取了过激的指责，那么他们心灵的疤痕或许会比脸上的那道红印更深，过大的负罪感和挫败感，对于孩子来讲无疑是残酷的。所以我们成人关注纠纷，更要关注纠纷背后孩子的心理与情感。

刘淑环：

张先生对待孩子之间的纠纷别有一番看法，大家都很受启发。用孩子的眼光，站在孩子的角度，理解并对待孩子之间的纠纷是他的核心观点。父母对于孩子间的纠纷采取何种态度是至关重要的，正确的处理方式能让孩子在心理上获得成长。从心理学的角度来说，矛盾纠纷有利于培养孩子的自我意识，能增强孩子与人交往的能力，还可以锻炼他们的意志力。

## 我这样处理孩子之间的纠纷

刘淑环：

如何处理孩子之间发生纠纷，刚才大家都各抒己见了，那作为家长该怎样处理孩子之间的纠纷呢？

刘兆东：纠纷不管，伤害介入

我为孩子划定一个安全区域，区域内小摩擦、小碰撞、小伤害，自己解决，不能太娇气；区域外，大问题、大冲突，家长要合理介入。所谓"纠纷不管，伤害介入"，首先要告诉孩子，纠纷要努力和平地解决，这是一个大原则，然而，当遇到自己无法控制的较危险的信号时，要学会回避，甚至正当防卫，给对方还击，制止对方继续进行的攻击伤害。家长和老师在关键时刻要给孩子做主，保证孩子的安全，并在了解实际情况的前提下，帮助孩子合理解决问题。

同时，要学会用合理的方式正确表达自己的意思，比如说要表示对某个小朋友的喜爱就不能用推、拍、打等不文明的行为来表现。再比如，想玩别的小朋友的玩具的时候，要先找对方商量，要不就拿出自己的东西和别人交换，不能争抢。我女儿最常说的一句话就是："我们一起玩吧！"这时大人是不介入的，让孩子自己去解决。例如我们一家去游泳，孩子看到别的小朋友的玩具特别想玩，让我去买，我说我在泳池里没法买，你自己想办法吧。于是她将自己的玩具与人家交换，并说"我们一起玩吧"，结果孩子如愿以偿，玩到了想玩的玩具。

为了培养她的人际交往能力，我们还经常利用周末时间，让班里别的孩子到我们家来玩。我们有三个家庭比较稳定地结对子，轮流做东。三个孩子住在一起感受到了我们多子女家庭的那种氛围。孩子们自己来玩儿，完全放松地玩儿，在玩儿中争吵、谦让、竞争、合作，感受团结和孤独带来的不同感受。

刘淑环：

所谓"纠纷不管，伤害介入"，首先是孩子要学会机智地回避对方危险的行为，当然也要学会正当防卫，给对方以还击，制止对方继续进行攻击伤害。家长和老师在关键时刻要保证孩子的安全，帮助孩子合理解决问题。这位家长关于安全区域的想法是很理想化的，但是孩子之间的交往过程有着很强的随意性和不可控制性，而且孩子本身并没有小摩擦、大冲突的概念，家长和教师对待事件的态度和处理方式才是决定性的。所以安全区域首先需要的是家长和教师对实践的认识和对情境的把握。

张发世：幼儿园老师是纽带

我认为孩子的纠纷百分之八十发生在幼儿园，而好多纠纷也几乎都在幼儿园老师的帮助下就解决了，家长根本不知道。也不必非要了解透彻，因为许多纠纷都很正常，要用平常心来看。老师是家长和家长的纽带，当纠纷升级，家长之间需要沟通时，老师就起了个润滑剂的作用。如果有道歉的话难以启齿，如果有期望的话不便表达，老师可以适当地转达。

律桂芳：让孩子自己负责

当孩子和小朋友发生纠纷时，我会跟孩子一起谈心分析原因。这个习惯养成了，孩子很自然就会把心里的想法说出来，便于我们站在孩子的角度理解他。如果是孩子伤害了别的小朋友，我就让他自己承担责任和后果，并用实际行动弥补。孩子比我还着急呢，抢着打电话给小朋友道歉，求得小伙伴的谅解。去了幼儿园也要主动抱抱小朋友，他们又是好朋友了。

刘淑环：

您能和孩子一起分析事情的根源，探究解决的办法值得我们借鉴。父母应该和孩子一起分析事情发生的根源，即为什么会发生这样的事。在找到事情的根源后，应该先让孩子想一想该怎么办。这样既可以培养孩子独立处理问题的能力，又可以了解孩子对待纠纷的真实态度，便于父母进行针对性的教育。当然，孩子独立处理问题的能力有限，父母可以从旁指导。对于别的孩子无意造成的过失，要教育自己的孩子有原谅对方的胸怀；自己的孩子错了，要启发和引导孩子向对方道歉。倘若对方孩子是比较霸道的类型，父母要鼓励孩子鼓起勇气去和对方讲理，培养孩子遇"强"不弱的性格。这位家长您还采取了哪些方法再和大家分享分享好吗？

律桂芳：正确引导孩子，与奖励结合

我们平日里还把要求与奖励相结合，以此督促孩子养成良好的习惯。比如针对孩子喜欢打人的现象，我们设计了一个游戏来控制孩子的行为。在家里的一块墙上，布置了一个板块，上面有三个代表形象："维尼"，这个角色是最棒的，他喜欢帮助小朋友，和小朋友友好相处；"小白羊"，虽然没有攻击性，但却爱和小朋友生气，爱发脾气；"大白鲨"，霸道无理，经常欺负小朋友。每天从幼儿园回来，孩子都要向我汇报当天在幼儿园的情况。然后经过我们讨论决定给哪个形象下面画圈。如果孩子积累了10个"维尼"圆圈，就可以得到一个自己喜欢的玩具。这个办法非常管用，孩子的攻击性行为和爱发脾气的毛病明显减少了。

王泽君：适当发泄不良情绪

我们家孩子自我保护意识很强，虽然他从来不主动攻击别人，但是，一旦有小朋友与他有冲撞，即使是偶然碰了他一下，他都要还手。我给他解释，他也不理解。孩子从小到大没受到过什么挫折，我想作为男孩子，他的精力比较旺盛，需要找到发泄的途径。于是，我就听朋友的建议给孩子买了一个大沙袋，让孩子在情绪不佳的时候用力去打大沙袋，以此来发泄自己的不良情绪。

刘淑环：

在为孩子提供发泄不良情绪的发泄物——大沙袋的同时，作为父母，我们还要进一步关注孩子内心的感受，了解情绪的起源过程，交给孩子一些消除不良情绪的方法。这样才能从根本上减少攻击性与被攻击性行为的发生。

诸葛元洪：家长要树立榜样

家长的一言一行直接影响孩子的行为，我的孩子性格比较内向，也很少跟别的小朋友发生纠纷，我做事时非常讲究规则性，有条不紊，所以孩子也受到感染，不容易与小朋友产生冲撞。我非常赞同身教重于言教的观点。在生活中家长如果非常注意自己的言行，注意与人友好相处，那么孩子也就获得了最生动、最原始的关于人际交往的学习榜样。

刘淑环：

孩子的思维以形象思维为主，父母在帮助孩子解决冲突的时候，提供具体的指导让孩子去模仿，是符合孩子思维特点的。有的孩子已经能分辨是非，但是不知道具体该怎样做。必要的行为指导和练习，有助于良好习惯的养成，帮助孩子建立交往规则。

### 关于这个问题我的困惑是……

张发世：

在孩子发生纠纷时，双方的孩子都应该受到关注。对于动手的孩子关注的度不好把握，我有些困惑，严厉训斥或者让孩子再现当时的情景都可能让孩子产生负罪感，但轻微的指责往往起不到作用，怎样做更合适呢？

刘淑环：

如果孩子打人，（自卫除外）首先要问问孩子发生了什么事情，而不要强调让他回忆打人的过程。可以启发孩子想一想还有没有其他解决问题的方法。告诉孩子不可以一生气就打人，打人是不对的行为。让他真正体会到自己的错误，慢慢改正过来，引导他向被打的孩子道歉。然后多说说他以前与同伴交往时表现好的小例子，增加他的自信心。在此过程中，家长还应留心注意观察孩子的进步，并及时予以肯定。我们还应教给孩子们一些"魔语"：

"我和你一起玩好吗？"

"等一会儿给我玩好吗？"

"我（明天带玩具）和你换着玩好吗？"

这些"魔语"大大减少了幼儿间的攻击性行为。

王泽君：

孩子在外面跟别人发生纠纷，回来就打我、挠我。但对他爸不会这样，我很困惑。

刘淑环：

孩子的这种情况引发了我们对家庭关系的思考。家庭是由三个人共同搭架起来的三角形，如果作为支架的家长如果有一方比较"弱"，孩子就会将一切情绪向弱方家长发泄。所以弱方家长要从各方面建立起威信，使孩子不再"欺负"你。其实，孩子之间的纠纷，折射出了社会中的人际关系，也折射出了成人之间、家庭之间的相处方式，这位妈妈在生活中是否该变得稍微"强势"些呢？

今天我们说了那么多，有一个宗旨要提一下：作为教师、父母，我们要尽量地引导孩子宽容待人，理解他人，这样才能从根本上化解矛盾纠纷，为他们将来与他人合作打下坚实的基础。正如家长谈到的，孩子之间的纠纷在他们的世界里是大事儿，他们在其中投入自己的思想和情感，投入了自己对这个世界最初的认识和表达方式。也许因为他们都是家里独一无二、至高无上的"小皇帝"，也许因为他们的自我意识、道德水平发展还不成熟，也许因为他们容易兴奋而抑制能力又很弱，也许因为他们对安全的概念仍然模糊不清……这太多的"也许"使得纠纷成为孩子成长中的必然。可以说，在纠纷中，孩子学会了认知、学会了表达、学会了理解、学会了共融。

家长要尝试站在孩子的角度看孩子之间的纠纷，在关注与放手之间把握一个合适的度；站在自己的角度看孩子之间的纠纷，反思自己是否已为孩子树立了良好的榜样。纠纷并不可怕，关键在于，我们如何在纠纷中成长。我也是一位家长，家长要以身作则，妥善处理孩子间的纠纷，正确引导自己的孩子，凡事都采取信任、积极、友善的态度。相信无论是孩子还是家长，每天都会有一份好心情，每天都会过得很快乐！

# 家园直通车之七——约谈

## 线路简介

约谈是家长与教师（园所）围绕孩子教育中双方共同关注的问题有目的、有计划展开的深层次的对话与沟通。参加约谈的人数较少，通常为家长与教师间一对一的交流，约谈的发起方有时可能是教师，目的为了解决孩子某个发展阶段中表现出来的突出问题，或是为家长在育儿方面与幼儿园教育的分歧达成共识；也可能是来自家长，因平时工作忙无暇与教师沟通，单独预约时间与教师交流，以便对孩子在园情况有个全面深入的了解。

## 沟通驿站

### 密切家园联系，缩短教师与家长间的距离

随着生活节奏的加快、工作压力的加大，有些年轻的父母平时没有时间来园，而是委托爷爷奶奶或其他人接送孩子，与教师沟通的机会很少。我们可通过家园双方互约的方式，使家长全面了解幼儿园的生活和活动，了解孩子在幼儿园生活和学习的情况。通过约谈教师还能了解家长的内心想法，缩短教师与家长之间的距离，密切家园联系。

### 增进了解，化解矛盾

通过约访不仅能使家长了解孩子在幼儿园的表现，还能将家园沟通中存在的误会、矛盾，通过双方面对面的交流及时进行化解；或针对家长在孩子教育中存在的困惑进行分析、提出专业化的建议。

### 相互配合，达成家园教育的一致性

通过分期、分批地与家长进行约谈，结合孩子的发展现状，在双方的交流中，共同分析幼儿的表现，商讨、交流已采取的教育策略及效果，交换意见，确定下一阶段家园一致性的教育方案。将幼儿园的教育理念延伸到家庭教育中。

## 安全行驶

### 做好约谈前的准备工作

征得家长同意后，共同确定约谈的时间、地点与内容，在约访前，班级成

员之间要互通信息，将孩子各方面发展的情况，进行有效地分析，并向家长提供具体的实例。另外注意进行约谈的时间尽量安排得宽裕些，以免影响约谈效果。

**营造安静、宽松的环境**

为约谈创设一个安静、不易被人打扰的环境，保证谈话在轻松、舒适的环境中进行。

有些家长对约谈会感到拘束、不自然，所以教师要营造轻松的氛围，使家长消除顾虑，轻松地交谈。如开始时，教师可说一些孩子和班上小伙伴之间有趣的事情，在交谈中要面带微笑，亲切自然，开始时可先问一问："明明最近在家怎么样呀？上幼儿园后有哪些变化？"这样的问题家长比较好回答，从而能自然地交谈。

**要注意与家长沟通时的体态和语言**

教师始终要把家长视为自己工作中的亲密合作伙伴，切忌采取居高临下的态度教训家长，比如："必须怎么样……""应该怎么样……"更不能责怪家长。注意换位思考，体会到家长的心情，多倾听家长的诉说，请家长介绍孩子在家的生活和行为习惯、存在问题。让家长感觉到教师十分关注孩子的成长变化。在与家长谈话时，教师态度要诚恳，语言要简练，就事论事。针对不同类型的家长采取适宜的交谈方式。在向家长介绍孩子在园各方面的表现以及孩子的个性特点时，要用具体的实例，多表扬孩子的优点，避免使用定性式的语言。多以商量的口吻、建议性的语言进行沟通。谈话时教师要注意观察家长的表情、反应，随时调整说话方式和语气。

**在访谈结束时，向家长明确访谈后的收获**

谈话结束后，要向家长的到来表示感谢，对于家长的合理化建议，能做到的我们应及时采纳或改进；而由于客观条件限制一时不能做到的，我们则向家长耐心解释，以取得家长的谅解。鼓励家长随时与教师沟通，当发现孩子有了积极的变化时，双方都及时给予表扬和鼓励，强化孩子的积极行为。

**约谈结束后，教师要做好文字记录**

记录包括约谈的发起者、约谈的地点、约谈人员、提出了哪些问题及解决问题的措施等。

**一路风景**

### 针对家长困惑进行的约谈

崔红健

童童是大班的小朋友，个头超过了同龄人，力气也大，凡是认识他的家长都不愿意让自己的孩子和他在一起玩。因为他有个不好的习惯，就是爱和小朋友打闹，经常会伤害到别人，因此大家都躲着他。家长对童童的行为也很头疼，经常带着他给别人赔礼道歉，对于童童，家长也是批评不断，甚至还动手打他，童童口头上答应不再打人了，但是，由于自我约束能力差，稍不留神他就又和小朋友争执起来。妈妈对童童的这种行为很焦虑，有时问童童为什么要打小朋友，童童或说不知道，或是事情说得不完整。为了弄清缘由，作为班上的老师，我和他的妈妈进行了约谈。

地点约定在幼儿园的小会议室，童童妈妈按时来到幼儿园，见面后，我为她妈妈倒了一杯茶水，双方坐下来，彼此寒暄后，我向家长询问了童童平时在家的表现，平时喜欢做的事，喜欢和谁在一起，等等。经过短暂的相互交流，谈话的氛围已很融洽。当分析其打人的原因时，童童妈妈说："我每天出门前都反复嘱咐他，尝试用各种方法奖励他，有时犯了错误甚至惩罚他，试图纠正他的打人行为，但都无济于事。我们工作忙，现在对他真是毫无办法。"通过和家长一起针对童童的行为进行反复分析，我们发现童童的攻击行为往往是因为不会表达，他非常乐意和小朋友在一起玩，但当他自身的需要得不到满足时，他就会出现攻击旁边小朋友的现象，以攻击别人的方式来表达自己的"不满意"。

我在全面、客观地分析了孩子的身心发展特点后，与家长一起共同找出孩子的长处及不足，并提示家长如果经常对孩子粗暴教育，孩子就会将这种方式迁移到伙伴身上，同时还给家长提供了一些建议：在孩子犯错后，语气要亲切、自然，并给予恰当和适度的批评或惩戒。

教师也向家长介绍了孩子在园发生攻击性行为时，教师经常会采取的教育策略。最终在帮助童童纠正爱打人的行为上和妈妈达成一致意见：尝试帮助孩子学会表达，平时注意培养童童的爱心，有了进步及时给予鼓励。

**分析：**

在接送孩子这个环节，家长工作忙碌了一天，不愿听到告状这类的事情，特别是有其他家长在旁时，更会感到尴尬。而在接送孩子的环节中，时间有限，简短的几句话，老师很难说得清楚孩子的行为表现。约谈的形式，首先是教师与家长心与心的交流，不仅能够拉近家长和老师之间的距离，还能使家长感受到教师对孩子的关怀和爱护。

**一路风景**

### 针对幼儿发展现状进行的约谈

葛莉君

在以往的家园沟通中，一般多以班级家长会、班级半日开放活动为平台对幼儿的个体情况进行交流，或是利用孩子离园时间相互沟通孩子的近期表现，也有家长遇到育儿问题时用电话与老师交谈。但在这些沟通过程中，对幼儿个体现象的描述始终是情况回忆，对方无法根据语言描述再现一个真实的场景，很难对孩子的个体状况做出科学的判断和有针对性的分析。

为了让家长对孩子有一个全面、科学的认识，了解幼儿园的教育理念与措施，向其介绍一些育儿常用策略的实施技巧，我们设计了亲子约谈系列活动，班级三位教师、家长和孩子共同参加。在孩子、家长、老师三方同时在场的真实情境中，通过观察、解析幼儿的表现，为家园双方提供了一个能针对孩子自然状态下现场沟通的平台。

虽然是现场沟通，但打的并不是无准备之仗。相反，根据家长在约谈活动时间安排中的预约情况，需要家长和老师对交流内容做好充分的准备，以便在现场对孩子各式各样的表现作出客观的评析，发挥预约的价值所在。

1. 根据老师、家长、孩子的三方时间预定约访计划。

入园、离园是许多家长和老师沟通与孩子相关情况的时间，而这两个环节往往是老师照顾孩子的繁忙时段，老师通常会匆匆抚慰刚刚进班的孩子，言简意赅地向家长做出回复，但往往是既没能达到沟通的目的，又耽误了的正常班级工作，影响了老师对孩子们的照顾。

亲子约谈是老师在班级工作情况允许的前提下，规划出便于家园沟通的日期、时间安排表公示给家长，家长根据自身时间安排和孩子的兴趣班学习时间，对照班级的约访时间安排进行选择、预约。这样，三方在有充分时间保证的条件下，老师、家长、孩子能够一对一地安心沟通，而每组家长携子参加由每位老师负责的不同约谈内容的轮换过程中，更能有机会和老师从不同视角对孩子的事情开展交流了。

2. 将孩子在班级活动中的变化、成长作概述评价。

在日常入园、离园的短暂交流中，家长和老师既要照顾孩子又要互换意见，通常很难专注完成全面、有效的家园沟通。

亲子约谈活动中，每位孩子都有一份自己的评价记录表。记录表分为两部分，一部分是班中每位老师对孩子从不同方面做的《日常行为记录与分析》；另一部分是在约谈现场，对孩子参加评价活动的记录与分析。其中，《日常行为记录与分析》主要是对孩子在自我系统、情绪情感、文明行为、交往行为、生活卫生习惯、学习兴趣以及自我保护几方面的观察记录，从品德、习惯、社会性和自助能力对孩子的变化、成长做出肯定和指导建议。《日常行为记录与分析》需要老师们在约谈之前完成，让家长在约谈活动中提前根据老师提供的概括评价对孩子在班中的情况有一整体的认识，帮助家长通过文字材料快速、全面地了解孩子在班级活动中的状况，之后再结合自己来访前准备的问题，在观察孩子现场活动情况的过程中与老师进行有效沟通。

3. 有计划、有依据地向家长介绍孩子的发展情况。

在没有任何准备的情况下，老师在与家长沟通的过程中，对孩子的介绍通常是想到哪儿说到哪儿，有时甚至想不起某些孩子的具体表现，难以为家长提供客观、有代表性的幼儿行为现状，更难相互反映孩子多方面的情况。

亲子约谈是在精心准备后，按照计划有步骤、有层次开展的深层次交流。家长通过班中每位老师从不同角度为孩子记录的《日常行为记录与分析》表，先是对孩子在园的基本概况有所了解。再通过教师结合孩子在约谈活动过程中的表现，有针对性地进行分析，家长对孩子有了更进一步了解。现场评价活动主要是对其肌肉动作、感知能力、思维能力、认知经验以及语言能力几方面的测评，依据现场情况向家长解释每类小活动所蕴涵的教育价值，结合孩子的日常情况分析其现有发展水平。

4. 针对孩子的现有发展水平提供相应的指导方法。

平时家长在没有观察孩子、没有准备问题的情况下，多是泛泛地向老师问一问"我们孩子最近怎么样啊"，无法与老师在教育方法上有实质性的互动讨论，即使教师提供了有针对性的教育策略，也很难在这样短的时间为家长剖析采取这个策略的原因，以及如何从孩子行为表现中透视年龄特点、发展的本质。

亲子约谈活动中，教师为家长提供了以书面和现场两种形式了解孩子综合情况与单项情况的机会，并在引导家长如何观察的过程中，告诉其孩子目前年龄阶段的年龄特点及应达到的发展水平，同时依据个体差异提出有针对性的指导策略和近期发展目标，帮助不同类型的家长增强教育意识。如：孩子在识字时，有时固执地坚持自己的错误，家长被气得满肚子火，一想就生气，老师耐心告诉他不要用家长的权威强制孩子接受，不妨找一本字典，通过客观事物和适当的方法引导孩子自己去判断，听了教师的点拨家长恍然大悟。是啊，在日常生活中有很多时候，家长是在不自觉的状态下向孩子实施了他们的家长权威，难怪有的孩子在家长面前会表现得不自信。

亲子约谈活动中，许多家庭都是父母双方共同携子前来赴约，家长们对此活动的关注与肯定出乎老师的意料。在家长的活动反馈中老师写道：亲子约谈不仅是提供给家长的幼儿发展现场分析，而且是一次有针对性、科学性的家教指导活动。亲子约谈活动展示了教师丰富的教学经验和扎实的理论水平，让家长和教师得以广泛、深入地交流。虽然平时家长们也会利用家长会、开放日、接送孩子的间歇向老师了解孩子的情况，但像亲子约谈这样，负责孩子不同活动的三位老师同时在场，家长与老师能一对一地依据孩子的现场表现进行分析、评价的机会是没有的。而测评过程中所显现出来的每个问题，家长和老师都能及时、深入交流。并且，老师还借助自己的专业知识为家长解决了不少在教育孩子过程中的疑惑，无论是在学习方面还是生活方面，都为家长提供了具体可行的小策略。因此，在条件许可的情况下，定期开展此类活动，参与的家庭会受益匪浅……

当然，亲子约谈活动还为家长和老师在教育方面提供了自我评价和自我反思的机会。通过测评，老师捕捉到孩子的点滴进步与不足，也意识到自身在日常教育中的疏漏。可以说，亲子约谈活动既是家长的课堂，也是老师的课堂！

# 家园直通车之八——家长接待日

## 线路简介

家长接待日是班级或幼儿园向家长公示的，定期为家长提供相互沟通、交流的家园沟通形式之一。可以为平时忙于工作无暇与教师进行沟通的家长提供便利，也可以为家长提供育儿方面教育策略与指导，为家长解决育儿方面的困惑等。目的是为了更好地倾听家长的心声，加强家园间的沟通。有的幼儿园已经将幼儿园家长接待日形成制度，按接待的主体，可以分为园长接待日和班级接待日；按接待形式，可以分固定接待、预约接待和随机接待几种形式。

## 沟通驿站

### 家长可以全面了解幼儿在园的学习和生活

家长接待日是家园联系的重要方式，是家长了解幼儿在园学习、生活的窗口，家长希望细致了解孩子在幼儿园一日生活的细节；观察自己孩子在集体环境中的能力及表现；了解教师的工作方式和教育理念。因为平时家长每天只是把孩子送到班门口，对于孩子一天在幼儿园的生活只能从孩子和教师的口中得知一些零散的信息，无法全面、深入地了解幼儿在园的情况，通过家长接待日的方式，满足了家长关注孩子在园情况的心理需要。

### 家长可以了解教师的教育理念和教育方法

幼儿园常见的家长接待日形式之一是半日开放活动。在半日开放活动中，家长通过切身经验，不仅可以了解教师工作的辛苦，同时也影响着家长的行为。教师在活动中对孩子们的表扬、鼓励与赞赏，对孩子们提出有难度和有挑战性的问题，在活动中充分相信孩子，为孩子提供自己尝试和解决问题的条件等方法，这些点点滴滴都会潜移默化地影响着家长的教育观念，同时也为家长如何与孩子互动提供范本。

**教师可以了解家长的真实想法、解决家长的困惑问题**

家长接待日除了加深家长对孩子的了解，更难得的是能够有时间与老师集中交流。通常在这个时候，家长会把平时对孩子的一些想法、看法，同老师交流。如，孩子饮食健康方面挑食、边吃边玩的问题；孩子良好习惯培养方面，注意力不集中、胆小、有攻击性行为、不会倾听等问题。这些都是家长平时比较关注的方面。家长希望教师能够把孩子平时在园的表现与家长沟通，并和在家的表现进行对比，更希望在这个时候得到教师一些专业化的建议。

**教师可以更加理解家长的行为**

教师每天要面对全体孩子，每个孩子的特点不同，教师能够较理性地对待每个孩子。而家长每天只面对自己的孩子，对孩子的爱可以说是无原则的。在开放日中教师很容易感觉到家长对孩子的这种爱。这也让老师对家长的行为多了一份理解，能够更加包容家长的行为。

## 安全行驶

**提供不同形式的接待日活动**

为了让家长从多角度了解孩子在幼儿园的生活，班级教师可安排固定接待、预约接待和随机接待。

1. 固定接待：如，每月接待一次，每月每班必须接待五人次以上。每学期公布本学期班主任接待日的日期安排，便于家长事先了解及安排。

优点：每名幼儿家长都有参与活动的机会，家长可以根据自己工作的时间预约安排参加接待日活动。

2. 预约接待：根据幼儿的发展情况及近期表现等，有目的、有主题地预约家长进行沟通。

优点：教师可以将本班实际发展水平相近的幼儿、有共同特点的幼儿家长安排在一起进行接待。比如：班内有几个孩子攻击性行为比较明显，教师可以安排这几名幼儿家长共同参加活动，讨论幼儿近期行为表现，商讨有效培养和解决的方案。

3. 随机接待：根据家长的要求，随机地安排接待时间。这种家长接待日往往是家长发现了孩子近期出现的问题，或对幼儿园、班级教师的一些质疑需要解答。一般时间不固定，事情也比较突然。

优点：能够了解家长对幼儿近期的关注点，及时发现和收集家长的意见和建议，以便更好地开展班级工作。

**固定接待中教师要有针对性地对家长指导**

如在家长接待日活动中，家长虽然饶有兴趣地参加活动，但是在活动中应该关注孩子什么，怎样评价自己的孩子，很多家长往往比较盲目。教师们在活动中需要对家长进行适时的指导。

活动前，针对家长如何参与活动作出适当的指引，提醒家长在参加活动时需要注意些什么，引导家长从哪些方面来看幼儿的活动，如何看待孩子在活动中的表现，以及自己孩子与其他孩子间的差异。

活动中，教师可以与家长交流幼儿在园与在家的各种表现，解答家长的疑惑，介绍幼儿园的课程或教学工作等。

活动后，为家长解答孩子在集体生活中所表现出来的种种行为和问题，针对他们对孩子成长的困惑，提出了自己的建议和耐心细致的解释；同时倾听家长对教师和幼儿园工作的建议。

**预约接待中教师要有针对性地对家长进行指导**

对于预约接待，教师要根据幼儿的发展情况及近期表现，有目的、有主题地预约家长进行沟通。沟通前，教师应从多方面收集幼儿的相关信息，如从班级其他教师处得到不同的信息，并分析原因。接待中教师引导家长围绕出现的问题进行重点观察，再与家长分析出现问题的原因，提出自己的见解，之后与家长共同商讨出有针对性的、个性化的解决方案。

**随机接待中教师要有针对性地指导家长**

当家长对孩子近期出现的问题感到担忧、困惑，或对幼儿园、班级教师的一些质疑需要解答时，教师一定要耐心倾听家长的诉说，稳定家长的情绪，了解家长对幼儿近期的关注点，与家长共同回顾幼儿近期突出的表现，对比幼儿在园与在家表现的区别，分析成因，共同商量讨论可行性方案，达成教育的共识。同时，教师也能及时发现和收集家长的意见和建议，以便更好地开展班级工作。

这样，家长就能全方位地了解自己孩子在幼儿园的各种表现，同时又让教师、家长、幼儿之间建起了一座连心桥，拉近了教师与家长之间的距离。家长接待日是家长和老师交流教育方法的最好时机，尤其对一些个别幼儿的教育工作，通过接待日这种家园面对面地直接交流、沟通，增进了家园的了解，起到了良好的互动作用。

一路风景

## 小朋友打我了

卫　蕾

一天中午，幼儿在午睡的时候，乐乐的妈妈来到幼儿园，跟老师说："乐乐这几天回家老不高兴，说有小朋友打他，我想看看到底是怎么回事！"我答应了家长的要求。幼儿起床之前的这段时间，我和乐乐的妈妈交流了乐乐在园和在家的表现。当我客观地把乐乐在幼儿园的行为表现告诉乐乐妈妈时，她无论如何也不相信这是事实。我说："乐乐妈妈，没关系，我理解你的心情，等看过孩子的在园表现后咱们再交流。"

起床时，乐乐赖在床上不起，老师叫他还发脾气；起床后，因为起晚了没有拿到自己想玩的玩具，就要抢小朋友的玩具，小朋友不给，乐乐举起拳头就要打小朋友；老师在教育活动时，他躺在椅子上发怪声；自由活动时到小朋友的柜子里拿他想看的书；户外活动排队走路时，随便地踢前面小朋友的腿，等等。短短的一个下午，乐乐的妈妈把他的行为都看在了眼里。

晚上，乐乐的妈妈跟老师说："以前，老师跟我说我都不信，我以为是老师不喜欢我们孩子呢，这回我信了。可是，怎么办呢？乐乐在家也任性，不过好的时候可懂事了，犟起来我和他爸打也没用，他可没少挨打。"我说："打不是办法。乐乐这孩子可能干了，爱劳动、爱帮助人，头脑灵活，很聪明。就是比较自我，自己想干什么就要干什么，要求得不到满足就发脾气，还经常打小朋友。他觉得只能他打小朋友，小朋友不能打他。以前，小朋友都不怎么还手，只是告诉老师，现在有的小朋友开始还手了，他就觉得小朋友打他了。"

之后，我和乐乐的妈妈一起分析了乐乐性格和行为习惯形成的原因，以及商讨解决的办法。最后告诉乐乐的妈妈，孩子个性和行为的养成不是一朝一夕形成的，改变也不会是立竿见影的。家长和老师要耐心，多鼓励孩子的好行为，强化正刺激，淡化负行为，使孩子逐步养成良好的行为习惯，学会与同伴友好相处的方法。

在家长和老师的共同努力下，乐乐逐步在进步。

**分析：**

上述案例反映的是随机接待，在进行随机接待中教师应注意：

1. 欢迎家长的来访。家长如果是随机来访，肯定是有急需要解决的问题与困惑，教师要理解家长的心情，热情接待家长。

2. 老师说话和反映孩子的情况要客观和实事求是。在向家长反映孩子的情况时，教师要不带个人的感情色彩，如实反映客观事实。然后在接待中让家长自己观察孩子的真实表现。

3. 在事实的基础上与家长分析原因。得到家长对孩子表现的认可，教师就可以与家长共同从主观到客观分析现象形成的原因。

4. 针对孩子的个性、行为习惯教师提出有针对性的建议，并与家长共同实施，期待孩子的进步与发展。

# 家园直通车之九——班级家长会

线路简介

班级家长会是幼儿园普遍采取的一种家长工作方式，通常是在学期初或学期末举行，也可根据幼儿园和班级工作的阶段性重点随时召开。内容可以是面向全体家长介绍幼儿在园各方面的发展现状和水平，针对班级中共性与个性的问题与家长进行双向交流，共同研讨有关孩子的保育和教育问题。了解家长对孩子教育的需要，激发家长参与家园合作活动的热情和兴趣。或是通过这个渠道广泛征求家长对班级、幼儿园工作的意见、建议。有效的家长会有助于幼儿园与家庭之间建立一种理解、信任、目标一致的合作关系。

沟通驿站

### 帮助本班家长全方位了解幼儿在园的情况

对于同年龄段的孩子来说，班级近期的发展目标、孩子们的年龄特点和发展水平是共通的。如果通过其他家长工作形式，对每个家长都介绍一遍，不但浪费时间，同时相同的语言也会消磨教师讲述的热情。班级家长会，可使班级所有家长在较短的时间内，比较集中、全面地了解幼儿在园生活、学习状况，并为其分析全班幼儿的群体发展优势和不足，满足家长的心理需求。

教师可以在班级家长会上介绍班级近期的重点目标，让家长了解目标对于孩子发展的重要性，及当前孩子的身心发展水平。并阐述教师准备通过哪些途径和手段，开展哪些活动去组织实施。

### 引导家长提高科学的育儿水平

家长中很可能有各式各样的专家，但是他们未必懂得科学的教育理论和方法，利用班级家长会可向家长宣传正确的教育思想。老师在家长会的发言中要渗透正确的教育理念，使家长在思想上认同并主动配合，有利于提高家庭教育的指导水平。

### 展示教师的专业水平、精神风貌

家长会是一个展示的窗口，透过它，教师向家长展示了自己的专业水准、教学风貌。教师的知识水平、师德、为人、气质等从言谈话语中都能显现出来。因此家长会前，教师要做好充分的物质准备和精神准备，包括仪表。让家长通过家长会了解自己，并能够放心地把自己的孩子托付给你。家长们也能透过这个窗口来评价幼儿园的管理、班级管理、教师工作。开好家长会对于每位教师来说都是一件非常重要的事情。

### 为家长提供育儿经验分享、交流的平台

家长会上采取家教经验交流是一种家长教育家长的有效方式。在家长中不乏一些教子有方的家长，利用家长会，请他们现身说法、谈认识、谈家教经验一般都很生动、直观，说服力强并有可操作性。还有一些家长与幼儿园老师相互配合教育孩子的经验，等等。教师应注意发现家长中的经验、典型，帮助引导家长推广成功的经验，共同反思讨论失败的教训。

孩子的成长是每位家长最为关注的事情，身边鲜活的事例会对家长的心理带来强烈的冲击，反思自身的教育，引发内心的深思。家长可以在班级家长会交流探讨中受到启发，调整自己的教育理念和方法，提高育儿水平。

### 收集整理建议、满足家长的合理需求

班级家长会是家长们难得比较集中在一起相互沟通的时刻，家长见面总会津津乐道地谈论自己的孩子。自己孩子身边发生的任何事情，都会得到家长的密切关注和重视。"幼儿园环境、教师态度、服务质量"等原则性问题也是家长关注的重点和议论的中心。因此班级家长会给各位有意见和建议的家长提供了相互讨论的平台，这也正是教师集中了解家长需求和收集建议的好时机。如果教师能够尽可能地满足和采纳家长的合理建议，家长的配合将会更积极，合作热情更高涨。

### 向家长平时的支持、配合说声感谢

班级家长会也是增加教师与家长沟通的方式之一。一个班级的工作离不开家长的理解、配合和支持。在班级家长会中抽出一些时间向家长平时的支持、配合道一声感谢，能激发更多的家长参与到班级工作的配合中来。如采用表扬的方式，突出家长的正确教育行为，感谢平时积极投稿、为班级出谋划策提供服务，配合老师收集活动材料的家长等。

## 安全行驶

### 做好充分的会前准备，调动家长参与的积极性

开家长会前，教师必须要有充分的准备。首先：拟定恰当主题，内容要鲜明、清晰、有针对性。开学初家长会多以宣布计划，明确目标，相互了解为主，学期中多以幼儿发展状况的进展及当前重要事件为主，学期末多以教学汇报，收集建议，经验总结为主。

其次，根据不同的会议主题目标，收集能够说明问题的具有典型性的实例，如孩子平时的作品、照片、视频等，最后，在家长会前一周，召开简短的班级家长委员会，就会议内容、家长会形式征求班级家长委员的意见。在家长会前三天要通知到位，并在通知中告知家长会的重要性，明确家长会的内容和过程。并发放精心设计的邀请函注明会议的主题，让家长有心理准备，并给予

充足的时间让家长构思好交流内容。

**营造双向互动的交流氛围，调动家长参与的热情**

家长会上教师是一个组织者、引导者，教师的作用不能忽视，但切忌"一言堂"，教师要起到"穿针引线"的作用。教师应该善于把握家长的心理，让家长有话想说、有话能说。有的家长教育经验丰富，可以请他来谈谈自己教育孩子的方法和经验；有的家长获取网上信息很方便，可以请他帮忙查找一些专题性家长会所需的资料，给大家进行介绍等。让家长感觉自己不仅仅是被动的倾听者而是会议的主人。

我们还要给家长创设一个轻松愉悦的会议环境，比如：热情接待，环形座位，轻松音乐，茶水供应，消除家长与教师之间的距离感、陌生感和紧张感，营造尊重、平等的氛围，调动家长参与的积极性，提高家长会的效率。

**要把家长会开成表彰会**

先表扬孩子。一是能让多数家长感到幼儿园教育的成功，树立家长的教育信念；二是让家长看到自己孩子发展的方向。可以通过各种方式表扬每个孩子不同方面的闪光点，同时肯定家长，感谢家长平时对工作的支持，点名表扬家长用正确的教育方法教育孩子的典型事例，表扬家长为班级所做的付出。

**家长会的内容安排应有清晰的主线，并能为家长解决教育中的问题**

每次家长会的内容不能过于琐碎，也不能太简单。内容太琐碎会导致所有问题蜻蜓点水一样一带而过；内容太简单，又会让家长感觉来了没意义，增加家长对家长会的消极心理。每次家长会除了应有一个核心的主题外，最好能为家长解决几个在教育孩子方面最迫切的问题，让家长切实了解和理解幼儿园的教育，以便实现家园的同步教育。

**掌握沟通技巧，与家长平等交流**

开家长会时，教师说话语气要幽默、诚恳。少用"你"的称呼，多用"我们""咱们班"，尊重、平等地对待每一位家长，居高临下的指挥者态度只会让家长退缩。注意话题要围绕本班孩子的点滴趣事，在引发家长笑声的同时又能诠释此年龄阶段幼儿的特点。如果必须要指出孩子的不足，应尽量用开玩笑的方式或委婉的口气，不要伤了家长的自尊。这样做既能拉近家长和教师之间的距离，又能使整个家长会的气氛轻松、愉快，同时也能很自然地让家长了解到教师的辛苦。

**家长会形式多样化**

家长参加过非常多次班级家长会，如果家长会的形式一成不变，势必使家长感觉枯燥，没有新意，影响家长参与的积极性，更影响家长会的效果。我们可以通过向家长发放问卷调查、问题征集、个别交流等多途径收集建议后，根据本班实际与需要灵活地选用适宜的家长会形式，让班级家长会多元化。如：

1. 问题聚焦式：根据近期国家、幼儿园的实事动态，或家长关注的、孩子在发展中出现共性的热点问题，家长集中的育儿困惑组织的班级会议。

2. 亲子娱乐式：邀请家长与幼儿共同参加的休闲活动（采摘、郊游、小小运动会、新年派对等）增加孩子与家长之间的亲情，增进教师与家长之间的感情。

3. 开放观摩式：在幼儿成长的发展阶段，邀请家长到班级参与半日开放活动，展示孩子阶段性成果，了解孩子在幼儿园的表现和基本情况。广泛收集家长的意见和建议，拉近了家园关系，促进家长与幼儿园的了解和沟通。

4. 专家引领式：就育儿中家长的困惑和聚焦中共性的需求，邀请相关专家讲座，吸取先进的理念，转变育儿观念，提高育儿水平。

5. 家长沙龙式：可以由家长委员会组织，家长自愿参加的活动，为家长提供宽松、畅所欲言的交流环境。

**关注会后的沟通以及总结**

每次家长会后，教师应该及时地向家长收集、反馈各种情况，并进行班级总结，不断提高班级家长会水平。在总结过程中，对会议流程、基本情况、会议效果、家长建议、典型经验、存在问题、内容形式、改进措施等进行分析梳理，发扬优点，改进不足，不断提高教师能力，增强会议效果，实现良好沟通，促进家园共育。

## 一路风景

### 小班家长会

各位家长：

下午好！欢迎您来参加今天的家长会。

时间过得真快，转眼和孩子们相处已经一年的时光了。一年前的情景如今还时常浮现在我的眼前：天天抱着熊猫的奇奇、睡觉时要老师抱着唱歌的萱萱、卧在地垫上玩着玩着就睡着了的越越、天天哭着问"妈妈什么时候来接我呀"的邢原……想想那时再看看今天的孩子们，真的有很多感慨，孩子们真的长大了许多、懂事了许多，一年来我们老师深深地被他们所打动，也时时被家长真诚的话语"老师您真不容易，你们辛苦了"所感动，因此，我们更加有信心，通过家园双方的共同努力和我们之间的携手合作，在相互信任、相互理解的前提下，在新的一年里，使孩子们的每一天都有新的变化。下面由我来小结一下前一段的工作以及班级氛围的建设，由祎老师说一说教育教学工作和有关孩子的语言发展、习惯培养等方面问题。

1. 总结上一学年和前一阶段的家长配合工作。

**在 2008—2009 学年家长的配合**

（1）许战昊家长作为咱们幼儿园的家长委员会成员，不仅积极参与幼儿园的活动，还为咱们班做了很多工作。

①建立"贝贝班共用邮箱"，为家长上传班级照片。

②提供家教方面的家长活动。

③制作光盘《快乐的一天》（郭天怡家长为全班每人刻一张盘）和《六一活动》（李默白家长为全班每人刻一张盘），我们大家鼓掌，表示感谢。我也希望有其他的家长愿意为孩子们做出贡献。

（2）韩语谌爸爸为幼儿园摄制六一活动和"咱班的六一"乐智活动。

（3）冬宝、许战昊、妞妞、佳佳、冬冬和丁浩阳家长为班级提供金鱼、花草、玩具、相册、电动汽车、电动钓鱼等。

（4）马翊萱家长为每个孩子缝制一个沙包。

（5）互送礼物：冬宝的贺卡、萱萱的扇子、牛牛的彩球、奇奇的京剧脸谱、大海的巧克力和山楂。

（6）新年郭天怡家长拿来了"富贵有余"吊饰。

（7）为活动提供各种瓶子、每日填报幼儿体温、拿拼图、制作树叶画、提供相片的各位家长。

（8）詹普清妈妈为每个小朋友提供了百家姓、弟子规等读物，还有小国旗。

（9）各位家长为六一活动提供鞋和袜子，而且非常快就准备好，别的班老师很羡慕，说明大家很齐心。

（10）牛牛家长提供贴画。

（11）还有的家长写表扬信、送锦旗，家长期末认真参与对教师的评价打分活动。

总之，大家都诚心诚意地把这里当成家，把每一个孩子都当成自己的孩子，出现一些问题都能互相包容、互相体谅。而且还互相交流好的育儿经验，如怎么穿衣、哪有不合适该吃什么药或到哪个医院去看比较好，总之，关系很融洽、和谐。

**孩子们的进步**

经过一学年和本学期近三个月的生活，孩子们在各方面的能力都有了很大的进步，适应能力、自理能力、语言表达能力、交往能力尤为突出，比如，全班幼儿基本上都能高高兴兴地来幼儿园；都能在老师的简单帮助下自己穿、脱衣服并摆放整齐；大多数孩子会使用礼貌用语等，能够比较愉快地和同伴相处，通过日常的观察我们还发现每一个孩子都有比较强项的方面：如胡彦东、牛牛、丁丁、聪聪、赵宇旻、冬冬、许战昊、清清、奇奇、谌谌、甜甜爱动脑筋；

冬冬、清清、谌谌、佳佳、丁丁、王彦哲、奇奇、冬宝、牛牛、可人、尹力语言表达能力较强；

球球、牛牛、许战昊、佳佳、唐浩、越越交往能力强（同伴关系比较好）；

邢原、球球、唐浩、赵宇旻运动能力较强，动作比较协调灵活；

谌谌、妞妞、萱萱、依洋、佳佳、畅畅、菲菲、美美跳舞好，节奏感比较强；

丁丁、依洋、奇奇、甜甜、谌谌、邢原、唐浩、冬冬、妞妞动手能力强（用剪子）。许战昊、赵宇旻、博文、奇奇、唐浩折纸折得很好。

在老师的眼里，每个孩子都是在进步的，希望家长有机会也多给予您的孩子一些表扬，有这么一句话：聪明的孩子是夸出来的。虽然不绝对，但我们希望在家长的积极鼓励和正面引导下，孩子们对自己更有信心，让他感觉到自己的某些行为是被别人欣赏的。孩子不要和别人比，就自己跟自己比，他哪儿进步了，就夸他哪儿，让孩子觉得自己也是能干、很棒的。

2. 新学年新气象。

上一学年在我们三位老师共同努力和家长的大力支持下，咱们班被幼儿园评为"和谐班集体"（全园共四个班），这个和谐一方面是老师之间的团结协助、老师与家长之间的和谐相处及老师和孩子之间的良好和谐的师生关系，另一方面是教师与幼儿双方的和谐发展取得了一定的成效。比如，日常活动、节日活动的开展、幼儿各个方面的测查成绩（幼儿评估、体能测试、健康检查等），教师工作（班内老师得到的成绩）等都表现突出，才能被评为"和谐班集体"。在新的一年我们还会不懈努力，力争取得更大成绩。

咱们班本学期又有六名新朋友加入到了我们的大家庭里，现在共有27名小朋友，他们分别是菲菲、东东、可人、尹力、博文以及美美，经过一段时间的适应，他们已经很顺利地度过了分离焦虑期。他们之所以这么快地度过分离焦虑期离不开三方面的努力。一方面，同伴间的相互影响很重要。咱们班的小朋友都很热情，很愿意帮助朋友。比如说美美刚来的时候，可能因为胆子比较小，面对新环境有些不知所措，这时候，谌谌就主动拉着美美的手说："美美，咱们一块儿玩好吗？"在以后每天的一日生活环节中，谌谌不论做什么都会带上美美。有了同伴的关心和帮助，美美适应起幼儿园的生活就顺利了些。另一方面则是家长的配合。从入园第一天起，无论是园里召开的还是班上召开的家长会老师都强调：要想顺利度过分离焦虑期最好能坚持送孩子上幼儿园，在这一点上新生家长们做得都很好。大部分新生除了身体不适的时候，都能做到坚持来幼儿园。有了这个良好的基奠，孩子们就能更快地融入到这个集体中。再一方面就是教师的重视，教师要经常与家长沟通，有时还要打电话。班上的老师也为这六名新孩子付出了自己的心血，虽然只有六个孩子，但我们也会投入最大的精力去精心照顾他们，三个老师不分早班、晚班都一起来，在他们最需要关心的时候去爱他们。有了这三方面的努力，六名新生很快度过了分离焦虑期，现在基本都已经适应了幼儿园生活。

幼儿园方面，为了促进每一位孩子更好、更全面地发展，开设了体育、美术、舞蹈等特色教学活动，还组织了春游、秋游的活动，从这学期开始咱们班也有美术课了，于此同时还将享受到幼儿园免费提供的资源：数学卡、《争做文明小天使》教材，另外，园里的科普苑、玩具图书馆每周定时向孩子们开放，并将其纳入教育教学计划中。有了园里为孩子们创设的这样先进、良好、温馨、舒适的环境，我们相信这必将使我们的孩子在整体素质上有更大的发展，我们的孩子会更快乐、更健康、更聪明。

3. 班级重点工作。

我们今天要介绍四个部分内容，分别是本学期各领域目标，主题活动介绍以及语言能力和行为习惯的培养。根据小班幼儿的年龄特点，我们制订了本学期幼儿发展目标：

健康领域

（1）愿意来幼儿园，逐渐适应集体生活，对幼儿园生活有安全感。

（2）愿意参加多种活动，情绪稳定、快乐。

（3）正确使用小勺独立进餐，养成饭前洗手、饭后漱口的习惯。

（4）外出时不离开成人，不接受陌生人给的东西。

（5）喜欢参加体育活动，动作较协调。

（6）尝试用多种方法运动身体，能有序地玩各种运动器械。

语言领域

（1）愿意与老师、同伴交谈，会使用常用的礼貌用语。

（2）能够倾听成人和同伴讲话。

（3）能用简短的语言回答问题，表达自己的要求和想法。

（4）喜欢听故事、念儿歌，理解并愿意跟读儿歌。

（5）学习正确的握笔方法。

社会领域

（1）逐步适应新的生活环境，乐意参加集体生活。

（2）学会用礼貌用语与经常接触的人打招呼。

（3）愿意和老师、同伴交往，知道小朋友的名字。感受父母对自己的爱。

（4）初步养成遵守游戏和日常生活中规则的意识。

（5）认识玩具、图书及学习用具，并爱护它们。

（6）遇到挫折、困难会寻求帮助，能坚持做完一件事情获得成功。

科学领域

（1）对周围常见的事物、现象有兴趣和好奇心。

（2）比较2~3个物体间常见量的差别，感知体验"1"和"许多"。

（3）对动、植物有兴趣，愿意亲近大自然。

艺术领域

音乐：

（1）喜欢参加音乐活动。

（2）能感知对比鲜明的声音的强弱、高低和快慢。

（3）歌唱时声音自然、不喊唱。

（4）能够随着音乐做简单律动，进行自我表现。

美术：

（1）对美术活动产生愿望。

（2）运用自己喜欢的颜色和简单的线条有意识地表现熟悉的事物。

（3）初步学习握笔和作画姿势，安全使用工具、材料。

　　根据小班幼儿的年龄特点和本学期的发展目标以及《纲要》，我们制订了一系列的主题活动，本学期一共有四个主题活动，已经开展的是"快乐的开斋节""美丽的秋天"，上周开展的是"好朋友"的主题活动，进入12月，我们将围绕新年开展主题活动。咱们园的特色是以节日课程为主的教育，下面我就以"快乐的开斋节"这个主题活动为例，向家长们介绍一下我们是如何开展小班的主题活动的。有的家长问："应该怎样配合教师教育幼儿？"您可以结合我们开展的主题活动进行辅助教育，如，现在我们开展的是"好朋友"的主题活动，您就可以给幼儿讲一些关于好朋友的故事，或是进行一些谈话活动。

　　小班阶段是语言发展最迅速、最关键的时期。也是人生学习语言效益最高的年龄阶段。幼儿在这个时期如果有一个良好的语言环境，而且还接受积极合适的语言训练，其语言发展的潜力将会得到充分发展。

　　（1）向孩子传授如何与他人交往的经验。

　　语言是人与人之间交往的重要工具，有了良好的语言基础做基奠，人与人之间的交往就会变得十分通畅。小班幼儿在幼儿园就好比是进入了一个小社会，在这个小社会里，孩子与孩子之间的相处就需要用语言去沟通。小班幼儿出现争抢玩具的现象，就是因为他们的语言表达能力不是很强。而语言表达能力不强，则是因为他们知道的词汇量太少。当孩子在活动区玩玩具时，遇到争抢现象，就需要用语言去解决问题。遇到这种问题，教师会先给幼儿说自己想法的空间，把问题抛给幼儿，让幼儿说一说自己的想法、好的建议。不光是老师的引导，同伴之间相互学习、相互影响也是很重要的。如果孩子们没有想出好的解决办法（因为他们的词汇量是有限的），教师就要教给他们伙伴之间商量事情时简单的用语。如，"你玩一会儿，我玩一会儿。""咱们一起分享好吗？"在日后的活动中，教师反复强调，引导幼儿以后再遇到类似问题时，用相应的语言作为交流工具。

在家时，当幼儿遇到问题，不知道用什么语言和他人交流时，家长应及时传授幼儿针对此问题所需的相应解决语言。例如，孩子向您告状，家长应该怎么办？这其实正是帮助孩子积累语言交往经验的最佳时期。遇到这种情况，您应该告诉孩子，如果遇到别人做的事情让你不高兴时，你要和他说出你的不满。如：排队洗手时有人挤他，就要告诉挤人的那个小朋友："你别挤我好吗？"有了这些解决办法的逻辑思维和语言基奠，小朋友间就能友好地相处，也就不会发生那么多争抢等不友好的现象。

（2）多和孩子进行语言互动。

良好的语言能力需要反复地练习才能达到，用孩子喜欢的多种形式与他们进行互动、交流，有助于培养孩子的语言能力。

①讲故事。

孩子们十分喜欢听故事，而且叙述故事以及根据故事内容回答问题的这个过程，可以练习吐字、发音。对锻炼孩子的逻辑思维能力和语言表达能力有一定的辅助作用。在整个讲故事的过程中，可以练习让幼儿学说完整的话。通过对故事的积累，加大幼儿词汇量。有了以上三点的积累，幼儿就可更顺畅地与同伴交流。在幼儿园，我们每天都有听故事的时间，让孩子在反复重复倾听中，不断加深对故事的记忆。小班幼儿喜欢做重复的事情，喜欢做他们会做的事情。针对孩子这种年龄特点，家长在平时给孩子讲故事时，不要总是重量（即总是大量地给孩子讲新故事）。要在一段时期内，反复讲一个故事，便于幼儿记忆。在幼儿园教师给幼儿讲故事后，会根据相应内容提出问题，如："故事的名字叫什么""故事中有谁"再根据故事的情节先后做有针对性的提问，帮助幼儿理清故事思路。利用讲故事这种方法提升幼儿的语言能力，不要着急，要循序渐进，要分出层次，对不同水平的幼儿，要有不同的培养策略。幼儿的能力发展不同，有的能力在同伴间超前，有的能力滞后。而且幼儿的年龄不同，也使他们的语言发展水平不同。在幼儿园，教师为幼儿搭建平台，让幼儿在集体面前讲故事。语言能力相对较弱的幼儿，不太会复述故事，针对处于这个发展水平的幼儿，教师不让他上前来自己讲故事，而是拿一本故事书作为辅助工具，让幼儿先掌握看图说完整的话的能力。对于语言能力相对较强的幼儿，可直接让他们上前来给小朋友讲自己会的故事。这样既可以照顾到不同层次幼儿的发展，又让他们锻炼了自己的胆识，在老师和同伴的鼓励下也能获得成功的体验。

在家时，家长也可以针对孩子不同的语言发展水平，制订相应的培养计划。可让幼儿有意识地看您讲故事时怎样发音，从而引导幼儿正确地吐字、发音。可以先让幼儿会看图说完整话（家长可先示范讲，幼儿学会模式后自己练习）。然后让幼儿在一段时期内反复听一个故事，听完故事后，家长进行有针对性的提问。最后，等幼儿基本掌握故事内容、结构后，鼓励幼儿复述故事（在这个过程中，提醒幼儿说完整话）。在整个过程中，家长不要截幼儿的话，给他充分表达的空间。

②做游戏。

小班的教学特点是游戏化的一日活动，所以我们利用孩子们喜欢的游戏形式培养幼儿的语言能力。在幼儿园，我们经常利用教学活动以及过渡环节来带领幼儿做游戏。如，游戏"猜猜看"，把玩具放进一个大口袋或大箱子里让孩子猜猜是什么物品，并大声地说出来，鼓励幼儿说完整话，教师给他一定的句式（如，我摸到的是……），让他模仿着说。幼儿无论猜出与否，教师都要正确地告诉孩子物品的名称，当孩子用完整的话进行表述时，教师应及时给予鼓励。

家长在家也可以以游戏的形式来与幼儿互动，如游戏"打电话"，能有效地促进孩子语言交流能力的发展。当成人在家打电话时，可以让孩子在一边听你是怎样接电话，怎样与人谈话，怎样与人告别等。有了以上生活经验之后，家长便可以利用玩具电话与孩子练习打电话。每天一回家就给孩子、给自己多一点时间进行交流，爸爸妈妈来问，小朋友回答，还可以相互转换角色进行语言上的交流。

（3）利用榜样作用影响孩子。

小班幼儿用来提升自己经验的途径是模仿，他会把从他人身上模仿的东西，转化为自己的经验，并在以后发生类似情况时，运用同样方法去解决问题。然而，因为小班的幼儿还小，他们的是非观还不是很完善。所以，他们分不清什么是对的，什么是错的，于是他们就会把自己看到的任何事物无选择地进行模仿。在幼儿园，教师随时注意着自己的言行，因为幼儿对教师有崇拜的心理，所以更会关注教师的一言一行。孩子之间也会进行模仿，教师鼓励幼儿模仿同伴良好的行为。（如在幼儿间树立小榜样，让其他幼儿向小榜样学习）

幼儿在家时，家长也要注意自己的言行，使自己成为幼儿的榜样。家长用来要求幼儿的规定，首先家长自己就要先遵守。例如，家长告诉幼儿要好好和小朋友相处，可是家长自己在孩子面前运用不礼貌的语言，孩子就会效仿这种与人相处方式，在同伴之间出现打闹现象。同样，家长在与人相处时，温和待人，幼儿也是会模仿的，久而久之就成了一种很好的习惯。

说到习惯，人生中有许多种习惯。如倾听的习惯，阅读的习惯，进餐的习惯、卫生习惯、语言习惯……很多习惯都很重要。1987年，75位诺贝尔奖金获得者在巴黎集会。有人问一位诺贝尔奖金获得者："您在哪所大学、哪个实验室学到了您认为最重要的东西呢？"出人意料，这位白发苍苍的学者回答："是在幼儿园。""在幼儿园学到了些什么呢？"学者答："把自己的东西分一半给小伙伴；不是自己的东西不要拿；东西要放整齐；吃饭前要洗手；做错了事情要表示歉意；午饭后要休息；要仔细观察大自然。从根本上说，我学到的全部东西就是这些。"这位学者的答话代表了与会科学家的普遍看法。无疑，从那位白发苍苍的学者的话中，我们听出了一个词：习惯。播种习惯收获性格，播种性格收获改变。人的命运的巨大差别源于细节的微小差别。

①对自理能力的培养。

幼儿经历了托班一年的培养，他们的自理能力都在自己原有的基础上有所提高。孩子们升入小班后，我们继续对他们的自理能力进行培养。本学期，我们鼓励幼儿能做到自己的事情自己做。如培养幼儿自己穿背心和叠背心，教师教授幼儿穿背心、叠背心的儿歌。小班幼儿的依赖性很强，总是喜欢成人帮助他们做事情。所以每次户外活动前，我们引导幼儿自己穿背心时，有的孩子明明自己会穿，但是由于自理意识差（可能因为在家时，什么事情都由家长代替他们做，这样久而久之孩子就养成习惯）这些孩子往往连试都没有试，就过来找老师帮忙了，放弃了自己尝试的机会。这时，老师会鼓励他自己的事情自己做，告诉他，等他学会后当小老师教其他小朋友穿。孩子都很想当小老师，有了这种良好的动力，孩子的积极性就被调动起来了。还有的孩子是有尝试的意识了，但是他们缺乏坚持性。例如，他们在穿背心这个环节中，自己尝试了一次，失败了，他们就放弃了，找老师来帮忙。我们教师要因材施教，面对这样的孩子，我们先表扬他们能勇于自己尝试，然后和他分析哪块儿做得有问题，导致没有成功。分析问题后想出解决办法，让他自己去尝试，尝试成功后，及时给他鼓励。

家长在家时也要培养幼儿自己的事情自己做的好习惯，要放手大胆让孩子去尝试，不要怕孩子不行，现在孩子们的能力都变得很强了。要给孩子尝试的机会，而且要培养孩子自己的事情自己做的意识。当孩子向您寻求帮助时，您可以先告诉幼儿："孩子，你能行！"并鼓励他自己进行尝试，如果孩子尝试失败了，您可以对他说："没事的，再试一试吧！"孩子成功后要及时给他们鼓励，并鼓励他们以后遇到这样的事情还要这样做。一开始，孩子可能会有反复，但是家长坚持这种教育方法，久而久之孩子就养成了自己的事情自己做的良好习惯，这样，他们的自理能力就在不知不觉中加强了。而且家长要坚持教育的一致性。（例如，幼儿一周都表现不错，在幼儿园都能自己的事情自己做。但是，过完周末回来就有反复，就因为在家老人或父母又包办代替了）

②培养物归原处的习惯。

有些家长常常找不到自己的东西，这在很大程度上是因为这部分家长从小没有养成物归原处的好习惯。幼儿园为了从小培养幼儿物归原处的习惯，为幼儿创设了许多平台，例如，我们在玩具柜上粘贴了许多标记，就是为了让幼儿学会按照小标记把小玩具送回家。（积木区：按照小标记，把相应的图形送回去。娃娃家：随时玩，随时收。日常收放玩具区：把玩具筐送到玩具柜中，按小标记摆放）经过长时间反复强化，幼儿逐渐有物归原处的意识，但是还需要加强。

在家时，家长也要配合教师帮助幼儿养成这个良好习惯，家长可以沿用幼儿园里的办法，如在玩具柜上贴上幼儿喜欢的标记，让幼儿根据相应的标记提示随时把不玩的玩具收好。物归原处的习惯不好培养，因为有时幼儿犯懒就会出现反复，这时，家长一定要及时提醒幼儿，以鼓励的方式使幼儿把这个好习惯坚持下去。久而久之，幼儿就会养成物归原处的好习惯。

4. 幼儿安全及一些需要家长配合的事情。

（1）接送卡问题：您接送孩子一定要带卡，出入门口主动向保安出示一下。家长这么多，保安认不过来，您稍微麻烦一点，为的是保护您的孩子的安全。多关注孩子，进行正面引导，可以常问："今天学了什么新本领，玩了哪些新游戏？""和小朋友怎么玩的？"不要总问："挨批评了吗？""淘气了没有？""有人欺负你吗？"多进行正面的引导，让孩子喜欢幼儿园、喜欢和同伴交往。

（2）早晨、晚上来、离园时不要玩大型玩具，因为平常幼儿每天都有机会玩，来、离园时就不要玩了，一切从孩子的安全出发。

（3）早晨来园过晚的问题。7：50 以前要把孩子送到幼儿园，不迟到。

（4）请您每天给孩子带手绢，绣上名字，注意孩子的着装，安全、舒适为宗旨，像衣服上有带子、珠子，鞋带跟等都有安全隐患，还有的家长给孩子穿衣特别紧，孩子不舒服，因此家长给孩子买衣服，不光要美观，还要注意让孩子穿舒服、安全。天凉了男孩子该穿秋裤了，可以不穿小内裤，这样孩子上厕所方便些，旅游鞋尽量穿粘扣的，有的孩子鞋带特长，玩的时候鞋带开了，容易绊倒。

（5）服药的孩子请家长一定要带条，写清孩子名字、服的药名、什么时间吃、吃多少，并附上家长签字。

（6）请您按时交纳托儿费，每月9号之前把钱续上。

（7）不来园时主动给班上老师打电话，说明原因。

最后针对家长问卷提出的问题进行互动。

5. 回答家长提出的问题。

（1）幼儿有时不愿意来幼儿园，怎么办？

有些家长向我们反映有些幼儿早上不愿意起床、不愿意穿衣服，甚至伴有哭闹现象。请问遇到这样的情况您的第一反应是什么？（请家长说，有的家长和老师交流时说，他认为孩子出现这种现象是因为有人欺负他）我觉得家长可以试着和孩子换位思考一下。您想您有没有不想上班的时候，是您的上司给您气受了吗？是您和同事相处不好？其实都不是，可能人都有短时的倦怠期，过了这个时期自然就好了。还可能是天气的影响。（如：有的幼儿各方面表现都很好，而且哭闹现象很少，可是最近出现不爱来幼儿园，甚至哭闹的现象。这很正常，幼儿因为天气冷不愿意起床，又因为自己的语言能力还没有得到充分发展，他们只能用自己的情绪来表达自己的情感。第三种可能孩子习惯用哭闹来使家长满足自己。当孩子得不到满足时，会用哭闹的方式来表达自己的不满，这时如果家长为了不让孩子哭，作出妥协，孩子有过只要哭闹就能满足自己愿望的体验，就会有第二次）这个时候，可以跟幼儿聊一聊，听听幼儿的想法，给他们一个倾诉的平台，让他们的情绪可以得到宣泄。可以帮助幼儿回忆一些在幼儿园的趣事和他们感兴趣的事情，激发他们的积极情绪。以上两种情况都行不通，就可以顺其自然，让幼儿发泄自己的情绪，家长不用大惊小怪，幼儿发泄完了自然就好了。幼儿的哭闹情绪往往只在来园时出现，短时内就能恢复正常。

（2）幼儿在家任性怎么办？

有的家长反映有的孩子在家很任性，总是爱发脾气。对于孩子的任性，要选择一些有效的措施。

①先提示。

任何儿童的行为都可以找到一些基本的规律，多数异常情况都发生在有特殊需求时。掌握了孩子任性的规律后，用事先"约法三章"的办法来预防任性的发作。如：孩子想父母给他买各种玩具或食物，一般先说好买什么东西，而不是孩子要什么就随便买什么，最好根据实际、结合孩子的需要买合适的东西，而不是完全满足其欲望，要让孩子懂得克制自己。

②冷处理。

当孩子由于要求没有得到满足而发脾气或哭闹时，父母可以用条约来讲道理或不予以理睬，不要在孩子面前表露出心疼、怜悯或迁就情绪，更不能和他讨价还价。可以采取躲避的方法，暂时离开他。当无人理睬时，孩子自己会感到无趣而做出让步。这种"冷处理"的方法往往比较有效。

③转移注意力。

父母可以利用孩子注意力易分散、易被新鲜的东西吸引的心理特点，把孩子的注意力从其坚持的事情上转移到其他有趣的物品或事情上。比如说给他讲一个故事或是做一个游戏。

④适当惩罚和奖励。

孩子任性时，可以对他进行相应的处罚，比如说动画片少看一会儿，不给买好吃的等。但一旦孩子任性有所减缓时，马上用正强化的手段鼓励他。

（3）加强幼儿的交往能力。

有些家长说孩子不是特别喜欢主动与同伴交往，总是喜欢自己玩。一般较为内向的孩子容易出现上述情况，他们因为胆小，不太愿意主动与同伴交往。家长可在平时的户外活动时，鼓励幼儿大胆与熟悉甚至陌生的小朋友进行游戏。当幼儿遇到交往上的问题时，家长成为他们的第一听众，耐心地倾听他们的想法，并告诉他们如何与他人相处。（如××小朋友在玩时打了你，你该怎么办）家长还可以通过讲故事的形式，来鼓励幼儿与同伴交往，（如故事内容可从幼儿兴趣点出发，用他们喜欢的小动物为主人公来讲述故事，改编为同伴间应怎样主动交往）还可利用"家长沙龙"的形式来拉近孩子间的距离。（请许战昊的爸爸说说开"家长沙龙"的初衷，鼓励在流感过后进行此活动）

（4）如何对待幼儿"告状"现象。

您会不会有这样的体验：孩子回家会向您告状，说××幼儿欺负他，或者是他说跳舞太累了，不想跳舞了等。在听到孩子这样或那样的"告状"时，您是怎样处理的？比如说前面的例子中，孩子和您说××幼儿欺负他。我们建议您淡化这件事，如果您把这事当成事，孩子对这件事就会更加重视。如果您淡化了，告诉孩子和小朋友相处可能会遇到不开心的事，这是很自然的。如果朋友做出让你不高兴的事情来，你可以说出你的不满，说不定是你误会朋友了。经过家长这样的开导，这件事情就不会成为孩子的困扰，他还能从中学会如何与同伴相处。又如，幼儿说跳舞太累，不愿意跳，有些家长第二天来园的时候，帮助幼儿和老师商量能不能累的时候不跳了。我们不建议家长一味地顺从孩子，如果孩子的想法不正确，要及时加以纠正。要不然以后这样的"告状"就会越来越多，一发不可收拾，最后导致幼儿总是发脾气，甚至用情绪来让家长妥协。

（5）幼儿不能和同伴分享怎么办？

有的家长和我们说，在家时，孩子不能和小伙伴分享，总会有抢玩具现象发生。家长特别想让自己的孩子学会和他人团结协作。小班幼儿以自我中心为主，他们还不具备团结协作的能力，这是中、大班才出现的品质。可是从现在起，可以引导他们如何和同伴分享玩具。在活动区时，如果遇到小朋友争抢玩具的现象，教师会把这个问题抛给幼儿，让他们说一说遇到这种情况，应该怎么办。教师最后帮助他们提升经验，告诉他们应该和同伴商量，并教给他们商量时所用的语言。家长也可用这种方法，发现问题时，及时倾听孩子心声，并告诉他们解决问题的方法。如果孩子照做了，就要及时鼓励他。

（6）幼儿爱磨蹭怎么办？

有的家长说孩子早晨起床动作慢，爱磨蹭。这种现象可以归结为如下几个原因：一是因为头天夜里没休息好，醒来后精神头不足，这种情况下就要调整孩子的作息，晚上让孩子早点上床休息，睡前不要太兴奋，提高孩子睡眠质量。孩子休息好了，早上起来精力充沛，自然做什么都动作利索。此外，我们认为有的小孩爱磨蹭可能是心理原因。对小孩来说，上幼儿园多多少少是有些压力的事，我们大人也一样，每天出门上班总归不如周末在家里休息来得自在。为了缓冲这种压力，小孩的表现便是磨蹭，拖延时间。

基于上述成因我们的做法是：第一，让孩子接受"上幼儿园受学前教育是必须的事情"。早去也得去，晚去也得去。家里人必须统一意见，不能有偏袒。第二，帮助孩子热爱幼儿园，培养对幼儿园、老师和小朋友的感情，让幼儿园成为有吸引力的地方，成为孩子向往的地方，让上幼儿园成为快乐的事情。第三，用孩子喜欢的方法来引导孩子。比如我们会通过给孩子讲故事让他意识到磨蹭是个坏毛病。还有的家长提出，可以在孩子起床后和他比赛刷牙等。帮助孩子改掉磨蹭习惯需要过程，家长千万不能急于求成，否则会引起孩子的逆反心理，适得其反。

## 班级家长会方案
刘海燕

目标：

创设温馨宽松的环境，引导家长积极参与班级会议。感受不断更新的幼儿教育，携手促进幼儿的身心健康发展，共建积极合作的桥梁。

1.通过班级家长会了解本学期目标、活动安排。

2.介绍幼儿课程及一日生活环节，使家长与班级达成共识，形成教育合力。

3.引导家长积极互动，畅所欲言，分享、领会教育经验。

班级家长会通知（主班老师拟写并打印）

亲爱的家长：

您好！

又一个新的学期即将开始，感谢您一直以来对我们的信任和支持。在新的一个学期中，为了我们能够增加相互的了解，也便于您更加了解孩子在幼儿园的生活、学习、游戏等状况，共同携手搭建孩子成长的阶梯。请您于××年×月×日×点×地，参加班级家长会。

××班全体教师恭候您的到来。

××班

××年×月×日

半日开放活动签到表（主班老师拟写并打印）

活动照相、摄像：

由家长委员会成员担任照相及摄像任务。

活动流程：

**家长围圈而坐，教师致欢迎词**

各位家长：

大家好！欢迎大家在百忙中抽出时间来参加班级家长会。感谢各位家长对我们工作的支持和配合，使我们顺利地、愉快地完成了上学期的保教工作。在上学期的各种活动中，各位家长能积极主动地参与，在这里我感谢各位家长，这也是对我们的一种鞭策，使我们更有信心去做好明天的工作。

今天，我们为了一个目标来到一起，让我们就此机会讨论教育孩子的策略、交流教育孩子的感想，及需要解决的问题。会议主要有以下几部分：一是向您介绍本班教师及本学期幼儿发展目标，及当今幼教的趋向。二是介绍幼儿一日生活情况及家长关心的问题。三是家长协助幼儿园做哪些工作。四是交流教子经验。五是征集对本班工作的意见和建议。

**教师主持会议**

1. 介绍班级教师。

2. 分析总结上学期活动，主要梳理优点和欠缺的地方。

3. 介绍幼儿现阶段年龄特点及能够达到的发展水平。

4. 公布本学期生活及学习培养目标（重点目标）及家长应协助配合的目标。

5. 讲解本学期重点及特色游戏活动课程。

**请家长畅所欲言分享经验**

1. 请家长说说自己最关心的事。

2. 提出自己感觉困惑的育儿问题，相互交流。

3. 有经验的家长共同探讨，相互支招。

**收集整理家长建议**

1. 解答家长在会议中提出的疑问。

2. 收集家长关注的建议单。

大家有什么意见和建议写下来并留下来，以便我们更好地开展工作。

3. 简单填写会议反馈，教师及时整理。

**活动结束**

1. 个别家长交流。

2. 班级教师进行简单反思。

**分析：**

这是一个比较普遍而又典型的开学初的班级集体家长会。会议分析了班级的现状，介绍了班级的重点目标，为家园合作提供了有效的支持。虽然有了完整的案例和充足的准备工作，但是老师也要重视以下几方面的事项，确保活动顺利进行。

1. 发挥家长委员的作用，参与班级家长会安排统筹，带动全班家长参与活动。

2. 多准备些幼儿平时在幼儿园的表现的照片、视频或能够说明问题的作品。

3. 介绍的班级目标要简明扼要，条理清晰。

4. 引导家长充当会议主人，鼓励他们畅所欲言，不要只当旁观者。

5. 关注平时对幼儿园或班级交流少或有意见的家长。

6. 活动中注意与家长进行平等交流，不要随意批判家长的质疑，一定要避免居高临下的指令口吻。

7. 对家长的意见要真诚接受，并承诺家长共同商议调整方案。

# 家园直通车之十——亲子共游

## 线路简介

亲子共游是由幼儿园或教师组织，家长、幼儿自愿参加的，有目的、有计划的共同出游活动。它是家园共育的另一种形式，对于孩子有着不可忽视的教育意义。亲子共游为孩子们提供了一个与老师、家人、小伙伴一起共同游玩的机会，也为家长与教师搭建了一个亲密接触、融洽交流的平台。在活动中能让幼儿体验融洽的亲子关系，开阔眼界，增进家园合作。

## 沟通驿站

幼儿园亲子共游不同于家庭式的亲子共游，不仅能够开阔孩子的眼界，让孩子更好地亲近大自然，感受大自然的美。更重要的是让孩子在集体出游的活动中，感受和体验与家人、同伴共同活动的乐趣，增进亲子感情、增进同伴关系，培养集体意识、遵从集体的要求，约束自己的行为。

## 安全行驶

**提前准备好完善的活动方案和安全预案**

要根据班级近期教育活动的需要，幼儿的兴趣、季节特征等因素考虑确定共游活动的内容和重点。要提前制订活动方案报幼儿园审批，与旅行社签订安全保险合同。并提前进行踩点，确保路途及出游活动的顺利进行及活动中的安全。

**提前告知家长出游的具体安排**

提前以通知或家长委员会的形式向家长介绍亲子共游活动的目的、内容及注意事项，以便活动中相互配合，实现亲子共游的目标。

**应充分利用时间与家长进行沟通**

应利用外出共游途中及休息的短暂时间与平时缺少沟通的家长进行交流。并随时注意观察家长在活动中与孩子的交往方式、态度等，以便在日后的家园合作中更有效地与家长交流。

**活动后梳理经验**

活动后可组织家长将参与活动的收获、感受进行交流，也可以将活动照片、图片、实物等带到幼儿园共同分享。

**应对不同类型家长的沟通策略**

幼儿园组织各种亲子共游活动，对于孩子来说是一件无比高兴的事情，几乎所有孩子都会很渴望参加这样的集体活动。但作为家长来说，各种反应都会有。

1. 积极拥护型。

"老师，这次亲子春游活动，睿睿盼望得不得了，天天都在念叨这件事情。我和睿睿爸爸也很支持这种亲子活动，平时也没有太多的机会专门带孩子出去玩。请假也要积极参加。"

这类家长是家园共育的好伙伴，家长深知亲子共游活动的价值所在，所以对待活动持积极参与的态度，愿意参加班里组织的一切活动。

2. 消极拒绝型。

"孩子很喜欢这样的集体活动，可爷爷奶奶担心饮食问题，又担心安全问题，虽然有家长在，可毕竟是那么大的活动范围，那么多的孩子，又是在户外开放式的环境中，所以怎么都不放心。"

这类家长可能有各种担心，我们需要分析家长担心的问题所在。是担心亲子共游的安全问题，饮食问题，孩子健康问题，还是亲子共游的活动安排问题？找准问题所在，解决家长的各种担心。

3. 自由放任型。

"老师，亲子采摘活动家长必须参加吗？我们家长工作都很忙，能不能交费后让孩子自己跟着老师去，我们家长就不去了？"

"我们家长平时一有时间就经常带孩子出去游玩，家庭式的亲子活动也比较自由，所以幼儿园组织的亲子活动，我们就不参加了。"

这种类型的家长不能够认识到亲子共游活动的内在价值，只是考虑到亲子共游的外在形式。认为交完费让孩子自己参加，就算参与幼儿园的亲子共游活动了。或者觉得平时家庭式的亲子共游机会很多，放弃幼儿园的亲子共游活动也无关紧要。

对待这类家长，我们首先要认识到症结所在，通过各种方式，使家长了解和认识到幼儿园亲子共游活动的真正意义所在。

以下提供几种方法策略：

1. 利用各种机会各种方法，使每一位家长了解亲子共游的各种事项，如活动时间、活动地点、路线、具体活动程序及环节安排、需携带物品及注意事项等。如此公开的活动安排，会让家长消除不必要的担心和质疑。

2. 给家长出示"温馨小贴士"，让家长觉得贴心和放心。如提醒家长和孩子需穿舒适的衣服、方便运动的鞋子，关照有特殊情况和特殊要求的孩子（晕车，体弱儿等），穿脱方便的外套以便于根据气温随时增减衣物。微小而细致的提醒，会使家长感受到虽是集体活动，但老师仍旧关心每一个孩子。

3. 对待不响应、不参与的家长，针对不同原因进行解决，通过个别谈话等形式，使家长的认识不仅仅停留在亲子共游的外在形式，而是理解到其真正价值。

**一路风景**

### 邀请爸爸妈妈游北京
郭小艳

根据《纲要》中幼儿的年龄特点及兴趣需要，大班幼儿开展了《我爱北京》的主题活动，以北京的"建筑—小吃—京剧"为线索，引导幼儿了解北京、认识北京，从而培养孩子爱北京的情感。随着主题活动的开展，孩子们对北京的名胜古迹产生了兴趣。结合主题活动的开展与幼儿的兴趣，我们决定以亲子共游的形式，组织家长带领幼儿游览北京的名胜古迹。我们以家长信、家长会的方式，将这一活动告知家长，结合班级主题活动的开展，向家长介绍本次亲子共游活动的由来、目的及价值，以争取家长的积极参与及支持。为了使这次亲子共游活动更具计划性与可操作性，教师在活动前做了很多的准备工作，如给幼儿布置任务，回家后与爸爸妈妈一起搜集有关资料，北京有哪些名胜古迹？最想游览的是什么名胜古迹？地理位置所在？途中与游览过程中所要注意的问题？引导幼儿将与家长商议的结果进行介绍与讲述，组织幼儿进行比较、讨论，选择最为适宜的地点作为亲子共游的地点，并总结亲子共游过程中所需注意的问题，以及活动中要了解的内容及问题，制订相应的计划。

在一切准备就绪后，教师、幼儿与自己的爸爸妈妈按照制订的计划，带着问题一起游览了北京的名胜古迹"故宫"。游览过程中，幼儿感受体验了制订计划、实施计划的过程，了解了名胜古迹的特点、历史等情况，体验了亲子活动的乐趣。此外，幼儿的其他方面也得到了培养和提高，如有的家长能够有意识地引导幼儿尝试观看路线指示图，有的家长能够鼓励幼儿尝试解决自己所遇到的问题，有的家长能够有意识地引导幼儿观察、总结建筑特点等。活动后我们进行了谈话与总结，一方面通过和孩子一起谈话分享快乐，感受家乡的美丽。另一方面向家长介绍、梳理在亲子共游的过程中，家长的一些好的做法，供家长之间交流与总结。

**分析：**

上述案例体现了亲子共游的价值与特点，但在亲子共游中仍有一些方面需要注意，如：

1. 将亲子共游的活动由来、活动安排以适宜的方式及时告知家长，使家长充分了解活动的目的与价值所在，从而最大限度地取得家长的支持与参与。

2. 结合幼儿的年龄特点，活动之前对家长进行一定的指导，使活动具有更强的可操作性。如请家长帮助幼儿提前收集资料，引导幼儿制订计划，体验计划做事的必要性，培养幼儿的计划性；在亲子共游前，帮助幼儿和家长了解本次亲子共游活动旨在解决什么问题，带着问题参与亲子共游活动，以培养幼儿的任务意识。

3. 亲子共游是一次直观的"育儿课堂面对面"，教师在看到家长对幼儿不适宜的做法时，可以及时给予帮助，使家长掌握引导幼儿更为适宜的方式方法。

4. 亲子共游是家长之间一次相互交流与借鉴育儿经验的良好机会，他们可以看到其他家长在育儿方面的一些闪光点。但需要注意的是，教师要注意对这些闪光点的进行捕捉与点评，帮助家长相互学习，共同提高。

# 家园直通车之十一——家长园地

## 线路简介

家长园地又称"家园联系栏",是幼儿园与家庭联系的纽带之一,是面向全体家长宣传教育理念、传授教育方法的窗口。同时也是反映幼儿园或班级各种事务的窗口。班级的家长园地由若干栏目组成,张贴于各班的活动室外。是教师通过文字、照片、图表等形式定期将幼儿园的教学动态、幼儿发展情况、家长关注的问题等进行宣传、互动的一种沟通方式。

## 沟通驿站

### 利于家园间的沟通

班级家长园地弥补了教师、家长交往时间上的不足,促进了幼儿园、家庭之间的信息交流,有效地增强家园间的相互沟通。是使用频率较高,较为普遍的一种家园沟通形式。

### 能适时为家长提供共性问题的指导

围绕家长共同关心的育儿问题,有针对性地选择一些成功的教育经验为家长提供帮助,可同时面向所有家长提供保育、教育方面的教育资讯。

### 能适时地传递最新信息

能在第一时间面向所有家长传递班级的最新消息,所反映的都是本班近期最新、最有价值的内容,如教育方面的阶段目标、幼儿的点滴进步、需要家长配合的工作及短小的教育文章等。

## 安全行驶

1. 文章、资料要短小精悍,不宜长篇大论。教师可以将资料内容中的关键词或关键经验字号放大,方便家长阅读。

2. 教师可经常提醒家长关注家园联系栏的内容,指导家长关注班级动态。

3. 家长园地的设计和装饰要简洁,不宜过分夸张,栏目名称应温馨别致、令人耳目一新,能吸引家长。以内容为主,装饰为辅。

4. 家长园地的内容和信息更换要及时,能够第一时间把班级内的最新动态告知家长,并把需要家长配合的内容进行公布。

5. 要充分发挥家长的主体作用,为家长留出互动交流的空间,调动家长参与的积极性。围绕家长共同关心的问题,由家长在家园栏中提出一些问题,如"怎样看待孩子之间发生的纠纷"等,因为这些问题家长都深有同感,所以

第二章 信息站——不同的家长工作方式

许多家长纷纷投稿参与讨论。

6. 家长园地以设置在光线良好、空间宽敞、家长接送孩子的必经之路为宜，要方便家长驻足观看。

## 一个都没落下

葛莉君

随着9月的来临，我接手了一个新的班级，按照往日的惯例，我提前三天贴出了召开班级家长会的通知，并以口头形式告知了个别家长。家长会当日，我带着精心准备的《幼儿测评分析》《班级工作计划》《班级教学计划》《幼儿生活学习准备用品》《幼儿家长联系簿》《班级教师联系方式》等各项材料样本走进预定的开会场地时，面对的是我班三分之二的家长。其他三分之一的家长呢？虽然满心疑惑，我还是面带微笑井然有序地开完了家长会。

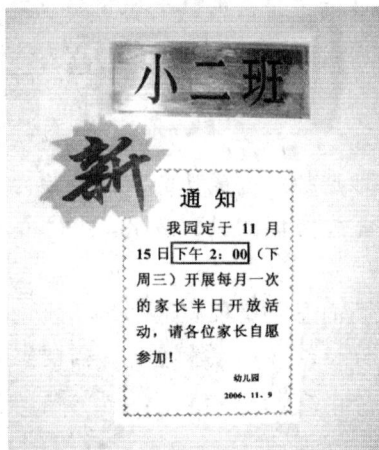

半日开放活动通知

宝宝信箱

事后我了解到此次缺席的家长，有的是把时间记错或忘记了，有的是没看到这则新通知，还有的是老人接送孩子不太注意看文字通知。当他们从开会的家长口中了解了其在会议上的感受，以及我往他们电子邮箱发送的会议讲稿后，都说以后的家长会他们一定要参加。反思家长未能接收到通知的问题，我做了以下工作：

1. 创建宝宝信箱。

在家长必经的班级外墙开辟一个宝宝信箱，为每名幼儿设立一个小信箱，把园内、班级重要活动以书面通知发放到每个幼儿邮箱中，便于视力不好的爷爷、奶奶把通知准确地带给孩子的爸爸、妈妈，避免记错时间。

除重要通知外，我班还将幼儿报刊、幼儿各类测查结果和家长调查问卷等都通过宝宝信箱发放到家长们的手中，减少老师在照看幼儿离园时的一项工作，增强老师对孩子的关注力，保证家长向教师询问幼儿情况的时间，并有效避免了漏发、错发的现象。

2. 突出新通知的"新"标志。

有些家长反映幼儿园的通知比较多，有的会贴很长时间，所以有时他们就不太注意张贴的通知了。我们意识到自己平时生活中的疏忽给家长们带来的不便，并针对这一现象设计制作了"新"字标志，每当再张贴新通知时都会复上"新"字标志以引起家长的注意力，从而提高通知的时效性。

通过这两方面的改进，我班的通知不光吸引了本班家长驻足观看，同时还使得所路过的其他班家长时常留意。再加上利用电子邮件、短信与家长的沟通，使得在我班此后的各项通知与家园共育活动中，家长们一个都没再落下！

## 温馨提示

葛莉君

幼儿教师不仅是孩子们的老师、朋友，同时也是家长们的老师、朋友。我们一句句关爱的话语不仅能使孩子感到温暖，帮孩子建立与教师的依恋关系，更能使家长感到放心，帮家长建立与教师的信任关系。

可是，与家长们在接、送孩子离园、入园时候的交流是那么的短暂而有限，怎样才能将我们对每位孩子的深切爱护传递给家长们呢？"温馨提示"是我们"家园栏"开创的一个版块，在这里，每逢学期伊始、季节交替、假日到来、疾病多发……我们都会及时送去温馨的提示。

1. "温馨提示"基于日常观察，真诚传递教师对孩子的细心呵护。

季节交替的时候，气温变化不稳定，家长们不易把握好如何给孩子增减衣物、被子，有时他们的"好心好意"却适得其反把孩子搞得或是"汗透内衣""睡湿枕褥"或是"小手冰凉""拖着鼻涕"……作为老师，我们心疼啊！这时我们的提示是——

> 亲爱的家长朋友：
>
> 这两天，阳光真是不错，带孩子们在户外活动时感觉不怎么冷了。可是，室内供暖停止了，咱们班活动室的温度计显示是××℃，睡眠室的温度计显示是××℃。因此，我们建议您先不要急着减少孩子在室内的穿着，倒是可以准备一件合适的马甲，省得孩子在户外活动时，穿着大外套玩得满身大汗。方便的话，明天就带来吧！

这样的温馨提示，为家长提供了给幼儿在园穿衣的参考情况，既让家长放心，又让孩子舒服！同时，让家长了解孩子在班中得到怎样的呵护，并将必要的活动常规介绍给家长，加深家长对老师的了解，为支持和协助班级的工作奠定基础。

2. "温馨提示"基于育儿理念，真诚传递教师对孩子的教育方法。

假日到来的时候，各式各样的活动蜂拥而来，家长们为了让孩子开心，带着他们尽情地游玩、购物，有时家长们的倾情付出却给孩子造成了超负荷的运动，导致过度疲劳，甚至身体不适、感染疾病……作为老师，我们着急啊！这时我们的提示是——

> 亲爱的家长朋友：
>
> 　　六一儿童节就要来临了，您和宝宝制订"节日计划"了吗？记得提醒宝宝别玩得太累，吃饭、休息尽量像在幼儿园一样有规律。带孩子买礼物时，别忘记适当培养他们的"理财意识"，可别用咱们的"精力""财力"娇惯出刁蛮、任性的"小公主""小皇帝"啊！
>
> 　　祝愿您和宝宝共同度过一个健康、快乐、富有意义的六一儿童节！

这样的温馨提示，为家长提供了给幼儿合理安排假日的相关理念和需注意的问题，既让家长做起事来谨慎、周到，又让孩子健康、快乐！同时，让家长感受孩子被老师的关注，并将必要的育儿常识传递给家长，提高家长对老师的信任度。

3. "温馨提示"基于工作经验，真诚传递教师对孩子的点滴关爱。

外出游玩时，孩子兴奋，大人忙活。家长们精心地给孩子准备了"漂亮的行头"，小裙子、小皮鞋、小夹克，还有大包小包的零食。可这些行装有时却影响孩子们出游的兴致，裙子绊腿、新皮鞋磨脚、背包太重……作为老师，我们心疼啊！这时我们的提示是——

> 亲爱的家长朋友：
>
> 　　孩子们盼望已久的秋游到了，请您帮他们找好适合出游的鞋子、衣裤，一定要适合户外运动哦！途中的饮用水和午饭幼儿园会为孩子集体准备，您只需提醒孩子带上小背包就行了。如果孩子要带零食请尽量劝他少带，背包太重不便游玩啊！

这样的温馨提示，为家长提供了给幼儿准备"出游行装"的科学建议，既让家长在准备行装时井然有序，又让孩子们在郊游中玩得尽情尽兴！同时让家长理解孩子在班级活动中的需要、发展，并将需家园配合的内容告知给家长，为家长提供必要的出游信息。

"温馨提示"凝结着老师的爱心、细心和慧心，赢得了家长的认可和信赖，为家园工作打下了扎实的基础。于是，当孩子发生意外的时候，家长们不是单纯的抱怨与挑剔，而是以坦然的心态去面对，并理解、参与到家园工作中，与我们一起为促进幼儿的茁壮成长共同携手努力。

## 亲子专栏"看看　想想　写写"——创设亲子参与性家园栏

葛莉君

各班门口的家园专栏是幼儿园开展家长工作的一项重要形式之一。但是日常工作中老师们经常苦恼于如何使家园栏，使之成为连接班级与家长的纽带。为了更好地体现家园专栏的参与性、互动性，更有效地发挥它的价值，我们依据大班幼儿的身心特点与发展水平对家园专栏的设计进行了一些新的尝试，改变了以往家园专栏无人问津的旧貌，家长与孩子的参与程度令人惊喜。

主题结合，竞猜游戏

在专栏中选择、安排适宜的内容，设计让家长与孩子共同参与的题目，是吸引家长和孩子关注家园栏的关键之一。对于大班孩子来讲，幼小衔接的相关内容、开拓思维的智力游戏和班中正在开展的主题活动都是家长们关注的焦点，而这些也正是孩子们乐于挑战和展示自我的内容。

在"有趣的文字"这一主题活动过程中，我们发现书中提供的象形文字不仅孩子感兴趣，就连我们大人都会忍不住要和孩子一同猜一猜，于是我们又另外收集了一些象形文字分成主题，做成大范例，贴出竞猜表供大家参与竞猜，为了体现孩子和家长的不同想法，我们还特意设计了幼儿竞猜栏和家长竞猜栏，幼儿能自己填写就自己填，不会的请家长代写。

家长与孩子一起猜字

"爸爸，你来晚了，没地方啦！""咱们先去操场玩会儿，等小朋友少点儿后咱们再回来写吧！"……就这样，我们的家园栏一下"火"了起来，不仅留住了我们班的孩子和家长，还时常引起路过的其他班小朋友与家长的好奇和注意。

文字竞猜游戏告一段落后，我们又结合班中开展的其他主题活动开设新的主题版块，丰富了家园栏的竞猜内容，亲子参与的家园栏内容得到进一步拓展。

幼小衔接，趣味学习

孩子进入大班后家长们总是对孩子在幼儿园学什么非常关心，担忧不上学前班的孩子升入小学后会遇到困难。一方面我们通过家长会、个别交流等形式与家长讨论：知识和技能的灌输与培养学习能力和学习习惯哪个更重要、更有利于孩子的长远发展。一方面我们围绕家长关心的有关幼小衔接方面的内容，不断更换亲子专栏内容，如"朋友姓名我知道"是一项帮助幼儿借助班内伙伴的名字，练习对拼音的识读与拼读的游戏。"这个念'zh'，这个是'ang''zh''ang'……"孩子一个音一个音地认，拼出一个向家长确定一个，家长们不厌其烦地一遍遍纠正孩子的发音。又如"朋友电话我知道"是请小朋友和家长一起把自己家的电话号码中的每一个数字，按顺序编写成一道道数学题让小朋友算结果。再如"把话变长""谜语"等益智游戏每隔数日就会在专栏里变更、替换，时间一长孩子们便摸出规律，"老师，今天又该换新游戏了吧？"……每当离园时间，家园栏前的家长和孩子们都非常活跃。

结集出册，回味快乐

为了让孩子看到自己在活动中的参与过程，我们将每个版块的游戏题目和幼儿填写的记录表等汇集成册，在走廊的窗台上设置了"班书大家看"，闲暇时，一本本活动收集册前总是聚集着孩子们三五成群的身影，他们互相指点着各自的得意之作。在翻看活动收集册的过程中，孩子们回忆着自己参与活动的过程，体味着小小的成就和快乐，家长们也通过活动册看到了孩子的成长和进步，并借机鼓励孩子发现同伴的成绩，引导幼儿正确面对自己的优、缺点。

"班书大家看"这是吸引幼儿与家长驻足的地方

潜移默化，共同成长

在与家长接触中，我们常能看到家长一些不太合理的教育方式。通过参与亲子专栏，不只是孩子收获了知识和快乐，家长也获取了正确的教育理念和信息，积累了正确的教育策略和方法。他们能每天有意识地带孩子关注专栏中的游戏内容，共同收集相关资料，协助他们参与活动，帮助孩子懂得读书、学习是自己的责任，并能引导孩子逐渐摆脱对家长的依赖。比如在填写竞猜结果时，起初孩子们遇到不会写的字家长会帮其代写，渐渐地他们不再满足于家长帮忙代写，而是要求家长写出样子亲自照着填写；在填写找错、配对、推理等游戏的数字代号时，家长适时的反问、追问也使孩子越来越爱开动脑筋。家长在遇到孩子想不出的题目，会协助他们把题目记录下来，和孩子回家一起"研究"，孩子们学习的兴趣和积极性大大提高了。

在走廊内展示孩子与家长共同制作的钟表

总之，我们的家园专栏体现了实实在在的价值，无论家长、孩子还是我们教师，都从中获益匪浅。如今，我们的家园专栏还在继续，我的互动也在深入，一切仍在摸索中前进。

分析：

家长园地是幼儿园各班进行家园沟通时使用频率高、最常见的形式之一，但在幼儿园每学期进行的家长调查问卷中，当问到"教师通常会通过哪些形式与您沟通"时，这个最常见的形式却每每被家长所"遗忘"。为什么教师花费了很多时间布置的家长专栏却没有起到有效沟通的作用呢？究其缘由，是其在内容上不具备上述案例中所体现出实效性、针对性。当家长园地的内容能紧密地结合孩子年龄特点，针对成长中的问题、家长的育儿困惑等展开时，才能够吸引家长驻足观看，真正发挥其在家园沟通中的作用。

# 家园直通车之十二——亲子活动

## 线路简介

亲子活动是指幼儿园依据学期目标、幼儿发展需求和现状或主题开展到一定阶段后，组织家长与幼儿共同参与的亲子活动。亲子活动通常以游戏为载体，由家长带着孩子，在教师的组织下通过系列活动促进孩子们多方面能力的发展，同时提升家长的育儿观念和方法。在开展亲子活动的过程中，不仅能使家长和孩子体验到亲子活动的快乐，增进亲子感情，更重要的是能增进教师与家长间的相互沟通和了解，融洽关系，增进感情。

## 沟通驿站

**利于家长了解孩子在群体中的状态和表现**

幼儿园的亲子活动作为家园沟通的一种形式，为孩子提供了一个在家长、老师面前表现自我、施展个人才艺的平台，给了家长了解孩子在集体生活中表现的机会。平时家长更多关注孩子在家庭中的表现，因为没有对比，对孩子的了解相对主观，通过幼儿园组织的亲子活动家长可以更加全方位地了解孩子在群体中的表现，从而增进与幼儿园的沟通与交流。

### 利于家园双方的互动、融洽感情

由教师、家长和孩子共同参与的亲子活动通过各种方式，如游戏或共同参与的其他活动，带给家长和孩子更多愉悦的体验。在这个过程中，家长更加体会教师工作的辛苦与其中的创造性的劳动，教师也更加理解亲子间浓浓的亲情。在融洽、快乐的氛围中，更有利于教师与家长、与孩子拉近距离、融洽感情，为老师创设了更多与家长充分交流与沟通的机会。

### 寓教于乐

亲子活动的内容不仅能直接反映出幼儿园的教育内容，而且教师在组织活动中也为家长在教育观念与教育方法方面起到示范的作用，使家长更加了解孩子的特点，从而起到达成共识、互相配合的作用。

### 有助于提高教师驾驭活动的能力

因为有家长的参与，需要教师更加精心地做好活动准备，考虑材料、考虑细节、考虑效果。在活动中不仅关注孩子在活动中的状态，也要关注家长在活动中反映出的教育问题，并且能针对不同的家长，随机应对。既要有平和心态，理解家长和孩子的种种表现，又要用自己的智慧化解随时出现的问题。活动后还要分析活动效果是否达到预期的目标。对活动及时梳理经验，有助于提高教师组织各种活动的能力。

### 安全行驶

#### 提前制订亲子活动方案，并及时告知家长

教师要提前制订亲子活动的详细方案，进行相关的准备。分工到人，确保顺利、安全地完成计划。在预设方案的过程中可以提前通过家长委员会或书面的形式告知每一名家长本次活动的时间、目的、程序及注意事项，以使家长更有效地参与活动，与教师充分合作。如可于活动前发放"亲子活动须知"，提前告知家长活动中如何参与活动，有效减少亲子活动中出现的包办代替现象，防止家长因横向比较而出现的负面情绪；引导家长积极鼓励孩子完成任务，尊重孩子意愿和孩子间的个性差异。

#### 随时与家长沟通交流信息，促进家园间的有效互动

在亲子活动中，教师要很好地发挥沟通和指导作用，在全面了解家长和孩子心理需求的基础上，针对亲子活动中随机出现的问题，及时进行调整和改进，以保证孩子之间，家长之间，孩子、家长和老师之间互动的质量。在活动中，教师既要引导家长关注、了解孩子的表现，又要引导家长学会观察

孩子的方法。在与家长的接触过程中及时纠正家长的一些不正确做法和想法。如有的家长能主动参与活动，有的则在一旁观望。教师要针对具体情况巧妙引导，切忌以居高临下的态度教导家长，应引导家长耐心地去观察孩子的活动过程。

### 随机灵活地处理突发事件

亲子活动中，难免出现幼儿与幼儿之间的小摩擦，教师面对的是双方的家长，因此要随机灵活地处理某些突发事件。比如在一次亲子活动"扎气球"中，蒙蒙不小心把甜甜撞倒了，甜甜的家长表现出了不乐意的表情，面对蒙蒙的道歉，甜甜的家长没有理会，而是瞥了一眼，抱起甜甜，嘴里嘟嚷着什么。这时蒙蒙的家长也不乐意了，四岁的孩子能及时道歉已经很棒了，因此对甜甜家长的态度很不满意……这时，教师要调节小摩擦，可以说"蒙蒙能大声给甜甜道歉，真有礼貌。我们甜甜也是一个特别勇敢的小姑娘，对吧！蒙蒙向你道歉，那甜甜应该说什么呢？"教师引导甜甜说"没关系"。这时，教师又说"好了，蒙蒙和甜甜都是乖巧懂事的好孩子，爸爸妈妈看到你们这么能干，特别高兴，现在老师和爸爸妈妈为你们鼓掌啦"。教师通过引导幼儿，使两名幼儿之间的摩擦得到化解，进而感化家长，化解矛盾。

### 亲子活动内容安排要环节紧凑、细致周密

因家长要来参加活动，幼儿的情绪容易兴奋。在选择游戏内容时教师要充分考虑这个因素。同时亲子活动内容的难度要适宜，体现参与性、趣味性和教育性，既要符合幼儿现阶段的发展水平，又要满足家长与孩子共同参与的需要。场地、材料的安排要安全，各环节过渡紧凑，减少不必要的等待。

### 充分利用家长资源

充分发挥家长合作伙伴的作用，邀请热心的家长参与到活动的组织、筹备中来，听取他们的意见。调动和提高活动的气氛，让家长感觉自己不仅仅只是被动的参与者，还是活动的组织者。同时可以将家长的好做法引入到亲子活动中，家长不仅是被动的学习者，他们也有着许多丰富的经验和方法，可以请家长分享、交流成功的策略、方法。只有充分利用家长宝贵的教育资源，调动家长参与和配合幼儿园教育的积极性、主动性，才能达到组织亲子活动的预期目标。

**一路风景**

## "幸福的家"快乐亲子活动

刘海燕

活动背景：

家庭是幼儿最重要、最熟悉的生活环境。孩子一出生就和家人亲亲密密地

113

生活在一起，他们享受着妈妈温暖的怀抱，享受着与爸爸愉快的游戏，孩子在家庭中得到了很多的爱，但是他们无法了解、体会成人给予的爱和付出的辛劳。他们不懂得怎样感恩、关爱自己的亲人。然而家长们也常常因为孩子还小不懂事，头脑中有着"树大自然直"的思想，生活中出现过多的包办代替、在孩子面前常会不避讳自己的言行等，因此我们在小班开展了一系列有关"幸福的家"的活动。希望通过"幸福的家"主题活动的开展，增进亲人与孩子之间的沟通与了解，帮助家长走出育儿的误区，提高家长科学育儿的理念。

"幸福的家"主题活动共包括 12 个活动。包括"最喜欢的家里人""瞧这一家子""爸爸、妈妈和我""画画我的家里人""妈妈爱我""我的好妈妈""我帮妈妈做事情""假如我是爸爸、妈妈""爱的礼物"等。快乐的亲子活动是主题中的最后一个活动。整个活动一方面是为了增进成人与孩子之间的亲情，同时让家长从另一个侧面了解孩子，从而调整自己的育儿方法。

活动分为两个部分。

1. 室内：请家长看看主题墙面中展示的作品。

2. 室外：与家长共同进行亲子游戏。

亲子活动目标：

1. 在众人面前介绍自己的家庭成员，并用适当的语言进行表达。

2. 进一步体验与家人在一起游戏的快乐，能够体会家人的爱，增进亲人与孩子之间的沟通与了解。

3. 引导家长感知幼儿的内心世界，提高科学育儿的理念。

亲子活动流程：

1. 热情接待家长，并在签到处签到。

2. 室内活动。

(1) 教师介绍系列活动内容以及孩子们的活动表现。

通过介绍活动让家长明白了开展活动的意义和重要性。通过介绍内容及孩子们的表现，让家长看到了孩子的另一面，同时有利于家长反思自己平时对孩子教育的不足之处和关注角度的偏差。

(2) 参观活动室与孩子们共同创设的环境。让幼儿给家长介绍自己的作品以及在主题墙面中展示的所思所想。

活动室与幼儿共同创设的主题环境让家长出乎意料。家长万万没有想到这么小的孩子会有这么多的想法，孩子们稚嫩的小手能够制作这么巧妙的作品。当家长听着孩子们介绍他们眼中的自己，看到孩子们绘画中的自己，无不惊讶感叹。

这是我爸爸和妈妈在吵架，他们脸
都变黑了。

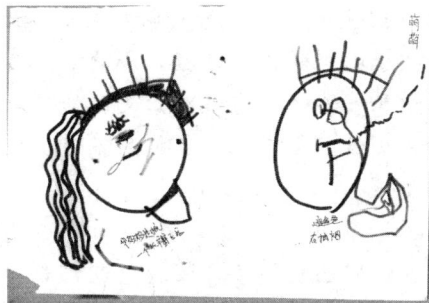

我妈妈有一条大辫子，她告诉爸爸抽
烟不好。

脸上都长了好多小点点的是我爸爸、妈
妈，他们特可爱！

我喜欢妈妈的头发是卷卷的，妈妈说她
从姥姥肚子里出来就是这样的！

孩子的绘画是一种心灵的"独白"，是幼儿表达情感的一种手段，他们往往借助于绘画这种形式来表达自己的情感，是我们了解幼儿内心世界的窗口，兆汉给妈妈介绍他画的是正在"吵架"的爸爸妈妈，一般孩子所画的画都反映出自己对家庭的爱和温馨，而兆汉笔下的父母却是一副"很凶"的形象，给他的妈妈也带来了很大的震动，妈妈当时就反思着自己仅有一次"吵架"，却给孩子带来极为深刻的印象，也使妈妈意识到了家庭氛围对孩子身心的影响。家长们触动很大，相互交流感慨道：原来他们认为孩子还小、什么都不懂、不需要特别的沟通，谁知道孩子脑海里却藏着这么多思想。自己以后一定要在孩子面前注意自己的行为，做好言传身教。

3. 室外活动。

亲子游戏：大脚和小脚、宝宝小背篓、车轮滚滚、母鸡下蛋、超级神探——找到亲人的手

这次亲子游戏是由家长与幼儿共同合作完成的一次别开生面的活动。游戏中家长和孩子们一起合作竞赛、克服困难共同配合，孩子们为家长们喝彩，家

长们为孩子加油，更进一步加深了彼此的感情。家长们都高兴地说："看着自己的孩子心里觉得特幸福，和自己的孩子一起玩，就像回到了小时候。"希望能多组织一些这样有教育意义的活动。这次亲子活动也大大激发了家长参与教育的积极性、主动性，了解到家庭中教育孩子应该怎样做，及家庭氛围对孩子的重要性。

4. 延伸活动。

发放家长反馈表，收集整理家长建议及活动感悟。

| 班级活动家长反馈表 | | | | | |
|---|---|---|---|---|---|
| 班级 | | 时间 | | 幼儿姓名 | 家长姓名 |
| 您认为是否有展开本次活动的必要 | | | 是 | | 否 |
| 您认为孩子在本次活动中的表现 | | | 积极主动 | | 不感兴趣 |
| 您认为本次活动还应该怎样改进 | | | | | |
| 请留下您对本次活动的感受及建议 | | | | | |
| | | | | | |

家长来信：

## 参加快乐亲子活动给我的启示

尊敬的小一班的各位老师：

你们好！

你们组织的"幸福的家"亲子活动真是有声有色。从一开始的家庭相册到孩子们的心里话，从让孩子来采访我们的喜好，到让孩子尝试当爸爸、妈妈……一直到今天的亲子游戏，以及"我心目中的爸爸、妈妈"等一系列活动，我深深地体验了你们为这一份平凡的工作付出了怎样的艰辛。

在孩子的心目中，和睦的家庭是他们最大的幸福。而我们每一位做父母的总觉得孩子太小，什么也不懂。经常在孩子面前大声说话或拌嘴，殊不知这些事情都会深深地记在他们的脑子里。连我们当家长的都忘记了，孩子却记得一清二楚，这让我们家长清醒地认识到给孩子创造一个美好的生活环境是多么的重要。

通过这次活动，不仅加深了老师与家长之间朋友般的交往，同时也加深了家长与孩子之间朋友式交往，让我更加地了解了我的儿子昊昊。昊昊送给我的那辆小小的汽车虽不精致，但那却是昊昊亲手制作的。车轮、窗户全都是昊昊用小手一点点剪出来，再粘上去的。昊昊为此感到很骄傲，我为此感到很幸福。昊昊最近也变得懂事了，他懂得了妈妈上班很辛苦，回到家还要看书，就经常给我捶背；在吃他喜欢吃的食品之前，总要先让过大人后自己才吃；吃饭的时候给我们摆摆筷子；有时还帮我擦擦嘴；样子可爱极了！

今天的亲子游戏加深了我和昊昊母子之间共同战胜困难的勇气。我们一起走过平衡木，一起寻找对方的手，一起做游戏。在我们欢乐的笑声中，我想从心里说一句："谢谢你们，老师。"在昊昊的画中可以看出他是如此细致地观察我，给我画了一张很有特点的像，让我非常感动。我希望以后多参加这样的活动，而且我会尽力和孩子一起配合老师的工作，把幼儿园的活动搞得更好，把孩子培养得更好。

崔玉昊的妈妈：李春培

**分析：**

以幼儿园班级为单位组织的各类亲子活动，是家长们最愿意参加的活动，在活动中家长能亲眼目睹孩子在集体生活中与家里不同的表现，帮助家长正确把握孩子的年龄特点，学会与孩子沟通的方法。上述案例中家长在教师的引导下，通过参与一系列的活动，使家长重新认识了孩子，帮助家长审视自身在教育孩子中存在的问题，提升育儿理念与方法，同时增进了亲子感情，融洽了教师与家长之间关系。

# 家园直通车之十三——家长委员会

## 线路简介

家长委员会是由家长自荐或班级推荐产生的协助幼儿园工作的组织。家委会成员代表家长参与幼儿园民主管理，支持和监督幼儿园做好各方面工作，是幼儿园与家长沟通的桥梁和纽带。

家长委员会通常有班级家长委员会和园级家长委员会两种，班级家委会更多针对本班工作，交流家长需求和想法，提出对本班工作的合理化建议。园级家委会则是结合幼儿园发展建立的支持和监督的机制，完善幼儿园的整体工作。当幼儿园有重大决策时，要征求家委会的意见，当家长对幼儿园某方面活动有意见时，家委会可以帮助转达和协调。

## 沟通驿站

**协调家长、教师、幼儿园三者的关系，架起沟通的桥梁**

每学期召开家长委员会，请家长参与幼儿园的管理，审议班级或园务计划，提出建设性意见，通过相互沟通双方达成共识，委员们再将精神和要求传达给其他家长，使他们更加了解计划的内容，便于家园间的密切合作。

**重大活动前取得家长更多的理解和支持**

在班级或幼儿园组织重大活动前后，召开家长委员会，可以广泛听取家长的意见和建议，调整完善活动计划、内容，不断总结经验。使家园在认识上达成一致，共同配合顺利完成任务。幼儿园的大型活动离不开家长的支持，由于家委会成员有着较强的沟通能力和号召力，因此活动时他们能在其中发挥穿针引线的作用。

**收集家长中的意见和建议，提高幼儿园教育质量**

家长委员会的成员在家长群体中担负着收集意见和建议的任务，家长有时会因为这样那样的担心或顾虑，有了意见不敢向老师或园里提出，而家长之间沟通起来则比较畅通，家长委员会的成员此时能够在家长与幼儿园之间牵线搭桥，及时协调、解决问题。

---

## 安全行驶

**家长委员会成员的选择**

应尽量选择有较好的文化水平，重视孩子的教育，有责任心，热心公益活动，愿意为他人服务，能抽出时间参与活动，并有较好的语言表达能力、组织沟通能力的家长担任。人员的组成上应考虑性别、年龄结构等因素，既有父母，又有祖辈。

**家长委员会会议密度不宜过于频繁**

每个班级的家长委员会可通过民主推荐产生，通常由5～7人组成。在此基础上可由班级教师推荐或家长自荐的方式产生园级家长委员会代表。一般在每学期初、末或重大活动前后召开。召开会议的时间相对其他会议来说更简短，针对性更强。一般在家长接孩子前一小段时间进行，密度不宜过于频繁。

**定期对家长委员会成员适当表示感谢**

在平时相互的交流沟通中，家长委员会的成员也会关注孩子的发展、教师的教育以及园所发展等问题，并利用各种形式和园长、教师反馈，当幼儿园有重大活动时，能提出许多合理化的建议，付出很多辛苦和智慧。对于家委会成员幼儿园可定期表达一下感谢，送些小礼物等，提高家委会成员对幼儿园及班级工作的关注，表达对他们辛苦劳动的感谢。

## 发挥家委会作用，做好装修前的家长工作

苏　晖

　　自 2000 年幼儿园装修后，随着幼儿园管道老化、墙面剥落等问题的出现，摆在园长面前的是幼儿园马上面临的整体装修，但装修方案却迟迟无法决定，当时幼儿园有 9 个班分布在主楼的三层内，另扩建有三套教室作为功能性教室备用。到底是利用每年暑假将幼儿园主楼的三层逐层进行装修，将三套功能性教室作为周转用房，还是一次性将主楼的三层进行全面装修，我们一时无法决策。社会上因装修使用材料不环保而导致的白血病等病例屡见不鲜。无论采用哪种方案，这都是关系到每一个孩子和家庭的大事，因此我们决定在 2007 年的 6 月 6 日召开一个园级的家长委员会，听取一下各位家长代表的意见。在家长委员会上我们把两个方案呈现在家长面前。同时请施工方负责人也一起前来参加了这个会议，请他们将装修过程中的各种施工材料向家长进行了介绍，并现场回答了家长代表的质疑。

**向家长提供的装修方案——**

**方案一：幼儿园的房舍分批装修**

　　幼儿园的房舍自 2000 年装修以来已逐渐破旧，需要进行新的装修，为了最大可能减少室内装修给孩子、教师带来的空气污染，我们将采取以下几项措施：

　　1. 逐层装修各层教室，每装修完一层教室保证放置 2～3 个月后再让幼儿与教师搬入。

　　由于去年下半年幼儿园已扩建了新楼的三套幼儿活动室，因此我们可以将其作为下一步装修的周转用房。我们将于 7 月 1 日起利用一个月的时间装修三层各活动室。9 月 1 日大班的三个班搬入新楼，10 月下旬二层的班级搬入三层。依此类推装修完各层。

　　2. 装修中确保使用环保材料，装修后进行空气质量检测，并请家长委员会代表参加。

　　3. 所有在园孩子自 7 月 1 日起至 8 月下旬统一放暑假。为了感谢家长对暑期幼儿园施工的支持与配合，对于 7、8 两个月未上幼儿园的孩子，免收这两个月的托儿费。

　　4. 同时还考虑到部分家长因家中无人照顾孩子确有困难，暑期我们将在园内保留 30～40 名的孩子名额。

**方案二：幼儿园一次性整体装修**

　　1. 幼儿园各层教室将利用暑期一次性全部装修完毕。10 月国庆节后孩子

迁回各班。

2. 在装修期间孩子由家长接回家中照看，部分有困难的家庭我们将在社区内协调一处房子进行临时过渡。

3. 所有在园孩子自 7 月 1 日起至 9 月下旬统一放假。为了感谢家长对幼儿园施工的支持与配合，对于装修期间未上幼儿园的孩子，免收装修期间的托儿费。

**会议结果：**

在家长委员会上虽然家长们表达了不愿意幼儿园装修，希望自己的孩子毕业后幼儿园再装修，但是对此也表示了理解。十几位家长代表们大部分同意第二个装修方案，并对方案的细节提出了一些建议。但也表示：关于幼儿园装修，作为家长代表可以在下面向家长们进行解释说明，但装修这件大事还是应该多听听每位家长的意见。因此我们马上起草了一份面向全体家长征求意见的通知。

### 征求装修安排意见的通知

各位家长同志：

您好！

由于暑假幼儿园的全面装修工作即将陆续开始，6 月 7 日召开了由托班、小班、中班家长代表参加的幼儿园家长委员会，将幼儿园下一步的室内装修计划重点向各位家长代表进行了介绍，并听取了家长委员的意见。为了广泛征求家长的意见，我们将两套方案公布如下，请家长尽快选择其中的一种方案，以便我们在暑假前进行前期的相关准备工作，统计后我们将尊重大多数家长的意见安排下一步的装修工作。

关于幼儿园各层教室装修安排的几套方案如下。

**方案一：幼儿园教室分层、分批进行装修。**

具体安排为：7 月暑期装修三层，9 月三层的孩子搬入新楼，11 月装修二层（二层的孩子搬入三层），寒假装修一层。

优点：每层楼装修后可以放置 2～3 个月后才让孩子搬入，便于充分散味。

缺点：装修周期较长。特别是 11 月装修二层时，一层及三层教室内都有孩子在园正常活动。家长委员提出装修中会有噪音及气味，对孩子有影响。

**方案二：幼儿园各层教室利用暑期全部装修完。10 月迁回装修后的教室。**

具体安排为：7 月装修完一至三层各班教室。9 月时各班孩子暂时在社区南门内××楼一层空置的房间过渡。

优点：

1. 装修周期短。不存在孩子在园期间进行装修的问题。

2. 装修结束后放置 2 个月时间，国庆节后孩子搬回新装修的教室。

缺点：

1. 9 月园内大部分孩子都在××楼一层过渡时，孩子没有独立的户外活动场地，只能在社区的花园内活动。

2. ××楼一层目前为毛坯房，条件较为简陋，地面、墙体比较简易，厕所、洗手池还未安装。只能作为较短时间内、幼儿人数较少时使用。

### 幼儿园装修方案征求意见表

班级_____ 幼儿姓名_____

请您选择以上一种装修方案（在您所选的方案下画"√"）：

（1）方案一　　　　　（2）方案二

家长签名_____

2007 年 6 月 7 日

### 征求家长意见确定最终的装修方案：

随后我们安排了各班教师分别召开了班级家长委员会和家长会，将幼儿园的装修意图和安排向家长进行了详细的说明。并以各班级的家长委员会为单位统计本班家长对装修方案的意见与建议。最终既和家长们统一了认识，达成了相互间的谅解，也根据大多数家长的意见确定了装修方案。

### 家长通知

各位家长：

您好！

上周针对幼儿园将要进行的装修工作，我们召开了全园、班级的家长委员会及各班的家长会，根据家长委员会的建议，周五面向全体家长发放了关于装修方案的调查问卷。根据问卷统计，绝大部分家长同意方案二。即：7 月装修各班教室后，10 月（国庆节后）孩子再回园内各班教室。7～9 月，继续来园的孩子我们安排在社区内××楼一层。

为了给家长提供更多的便利，我们决定 7、8、9 三个月不来幼儿园的孩子，幼儿园免收当月的所有费用。

幼儿园

2007 年 6 月 11 日

**分析：**

幼儿园装修是幼儿园建设中提高幼儿园整体质量，完善硬件条件的大事，也是改善办园条件，减少安全隐患必须要做的事情。但装修对于家长来说却不是件好事。不仅会出现不能送孩子入托，孩子无人照看的现实问题，也会顾虑装修后会对孩子身体产生的不良影响。这件事如果处理不当，就会出现家长到处"告状"、出现过激行为等。对于这件事的处理，幼儿园有几个亮点：

1. 装修前充分发挥家委会的作用，听取家委会成员对装修的意见。

2. 采纳家委会成员的建议，对全体家长做调查，提供两种方式，家长可选择。

3. 为保证孩子身体健康，做装修后质量检测，家委会成员监督，让所有家长放心。

4. 解决无人照顾孩子的家长的后顾之忧，有临时处所照顾来园的孩子。

5. 保障家长的权益，免除装修期间的费用。

这个案例很好地解决了装修期间幼儿园容易与家长利益发生的矛盾，用了让家长理解、放心的沟通方式，并帮助解决家长的实际困难，其中家长委员会也发挥了沟通、安抚和提建议的作用，使幼儿园装修这项工作得以圆满完成。

## 家园直通车之十四——家长沙龙

### 线路简介

家长沙龙是家园间、家长间通过互动交流，最终使家长转变教育理念、获得有效育儿策略的一种家园合作方式。沙龙的形式决定了活动的氛围具有宽松自由、畅所欲言的特点，它为家长提供一个相互交流分享的平台。让有经验的家长分享自己的经验，同时由于有老师或专家的参加，家长间不仅可以分享育儿经验，而且能有老师或专家针对问题进行答疑解惑。家长沙龙分为幼儿园（班级）组织的沙龙、家长间自发组织的沙龙。

### 沟通驿站

**家长之间的经验更易被接纳、认同**

年轻的父母面对当今信息爆炸、多元文化的冲击，时常感到不知所措，在育儿方面照本宣科常常会出现迷茫与困惑。家长沙龙为家长提供了交流育儿经验的平台。在这里围绕一个或几个家长共同关注的孩子发展中的问题，家长与家长之间相互分享自己的经验，这些实用的方法与经验因更具操作性，更易引起家长的共鸣，并被家长们认同、借鉴与模仿，从而对其教育理念产生影响。

**教师的参与可适时为家长提供专业性的指导**

老师平等地参与家长之间有关热点问题的讨论，可及时发现家庭教育中普遍存在的观念，乃至方法上的误区，既能及时解决家长育儿过程中共性的问题，又能根据家庭不同的文化背景给予具体的指导，为家长提供个性化的指导方案，使教师的指导更具有针对性与实效性。

**气氛宽松利于家长畅所欲言，提升育儿理念**

由于参与家长沙龙的人数相对较少，气氛相对宽松、自由，便于家长、教师间针对自己感兴趣的问题相互沟通交流，并展开辨析。在交流中便于教师了解家长的教育理念与育儿方法，及时肯定、分享好的经验做法，教师除了注意倾听以外，也要注意抓住一些家长认识上的误区或做法，请家长们讨论，使家长们在沙龙活动中能够有所收获。

## 安全行驶

**注意创设良好的互动氛围**

创设良好的互动氛围是成功开展家长沙龙的关键，要在日常生活中与家长形成民主、平等的关系。应在活动前营造宽松的氛围，使家长们能放松自如地参与沙龙活动。开始时家长之间比较拘谨，作为老师要营造轻松愉快的气氛，与家长进行聊天式的交谈，使家长们敞开心扉交流彼此的心得。或是巧妙利用幽默、笑话等活跃现场的气氛，更有助家长们畅所欲言、各抒己见。

**教师要发挥穿针引线的作用**

教师在互动交流中要起到穿针引线的作用，适时提炼家长谈话中的共性问题，引发大家的讨论；把握谈话节奏，调节谈话气氛等。如家长们在一起喝茶聊天，在轻松愉快的谈话中交流自己的育儿心得、分享自己的育儿经验，教师承担的是一个组织者、服务者的角色。在家长分享的过程中，同时教师也能获得一些家长对亲子活动的建议以及自己专业领域以外的信息和知识，达到共享共进的作用。

**家长沙龙要有一定的主题**

每次的家长沙龙要有主题，活动前应向家长详细介绍此次沙龙讨论的内容，请家长事先做好相应的资料查询或准备，这样家长才能有备而来，有的放矢，发言时才会比较有针对性，有益于家长沙龙发挥实效。

**做好活动的前期准备**

选择并布置好沙龙活动的场所，关键是要有一个能让大家放松、畅谈的环境和氛围。准备好茶水、点心、水果、家长签到表等。

## 家长沙龙——小班自我能力培养

苏　晖

　　根据一段时间的观察发现，小班孩子早晨很多都是由家长抱着、背着来园的，入园环节帮助幼儿搬椅子、洗手的家长也为数不少。特别是班里的几位爷爷、奶奶在送孩子时每次都要在帮孩子搬完椅子、洗完手后，才依依不舍地离开，怎么提醒都不起作用。于是我们召开了以"小班幼儿自理能力培养"为主题的家长沙龙活动，邀请了平时出现以上现象的父母、祖父母等家长代表，同时还请来了另一位自理能力强的孩子的家长，会上家长们针对"你怎样看待孩子的自理能力培养？培养孩子的自理能力有什么意义？在家中应该怎样培养？"等问题展开了讨论、交流。

　　教师：在家长的配合下，孩子们已经顺利地度过了入园焦虑期，班级的各项工作也逐渐走上正轨。最近班里开始培养孩子的自理能力，锻炼他们自己吃饭、穿衣、收拾玩具等，这也需要得到家长的支持、配合，下面请家长随意地谈谈您是怎样看待培养孩子自己吃饭、穿衣等自理能力的？

　　楠楠妈妈：我家楠楠从小吃饭就不香，都是追着喂的，不喂她就不吃，我们特别羡慕人家的孩子吃得多、吃得香，如果让她自己吃的话，我们担心营养摄入不够会影响她的身体，吃饭问题让我们很头疼，真是不知道怎么办才好啊，好在上了幼儿园我们总算放心了。

　　教师：楠楠最近吃饭确实有进步，虽然吃得慢，但开始愿意自己吃了，可是每次过了周末，周一来园时早上吃饭就坐在那里等着老师喂，不愿意动手，这个需要家长和我们共同配合，一起来培养。

　　每次都帮着孙子忙完入园后脱外衣、搬椅子、放水杯、洗手一套程序的大力爷爷说：什么事情都要宝宝自己做，他才几岁呀！他不淘气、别磕着，每天高高兴兴的我们就放心了。那些事儿让他来做得好半天，我们也没啥事，一顺手就帮他做完了，还能让他多玩会儿呢！

　　菲菲爸爸：每天在家起床我们也想让她自己穿衣服，但是早上时间紧，她耍赖不起床，再让她自己穿衣服我们就要迟到了。

　　梅梅的奶奶这时抢过话头：是啊，平时早晨时间紧，她妈妈有时候周末起床时逼着孩子自己穿，她穿不上就哭得稀里哗啦的，听得我这心里揪成一团，人说树大自然直，大了这些事情她自然就会了，谁见过长大了还不会穿衣、吃饭的。

　　教师：是的，很多家长都有这样的想法，有的没时间，有的确实是觉得让孩子做麻烦，现在和他较劲，以后这些还不是自然就会了。其他家长怎么看？

小迪姥姥：我们老人啊，最听不了孩子哭，他一哭就把我们的心哭乱了，他爸爸妈妈也说要培养他自己做事情，但是平时他们没时间管孩子，都是我们老人和孩子在一起的时间多，孩子只要一哭我们就赶紧投降（一边说老人还举起了双手）。小迪姥姥的话引得家长们哄堂大笑。

希希爸爸说：唉，孩子有时候也挺欺负人的，我单独带他的时候，他什么事情都自己做，因为平时我不太管他。但只要有妈妈在，他就什么都等着了。特别可笑的是有次希希摔倒了，左右看看后自己爬了起来。我问："希希这么乖呀？跌倒了还会自己爬起来！"希希说："妈妈不在！"

教师：是的，有时候孩子会在我们成人面前显示出不同的表现，很多孩子在幼儿园的自理能力就比在家要好得多，我想最重要的原因可能是由于家长与幼儿园的要求不一致，不少孩子在园能自己穿脱衣服，自己吃饭，可回到家里却什么都不干，只有我们要求一致，统一思想认识，讲究方式方法，才能取得事半功倍的效果。家长不能因为工作疲劳或赶时间，就对孩子说："今天就让我来喂你""今天不用洗了，明天再说吧"等，这样做的后果只会使孩子为他以后不认真做事留下借口。所以合理的要求一经提出，就应坚持不懈，持之以恒。

可可妈妈：希希爸爸说的现象我也发现了，我们可可上幼儿园变化很大，原来在家这些事情都是我们帮他做，上幼儿园后变化很大，孩子回家玩完了知道收玩具，老师教给孩子叠衣服的办法也特别好。什么抱一抱、弯弯腰，孩子一遍就会了，有时候我们想让他自己做，但就不会这样的方法，另外确实也有像老师说的一致性问题，有时候家里人多，这个刚说让他自己做，那个就会打圆场，算了算了，顺手的事情等着他干，太慢了。

教师：刚才听了家长的发言，另外通过平时和家长的交流我也发现，家长可能更关注孩子知识方面的学习，而忽视了孩子生活上自我服务能力的培养，对于从出生到3岁多的孩子，他们面对的更多的是生活上的困难，对于孩子来讲，此时在成长的道路上他要披荆斩棘克服困难去学习生活的技能，这种困难与他们今后在学习知识上遇到的是一致的，不要因为它是生活技能而轻视它。如果从小有意识地在生活中培养孩子克服他所遇到的每一个困难（穿衣、吃饭、自己做力所能及的事情），在今后的人生道路上，孩子才能在学习、工作中不依赖别人，不怕困难自己想办法去解决遇到的难题。我们的任务是教会孩子做，而不是什么都代替他们做。当然代替要比教会容易得多，但很危险，虽能一时奏效，但有害于将来。家长实际上是在无意中剥夺了孩子成长的机会。

教师：现在我们有请轩轩的妈妈来为我们分享一下她在培养孩子方面的经验。

轩轩妈妈：轩轩上幼儿园前我是一名全职母亲，他从一出生就由我自己一个人带着，平时我喜欢看很多教育孩子的书，然后按着书上说的去教育孩子，我也不知道是否正确，所以在这里能得到老师的肯定我挺高兴的。记得小时候他刚开始会拿勺子时，我就让他自己吃，他舀不到，或是舀到勺子里了却放不到嘴里，他就用手抓着吃，但哪怕他抓得满桌子、满脸都是我也不嫌脏。在外面玩的时候他会玩得满手、满身脏兮兮的，有的家长会很在意，觉得不卫生，但我不干涉他，身上脏了，衣服脏了回来洗洗就行了。所以轩轩与同龄的孩子相比会感觉更独立、更自信，生活中、看书时特别爱问"为什么"。经常是我回答了以后，他还不满足要再进行追问，那时候还刚刚2岁呢，让我觉得挺有意思的。

有时候他玩玩具时遇到问题，也会坐在那里一次次地去试，直到成功，有时我想过去帮助他，他还会拒绝我说："妈妈，不。"我的宗旨就是只要是对他没有危险的事情，我就鼓励他自己去尝试，做得不好也不着急，不去说他。

教师：轩轩在班上虽然是年龄偏小一点的孩子，但是在做事情或思维的成熟上确实发展得很好。轩轩妈妈的经验对我们也是一个启示，现阶段家长培养孩子自己能做的事情自己做，对孩子意味着养成了不怕困难、解决困难的习惯。树立了"我会""我能自己做"的自信心。培养孩子"我行"的这种自我感觉很重要，因为它是孩子今后得以发展的动力。我们不能因为孩子的步伐慢而抱起他就走；因为孩子扣纽扣的时间"长"就赶紧帮他扣好，再加一句话"太慢了！妈妈帮你。"对于幼儿来说，自己穿脱衣服、整理和收拾玩具等，需要他们付出很大的努力，克服一定的困难。作为家长，要放慢自己的脚步，放弃自己的优势心理。要求孩子克服困难，坚持让孩子去做事，但自理能力不是一朝一夕就能培养出来的，它需要家长坚持不懈地努力。当然这其中也应有一些适宜的方法。我们会在家园栏中将老师的一些方法介绍给各位家长，也欢迎家长们和我们单独交流。

教师：下面我们看一段孩子们在幼儿园自己起床、洗手、吃午饭的视频。

通过听轩轩妈妈的一席话和看视频，各位家长触动很大。看着孩子在幼儿园与家中截然不同的表现，家长们嘴里不时发出感叹："真没想到！""原来这么能干！""回家我可不能什么都帮她干了。"梅梅的奶奶却着急了："哎呀，人家都穿完了，她怎么穿不上啊？"……

家长们认识到不能小看培养孩子自己吃饭、穿衣等这些小事，有的家长说，开展这样的沙龙活动，帮助他们发现了教育孩子时的误区；有的说这次活动对自己很有启发，回去要制订一套培养孩子生活自我服务能力的计划；有的家长说，没想到包办代替竟会对孩子带来这么多负面影响，看来我们的育儿方法要调整；更有爷爷奶奶感悟到，培养孩子的生活自我服务能力实在是轻视不得。

**分析：**

1. 针对班级中家长的一些共性问题组织家长沙龙进行交流，可以就孩子的发展、教育问题与家长达成共识，提高家园相互配合的实效性。

2. 在此次沙龙活动中，我们既邀请了在孩子自理能力培养上存在误区的家长，又有家长介绍成功的经验。身边生动的事例和做法，让参与沙龙的家长们深有感触，成功案例的介绍比教师介绍的育儿理念对家长更有冲击力。

3. 虽然教师平时利用家长会、家园专栏就孩子的自理能力培养与家长进行着沟通交流，但由于时间或人数的问题，使得教师不能更深入地了解家长的育儿观念与做法，因此这个问题并没有得到有效的解决，教师组织在育儿中有认识误区的家长参加沙龙活动，与家长进行深入交流，针对性更强，便于深入沟通，解决了小班阶段家长育儿方面的共性问题。

# 家园直通车之十五——网络沟通

**线路简介**

现代通讯技术的发展，网络技术的普及，幼儿园与家庭之间沟通的渠道不再局限于原有的半日活动开放、电话沟通、家访、家长会等形式。网络沟通成为家园沟通的新载体，幼儿园网站、班级网页、电子邮件、短信互动平台、教师博客的开通与运用成为家园共育的重要手段，网络为家长之间、家长与教师之间提供了互动交流平台，形成虚拟的家园共育社区。网络高效、快速、便捷的交流方式，使得大家在忙碌的学习、工作之外获得了更广泛的交流空间。通过论坛交流心得体会，让家长与家长之间互相学习，这种双边、多边的沟通，信息量大，省时高效，帮助家长结合孩子的实际情况，选择更有效的教育方案。

**沟通驿站**

**幼儿园网站方便家长随时了解园内动态**

繁忙的工作，快节奏的生活，教师与家长面对面交流的机会逐渐减少，幼儿园网站有效弥补了这个缺憾，家长与教师的沟通不再受时间、场地的约束，家长可以通过网站了解幼儿园的动态、班级活动的内容；网站还可图文并茂地展示幼儿园最新的教育活动、幼儿的活动，如根据孩子的年龄特点、关注话题，刊载系列育儿经验，上传、下载图文照片、课件、幼儿食谱、歌曲、儿歌、故事等大量信息内容。丰富的内容便于家长根据自己的需求进行选择，让家长对幼儿园的教育有所了解。

**班级网页帮助家长及时了解幼儿在园活动**

通过班级网页家长能在第一时间了解到宝宝的在园情况及园所信息，有什么问题便于随时与老师在班级频道的交流平台上进行沟通。如孩子在幼儿园的生活和表现是家长最关心的话题，可以将孩子近期在幼儿园的活动和学习内容上传至网络，家长在茶余饭后、办公的间歇，随时可以通过网络关注班级活动进展，了解近期孩子的生活、学习状况。同时也能得到家长及时的帮助和指导，如家长配合班级开展的活动，在家中和孩子一起收集图片、查找信息，作好活动前的物质准备和知识经验准备，让孩子在活动中获得的知识更丰富，更全面。

**班级网页为家长们提供了一个互动交流平台**

通过班级的BBS（公告牌系统）论坛，能够使幼儿园与家长、家长与家长间的沟通更为通畅。一方面，家长可把育儿心得发布到网站上，供大家交流、共享；另一方面，老师可以根据家长共同关注的话题引发家长间的讨论，家长也可以将自己的困惑在BBS上向大家讨教。如孩子注意力不集中怎么办？如何对待孩子顶嘴？孩子不听话，父母该打他（她）吗？孩子应学些什么？孩子坐不住怎么办等。围绕这些在教育中大家共同关注的话题家长们纷纷跟贴，各抒己见，其中有经验也有教训，都成为可供家长借鉴的宝贵资源。

**网上交流的方式使家园间的交流更为理性**

网上的沟通交流，因不是面对面的人与人的沟通，使得双方都有可能采用克制、宽容、理智的态度进行交流，加上有易于亲近的交流界面，有利于形成有效的沟通，促进共识，形成合力。

**家园间的短信互动平台使沟通更为高效、方便、快捷**

"家园通"教育信息互动平台基于手机短信，可有效地建立幼儿园与家庭、老师与家长之间的密切配合，是高效的信息发布渠道，投入低，利用"家园通"信息互动平台的短信群发技术，轻点鼠标，可以在瞬间把信息传递给所有家长，如将通知、友情提示、园内的重大活动、班级的主题活动等通过短信告知家长，为家长及时提供相关信息，让家长可提前做好准备并有选择地参与到活动中来。

### 要及时更新网站内容

网站的内容是吸引家长"驻足观看"的核心，要科学合理地设置栏目与编排论坛内容，应设置侧重点不同、各有千秋、各具特色的栏目版块，如："精彩瞬间""家长信息""公告栏""童言稚语""家教启示""八面来风"等，制定满足家园互动所需要的内容。并做到栏目内容经常更新，及时上传幼儿在园游戏、生活的活动动态，如照片、美术作品、童言稚语、温馨提示等，以免长时间不刷新内容而导致"门庭冷落"。

### 要及时回复家长的留言

有时候事情一多老师三四天不去网站，家长们也是匆匆而过，班级网页就会失去了实际的功效。因此对于家长在网上的留言，班级或幼儿园的管理员每天都要上网浏览一下，并及时进行回复，如果长时间不回复家长的留言，会引起家长的意见或令家长不再关注，最终导致网站形成"无人问津"的局面。

### 班级网页展示的内容要面向全体

班级主页中上传的照片等覆盖面要广，不要总是关注个别孩子，上传的照片、内容不要只局限在一部分孩子身上，并注意要图文并茂；对于上传的文字内容、信息要经过反复推敲，语言要严谨，尽量不用口头语言；涉及的人和事要多采用正面鼓励的形式，不要让家长、孩子有被嘲笑的感觉；不要用反面例子去述说孩子的表现。

### 在网上为家长提供私密空间

在网上要给老师与家长、家长与家长之间的交流提供了一个很好的私密空间，有些平时面对面不方便讲的，或是在集体留言板上不方便说的，都可以在这里一吐为快。

## 我们班的 QQ 群

郭小艳

每周日晚上八点，我都会与幼儿家长相约在我们班的 QQ 群里，共同聊聊孩子这一周的点点滴滴，幼儿家长关注的话题大多是生活自理方面。比如："娜娜吃饭怎么样？""妞妞大便了没有？""婷婷中午爱上厕所，有些尿频，请老师多注意些。"……

像往常一样，我打开网页准备与幼儿家长在"老时间"相约，此时网上已有班上的几个家长正在线交流……

129

强强的妈妈说："最近儿子回家后，因为自己没有好朋友，情绪很低落。"

轩轩的妈妈说："不知为什么，前一阵儿子总是从家里带好多玩具拿到幼儿园。"

桐桐的妈妈说："儿子回家总念叨一个小朋友的名字，桐桐在园里是不是只有一个好朋友。"

......

看到我上线，丁丁的家长主动上前跟我打招呼，随后强强的妈妈向我请教对于强强的表现家长该怎样做时，我们开始了今天的在线交流。首先我帮助家长分析中班孩子的年龄特点与发展特点：上小班时他们更多的是平行游戏或独自游戏，随着进入中班，由于已经熟悉了自己的伙伴，在择友上有了自己的喜好，愿意和喜欢的小伙伴在一起，这个时候我们要正确引导孩子怎样做才可以拥有好朋友？接着我把这个问题抛给了家长："对于这个问题大家可以把自己的想法说一说。"

轩轩的妈妈说儿子带玩具就是为了和其他伙伴玩，拿玩具"诱惑"别的小朋友（后面跟着一个大笑脸）。天天的妈妈说，闺女回到家时常会念叨，哪个小朋友喜欢欺负别的小朋友，所以我们家长都不愿意孩子跟他玩，对于这样的孩子，他的家长是不是应该教育他要用友好的方式对小朋友。乐乐妈妈说，虽然孩子很小，但已经有了自己的朋友圈子，喜欢跟谁做游戏，不喜欢跟谁玩，孩子会毫不掩饰地表现出来。家长们你一言我一语地发表着自己的看法......

我补充道：孩子是多变的，也是无心的，他们可能今天因为一件很小的事情就不跟某个小朋友做游戏，但明天又可能忘记了，我们要从小培养孩子大方的性格。同时也要引导孩子学会友善地对待同伴，培养分享的意识，使同伴能够喜欢自己。毕竟是小孩子，我们成人的引导与教育一定应是积极、乐观、向上的，这有利于塑造孩子良好的性格。

当然社会上的一些热点问题也是我们QQ群里的话题，比如为灾区捐款，幼儿园怎样防止伤害事件发生，对于流感、手足口病家中应该做些什么？幼儿园都做了哪些工作？

我们的QQ群里时常充满了笑脸，班里壮壮的妈妈、丽丽的奶奶都很幽默，他们经常会发送一些搞笑幽默的笑话，供我们分享其间的快乐。

**分析：**

1. QQ群给教师和家长创造了一个沟通的平台，年轻的父母由于工作忙碌，没有时间接送孩子，网络可以满足年轻父母了解孩子情况的需要，向他们及时反馈幼儿学习与生活的信息。

2. QQ群能将家长关注的问题及时呈现出来，使教师集中地、有针对性地进行引导、分析，便于问题得到及时解决。同时由于网上交流是一种书面的交流方式，有利于双方进行理性的思考与交流。

3. QQ群里家长能够畅所欲言，既谈论孩子的教育，又聊聊各自生活中有意思的事情，另外幽默搞笑的对话也拉近了家长之间、家长与教师间的距离，形成了一种融洽、信任的沟通氛围。

4. 在网上班级论坛中，每个人都是平等的。家长们相互出谋划策，分享经验，其中家长的教育智慧也常让教师受益匪浅。

# 第三章　能量源——不同年龄班的家长工作

**导言**

　　也许你早已发现，真诚能够帮助你打开家长的心扉，热情能够帮助你赢得家长的信任，专业能够帮助你获得家长的钦佩，但这些都不足以让你轻松地做好家长工作。如同我们的教育对象具有鲜明的年龄特点一样，不同年龄班的家长在家庭教育方面也有近似的问题和困惑。教师不仅要研究幼儿，也要研究家长。当你对各年龄班家长的困惑、对各个时期家长的心理能够准确把握时，家长工作将会取得事半功倍的效果。

　　本章内容分为两部分，分别介绍不同阶段家长工作的重点以及不同年龄班家长提出的典型问题及应对策略。

## 不同阶段家长工作重点

　　伴随着孩子在幼儿园里一天天长大，家长对于孩子教育方面的问题和关注内容都在悄然发生着变化。在孩子不同的发展阶段家长也有着不同的需求，这些需求有的令新教师头疼，有的令新教师手足无措，处理不好家长关注的问题，同样会让家长满腹牢骚、怨声载道。怎样解决这些问题，做好不同时期的家长工作，下面的四个板块会帮你找到答案。"问题解读"帮你更有针对性地了解家长的需求，分析家长的想法，能够换位思考是新教师做好家长工作的前提；"温馨提示"帮你把各个不同阶段的家长工作要点进行阐述，点明需要注意的问题，让你工作更缜密、更周全；"情境再现"和"案例分析"通过实例为你提供可参考的样板，告诉你该怎样做。

### （一）新生入园阶段的家长工作

**问题解读**

　　每年一度的小班新生入园阶段，是幼儿园新学年开学初的一项重点工作之一，它对孩子和家长来讲都具有特殊的意义。孩子从家庭走向幼儿园，成为集体中一员，面对人员、环境和自主时间上的变化，孩子会焦虑不安，会用苦恼表达情感，要上幼儿园的现实给孩子的身心都带来极大的挑战。对于家长来讲，孩子从出生起吃、喝、拉、撒、睡就没有离开过家长的视线，如今上了幼儿园，一天之中再也见不到他的一举一动，心中难免充满忐忑、忧虑的情绪。"这一天哭得厉害吗？""中午睡觉了吗？""被别的小朋友欺负了怎么办？""也不知尿裤子了没有？"……家长心中盘桓了无数的担心与疑问。当把孩子送入幼儿园后，面对哇哇大哭、不肯松手的孩子，家长同样也会出现分离焦虑的表现。

幼儿园老师在这个阶段的工作是否细致，孩子在幼儿园的适应是否顺利等，家长会通过亲身感受对幼儿园老师有更为真切的认识与了解，这个阶段的工作如果到位就会赢得家长对老师的信任，并为今后家园的顺利合作埋下伏笔。

**温馨提示**

**提前做好新生家访工作**

班内教师应在开学前利用暑期对每个新生进行家访。

1. 家访前应提前电话预约，要尊重家长的时间，相互协商融洽地达成家访计划。

2. 家访行程可根据幼儿居住地区进行划分，访问时间尽量避开幼儿家中的进餐和午休时间（年级组最好提前沟通并确定前往家访的小区，避免同一小区有的班去家访而有的班不去的现象）。

3. 家访前准备好适量孩子喜欢的卡通动物、水果等的小标志、幼儿入园手册、幼儿基本情况调查表、班级温馨提示等。

4. 家访时间在 30 分钟至 50 分钟为宜。见到孩子应主动与其打招呼，多对孩子进行鼓励、表扬。如：宝宝真有礼貌、辫子梳得真漂亮、个子长得真高等；向家长做自我介绍，将班上未能前来家访老师的基本情况作以简单说明。

5. 家访时可以和宝宝玩简单游戏，让宝宝熟悉老师。告诉宝宝，幼儿园是好孩子才能来的地方，幼儿园里好多的新玩具等着你来玩，好多的新小朋友都想和你交朋友，让宝宝对幼儿园生活充满向往和期待。同时和家长交流，让家长多用积极的引导语告诉宝宝到幼儿园的好处。

6. 家访内容：

（1）了解幼儿、家庭的基本情况，向家长出示《幼儿基本情况调查表》，告知其作用与填写方法，说明交表时间，与幼儿、家长通过交流建立初步的信任。

（2）观察幼儿的表现，家长与幼儿的亲子关系等，侧面了解家长的育儿方式，简要介绍幼儿园的教学理念和活动内容；与家长沟通幼儿入园后的一日生活作息时间及需要提前在家中进行的相关准备。

（3）向家长出示《宝宝入园手册》，介绍幼儿园的突出特色，说明《宝宝入园手册》的主要内容与意义；简单介绍幼儿的入园焦虑现象，及幼儿园采取的相关措施让家长放心。

（4）向家长发放《班级温馨提示》，对重点内容进行说明、解释，如介绍往届家长给物品做标记的经验，办理出入证的手续等。告辞时，提醒家长再次来园的时间。

### 开好幼儿园的新生家长会

幼儿园的新生家长会一定要提前到假期内召开（可提前一个月左右），以便帮助家长提前在家中为孩子做好相关的精神准备和物质准备。主要内容有：

1. 在新生家长会中，幼儿园应将孩子入园后可能出现的分离焦虑现象、孩子入园分离焦虑的不同类型、分离焦虑情绪的不同发展阶段、幼儿园在入园适应中实施的相关教育策略、孩子入园后可能出现的相关问题等为家长一一解读、分析。如"为什么孩子入园后爱生病？""怎样对待 2～3 岁孩子发生的抓咬现象？""宝宝回家后的夜惊、哭闹现象"等。同时对于孩子入园阶段家长应该怎样做给予具体、可操作的指导与建议。

2. 向家长介绍幼儿园各方面情况，如幼儿园概况、营养配餐、幼儿一日生活作息时间、幼儿园的教育教学工作（教学体系、幼儿园课程等）。

3. 各班教师与家长回班内交流本班孩子情况，介绍本班新生入园的相关事宜。与家长商量、确定入园前一周半日亲子适应班的分班情况，同时家长熟悉幼儿教室环境。

### 入园前的一周亲子适应班

为了帮助孩子能尽快熟悉老师，适应新的班级环境和伙伴，尽快与教师建立依恋关系，减轻入园分离焦虑。可在入园前一周的时间里，将班内的孩子分为两组，每天家长分上、下午带孩子来园进行半日入园适应。这样可以让孩子在家长的陪同下，初步熟悉班内各项物品的位置（水杯、毛巾、小床等）；了解幼儿园一日生活作息的程序；同时由于老师为每个孩子安排的都是上、下午错开的时间段（如一、三、五上午，二、四为下午），还能逐步调整孩子在家中的生活作息时间，以便与幼儿园的作息时间接轨。

### 入园后第一周的弹性班

孩子在入园初期连续几天的哭闹后，就会有个别体质弱的孩子开始感冒、发烧。为了进一步降低幼儿入园适应的焦虑现象，在开学第一周内，班内教师可根据当天孩子的情绪及适应情况，与家长及时沟通后，确定每个孩子在园是半日还是全天。让孩子分期、分批的在园内午睡，即从第一天可安排小部分孩子在园午睡，大部分孩子吃完午饭后接回家，这样逐步轮换、调整，直至第五天，大部分孩子都有了在园午睡的经历，只有极小部分适应较慢的孩子吃完午饭回家。

**入园后一个月内的家长工作**

1. 入园当天召开"日报式"的家长短会。在幼儿离园前利用半个小时的时间，让家长了解孩子在园的情绪、饮食、睡眠等状况，并提醒家长孩子回家后在家中应注意的事项，以及第二天送孩子入园时可能出现的问题。

2. 每日交流畅通的"家园练习册"，将孩子在家中、幼儿园的情绪等情况及时相互沟通，便于双方增进对孩子的了解，共同配合帮助孩子平缓度过入园适应关。

3. 每天在班级门口张贴"大便记录表"，便于家长在家中照顾幼儿。

4. 一周结束后的"加油站"式家长会，周五下午提前一个小时邀请家长前来播放幼儿一周在园生活短片。让家长直观地看到幼儿一天天的变化，鼓励家长树立信心，继续坚持，共同度过孩子入园焦虑期。

5. 一个月后的"学期工作"家长会，与家长共同分享幼儿顺利度过入园焦虑期的喜悦，感谢家长的支持和配合，向家长介绍本学期教育教学工作重点以及需要得到家园共同配合的方面。

**情境再现**

### 新生家长会
苏　晖

各位家长：

大家好！

非常欢迎各位来参加我们今天的新生家长会。宝宝将要进入集体生活中，这对于每个家庭来讲都是一件大事。我们知道望子成龙是每一个家长的愿望，家长也都是在考察了许多所幼儿园之后，经过反复比较才选择让孩子来到这里，因此非常感谢您对我们的信任。也希望今后孩子在园期间我们能合作好。我们会通过每位教师的辛勤工作和爱心，让孩子喜欢、家长满意，达到促进孩子全面发展的目标。下面向家长简单介绍一下幼儿园的基本情况：

**幼儿园的基本情况**

主要向家长介绍园所的师资条件、设施设备、教学情况、膳食营养等。

**新生入园的一系列问题**

每个2~3岁的幼儿，从家庭自由式的生活进入到幼儿园的集体生活中，都将面临很大的挑战。孩子不仅会对陌生的环境产生恐惧，同时还会因为离开熟悉的家人表现出不同程度的分离焦虑，有的甚至会大病一场。在这里，我们会为孩子们创设一个像家一样温馨的环境，通过采取一系列的措施，如入园参观、家访、发放《宝宝入园手册》、开家长会等，从多方面入手，帮助家长、宝宝做好必要的准备。

1. 宝宝入园后分离焦虑的类型。

宝宝初上幼儿园时，都有一些"反常"。大部分幼儿都会出现"分离焦虑"，这种焦虑的产生其实也很自然，宝宝们平时和亲人之间会产生强烈的依恋感，一旦进入了新的环境，出现了依恋上的断层，失去了安全感，就需要一段时间来适应。大多数宝宝见到陌生人和陌生环境，通常会不适应，但是反应出来的行为可能会相差很大。一般宝宝入园后的不适应的表现会持续两周左右，归纳这期间宝宝的表现主要有以下三种类型：

（1）大哭大闹的外向型宝宝——教师对策：转移注意力。

有一部分宝宝的气质类型属于胆汁质，性格外向，喜欢与人交往。这个类型的宝宝很容易适应新环境，较易被周围环境、新的刺激所吸引。他们常常会被教师组织的活动所吸引，从而忘了哭，再加上教师的语言引导，能有效地减少想家的次数与时间。这类宝宝分离焦虑的特点是：虽然反应强烈但持续时间短，老师常常用简单的亲近方式和玩具就能很快让宝宝接受。因此这个类型的宝宝与其他孩子相比入园适应快。

（2）默默流泪的内向型宝宝——教师对策：倾注爱心。

有些宝宝性格内向，哭闹时显得较安静，只是小声地抽泣或默默地流泪。这类哭闹反应不激烈的宝宝，实际生活中往往不易适应陌生环境，他们性格内向、害羞，自我保护意识强，难以亲近陌生人，可能在家中也不经常和其他宝宝一起玩，换了环境后不容易适应，在新环境中需要较长时间才能形成安全感。对于新玩具、好吃的或好玩的游戏都不受诱惑。他们的入园焦虑期会比其他的孩子都长。

针对这类宝宝老师会格外关注，抽出更多的时间与他们相处，通过逐步建立亲密的依恋关系让宝宝接受老师。

（3）哭闹介于中间型的宝宝——教师对策：主动关注。

这类宝宝介于前两者之间，大部分在两周左右情绪就基本稳定下来了。入园分离焦虑每个孩子都有，但由于入园前的家庭教养方式不同，宝宝的分离焦虑表现程度也不相同，教师会根据他们的不同情况，给予主动关注、个别帮助，对于情绪低落的宝宝我们会主动亲近他们，同时我们会通过组织丰富多样的活动来分散宝宝的注意力，缓解宝宝想家的情绪，使宝宝顺利度过分离焦虑期。

2. 幼儿入园后分离焦虑情绪的几个发展阶段。

根据工作多年来的经验，我们将幼儿入园后因不适应产生的哭闹归纳为以下几个阶段：

（1）宝宝来园的前三天。

在园的一天里大部分时间哭闹比较严重，一直处于断断续续、哭哭停停的状态，第一、二天尤为严重。家长要有心理准备，特别是第二天开始送宝宝入园会很困难，宝宝明白了一旦把他送进班里就一天都看不到您了，会哭闹得很厉害，可能会揪住您不撒手，这时请家长要理智地将宝宝交到老师手中。

（2）宝宝来园的第一个周末（第四五天）。

虽然在幼儿园时宝宝仍然会哭哭停停，想起来就哭几声，但此时与前两天相比玩的时间长了，哭的时间短了，也能参加老师组织的一些活动。连续上了几天幼儿园，因不适应导致宝宝的吃、睡都不太正常，宝宝接回家后可能情绪也会比较焦躁，家长注意宝宝回家后的饮食要清淡，多喝水，少油腻，可吃些去火的药，以免"积食"上火引发感冒发热，特别是周六、日，家长不要有补偿的心理，带孩子去公园玩活动量大的游戏，或吃肯德基、麦当劳等。这可能会导致孩子抵抗力下降，因体力不支或积食等原因造成咳嗽、发烧。

（3）宝宝来园第二周。

大部分宝宝们会在家长离开时哭一会儿，吃过早饭后就能跟随老师一起活动。在活动中偶尔想起妈妈时哭几声，但时间、次数都少了很多，中午入睡时有的宝宝还会有哭闹的现象，晚饭后家长来接时也会委屈地哭。另外周末在家休息了两天后，孩子的哭闹会有一个小反复。

提示：虽然在班里宝宝的哭声少多了，但在入园、离园时家长眼中的宝宝还是没有太大的好转。可能会使家长有心力交瘁的感觉，因此还要请家长们坚定信心、继续坚持，特别是成员较多的家庭更要统一思想，切不可因为心软而功亏一篑。

（4）两周后。

连续两周入园后，绝大部分孩子的情绪已趋于稳定，只在与家长分离时会有小的哭闹，而且可能只有哭声没有眼泪，只是哭给家长听的。老师接过去后马上就不哭了。中午午睡时已能保证正常的睡眠时间，并能进行各项正常的活动。

纵观宝宝在园的一天之中哭闹较严重的几个环节为：入园、离园、午睡前、吃完午餐后。一般在进餐时、吃东西时较少有宝宝哭闹。由于宝宝来自不同的家庭，带养方式、性格特点、社会交往能力、适应能力等的不同，造成了宝宝入园适应期的长短也各不相同，但不论时间长短，只要家长树立信心，与幼儿园共同配合，一定会使宝宝顺利地度过这一关。

3. 入园后常见的问题。

（1）有些家长放心不下躲在窗外看宝宝。

不少家长，特别是隔代的家长，送宝宝到幼儿园后，听到宝宝的哭闹很心疼，不放心。有的自己也跟着掉眼泪，有的一步三回头，有的透过门缝向里张望……还有的爷爷、奶奶、姥姥、姥爷会长时间地站在阳台上看，有的甚至偷偷躲在门外、窗外、树后仔细分辨自己的宝宝有没有在哭……

其实家长对宝宝的那种不放心我们很理解。可一旦您的偷看被宝宝发现了，只会引发一轮更严重的哭闹，这样又会重新引起他的思想波动，加重宝宝对您的思念与依恋，因此这么做是不必要的，家长要对老师采取完全信任的态度，这样的做法只会让宝宝的哭闹时间延长、次数增多。所以一定要相信老师，相信在老师的爱心帮助下宝宝会适应幼儿园生活。您要做的是提前给宝宝做好思想工作，到了幼儿园后把宝宝送到老师手中，一旦宝宝哭闹也不要和他过多纠缠，硬硬心肠转身离去。在门外徘徊既帮不了宝宝，也更让自己揪心。

（2）有的宝宝第一天上幼儿园不哭闹，而第二天就不愿意上幼儿园了。

宝宝刚到幼儿园一定会经历一段适应期，不同的宝宝会有不同的表现，大部分宝宝第一天开始就哭闹不止，可是也有的宝宝第一天面对幼儿园里那么多的新玩具很开心，在一群哭闹的宝宝里不为所动，自己玩得不亦乐乎。可是到第二、三天新鲜劲儿过去，就哭着闹着不想去上幼儿园了。其实这是很自然的现象，宝宝第一天还比较有新鲜感，等到接下来几天"反应过来"，自己到了一个陌生的环境，哭闹是难免的。这个时候父母尽量不要有过多的猜测，"宝宝哭会不会没有老师哄"或者"宝宝喝水多吗？尿没尿湿裤子？宝宝在干什么？"要相信幼儿园，在宝宝面前表现出对幼儿园的喜欢，这样宝宝慢慢地也会喜欢上幼儿园、喜欢老师的。

（3）宝宝回家后容易乱发脾气。

宝宝入园进入集体生活的不适与焦虑感，除了哭闹外，食欲变化、睡眠结构紊乱、发脾气等都是非常突出的表现，所以宝宝回到家中，家长要给予宝宝充分的宽容、爱心和耐心。

对于个别宝宝，由于处于一个新环境，可能会再现婴儿期的行为，如吮手指、易哭、摔打东西等，家长对此要表示理解。在入园初，宝宝有许多的不适应，因此争执、乱发脾气也是自我表现的一种方式，虽然晚上回到熟悉的家中，但焦虑、烦躁的情绪仍然伴随着他。

同时有的宝宝的焦躁情绪也可能是由于在幼儿园争抢物品引起的，在幼儿园宝宝和那么多同龄的孩子在一起生活，如何与同伴交往等社会性行为规范还在逐步学习和完善中，因此面对同样都喜欢的玩具发生争执就会成为不可避免的一件事。宝宝争抢时情绪会很激动，如尖叫、咬人等。有时可能宝宝没有争取到物品，就会把情绪带回家中，所以就出现了乱发脾气的现象。家长对此还要适当地提供帮助，让宝宝与同伴交往过程中能够初步学会分享。

4. 宝宝入园可能有的问题。

（1）新入园宝宝为什么爱生病？

由于焦虑、紧张等情绪上的变化，会导致宝宝身体抵抗力下降。有些宝宝平时在家里吃饭、睡觉都很香，刚上幼儿园就彻底改变了，家庭的环境与幼儿园大相径庭，当宝宝从一个被精心照顾的小环境进入到集体的大环境后，他的饮食起居习惯发生了很大的改变，生理上会有不适应的感觉。宝宝接触的小朋友多了，环境复杂了，接触各种病原体的机会也就多了，患病的次数就会相应增多。但是宝宝的身体对各种接触到的病原体也会产生抗体，所以他的抗病能力也会逐渐增强。

对宝宝来说，在集体的大环境中接触各种病原体是不可避免的，当他有了患病的迹象时，爸爸妈妈要积极给宝宝治疗，平时应该让宝宝多锻炼，多活动，以提高身体的免疫功能。

提示：当孩子吃不好、睡不香或过于紧张时，家长可以为他带一件喜爱的玩具，让孩子有所安慰；通常宝宝情绪不好时会连带食欲下降，但幼儿园会准备一些零食、小甜点，为正餐进食不足的孩子补充能量。回家以后，家长还可以准备些清淡的食物作补充，切忌油腻，特别是晚上进食过量会使宝宝的正常睡眠受到侵扰。可以多补充水果、奶品、维生素C等，帮助孩子做好从生理到心理的适应性调节。

（2）宝宝之间的抓、咬现象。

宝宝入园后，有的家长会说："我的宝宝今天被别人咬了"，也有的说："我的宝宝还被抓了呢"，对此家长表示很不理解。宝宝被抓、咬，父母都很心疼，作为老师我们会尽量避免这样的事情发生。幼儿园里孩子之间发生的抓、挠、咬现象，主要集中在2～3岁这个年龄阶段，这是由于2～3岁宝宝的年龄特点所决定的，究其原因主要有以下几点：

①这时正处于以自我为中心的阶段，分不清物体的类属关系，只要自己喜欢的玩具就要"占为己有"。

②口语表达能力的发展还不完善，正处于"电报句"阶段，一般多为三个字、五个字的短句，当遇到玩具等引发的争执时，无法用语言来准确地表达自己的想法，而且对于2～3岁的宝宝来说动作比语言更直接、有效。

③在家中宝宝都是与成人相处，不会有人与他争抢玩具或食物，即使在外与小朋友发生纠纷，旁边也会有家长上前帮助解决，宝宝缺乏与人交往的行为规范、技能等，这些还有待今后在集体生活中逐步学习与完善。

④宝宝模仿家长一些不适宜的行为而造成的抓、咬现象。有些家长常常通过在宝宝的胳膊、腿上咬一口、拧一把等方式表示喜爱；有的家长脾气急躁，

139

只要孩子不听话就用武力来"镇压"，由此宝宝们便模仿了成人的这些举动，在幼儿园与小朋友交往中表现出这种"攻击性"行为。所以，我们成人要为宝宝做出榜样，改变这种不妥的育儿方式，学会用正确、恰当的方式表达自己的情感。

（3）宝宝回家后的夜惊、哭闹现象。

在宝宝初入园，对陌生环境的胆怯和离开亲人的忧伤、郁闷致使少数宝宝会出现睡不稳、睡不实、夜惊、夜哭等现象，如晚上哭醒："我不上幼儿园"等，家长要有思想准备，要有耐心、树立信心，家园共同配合度过宝宝的入园适应期。经过一段时间随着宝宝适应幼儿园的生活，夜惊、夜哭现象也就会自行消失。

5. 对家长的具体建议。

（1）避免反面消极地提问宝宝。

要想让宝宝尽快适应幼儿园的生活，缩短适应期，家长的情绪、情感很重要，要消除自己消极的心态；引导宝宝说快乐的事情，避免反面消极的提问暗示。

每天坚持送宝宝上幼儿园，遇事多与老师沟通，了解宝宝在园情况；坚持来园，逐渐适应是帮助幼儿顺利入园的首选策略。

再有，在与宝宝交流时，家长要注意自己的语言导向，不要总问一些消极性的问题，如"有小朋友欺负你吗？""抢你的玩具了吗？"等问题，这会让宝宝不爱上幼儿园。家长应在和老师沟通的基础上，从正面引导宝宝，如："今天你得了一个小贴画，真棒！明天我们还去幼儿园，得一个大贴画好吗？""老师说你真乖，可喜欢你了。""今天和谁做好朋友了？"……用积极鼓励的语言与宝宝交流，多鼓励宝宝正确的行为，以此帮助宝宝和老师、小朋友建立起感情，让宝宝感受到上幼儿园的快乐。

（2）入园后如何帮助宝宝适应环境。

①入园时若宝宝大哭大闹，家长逗留时间不易过长，应听从老师劝告及早离开。

②早上入园前希望家长不要担心宝宝在幼儿园吃不好，而在家给宝宝吃饭，如果到幼儿园后宝宝情绪激动，一哭就会吐，这样使宝宝很不舒服。所以在家不要给宝宝吃早饭。同时希望家长回家后不要给宝宝吃得太油腻，以免对宝宝的肠胃造成刺激；晚上不要强迫给宝宝加餐，可以多喝水，加吃水果、奶等，或吃少量容易消化的面片汤、绿豆粥等。

③初入园时有的宝宝晚上回到家中，不能提"幼儿园""老师"等字。请家长酌情不提或少提。

（3）不要给孩子消极的心理暗示。

有的父母在送宝宝入园前，经常会有意无意地说"你再不乖，就送你去幼儿园。"或者是"现在多玩玩吧，过几天就要到幼儿园里受管制了。"这样的言语会让孩子认为幼儿园就是惩罚自己的地方而惧怕幼儿园。

（4）宝宝穿衣要舒适。

9月还没有走出夏季，最好能给宝宝穿吸汗、透气性能好的棉质衣裤，不要选择化纤类的制品。为了宝宝生活的舒适，家长还可以为孩子带来午睡的替换背心，午睡时换上能保持皮肤的干爽，同时也能让上午穿的衣服晾晒干，服装款式要尽量简洁，便于穿脱和如厕。另外，新生入园特别喜欢在户外活动，所以最好为孩子选择的鞋子要松软、合脚、舒适，如有可能尽量少穿皮鞋、旅游鞋，以免由于鞋子不合脚造成运动游戏中的不便。

孩子进入幼儿园会从极不适应到逐渐自如。这个过程的长短，取决于我们之间共同合作的质量。因此殷切地希望在我们的共同努力下，让每一个孩子都能顺利适应幼儿园的生活。

### 案例分析

每年一度幼儿园都会迎来新生，如何做好入园期间新生家长的工作，使家园共同配合帮助幼儿顺利度过入园难关，是幼儿园的一项常规性工作，此案例主要针对孩子在入园初期焦虑的现象及家长关注、担心的重点，召开新生专题家长会，提前给家长打好"预防针"，使家长能够较为从容地应对幼儿入园后的哭闹现象。通过帮助家长分析幼儿在入园初期分离焦虑的类型、幼儿入园后哭闹发展的几个阶段和规律，帮助家长在孩子入园的前两周理性看待孩子的哭闹现象，并有相应的思想准备。

提前将可能发生的各类情况为家长进行一一介绍、解释。如：通过对入园后常见问题等的分析，对家长在此阶段提出需要配合的具体内容。如饮食、睡眠等方面给予家长可操作的建议。特别是结合入园后3岁左右孩子间易出现的抓、咬现象，帮助家长分析原因，以免今后遇到孩子间发生纠纷，家长出现不理智行为。

通过这样的家长会，使家长能够在孩子入园过程中密切配合幼儿园的工作，使孩子顺利适应幼儿园生活。

### （二）寒、暑假时期的家长工作

### 问题解读

在寒、暑假期间，幼儿园的班级工作与平时相比会有调整。为了保证孩子能正常来园，假期教师实行轮流休假。幼儿园根据具体情况，为了确保假期班级的正常工作，会有一些老师被抽调安排到其他班中替班，或安排两个同年龄段的班级进行合班。这样一来班级中的教师就不像平时那样固定了。由此而引发了信任危机，家长的投诉时有发生："××老师不让我们家孩子吃饱""孩子回家后裤子上有污渍，老师是怎么照看的？"……为此教师们要特别关注这个时期的家长工作。

有的幼儿对于假期班里出现的其他老师，多少会有一些紧张和焦虑的情绪，越是年龄小的幼儿越会产生不安全感，家长会认为非本班教师不了解自己的孩子，进而可能就会不关注孩子，由此家长普遍抱有担心、不接纳、不信任的心理。

看不到班里平时熟悉的老师，孩子闹着不上幼儿园，不见了经常沟通并已建立信任的教师，家长的心里也会不踏实，如果家里有人照看孩子，有的家长就会选择让孩子在家。而在家歇了一个寒（暑）假再来园的孩子，也因长期不来园而哭闹。

假期里正常来园的孩子和他们的家长时常会产生不安全、不信任的感觉，如果前来替班的教师再因为是假期而在工作上有所松懈的话，则会引起家长的不满，抑或是对孩子"旁敲侧击"："××老师好不好？厉害吗？喜欢你吗？"类似的问题出现的频率也会相应提高。

**温馨提示**

**换位思考，相互理解**

每个孩子和家长都对自己班的老师有一种发自内心的喜爱、信任与依赖。当家长看到替班老师后随之而来的反应就是怀疑、观望，把孩子交给一个自己不了解的老师手里，家长本能地会有一种不安全感，作为教师应该理解家长的这个心理。同时要主动向家长说明假期安排替班老师的原因，取得家长的理解与支持。

**主动沟通，打消顾虑**

作为本班老师要把沟通工作做在前，提前向家长介绍替班老师的情况。而替班教师则应主动向家长介绍自己，并诚恳地告诉家长自己刚来对孩子还不是很熟悉，但已向班里的教师大致了解了一些情况，在此期间有什么要求可以直接向自己提出等，打消家长的顾虑。

同时注意利用早晚接送孩子的时间，多与家长交流。主动向家长介绍孩子在园的表现，可以举一两个具体的小事例，用正面的语言，寻找孩子的闪光点，多夸奖孩子。

**真心关爱，赢得信任**

替班教师与本班教师提前"备课"，相互交接班内孩子及家长的基本情况，在带班过程中主动与家长做好交流与沟通工作。见到幼儿和家长时，应该主动、热情地与孩子和家长打招呼，搂一搂、抱一抱孩子，拉近与孩子的距离；同时谈一谈白天幼儿园里教师组织的活动，聊一聊孩子的表现等，让家长感受到孩子在幼儿园里快乐的生活，可以有效地拉近与家长的距离，使家长对老师建立起信任。

**亲近幼儿，建立依恋**

如果有的幼儿看到班里有陌生的老师会紧张，老师要向幼儿介绍自己，同时白天要组织各类丰富多彩的活动，最好每天有一个如折纸、绘画、小手工等小作品带回家。最重要的是教师要确实关注幼儿的生活细节，细心照顾幼儿的衣食起居，让幼儿感到精神放松，从而喜爱和依恋老师。对于年龄小的幼儿，教师可给小礼物，年龄稍大的幼儿，教师可与幼儿有个小小的约定，如学个故事、谜语等，吸引幼儿第二天来幼儿园。

**尽职尽责，毫不松懈**

每年一度的寒、暑假，是教师们辛苦了一个学期终于迎来的盼望已久的假期。假期里教师们从紧张、忙碌的工作中解脱出来，有了一段休憩放松的时间。但绝不能因为要放假了而产生丝毫的懈怠心理，要和班里的其他教师一起共同配合，按常规认真组织幼儿开展各类活动。

本来家长看到替班老师时第一反应是担心。如果再看到自己的孩子早晨入园和离园时，表现出情绪不高，有哭闹现象时，就会更不放心。若是老师在早晨接待孩子入园时不够积极主动和热情，白天又没有组织丰富的活动吸引幼儿，就一定会导致家长产生不满、猜疑、不信任等情绪。

**情境再现**

### 妈妈，我不想上幼儿园

卫 蕾

暑假教师轮休中的一天，月月来园的时候，走到门口看到我，转身拉着妈妈的手说："妈妈，我不想上幼儿园。"这时，月月妈妈也看到不是自己班的老师，就对月月说："月月，问老师好！"我蹲下身搂住她笑着说："月月，你好，我是卫老师，是你旁边班的老师，我们每天都见面呀，今天我带着你和小朋友一起玩游戏好不好？"月月还想往妈妈怀里钻，我抱起她说："月月最能干了，快跟妈妈再见，来帮老师做值日吧！"……妈妈依依不舍地走了，月月不开心地做着值日。

白天，老师带着月月和小朋友们一起游戏、学习、做操。手工活动中老师带小朋友叠了一个小衣服和小裤子，月月很快就学会了，并涂上了漂亮的图案，还帮助能力弱的一些孩子叠好小衣服，老师及时地鼓励和肯定了她，月月很有成就感。在教师组织的丰富活动中，月月渐渐地忘了早晨的不愉快，开心地融入了集体生活中。

晚上，妈妈来接的时候，月月高兴地扑到妈妈的怀里，还给妈妈看自己折的漂亮的小衣服，妈妈看到女儿开心的样子，自己也非常高兴。这时，我又主动向月月妈妈介绍说："她今天可棒了，不仅自己的小衣服叠得漂亮，还帮助其他小朋友叠小衣服，小手可巧了，在家是不是也经常帮爸爸妈妈做事呀？"妈妈说："是呀，在家的时候也拉着我和她一起做书上的手工。"我又说："白天，我发现月月不太爱喝水，自己倒水的时候，只倒半杯，我告诉她，月月就是一朵小花，小花只有多喝水才能漂亮呢。她听了，真的又喝了一大杯水。"妈妈说："是，她在家也不爱喝水，嗓子老爱发炎，都快愁死我了。"我对她说："以后月月就爱喝水了，因为你是小花，小花最爱喝水了，是吗？"月月点点头，我又说："月月明天高高兴兴地来幼儿园，我要看看这朵小花漂不漂亮，好吗？"月月说："好。"月月妈妈感激地说："谢谢老师。"

第二天，月月拉着妈妈的手，高高兴兴地来到幼儿园，主动跟老师打招呼，妈妈的心情也放松多了。

### 案例分析

上述案例非常典型，它突出体现了需要替班教师注意的几方面内容：

1. 早晨，当遇到孩子看见不是本班老师而不愿来园时，教师要积极、主动、热情地迎接孩子和家长，用贴心的语言和亲切的肢体动作打消孩子和家长的顾虑。

2. 白天，教师要组织丰富多彩的活动，让幼儿在宽松、愉悦的氛围中享受集体生活的快乐，教师对幼儿的行为多给予正面的肯定，使幼儿逐渐对老师产生喜爱感。

3. 在日常生活中，要细致地观察幼儿的一举一动，细心照顾幼儿的生活，发现问题及时解决，使幼儿对老师产生依恋感。

4. 晚上，家长接孩子时及时与家长交流，向家长介绍孩子白天在园的表现，突出教师观察到的细节，并正面夸奖孩子好的行为。向家长提出孩子出现的问题，并与家长共同商量解决的办法，使家长对老师产生信任感。

### （三）长假前后的家长工作

### 问题解读

热热闹闹的长假过后，孩子也和成人一样出现了这样、那样的"假期综合征"。根本的原因恐怕就在于假期中幼儿在家中的生活与原先有规律的幼儿园生活相互脱节。幼儿原有的生活作息被打乱，原有的生活习惯被改变，主要问题有：

### 假日过后，生病的孩子多了

每当假日过后第一天来园时，班级里需要服药的孩子便会有明显增加。老师们把这一现象戏称为"假日病"。一方面，假日家中餐桌上肉类、油腻食品多，而且家长经常会带孩子进出餐馆，使孩子因为暴饮暴食、生冷无忌、进餐无规律而导致消化不良，有的甚至引发多种肠胃疾病。另一方面，假日里外出游玩机会较多，出入人员密集的公共场合；孩子们运动量过大、精神过度亢奋，却没能得到适当的调控，导致体力不支、抵抗力减弱，容易感染传染型疾病。

### 假日过后，不爱来园的孩子多了

每当长假过后第一天来园时，总会在幼儿园门口看到家长拽着、抱着哭闹不愿来园的孩子，这其中更多的是小班刚刚度过入园焦虑期的孩子。面对哭闹的孩子，家长也很纠结。还有的家长拉着睡眼惺忪、精神疲惫的孩子匆匆赶来，苦笑着说："昨天睡得晚早上不愿起，不想来幼儿园。"

几天的长假将幼儿原有的生活作息打乱了，由于假期一些孩子跟着大人外出游玩，随着家长晚睡晚起，在家休息时间比在幼儿园时少而导致比较劳累，造成孩子休息不好；同时长假使孩子产生了惰性，他们在家中相对缺少约束，饮食起居不用自己动手就被照顾得妥妥帖帖，而回到幼儿园却要遵守集体的规则，依照规定的时间起居、活动。孩子会由于过度留恋假期生活的愉快而不愿接受约束自己的幼儿园生活。

### 假日过后，孩子难管了

"终于放假了，孩子不用在幼儿园受约束了，让孩子放松放松吧。"这是许多家长的想法。所以假期过后很多老师们都有这样的体会：孩子吃饭时不愿自己动手了，看见饭菜没有食欲，挑食的现象又有所抬头；不少孩子很晚才被送到幼儿园，中午迟迟不能入睡；集体活动中，孩子注意力不容易集中，有的表现得较为疲劳……这些情况都是"假期综合征"的一部分，孩子原本有规律的生活在假期中被打乱，教师辛苦培养的幼儿良好行为常规退步了。

### 温馨提示

#### 为家长提供观念和行为上的支持

家长育儿观念和水平参差不齐。有的家长对于假日的安排较为专制，不考虑孩子的需要。而有的家长有心想给孩子一个充满亲情的假期，却有心无力，不能真正满足孩子的需要。这都需要教师给予观念和行为上的指导和帮助，为家长出谋划策，如在放假前，教师可为家长提供可操作性的建议，以保证幼儿在家和在园的一致性、连贯性。

**给家长提供具体的培养方法，让家长有模仿的范例**

如为了巩固幼儿的良好习惯，放假前向家长发放"致家长的一封信""温馨提示"等，建议家长与幼儿园保持一致，在家中巩固幼儿的良好行为习惯，请家长用拍照、拍摄 DV 以及奖励小贴画等形式进行，开学后将其带到幼儿园和老师、小朋友一起分享。

**开展积极有效的假日亲子活动**

利用家长沙龙、家园专栏等方式和家长一起探讨假日教育的内容，开展"假日亲子游"活动，倡议有相近爱好、互相熟悉的几个家庭自主结合起来，在假日期间安排一些共同感兴趣的亲子活动，既让孩子有了和同伴共处的愉快经历，也给予家长们交流育儿经验的机会。

**制作假期家庭教育展板**

在长假前开展假期家庭教育宣传，内容涵盖要广，如安全提示、健康教育、良好行为习惯养成等方面的家长指南，具体为：合理的膳食喂养、假期中的安全、幼儿食谱介绍、防病知识、适合幼儿的锻炼内容等。

**与孩子一起制订假期计划**

假期过得是否有质量，什么样的假日活动是孩子喜爱的？什么样的经历是能给予孩子有益的经验的？最终的评判者是孩子们，他们才是假日的主人。教师可在放假前组织孩子一起讨论假期的计划，引导孩子懂得怎样在家过一个健康、有意义的长假。节后来园组织孩子们通过谈话、意愿画等形式，了解孩子们的真实感受。

**重点了解个别幼儿假期在家情况**

教师有必要参与到幼儿假期生活中去，在假日里保持与家庭的联系，特别是针对个别平时不爱来园的孩子，教师可以为家长提供个性化的指导方案，并事先和孩子有个约定，约定开学后高高兴兴来园，在假期中还可以给孩子打个电话，调动孩子来园的积极性。

**情境再现**

### 致家长的一封信
——孩子的长假应该怎样过？

齐素艳

家长您好：

盼望已久的长假就要来临了，您有没有计划带着孩子出去玩一玩，轻松一下呢？趁着假期去郊区踏青，去沙滩阳光浴，去游乐园狂欢……相信平常难得和爸爸妈妈出游的孩子一定会乐坏的。但是怎样才能合理安排好接下来的长假，让孩子度过一个劳逸结合有质量的假期？怎么样才能避免孩子长假过后入园时变得无精打采、嗜睡，乃至生病，或是出现拒绝上幼儿园的现象呢？

我们了解到年轻的爸爸妈妈平时忙于工作，精神紧张，到了假期终于可以放松了，会带着孩子一起"无拘无束"地疯玩。殊不知这样对于自制力差的幼儿来说是很不利的，其实，孩子长假后不愿回园是正常现象，就像大人放长假后不愿上班一样，需要家长合理安排假期，并进行策略性的引导。在这里我们为家长提供一些小建议。

家中的要求与幼儿园应一致

首先，在家中不能对孩子的任何事情进行包办代替，尽量不要让孩子在生活规律上有大起大落，不要给孩子太"自由"的空间，在幼儿园培养起来的好习惯回家以后要继续保持，要让孩子觉得不管在哪里这些事情都要自己做，避免给孩子造成在家无要求，上幼儿园受约束，从而使孩子产生"畏难情绪"。

其次，不能放松对孩子生活能力的培养，如孩子吃饭慢，可让孩子少食多添，每次只盛半碗饭，孩子很快吃完，就会觉得有成就感。

注意营养搭配，忌食生冷油腻

假期中注意不要让孩子随着成人经常出入餐馆，或暴饮暴食，饮食要以清淡为主，不要因顺着孩子过多地摄入肉类而形成积食，或造成孩子各个器官的超负荷运作，引发肠胃功能紊乱。

按时作息调整好生物钟

注意调整假期作息时间。尽可能地按时起床、睡觉和用餐，并配合一定的户外活动，争取按照幼儿园的作息规律安排孩子生活，家长在开学后还要让孩子重新做到起居有序，同时保证营养的均衡。

假期中经常和孩子聊聊幼儿园里的事情

每天和他一起聊聊幼儿园里有趣的事情，比如小伙伴的名字，他的好朋友，幼儿园里最喜欢的玩具，好玩的游戏等，使孩子的情绪提前进入对幼儿园的期待中，如果有时候遇到他说不想上幼儿园时，可以马上转移话题，不要让他的负面情绪放大。

假期前一天帮助孩子"收心"

每次放长假时家长都要留意，不要安排太密的活动，以免孩子玩得太疯。而在假期临结束前的一两日，最好不要出外游玩，尽量留在家中休息。同时，要孩子早点上床睡觉，使他恢复返园时的规律生活。这样，孩子在放完长假后，也不会抗拒返园了。并对孩子进行口头提醒，让孩子懂得假期已过去。调动孩子积极的心态，如帮助孩子回忆在幼儿园的高兴事和趣事，避免孩子沉浸在假期的喜悦中而排斥幼儿园。

身教重于言教

家长要注意自身言行对孩子的影响，如让孩子按时睡觉休息，家长却看电视至深夜，或与好友在家里通宵打麻将。家长应该在这段时间内和孩子一起按照平时的作息生活。

假期重视孩子的安全

在轻松度假的时刻，请您加强防范意识，不要忽视孩子的安全，注意外出、玩耍、饮食等环节不要让孩子脱离自己的视线，不将孩子一个人留在家里，教育孩子不玩电器、电源开关、水、火以及不吃腐烂变质的食物等。

我们相信如果您和幼儿园配合得当，长假过后，孩子入园时的焦虑情绪自然会烟消云散。最后，祝愿长假过后您和孩子都能有一个好的身体和心情投入到新的生活中。

幼儿园

××年×月×日

### 案例分析

此案例从长假期间，对孩子在家中的生活护理、情感调适、饮食起居、安全等方面给予了家长周到、细致的提醒，有助于家园共同配合，缓解孩子返园后的哭闹，减少长假后幼儿的生病现象。

在长假来临之前将家长信发放给家长，为家长科学安排孩子的生活提供适时的指导，操作性较强，方法措施具体可行。

### （四）传染病流行阶段家长不能入园的家长工作

### 问题解读

在手足口病、甲型流感等传染病流行阶段，各园为了在早期及时发现患病幼儿，或避免因家长进入园内造成交叉传染等情况，而采取家长在幼儿园门口手递手接送孩子的服务措施。因家长不能进入园内班级门口接送孩子，因此早晚接送孩子阶段，全园各班幼儿都要在教师的组织下，在短时间内轮流、顺序地进出幼儿园大门。造成教师在入园、离园环节没有时间与家长进行面对面的交流与沟通。

原本可以通过家长专栏、作品展示栏直观地了解孩子班级情况，现在看不到了。原本进园接送孩子，可以直接和老师沟通孩子的情况，可是现在和老师接触少了，不能及时了解孩子在幼儿园的表现了。有的家长会产生抵触情绪，不配合保健医生在园门口的晨检工作。大部分家长因进不来幼儿园，也就无法直观地获得班级孩子近期的具体情况，时间长了自然会产生猜疑，"孩子在园表现如何？""幼儿园近期有哪些活动？""作为家长该如何配合幼儿园教育孩子呢？"等。

不让家长进入幼儿园接送孩子，是避免传染病在幼儿当中蔓延的有效预防措施之一。但必须要通过多种形式做好家长的工作，得到家长的理解和支持，此项措施才能得到有效的落实。

**温馨提示**

**教师要通过多种形式消除家长的疑虑**

家长已习惯于每天直接到班门口接送孩子，改为在园门口接送后家长会不适应，如只是采取通知或一次家长会等单一的形式来做家长工作，肯定不能很好地得到所有家长的支持和配合。必须在此期间采取多种形式与家长沟通，以得到家长的理解和配合。

在采取家长不能直接入园接送孩子的措施之前，先要做好前期的家长工作，教师应与保健医生配合有步骤地做好家长工作，如通过班级家长会、致家长一封信、家长联系册等多种形式向家长进行宣传，及时消除家长的疑虑，促使家长更好地配合幼儿园进行疾病预防。班级教师还要随时收集家长的意见、建议，及时调整家长工作。

**保健医生加强防病宣传，提高家长对此项工作的重视**

在传染病流行期间，许多家长不知道该如何预防，或不理解幼儿园采取的在园门口接送孩子的措施。针对这种情况，可召开疾病预防知识专题讲座，邀请专家为家长就威胁幼儿健康的常见传染病进行细致讲解，并在园门口张贴疾病预防的宣传海报，将疾病预防宣传小知识发至每个家长手中。提高家长预防疾病的能力和意识，使家长主动配合执行幼儿园的防病措施。

**让家长及时了解孩子的在园表现**

不能直接入园接送孩子，家长感觉最不方便的就是不能及时和老师静下心来面对面地进行沟通、交流，无法直接从教师口中了解到孩子在园的具体表现。教师可采取短信互动平台向全体家长发送通知，使家长及时了解班级或幼儿园开展的活动动态；还可通过电话约谈满足家长了解孩子近期状况的个性需要；同时家园联系手册，每天离园时的一张便条、幼儿园网站、班级博客、QQ群等形式也能及时向家长反应幼儿生活、学习情况，了解孩子在幼儿园的成长点滴，包括孩子的午睡、进餐等状况。

**解除家长对安全的顾虑**

全园家长在园门口集中，在半个小时内要将孩子接走。安全就成了家长最为担心的问题。为解除家长的担心，可在幼儿园门口张贴接送孩子通知，通知内容包括幼儿园的具体接送规定，要家长配合的主要事项，最重要的是从安全角度给家长以提示，如为解决幼儿离园时间拥挤问题，分不同时段接孩子离园。请家长按顺序以班为单位，在幼儿园大门的警戒线外迎候幼儿。并让家长能看到幼儿园在接送孩子的环节，幼儿园加强了人员的保障，做到手递手交接幼儿，以解除家长对安全的顾虑。

**发挥保健医生的专业特长，利用晨检做家长的工作**

确实加强晨间的作用，保健医生坚持每天站在幼儿园门口进行晨检，检测幼儿体温，观察幼儿身体有无病情变化等，并随时解答家长关于防病知识的疑问，例如：家庭应如何预防传染病、幼儿园在这方面的预防措施等。号召全体家长督促孩子养成良好的卫生习惯，共同防病治病。

**情境再现**

### 面对家长的牢骚

齐素艳

在手足口、甲型流感传染病流行阶段，当家长不能入园接送孩子时。站在幼儿园的大门口等候接孩子的家长们议论纷纷："天天在门口站这么长时间，什么时候才能让进去接呀？""也不知最近班里在学什么？孩子回家也不会学舌。""为了孩子咱们忍忍吧，毕竟孩子的健康是最重要的。老师和我们一样都不希望孩子们出现问题。"……幼儿园网站上家长们也在评论着："想打听一下，孩子的班里有没有得病的？""大概正规幼儿园都这样吧，大人是带菌体，为了保证小朋友的安全，所以都不准家长进入了。"……

特别是早晨过了集中入园时间后，当各班老师带着本班孩子回班后，家长再送来的孩子需要自己回到班中，家长更是担心"孩子自己进去安全吗？上楼梯有人管吗？""不知道别的幼儿园是否也这样？"

理解支持与牢骚埋怨的态度，满不在乎与忧心忡忡的情绪……不让进园接送孩子的家长们出现了不同的声音。

了解到这种现象后，一方面我们在园外联系了一个礼堂，及时召开专题家长会，邀请全园的家长参加。在会上请疾控中心的传染病防控专家就威胁幼儿健康的常见传染病进行细致讲解。园长亲自向家长做解释工作，传达上级防病工作精神，以及幼儿园采取的疾病防控措施，并就需要家长支持配合的有关事项等内容，向家长做了详细介绍。如："早晨每班一名教师会在幼儿园门口处接孩子，早饭前10分钟带孩子集体回班，请家长按规定时间送孩子来园。""当集体回班后再送来的孩子，我们会在各个楼梯拐角处安排后勤老师负责照看，请家长放心。"

另一方面，园内召开各班班长会，商量特殊时期家长工作方法，通过采取短信平台，每天给家长一张便条等形式解决家长不能当天及时了解幼儿在园学习、活动的需要，通过定期分期、分批有计划地给家长打电话，解决每天早晚接送时无法与家长沟通交流孩子情况的问题，对于一些有着特殊需要的家长通过约谈等形式再进一步深入沟通。

在采取了一系列的措施后，早晚接送时幼儿园门口家长的怨言少了。"今天我们来晚了，让孩子上楼梯自己进班，对他也是个锻炼呢。"取而代之的是家长们秩序井然地配合幼儿园，在园门口接送孩子。

### 案例分析

上述案例说明，特殊时期的家长工作要针对家长的问题切入，在家长工作中，只要让家长感受到幼儿园、教师一切是从孩子出发去考虑问题的，通常是能够得到大多数家长的理解和配合的。另外采取多种形式的家长工作能够照顾解决个体与全面的需求。如：邀请专家为家长讲解传染病的预防知识，更具说服力。短信互动平台及时群发班级活动动态满足大多数家长的需要，而有计划的电话沟通等形式则解决家长个体的需要。

### （五）升班过程中因教师更换而开展的家长工作

### 问题解读

每学年末（暑期幼儿升班之际），幼儿园都有可能因为优化组合、竞聘上岗或其他原因等对个别班级的教师进行人员调整，家长因与班级教师经过一个学年甚至更长时间的合作，已形成较为默契的关系，孩子们也与老师建立了深厚的感情。班级教师的更换，造成孩子与老师建立起的依恋关系被破坏，使孩子的情绪受影响，特别是年龄较小的班还有可能会导致孩子们出现新的分离焦虑，陌生的老师会让他们感到陌生或不安。老师不能跟着升班或教师调整后，大部分家长会担心，孩子升班后能适应吗？新来的老师是个什么样的人？对孩子怎么样？孩子喜欢吗？……

那么教师应该做哪些工作才能让家长，让孩子尽快地接纳自己呢？

### 温馨提示

**教师提前与幼儿接触**

安排新接班的老师利用暑假或提前进入班级熟悉孩子，这样新老师的介入不会引起幼儿太大的反应，接班的教师在组织孩子们生活、游戏的过程中，能有更多的时间去观察、了解幼儿。借此机会进行情感铺垫，赢得这些孩子的充分信任和喜爱，幼儿接纳新的老师也会更加容易一些。

**教师之间要做好细致的交接班工作**

接班教师与原班教师要进行细致的工作交接，具体交接每一个孩子、家长的情况，特别是要细致地介绍班级内各类型家长的详细情况。孩子原班老师可在入园、离园环节辅助接班的老师，与家长进行沟通，既稳定了幼儿情绪，也不影响班级工作，同时也会得到家长的认可。

**对班级内教师的调整、更换，要提前告知家长**

园里在进行人员调整前要由原班老师提前告知家长，向家长做合理的解释和说明，及时做好家长的安抚工作，使其了解班级教师调整的原因，消除家长不必要的担心，争取家长的理解和配合。对于家长的质疑，老师应换位思考，理解家长的心情，以实际的工作赢得家长的信任。

**在家长会上介绍接班教师的情况**

新学期开始在召开家长会时，要向家长介绍本班老师的师资配备，特别是向家长介绍新来教师在某一领域的特长，或由新教师作简短的发言等。

**利用入园、离园等环节与家长沟通**

利用入园、离园环节，新接班教师要有计划、有步骤地与每位家长进行交流，用具体、精练的词语描述孩子在幼儿园的表现并进行分析，使家长觉得教师对自己孩子了解得十分全面透彻，让家长在佩服教师专业水准的同时，体会到教师是十分关注他们孩子的。

**情境再现**

### 佳佳不愿意上幼儿园

崔红健

暑假前小班的部分教师进行了调整，九月开学时一个暑假都没有来园的佳佳，竟然不愿意来幼儿园了，每天早上来园时拉着妈妈的手久久不肯松开。哭着和妈妈讲各种条件，佳佳是个非常聪明的孩子，这和以往的表现有很大的反差，针对她近来的表现，老师与家长进行沟通，分析其中的原因。

听妈妈讲，暑假期间姥姥从石家庄来北京居住了一段时间，平时姥姥在石家庄，只有放假的时候才回到佳佳身边，佳佳从小是由姥姥带大的，感情很深，因此佳佳很依恋姥姥。暑假和姥姥在家一直没有上幼儿园，和受约束的幼儿园生活相比，在家里佳佳很自由。可是暑假过后开学了，看到班里来了一位新老师，每到早晨上幼儿园佳佳就跟妈妈讲条件："我不去，我想姥姥。""新来的老师我不认识，我不想上幼儿园。"

对于佳佳的表现，妈妈很焦虑，教师从家长的话中能体会到，佳佳之所以不爱来幼儿园其中有一部分是因为更换了班上老师。孩子不熟悉新老师，所以才不爱来幼儿园。教师了解到家长的顾虑后，在一日生活中更加关注佳佳的情绪，有时间就跟佳佳一起聊天，和她一起看书、游戏，每天午睡起床后，老师给她梳各种发型的小辫，梳完后佳佳会得意地到镜子前照来照去，显得非常开心，白天教师还抽时间和佳佳妈妈通个电话，告知佳佳白天在幼儿园的表现。用小实例说明佳佳很快乐，早上的不愉快只是一时的表象。做到让妈妈放心、安心地工作，晚上妈妈到幼儿园接佳佳时，看到佳佳每天的小辫都是不一样的时候，也很高兴，会询问今天在幼儿园开不开心呀，是谁给梳的小辫这么好看等。渐渐佳佳又喜欢上幼儿园了，家长心中的疑虑也就自然消失，同时家长还感受到新老师也是非常关心、喜欢佳佳的。

**案例分析**

考虑到孩子正处于分离焦虑时期，入园时哭闹的原因有很多，需要对症下药，不只是由于班级的变化，老师的变化，环境的变化，还有家庭带养方式的原因，对于佳佳的表现，老师一日生活中利用多种方式关注佳佳的情绪，多给她一些肌肤上的亲近，让孩子感受到新老师也很喜欢她，与孩子建立新的依恋关系。并给孩子讲一讲升班了，说明又长大了，会做的事情更多了，让她帮助老师做一些力所能及的事情，分散她的注意力，舒缓她的情绪。

### （六）多日不来园幼儿的家长工作

**问题解读**

在幼儿园的日常生活中，班级中经常会有个别孩子因为患病、跟随家人外出度假等情况而连续数日不上幼儿园。导致幼儿本来已适应了规律的幼儿园生活后，又重新变得不适应，良好习惯的养成逐步退化。面对诸如此类幼儿的家庭，作为教师的我们又该怎样对待呢？其实对多日不来幼儿园的幼儿进行分析，原因无外乎以下几种：

第一种：幼儿在家比较娇生惯养，家中有老人无微不至的照顾，每遇天气稍微变化，或冷或热，刮风下雨，家长担心孩子在路上或幼儿园着凉，就让孩子在家休息，亲自看护。

第二种：幼儿由于季节变换或自身体质较弱，容易感染病毒，患病后无法正常上幼儿园，需在家看病调养。

第三种：幼儿跟随家长外出，回老家或到外地旅游，造成多日无法来园。

第四种：幼儿性格内向、比较胆小，家长生怕孩子在幼儿园受欺负，隔一段时间让孩子在家休养几天。

第五种：幼儿家中长期有人，如全职妈妈或老人，有时间与幼儿玩耍，愿意让幼儿在家陪伴，因此经常让幼儿在家逗留几天。

**温馨提示**

面对多日不来园的幼儿，教师应在三天内主动给家长打电话了解孩子不来园的原因，当我们分析出幼儿是因为哪种情况不上幼儿园时，就可以根据不同原因对症下药，选用适宜策略做好家长工作。

### 面对第一种娇生惯养幼儿类型家庭

1. 教师应先与家长约谈进行沟通，帮助家长进行分析。幼儿年龄较小，在倍加呵护的同时，幼儿更需要增加自己的身体素质来抵御外界的变化，让家长知道幼儿不能永远是依赖成人的呵护，需要靠自己的锻炼来增加身体免疫力。

2. 邀请家长尝试在恶劣的气候下送幼儿入园，当幼儿来园时，教师多关注幼儿的身体变化，在离园时，主动与家长交流幼儿一天在园的表现，让家长感受教师对幼儿的重视，博得家长对教师的信任。

### 面对第二种体质弱、爱生病幼儿的家庭

1. 电话询问幼儿不来的原因，对幼儿生病表示心疼和同情。与家长沟通幼儿生病前在幼儿园和家的身体状况，如喝水、吃饭、午睡及大便，是否兴奋疲劳等情况。和家长共同分析可能造成幼儿生病的原因，并在今后尽量避免。

2. 幼儿还在家休养期间，教师可每隔一天用电话或短信的方式，与家长沟通。用关心的口吻询问幼儿身体状况，让幼儿在家安心调养。

3. 当幼儿病愈刚上幼儿园，教师要询问家长是否有注意的事项，并关注幼儿一天身体状况，离园时主动与家长交流幼儿在园情况。

4. 给家长介绍一些提高幼儿抵抗力的方法，包括节假日幼儿的生活安排。如规律的生活方式，各种蔬菜、水果营养的摄入，户外活动的保证，不到人多的地方嬉戏等。

### 面对第三种、第五种外出幼儿的家庭和全职妈妈的家庭

1. 与家长沟通，使家长了解幼儿在园生活是有计划、有目的、循序渐进地培养孩子各方面的发展，幼儿的缺勤等于失去了更多锻炼和学习的机会。

2. 常电话联系，关注幼儿来园的时间，在联系中告知家长近期幼儿园创设的主要活动及教学目标，吸引幼儿来园。

### 面对第四种怕幼儿受委屈的家庭

1. 把幼儿在园的快乐时光用手机或相机拍成录像，让家长了解幼儿在园与其他幼儿相处情况。

2. 与家长约谈，让家长知道幼儿的成长离不开在与人相处中学习解决问题的能力，要鼓励支持幼儿的体验，不要剥夺幼儿锻炼的机会。

3. 与家长共同找出幼儿在哪些方面胆小及原因，请家长不要过度保护，给予幼儿更多的空间。制定帮助幼儿增加自信心的方法。孩子有了进步及时给予肯定，并与家长交流。

相信教师只要找准原因，有针对性地采取措施，一定会得到家长的支持与信任，孩子多日不来的现象也会随之减少。

## 小欧为什么没来幼儿园?

刘海燕

### 电话记录

背景:小欧三天没有来园,教师通过电话询问原因。

教师:我们的小欧怎么三天都没有来幼儿园了,老师和小朋友都很想他呢,小欧为什么没有来呢?

家长:噢,是这样的,这几天天气不好,太冷了,孩子从小身体不太好,我想让孩子在家休息几天,等天气好一些了再去。正好家里也有人看,谢谢你啊,老师。还惦记着我们小欧。

教师:原来是这样啊,我还以为是小欧哪里不舒服呢,那小欧在家里都做些什么呢?

家长:都是老人带着,看看电视、看看书,陪他在家里玩。

教师:有人陪着小欧,小欧真幸福,小欧在家吃饭怎么样?老人每天带他出去玩吗?

家长:天气不好就不出去,不是怕孩子生病吗?吃饭还行,追着喂。要是吃不好又生病了。

教师:嗯,我也很心疼小欧,孩子生病真的很难受,大人也会很着急。您看什么时间有空,咱们商量一下想想办法,看看怎么提高小欧身体的抵抗力,不能天气不好,孩子就不来,这只是被动的防御,这样一来孩子既丧失了学习的机会,也减少了跟小朋友交往的时间,这样吧,哪天您有时间,咱们一起给孩子做个计划。

家长:哎呀老师,那太好了,真是太谢谢你了。不然我们都愁死了。

教师:好的,您先忙,咱们再约时间。

家长:好的。

### 与家长约谈记录

教师:那天咱俩打完电话,我也细细分析了一下小欧的情况。小欧虽然体质是有点弱,但是他特别喜欢和小朋友在一起游戏,而且在参加游戏的时候表现得很积极。

家长:是呀,我们家小欧特喜欢老师和小朋友,就是身体太弱,一生病就高烧,我们都怕了。

教师:我想先给您介绍一下孩子在幼儿园的生活安排。首先每天活动内容的安排是科学的。有固定的户外游戏、锻炼的时间,这个时间是根据孩子能够承受的活动量安排的。随着每天的正常锻炼,能够逐渐增强孩子抗寒的能力和身体素质。幼儿园里每天三餐是医生根据孩子身体发育的需要来制定营养配餐，营养摄入是比较全面的。另外幼儿园的生活作息十分规律，每天定时地学习、睡眠、游戏、锻炼，有利于孩子的成长发育。家中毕竟人少、也没有针对孩子设计的各种游戏活动，如果孩子总不参与集体活动，不但身体得不到锻炼，还会在交往、语言、动手能力等方面失去更多的学习机会。

家长：这个我知道，我也很着急。但是老人太娇惯孩子，我也是觉得孩子身体比其他小朋友都弱，特别爱生病，所以总是想着等孩子慢慢大了体质可能就会强壮一些。

教师：被动的预防总不是一个好的办法，今天请您来，主要是想请您在了解幼儿园一日生活的基础上，根据小欧的具体情况制定一个可行的方案。请您相信老师，咱们一起努力，让孩子能够尽快适应幼儿园生活，减少生病的次数。

家长：谢谢老师，小欧这孩子身体弱，一剧烈运动就咳嗽，特别爱出汗，睡醒了也一身汗，稍微一不注意就生病。

教师：噢，您看要不咱们试试，不管天气如何让孩子坚持来园，参加正常的集体活动。多在阳光下参加户外锻炼对增强孩子的体质非常有益，我们会循序渐进，每天增加一点时间，如从孩子参加十五分钟户外活动开始，慢慢到二十分钟、半小时，逐步达到一小时。每次户外活动后，我们注意及时给孩子用毛巾擦去头上和身上的汗。每天孩子睡醒后，如果出汗太多，给孩子及时换一件干爽的秋衣，让孩子在幼儿园规律的生活中强健自身的体质。咱们不能总是根据天气来上幼儿园，还是从根本上解决问题的好。

家长：那太好了，我这就回去给老人做工作，孩子要总是这样，身体也别想好起来。

教师：好，那就请您相信我们，咱们一起尝试一段时间。

家长：好的，我们明天就送小欧上幼儿园。

（接下来按照我们制订的计划，每天逐渐增加孩子户外活动的时间，关注孩子喝水，根据孩子出汗情况及时擦拭更换内衣。并每天在离园时主动与家长交流当天的情况，在家园的共同配合下，孩子生病的次数越来越少，我们的工作终于赢得了家长的赞赏和信任）

### 案例分析

这是一个比较具有代表性的，由于孩子自身体质较弱、娇生惯养、家中有老人精心看护的案例。这个案例提醒老师，孩子多日不来一定是有其原因的。只要找到原因，悉心分析，我们一定能够做好家长工作。但是在家长工作中也要注意一些沟通技巧。

**电话关注孩子**

当孩子有两天不来园时，教师就要及时打电话给家长，询问孩子情况、了解原因，用关心的口吻表示对孩子的关注和想念，让家长感觉到教师和家人一样喜欢、重视孩子，增加对教师的信任。

**分析利弊、制定可行的实施方案**

通过与家长的沟通和了解，教师自己先反思准备方案。通过再次电话或者单独约谈的方法，帮助家长分析孩子不来幼儿园的利与弊。进一步细致了解是否有特殊情况和其他原因。通过协商共同制定一套家长认可、教师能够协助完成的方案。

**说到就要做到、及时进行再沟通**

家长送幼儿入园时，不会完全放心，仍旧会有些担心。教师要根据商量的方案进行具体实施，说到做到。最重要的是在离园时或下班后电话与家长及时沟通信息。把家长最关注的方面，即孩子一天的表现和怎样实施方案与家长进行反馈。逐渐获得信任，打消家长顾虑，鼓励家长继续送幼儿入园。

### （七）大型活动前的家长工作

**问题解读**

幼儿园大型活动既有大型的全园性活动，又有年级组或部分班级的活动。它通常包括有：春、秋季亲子运动会、六一儿童联欢会、新年联欢会、大班毕业典礼、春季踏青郊游、秋季亲子采摘活动等。在这些幼儿园组织的大型活动中，不仅有孩子的参与，还要有家长的参加，仅靠班内教师的力量是无法圆满完成的，需要充分利用各种家长资源，调动家长参与活动的积极性，最终保证活动的圆满结束。

在这些大型活动前，经常会在工作中发现，有的班级或幼儿园因没有提前与家长进行沟通而发生家长误解幼儿园活动组织初衷的现象。如："你们不是每天都带着孩子们跑啊、跳的吗？运动会那天我工作忙就不来了。""组织孩子出去采摘，孩子会摘吗？不会出什么危险吧。"通过大型活动前期的沟通交流，让家长在组织、参与、体验幼儿园的活动中感受幼儿的成长。这种家长工作方式的突出特点是既充分利用了家长资源、节约了幼儿园的人力资源，又拉近了家长与幼儿园的距离。

**温馨提示**

大型活动前的家长工作是大型活动顺利开展的前提和保障，在活动的组织实施过程中，家长扮演着策划者、决策者、支持者、参与者等多种角色。只要教师做个有心人，充分利用家长资源，做好大型活动前的家长工作，就会起到事半功倍、家园双赢的目的。

**教师要让家长了解大型活动的内容及安排**

大型活动前要让家长了解大型活动的具体内容及安排，使家长做到心中有数。例如：春季春风益然、春意浓浓，如何让幼儿走出教室走进大自然、亲近大自然？秋季是丰收的季节，如何让幼儿感受丰收的快乐，体验采摘的乐趣？幼儿园往往组织开展"春季踏青郊游""秋季亲子采摘"等活动。在此活动之前，教师要告之家长出游的具体时间、地点、出游方式、组织活动的目的、内容，以及需要家长做的准备工作和具体的注意事项等。有利于家长配合幼儿园开展各项活动。

**既要面向全体家长，又要发挥个别家长的特长**

在幼儿园大型活动中，既要面向全体家长，同时又要发挥个别家长的特长。例如：在新年联欢会上，往往会有家长参与表演的节目或亲子游戏，因此，在活动前我们要诚恳地邀请全体家长积极地参与。可以是把联欢会的活动计划和节目单醒目地在家长园地中展示出来，让家长先了解活动内容，然后再有准备地参与进来。也可以根据家长的特点，教师运用个别邀约的方式，邀请家长的参加。比如：有少数民族的家长，可以邀请他们穿上自己的民族服装，表演民族舞蹈。也可以让有特长的家长表演乐器或魔术等，为家长提供展示和分享的平台，以增添节日的气氛。

**教师要多与家长沟通，赢得家长的理解和支持**

大型活动的顺利开展，需要家长的理解和支持。例如：每年的六月份，大班都要举行毕业典礼，为了培养幼儿的感恩之情，可以开展"我为中、小班的弟弟、妹妹送图书、送玩具"等活动，鼓励幼儿做一些捐献活动，以培养幼儿的爱心和社会责任感。这就需要家长的大力支持和配合，所以，毕业典礼前，教师要多与家长沟通，使家长明确活动的意义和对幼儿身心发展的重要性。

**情境再现**

### 庆六一联欢会前的家长工作

刘 维

一年一度的六一儿童节，是孩子们最最盼望的时光，也是家长们充满期待的日子。幼儿园一般会举办大型的儿童文艺汇演，或开展庆祝六一儿童节的游艺活动等。活动之前，做好家长工作尤其重要。首先，请家长配合按时送孩子来幼儿园，没有特殊事情，尽量不要让幼儿缺勤，以免影响幼儿排练节目。其次，要充分调动家长参与大型活动准备的积极性。现在，有的家长是"全职太太"，或者是"家庭煮夫"，他们有一定的空闲时间，有参与幼儿园活动的愿望。为了开展好庆祝活动，我们可利用和发挥好家长的作用，邀请家长做活动志愿者，参与整个活动的策划、组织和实施。需要注意的是家长志愿者要有强烈的参与意识，需要家长自愿报名参加，不要让家长志愿者成为心理负担，更不能影响其正常的工作和生活。

另外可通过召开小型的班级家长会，告之家长大型活动前需要家长配合的一些具体工作，如邀请家长参与设计制作、准备演出的服装和道具等物质准备，演出前可以帮助幼儿化妆、管理演出服装、道具；演出时还可以帮助幼儿更换服装等。一方面为家长参与活动提供了机会，发挥了家长的特长，从而激发了家长的自豪感、荣誉感，另一方面也为大型活动的顺利进行创造了条件，起到了事半功倍的效果。

## 案例分析

上述案例说明邀请家长参与大型活动不是让家长感受活动的热闹，而是让家长通过与孩子的共同体验，在潜移默化中感受幼儿的学习特点，从而对家庭教育指导起到促进作用。家长的参与还可以调动幼儿参与活动的积极性。

### （八）发生意外事故后的家长工作

## 问题解读

幼儿在幼儿园里生活、学习和游戏过程中，因为活泼好动、对任何事物都充满极大的好奇心，却由于身体协调性差，缺乏自我保护意识，而常常不能预见自己的行为会产生什么样的后果，不可避免地会发生一些意外伤害事故。如擦伤，磕碰，骨折，异物入鼻、耳等。面对这些突如其来的意外事故，如果处理得不当，不但会延误幼儿的治疗时间给孩子造成痛苦，而且还会造成家园之间的矛盾纠纷，给幼儿园的管理工作带来不便。当遇到此类意外事故发生时，在家长工作的处理上尤要谨慎。

## 温馨提示

**当幼儿发生小的意外伤害事故后**

当班内孩子发生小的磕碰，如面部、身体四肢等处的擦伤、抓伤、咬伤，头部肿包等情况时，教师首先应安抚幼儿情绪，并将幼儿及时带至园保健室进行处理，同时要与班上的另一位教师就幼儿的磕碰经过做好交接工作，以便随后在离园前进行跟踪观察处理。晚上离园时由发生幼儿磕碰事件时的主班教师主动向家长当面详细讲述事情的经过，并诚恳地向家长表示道歉，将随后采取的相关处理措施告知家长，征得家长的谅解。不能因为工作疏忽，而导致在离园时未和家长主动沟通，造成家长发现孩子受伤后反过来找老师质询的被动局面。

### 当孩子发生较为严重的意外伤害事故后

当班内孩子发生骨折，伤口需缝合，异物入鼻、耳等情况时，需采取以下步骤：

1. 第一时间将孩子带至幼儿园医务室，先对伤口进行简单处理后，然后由当班教师及保健医生陪同及时送到医院救治，并安排好班内其他教师继续组织孩子的活动，保证安全。

2. 同时向幼儿园领导简要汇报发生事故的主要经过。

3. 在带孩子去医院就诊的同时，及时通过电话告知家长事情经过，与家长电话联系时，不要把紧张的情绪传染给家长，应注意用婉转的语言安抚家长，如："请您不要着急，孩子没有什么危险"等，以免引起家长的担心，并说清孩子准备就诊的医院，让家长赶往医院共同参与孩子的诊治过程。

4. 在伤情允许的情况下，就诊的医院最好选择在幼儿园附近的三级甲等医院，或根据伤情的不同部位等选择相关的专科医院，以使幼儿得到最好的治疗。

5. 在诊治过程中，幼儿园应陪同全部诊疗过程，并可主动支付其中的相关费用，并保留相应的原始票据、病历等。在医生接诊时，主班教师应主动将事发当时的情况向医生进行介绍，保健医生可就一些外伤病愈过程中的护理等向医生进行咨询，应遵医嘱并征得家长的同意后，做一些相关的检查。在治疗中教师要安抚幼儿的情绪，使其配合医生的治疗。

6. 教师应以诚恳的态度与家长进行沟通，安抚家长的焦虑不安情绪。在向家长详细地介绍意外事故的过程和原因时，应本着实事求是的态度如实、诚恳地讲述事情经过，教师的态度越诚恳就越容易赢得家长的理解。如果遇到家长态度不冷静、有过激行为或确实难以沟通时，应多换位思考，体谅家长的心理感受，适时调整与家长的沟通策略。在语言沟通过程中，不要为了安抚家长的过激情绪而随意包揽不应承担的责任，如"对不起，都是因为我们没有照顾好"等。

7. 如果家长未及时赶到，幼儿园应如实地将检查结果连同病例和治疗过程及时反馈给家长。但检查的相关病历应保留在幼儿园存档。

8. 告知家长在家中护理幼儿的相关注意事项，并告诉家长如果要做进一步的检查时，应第一时间通知幼儿园，由老师与保健医生陪同一起去医院就诊。避免因家长的担心而发生一些与损害无关的检查项目。

9. 教师要在当天到受伤幼儿家里去探望。教师在晚上下班后，班长应与当班教师一起购买一些食品到家中探望孩子，以表示对孩子的关心与重视。在问候的过程中，通过与家长交流沟通，增进家园间的理解和信任。

10. 在幼儿养伤期间，教师与保健医生应坚持定期主动给幼儿打电话询问身体的恢复状况。告诉家长如果家中无人照顾孩子，可将孩子放在幼儿园隔离室由保健医生负责护理。

11. 理智对待家长的过激情绪和要求，当孩子处理完伤情后，部分家长会因为孩子受伤遭罪而心痛得彻夜难眠，第二天又到幼儿园"兴师问罪"，有的家长甚至会因为医生的一句"可能出现……"或"不排除……后果"等话语，而提出一些不合理的赔偿要求。有的家长甚至要求教师写出事发当时的经过等，这些要求都不能随意接受，必须经过园务会的一致决定才行。此时作为接待人员一定要理解此阶段家长的不安心情，做好耐心、细致的解释工作，对于一些难以答应的条件，可建议家长等孩子的伤情恢复一段时间后再行商议。

12. 如果在孩子的活动组织中教师并无任何过失，并按要求做好了相关的善后工作，但家长在交涉时仍不依不饶，有不合理要求和过激言行时，教师应不卑不亢，有礼有节。相信随着幼儿伤情一天天好起来，家长刚得知幼儿受伤时担心、焦虑的情绪会逐渐得到缓解，一般情况，当看到幼儿完全恢复后家长也就不会再提其他要求的。

**抓住教育契机，对班内其他幼儿加强安全自护教育**

班内发生意外事故后，教师一定要抓住教育契机，组织幼儿讨论，对幼儿进行安全教育，以避免同类意外事故的发生，身边的案例会给幼儿留下深刻的印象，有助于提高幼儿的安全意识。

**情境再现**

### 当孩子在园发生意外后

王 伟

上完电脑课，老师带小朋友一个一个地走出电脑室，正走到大玻璃门门口的晓晓小朋友突然把手伸进了门侧边的缝隙，就在同时门却被前面的小朋友顺手带上了，门口顿时响起了晓晓的哭声，晓晓的手臂被夹在了玻璃门的侧面动弹不得。老师急忙找人将固定玻璃门的螺钉拧开，将玻璃门卸下后，将晓晓抱到医务室，并向园长汇报了事情的经过，因为怕伤及骨头园里决定送孩子去附近的大医院做进一步检查。

在将孩子送往医院的途中，老师急忙与孩子家长联系，为了减少家长的担心，老师用婉转的语言安抚家长："请您不要着急，孩子伤得不厉害，是不小心被门掩了，我们去医院检查一下……"

当在医院挂号就诊时，晓晓的爸爸也赶到了医院，庆幸的是晓晓的胳膊只是被挤压了一下，没有伤及骨头。晓晓的爸爸也是一位医生，非常通情达理，看到孩子手臂上的压痕，他心疼地问儿子："疼不疼？不要怕，很快就会好的。"接着又详细地向老师了解了事情的来龙去脉。然后对晓晓说："那位关门的小朋友不对，你把手伸进门缝也不对。"老师也很心疼地对孩子说："是啊，以后再也不要把手往门缝里伸了！你可把老师吓坏了。"

晚上班上的三位老师又一起到家中看望了晓晓，告诉晓晓的爸爸在幼儿园老师会随时关注晓晓的……

第二天班里组织孩子们针对晓晓的事情进行了讨论，随后开展了"找找身边不安全的地方""危险的事情不能做"等一系列安全教育活动，丰富孩子相关的安全知识，培养孩子安全自护意识。

### 案例分析

这是一个幼儿在园发生意外事故后处理程序的案例，通常当家长刚刚得知孩子在幼儿园发生意外时，心情一定会很焦急，但此时的家长对于孩子受伤的原因只是简单的了解，最想知道的是孩子的伤情严重不严重，受伤的部位已做了什么处理，医院的具体位置。当家长赶到医院看到孩子已无大碍后，悬着的心才会放下。接下来才会向老师探询孩子受伤的原因，有的家长由此会产生一些抱怨。

此时家长可能有一些过激的语言，教师要体谅家长的心情，如果平时教师的工作能够得到家长的认可，遇到幼儿发生意外事故后家长多能体谅教师工作的辛苦，虽然心疼孩子，但能理智面对。但如果平时家长就对教师的工作颇有微词，那么再发生了意外事故后，家长就会不依不饶，借题发挥。

在组织活动时教师一定要考虑周全，注意细节，及时发现安全隐患，杜绝事故发生。虽然说意外事故的处理是一件烦琐、令人头疼的事，但实际上确是"功夫在平时"。只有教师平时尽心地工作，发生意外事故后才容易得到家长的理解。

#### 意外发生后的家长工作

王　伟

《纲要》中指出："幼儿园必须把保护幼儿的生命和促进幼儿的健康放在工作的首位。"根据幼儿的年龄特点及发展水平，我们在一日生活中注意培养幼儿的安全意识和自我保护的能力。孩子们在老师的指导下，按游戏规则及要求快乐地游戏，一旦发现有不安全的现象老师及时给予纠正。但是，在幼儿离园后问题还是发生了，原因又是什么呢？

**案例：**

记得那天早上我刚进班，王佶小朋友就跑过来对我说："老师，昨天郭金铎头流血了，去医院了。"我心里一怔："怎么摔的？伤在哪儿？严重吗？"我赶快拿起电话拨通了郭金铎家的电话。接电话的是他的姥爷。姥爷告诉我说："昨天接了孩子就去大操场玩滑梯。这孩子太淘气从那个圆桶滑梯的出口向上猛跑，一头撞上了滑梯出口的桶边，头上撞了一个口子，赶快抱着去医院缝了3针。"我安慰老人不要着急，让郭金铎好好休息。

情境一：

下午，郭金铎由姥爷陪着来学琴，小朋友看见他的头上缠着很厚的纱布，都围了上去，关切地问他疼不疼，问姥爷他是怎么摔的。于是我请姥爷把郭金铎是如何碰破头，又怎么去医院缝针向小朋友说了一遍，姥爷说："我不让他这么滑，他就是不听，从滑梯的出口往上跑，磕破了头流了好多血还去医院缝了针。小朋友们以后要听老师和家长的话，不要学郭金铎。"

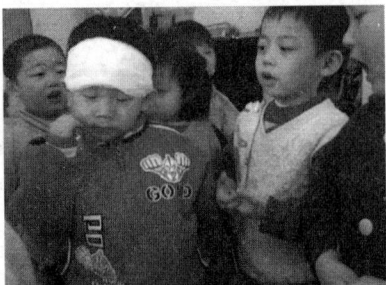

辰辰："郭金铎你的头还疼吗？"

郭金铎："疼，别再问我了。"

李佳成："姥爷，他是怎么摔的？"

姥爷："要听老师和家长的话，不要倒着滑滑梯，很危险。"

情境二：

郭金铎在出事的滑梯前指给小朋友看，他说就是想从这（出口）跑上去，所以撞坏了头。郭金铎还向老师和小朋友们表示以后再也不会那样玩了，李佳成小朋友说："我也这样滑过，以后再不这样了。"芊芊说："我就听妈妈的话好好玩不乱跑。"在场的孩子们再一次感受到了不按游戏规则，不听老师和家长话会对自己造成多大的伤害。

郭金铎指着滑梯告诉其他小朋友
他是怎样受伤的。

教师在事故现场告诉孩子们游戏
时怎样保护自己。

教师:"郭金铎,你是怎么碰破头的?"

郭金铎:"我没听姥爷的话,想从这(滑梯出口)往上爬,使劲一跑头就撞在这上了,我再也不这样上滑梯了,以后听姥爷的话。"

教师:"郭金铎玩滑梯的方法对吗?为什么?"

幼儿:"不对!这样太危险了。会磕着头,小朋友从上面滑下来时也会被摔着……"

教师:"小朋友在游戏时不要做危险动作,要学会保护自己。家长接了你们以后,在玩大型玩具时也不要忘记游戏规则,要听家长的话。"

情境三:

晚上家长来接孩子的时候,我们向家长讲述了班上发生的这件事,请家长在带孩子游戏的时候,不要让孩子离开自己的视线,同时指导家长在孩子游玩时一定要有意识、有目的地对幼儿进行安全自护教育,提高幼儿的自我保护意识。教育孩子不做危险的动作,让孩子知道什么是安全的,什么是危险的。家长们对此表现了积极的态度,也对自己平时忽视了对孩子的安全教育进行了反思。

教师告诉家长"滑梯事故",提醒家长注意安全。

情境四:

户外活动时,老师发现孩子们的安全意识有了明显的进步。在玩滑梯的李佳成让老师看:"老师看我这样滑对吗?"只见他两手扶在滑梯两边,从上往下滑了下来。"对,很好。"老师抚摩着他的头对身边的小朋友们说,"你们一定要学会保护自己,伤到了

李佳成:"老师看我这样滑对吗?"

自己，自己疼，爸爸妈妈、爷爷奶奶、老师都会心疼的。"幼儿们通过身边的真实事件，对怎样保护自己有了更深的认识和理解。

反思：

对于这一案例，我们进行了反思。滑滑梯的规则及安全教育老师天天讲。郭金铎平时在园的表现还不错，为什么会发生这样的事情呢？我觉得一方面要进一步对幼儿进行自我保护的安全教育；另一方面也是很重要的一个环节，那就是做好家园共育的工作。郭金铎碰头的事是在离园后家长接走玩耍时发生的。由此我想到应该通过此事及时召开家长会，共同探讨幼儿在离园后的安全，要注意用正确的方法教育和引导幼儿，避免类似的事件再次发生。我们指导家长在孩子游玩时一定要教育孩子不做危险的动作。如：不要倒着滑滑梯、趴在秋千上、猛跑、做一些危险的动作等。在照看孩子时家长如发现幼儿有不安全的行为应及时制止正确引导，不要过分地放纵幼儿，家长们都表现出积极的态度。有的家长说以前对孩子的看管的确不够，放任地让孩子玩。看见危险也不会正面引导，通过这次家长会，家长们对离园后孩子的安全教育有了足够的重视。我们还通过家长园地贴出了《户外活动时家长应怎样注意幼儿的安全》《如何培养幼儿的安全意识和自我保护能力》的文章，并制定了安全措施。通过家园共同配合一定会提高幼儿的安全意识和自我保护能力，做好幼儿的安全教育和保护工作。

## 不同年龄班家长提出的典型问题及应对策略

当你在心中抱怨家长对你不够尊重，不够信任，不够支持时，你是否想过，家长为什么要尊重你、信任你、支持你，难道仅仅因为"教师"这个称谓吗？作为教师，我们既有责任培养好每位幼儿，同样也有责任指导家长进行家庭教育。如果你能对家长们在育儿中产生的困惑、提出的问题给予有效的帮助和指导，相信你一定会赢得家长发自内心的尊重、信任和支持。

本章的内容针对不同年龄班家长经常提出的典型问题，从"在线咨询""行为解读""出谋划策"三个方面进行诠释，力图帮助新教师从容应对家长提出的问题。

"在线咨询"将家长提出的家庭教育中的困惑问题呈现给你，使你如身临其境，能更加体谅家长的心情；"行为解读"提示你从哪些方面对家长提出的问题进行分析，帮助家长了解分析幼儿出现问题的原因；"出谋划策"好比你的参谋，为你提供了多种帮助家长解决问题的实用方法。

## （一）托班幼儿家长提出的典型问题及应对策略
### 问题一：孩子进餐习惯不好怎么办？

**在线咨询**

我们家贝贝就爱吃肉，不吃菜，您说怎么办？让他吃口菜，大人得连哄带劝费半天口舌。为了保证营养，我们只好喂饭。因此，常常是大人在后边追，孩子在前面跑。大人累，孩子吃得也不舒服。如果让他自己吃，那吃饭就好比是"种"饭，衣服、桌子、地上到处都是，掉的比吃的多。孩子在幼儿园也是这样吗？

**行为解读**

**依赖成人**

幼儿出现不肯自己动手吃饭，大人不喂就不吃的现象。多数是因为成人在孩子小的时候因为担心孩子吃不饱，怕孩子吃饭弄得到处都是，所以就喂饭。时间长了孩子逐渐形成了习惯，凡事等着成人帮忙，形成了依赖成人的心理。随着孩子年龄的增长，当家长意识到应该让孩子独立进餐时，这种依赖心理和依赖的行为已经形成。

**饭量小**

有的家长认为孩子吃得多才能长得快。较少考虑孩子自身饭量大小的问题，也不清楚这个年龄阶段的幼儿进食量应该是什么标准。所以，常常是孩子已经吃饱了，家长却认为还不够，愿意多喂孩子吃些，总觉得孩子吃得越多越好。

**饭菜不合胃口**

孩子喜欢经常有变化的食物。家长因为烹饪水平有限、食物变化少、不了解幼儿的口味等，造成做出的饭菜不合口味，幼儿不愿意吃，很难激发幼儿的食欲。

**不会用勺子**

年龄小的孩子吃饭时往往掉得到处都是，这主要是因为幼儿小肌肉动作发展还不够完善，手部掌握不好比较精细的动作，所以不太会使用勺子。

**贪玩**

幼儿往往比较贪玩，到了吃饭时间却放不下手中的玩具，忘不了好看的动画片……家长劝不动孩子，所以家长只好是边喂饭，幼儿边目不转睛地看着动画片或玩着玩具。

**身体不舒服**

如果孩子平时都能自己吃饭，胃口也比较好，偶尔出现不愿意自己动手吃饭，没有食欲，就很有可能是身体哪里不舒服，或者因为饮食过量，消化不良，不愿意吃饭。家长一定要密切关注，及时发现孩子身体的异常。

**出谋划策**

### 培养孩子独立进餐的好习惯

如果家长是因为害怕孩子吃饭"脏"，或者在他们的观念中认为孩子小，就得"喂饭"，长大了自然而然就会自己吃了。建议教师可以在家长会上向家长宣传培养幼儿独立进餐的好处，使家长明白独立进餐可以培养孩子的独立意识，提高自我服务的能力，锻炼手部肌肉动作。在这个过程中，孩子会因为能够独立做事而增强自信心，感受到自己的进步，体验到自己很有本领。除了家长会，教师还可以通过个别交谈，以及"家长园地"向家长宣传孩子独立进餐的意义，引导家长在家中培养孩子独立进餐的好习惯。

### 通过多种途径使家长了解幼儿园进餐常规

有些家长也想培养幼儿良好的进餐习惯，只是不知道该怎样要求孩子，怎样引导孩子养成良好的进餐习惯。教师可以通过多种宣传途径向家长介绍幼儿园的进餐常规，指导家长和教师配合一致，共同努力，培养幼儿良好的进餐习惯。如，在家长会上进行具体的讲解、将进餐常规用文字或照片的形式记录下来，展示在"家长园地"。

1. 进餐姿势要正确：身体坐正，双脚放在自己的椅子前面，小胸脯靠近桌子。

2. 正确使用餐具：一手扶碗，一手拿勺。逐渐掌握拿勺的正确方法，减少掉饭的现象。

3. 专心进餐，不边玩边吃，边看边吃。

4. 能用语言告诉成人自己是否需要添饭，是否吃饱了。

5. 餐后会按顺序做事：清理桌面、送餐具、擦嘴、漱口。

6. 逐渐能够接受并喜欢吃各种食物，不挑食。

### 用游戏化的语言鼓励幼儿

为了培养幼儿独立进餐，教师通常都会通过游戏化的语言鼓励幼儿。如"看看谁最棒，能往'大山洞'里送东西。""一口一口吃得饱饱的，让你的小肚子变成一个大气球。""小河流水哗啦啦，饭菜流到谁的家？""我们都是跳跳虎，谁的牙齿最厉害？"等。教师可以将自己的好方法通过谈话或者文字的方式传授给家长，使家长了解这个年龄阶段幼儿具体形象的思维特点，并根据这个特点采取游戏化的语言方式来鼓励幼儿自己吃饭。

### 少盛勤添

有的幼儿胃口比较小，或者这个年龄阶段幼儿的饭量本就如此，但家长并不了解，总觉得自己的孩子吃得太少。于是，就给孩子盛很多，反而让孩子失去胃口。长期如此，还会让孩子产生厌食心理。因此，教师要将孩子在幼儿园的大概饭量告诉家长，使家长心中有数。同时，还要提醒家长，在给幼儿盛饭时，可以少盛勤添，待幼儿吃完后征求孩子的意见再决定是否添饭，避免让孩子产生压力。

### 玩游戏学用小勺

小班幼儿喜欢游戏，因此，教师会将许多本领寓于生动有趣的游戏之中，让幼儿在玩儿中提高能力。为了帮助幼儿逐渐学会使用小勺，独立进餐，教师常常会在"娃娃家""益智区"等活动区中提供小勺，让孩子在喂娃娃吃饭、喂小动物吃东西的游戏中，逐渐掌握小勺的使用方法。我们也可建议家长在家中准备一些豆子、糖果等食物，并提供颜色鲜艳、形象可爱、大小适宜的勺子，和孩子一起玩儿"喂小动物"的游戏。

### 少吃一顿也无妨

孩子在进餐时因为各种原因，不好好吃饭，家长不必追着孩子喂饭，担心影响孩子身体。事实上，当孩子没胃口、贪玩、嫌饭不好吃等原因不吃饭时，家长可以严肃地对孩子说，如果不好好吃饭，今天我们吃什么好吃的东西时，你也不要吃了。而且一定要说到做到，让孩子知道不好好吃饭的后果。

### 减少零食、多活动

孩子在两餐之间特别是饭前吃零食，会影响进餐，家长尽量减少给幼儿吃零食，以免影响进餐量。可以带着孩子多出去走一走、玩一玩，增加孩子的食欲。

### 多种方式解决偏食问题

现在偏食的孩子越来越多，针对这个问题，我们可以给家长提供以下建议：

1. 幼儿对于不熟悉、不喜欢的食物通常都有抵触心理，家长可以给饭菜取个有趣的名字，激发幼儿的食欲。如，红白巧克力（红白豆腐）、太阳饼（玉米饼）、雨（粉丝）等。

2. 建议家长对于孩子不爱吃的菜要先盛、少盛，多鼓励孩子的进步，逐步纠正幼儿偏食的现象。

3. 用儿童化的语言引导幼儿，如，"我是兔妈妈，我的宝宝最爱吃蔬菜啦！"

4. 成人要以自己对饭菜积极的态度影响幼儿，如，"妈妈最喜欢吃青菜了，真香啊！我的口水都留出来了，我的宝宝一定和我一样喜欢吃青菜。"

5. 家长不要总当着孩子说他不爱吃菜，而是经常用正面的语言鼓励孩子。如，"今天宝宝吃了红色的西红柿，吃各种颜色的菜，宝宝会越来越漂亮的。"

6. 对幼儿不太喜欢吃的食物，可以换个做法。如：胡萝卜，可以做成馅，从少量逐渐增加，宝宝慢慢地会接受它的味道，不会拒绝了。

7. 向幼儿介绍每种食物中的营养，使幼儿了解挑食会造成营养不良，影响身体健康。

8. 通过讲故事、说儿歌、猜谜语，激发幼儿对食物的兴趣。

**一起收拾餐桌**

幼儿进餐后往往是一片狼藉，衣服、桌面、椅子、地面到处都是掉的饭菜。教师可以建议家长饭后和孩子一起"捡米粒"，如果家中有小动物，可以将捡起来的饭菜，喂喂小动物。并提醒家长关注幼儿的变化，当幼儿有进步时，要及时表扬，强化好的行为。

### 问题二：孩子不喜欢喝白开水怎么办？

**在线咨询**

孩子是爷爷奶奶带大的，从小老人就给孩子熬梨水，榨果汁。说有营养，又去火。现在，孩子特别爱喝饮料，白开水喝得很少，主动喝水更别提了。这可怎么办？

**行为解读**

**不习惯喝**

有的幼儿不喜欢喝白开水是因为不习惯白开水的味道。这样的幼儿大多是从小养成了喝饮料、果汁、奶制品的习惯。而出现这种情况则往往是因为家长不太了解应该给孩子喝什么水才是最健康的，还有的家长虽然知道不应该把饮料、果汁当水喝，却又拗不过孩子，只好顺着孩子，长此以往，孩子也就不愿接受白开水了。

**顾不上喝**

幼儿天性好玩，当他们沉迷于快乐的游戏，当他们专注于心爱的玩具，当他们享受着伙伴带来的欢乐时，他们往往会将喝水的事儿忘在九霄云外。而成人这时的提醒、催促，往往会让他们不耐烦，即使乖乖地端起水杯，也是喝不了几口就急匆匆地离开。所以，如果没有成人的提醒，绝大多数的孩子是不会主动放弃游戏去喝水的。

**不知道什么时候喝水**

如果你问孩子"什么时候应该喝水呀？"大多数的孩子会告诉你"嘴干的时候，渴了的时候"。也就是说，幼儿年龄小，受生活常识的限制，缺乏对

"水与人体健康的关系"的认识。也正是如此，不仅仅是托班幼儿，甚至年龄更大的孩子都很少主动喝水。

## 出谋划策

### 通过多种宣传途径，家园统一认识

带过托班的教师都有一个共同的体会，如何让托班幼儿接受并逐渐愿意喝白开水，不是一件容易的事情，家长们也有同样的困惑。当家长向教师咨询这个问题时，教师首先要通过谈话，或者在家长园地展示一些有关的案例或文章，让家长认识到长期以饮料、果汁代替白开水对幼儿身体健康的不利影响。同时，也要让家长了解白开水才是最健康的，是幼儿最需要的。只有家长认识到喝白开水对幼儿身体健康的重要性，才会积极主动地想办法，和我们一同帮助幼儿，逐渐养成喝白开水的生活习惯。

### 用游戏化的方式来引导

许多幼儿不能接受白开水的味道，很长时间也喝不下几口。教师可以建议家长，拿起自己的水杯和孩子一起喝水，并和孩子玩"干杯"游戏，鼓励幼儿和家长比一比"看谁喝得多，喝得快"。或者对幼儿说，"喝水的声音'咕噜咕噜'的真好听，快让妈妈听听你喝水时的咕噜咕噜声。"还可以让孩子当小汽车，玩"加油"的游戏，小汽车加满了油，才能跑得快。家长还可以把自己当成"象妈妈"，孩子当"象宝宝"，妈妈和宝宝一起来吸水了。

### 让幼儿自己挑选喜欢的水杯

颜色鲜艳，形象可爱的事物往往容易吸引幼儿的注意力。因此，教师可以建议家长陪孩子一起挑选一个自己喜欢的水杯，自己挑选的水杯，能够激发他们主动喝水的欲望。也可以买一套亲子杯，一家人使用形象相似的杯子，能够让幼儿更加愿意使用它，进而多喝水。在给幼儿选择水杯时，教师要建议家长最好选择大小、形状方便幼儿使用的，还要注意材料是否安全、卫生，最好有容量刻度，方便掌握幼儿的饮水量。

### 养个植物宝宝

托班幼儿会因为不喜欢喝白开水、过于迷恋游戏、忙于做自己喜欢的事情、对"充足的饮水量与身体健康的关系"缺乏认识等原因，造成饮水量不足，影响身体健康，而家长的说教又很难被他们理解。所以，教师可以建议家长通过具体形象的活动让幼儿充分感知饮水和身体健康的关系。如，在家中养几条小鱼或种植一个豆宝宝、蒜宝宝，带孩子一起给小鱼换水，给植物浇水，借此教育孩子多喝水有益身体健康。

### 做个饮水量记录

在幼儿园，教师为了鼓励幼儿多喝水，常常在环境中制作各种各样的饮水记录。如：将幼儿的照片制成一朵朵可爱的花朵，准备许多"小水滴"，幼儿喝一杯水，就可以取下一个小水滴粘在自己的小花瓣上。教师不妨建议家长在家中也和孩子一起商量一下，"用什么方法记住自己喝了几杯水"，然后，制作一个简单的饮水记录。如，把爸爸妈妈、宝宝的照片贴在墙上，谁喝一杯水，就让宝宝在谁的照片下面画个小标志。孩子觉得有了任务，要监督爸爸妈妈喝水，自己也就会更加主动地喝水了。

### 多种选择，过渡一下

孩子习惯了甜水的味道，一下让孩子喝白水，孩子不容易接受。可以根据不同季节，提供几种对幼儿身体有利和不同口味的水，如：菊花水、梨水、藕水等供幼儿选择，水的味道可逐渐变淡，逐步过渡到白水，让孩子有个适应的过程。

### 利用文学作品激发幼儿主动喝水的愿望

在教育过程中，文学作品往往能产生神奇的教育价值。生动形象的故事，朗朗上口的儿歌对引导幼儿理解"为什么要喝水"，并帮助他们逐渐养成主动喝水的习惯很有效。因此，教师可以收集一些这方面的故事或儿歌，并通过家长园地展示给家长，让家长也尝试用这样的方法来引导幼儿。

## 问题三：孩子睡觉习惯不好怎么办?

### 在线咨询

\* 我家贝贝从小都是妈妈陪着睡，养成了一个坏习惯，每天都得摸着妈妈的头发才能睡着，不摸头发就又哭又闹。您说，上了幼儿园可怎么办呢?

\* 昨天晚上孩子玩得太晚了，怎么劝都不睡觉，今天早上又起不来。孩子的精力太旺盛了，睡眠时间也比别的孩子少，还常常没有规律，弄得我们家长特别疲惫。

### 行为解读

### 成人陪伴入睡

孩子小的时候，家长担心孩子入睡后会踢被子、尿床、梦魇等，所以就让孩子和大人睡在一起，方便照顾。随着孩子年龄增长，许多父母并没有意识到该逐渐培养孩子独立入睡了，仍旧和孩子睡在一起，致使出现了没有成人陪伴，幼儿便无法入睡的困扰。

### 带着玩具睡

有些父母为了哄孩子睡觉，常常让孩子抱着自己喜欢的玩具睡，或让孩子搂着小时候的小枕头、小被子。时间长了，幼儿便形成了依赖，没有依恋物品的陪伴便无法入睡。

### 本身觉少

有的父母总是按照一般规律来要求自己的孩子。如，别人家的孩子几点睡觉，几点起床；书上说这个年龄的幼儿一天应该保证几个小时的睡眠等。可是，孩子是有差异的，这种差异体现在各个方面，包括孩子的精力、睡眠。有些孩子就天生精力旺盛，比同龄的孩子睡眠时间要短。

### 作息缺少规律

有些年轻父母由于种种原因，自己的作息时间就缺少规律，因此，也影响到自己的孩子。自己晚上有事，不能陪孩子游戏的时候就早早地让孩子上床睡觉；没事的时候，就和孩子玩到很晚，弄得孩子早晨起床没精神，起不来床。在作息缺少规律的情况下，幼儿很难形成良好的睡觉习惯。当家长希望孩子按他们的意愿乖乖睡觉时，幼儿却不一定能够做得到。家长无奈之下，只好对孩子大呼小叫，甚至大打出手。最后，孩子大人都弄得筋疲力尽。

### 活动量不够

有的孩子不喜欢活动，因为活动少，精力释放不够，到该睡觉的时间依然很有精神。

## 出谋划策

### 逐渐过渡

对于需要成人陪伴入睡的幼儿，教师可以建议家长，采取逐渐过渡的方法。如，从完全依赖、陪伴入睡逐渐过渡到短时间陪伴，再到自己独立入睡。从和父母同床过渡到讲一会儿故事就离开，让幼儿自己入睡，再到同一个房间分床睡，家长可在幼儿的小床旁陪伴一会儿，再根据幼儿情况及家中条件过渡到分房间睡。一开始分房睡，家长要多陪伴幼儿一会儿，给幼儿讲讲故事，让幼儿抱着自己喜欢的玩具睡。屋内可以根据幼儿的需要开柔和的灯光，避免幼儿紧张、害怕，待幼儿入睡后，家长再将灯关上。在这个过程中，教师要提醒家长，切忌过于心急，要根据自己孩子的情况逐渐过渡，不可强迫幼儿，让幼儿产生恐惧心理。

### 给好朋友洗洗澡

许多幼儿都有抱着玩具入睡的习惯，成人切不可强求幼儿放弃自己喜欢的玩具。教师可以利用家长会上向家长介绍两三岁幼儿的年龄特点，让家长了解这个年龄段幼儿的心理，这些毛绒玩具和他们自己一样，有思想、有感情，是他们的好朋友，成人要理解幼儿的心理特点。玩具和幼儿如此亲密，长时间不清洗就会滋生细菌，因此，要建议家长经常清洗玩具。洗玩具时，可以让孩子自己亲手给他的好朋友洗个澡。随着孩子年龄增长，家长可以鼓励孩子逐渐脱离玩具的陪伴。如，"宝宝长大了，已经不用爸爸妈妈陪了，小熊也长大了，我们也给它找个小床，让它自己睡吧！看看你和小熊谁最勇敢。"总之，就是在理解这个年龄阶段幼儿心理特点的基础上，用他们能够理解和接受的语言去引导幼儿逐渐脱离玩具的陪伴。

**多活动多消耗**

有的孩子天生精力旺盛，睡眠少。教师可以建议家长带孩子一起多活动，多消耗体力，适当地晚些入睡。睡前避免让幼儿做过于兴奋的事情，尽量选择一些安静的音乐，使孩子心情平静，还可以喝杯牛奶，讲一些睡前故事，有助于幼儿尽快入睡。如果孩子睡不着，家长一定不要强求幼儿必须入睡，否则会让幼儿产生心理负担。可以对孩子说："睡不着没关系，闭上眼睛，躺好了休息一会儿。"还可以让家长带孩子一起买一个自己喜欢的小闹钟，每天和孩子一起上闹钟，形成到时间入睡，到时间起床的良好生活规律。

**转移注意力**

对于有不良睡眠习惯的幼儿，可以用转移注意力的方法来帮助幼儿逐渐改变。如，有的幼儿有睡觉咬手指的习惯，教师可以建议家长握住幼儿的手，陪幼儿入睡，或者引导幼儿说："睡觉啦，锁门啦（小手合起来），把锁放在枕头下。"对于趴着睡、吃被角睡的幼儿，成人可以说："小脸蛋儿和枕头是好朋友（侧身睡）；两只小手是好朋友（握一起）。"如果孩子睡觉时有咬被角的习惯，那么，在孩子盖好被子后，成人要把被子往下拉一拉，避免被子离小嘴巴特别近。

**睡前不做剧烈运动**

有的家长由于下班晚，愿意晚上多陪孩子玩一会儿，因此不加选择地陪孩子玩这玩那，造成孩子兴奋过度，不容易入睡。可以在孩子睡觉前做些安静的活动，如：讲故事、听轻松舒缓的音乐等，让孩子在睡前处于较安静的状态。

### 问题四：孩子从幼儿园回家后还要吃饭怎么办？

**在线咨询**

平平从幼儿园回家后，我们家里人吃饭他也要吃，有时还吃得挺多的。您说，他是不是在幼儿园没吃饱啊？

**行为解读**

**幼儿园晚饭吃得早**

有些家长看到孩子回家后还要吃东西，就认为孩子没有吃饱，他们并没有考虑到孩子虽然在幼儿园吃晚饭，但晚饭时间却非常早，大约在下午四点半左右。这种情况下，到了晚上七八点钟，孩子还想吃东西也是很正常的现象。

### 不习惯幼儿园饭菜的口味

在初入园阶段，许多幼儿会出现不习惯幼儿园饭菜口味的问题，还有一些食物在家里很少吃，幼儿接受需要一个过程。这时就会出现吃得少，回家还要吃饭的现象。

### 情绪不好

在入园的分离焦虑期，幼儿可能会受情绪影响，吃得比较少，回家后主动要吃饭。平时幼儿也可能会因为着急、贪玩，匆匆忙忙地吃得比较少。

### 偏食，等着回家吃

有的幼儿有偏食的问题，不喜欢吃的饭菜吃得就会特别少，而有些家长尤其是一些老人，总是担心孩子吃不好，专门做孩子喜欢吃的饭菜等着孩子回来吃。时间长了，幼儿就形成一个习惯，在幼儿园少吃，等着回家吃自己喜欢的食物。

### 凑热闹

一般家庭晚饭时间都比幼儿园晚，这之间又有一定的运动和消耗，家长进餐时，幼儿自然而然会有想凑个热闹，再吃一点儿的欲望，这也是孩子的正常心理。

## 出谋划策

### 让孩子适应多种口味

无论是成人还是幼儿，对饭菜的口味都会带有自己的习惯。对于幼儿很少接触的食物，教师可以建议家长了解幼儿园的食谱，并尝试给孩子制作多样化的食物。如，家里很少做，或者没做过的饭菜，也要经常做给孩子尝一尝。另外，尽量不要每天晚上为孩子准备他爱吃的饭菜，要鼓励孩子在幼儿园吃饱。

### 准备一些食物，一家人共进晚餐

家长可以给孩子准备一些健康、简单的食物，让孩子在家人进餐时可以一起吃，既满足孩子凑热闹的愿望，又能给孩子一些能量上的补充。如水果、酸奶、饼干等。如果家里的晚饭比较清淡，也可以让孩子少吃一些，如蔬菜、粥等。

### 向教师介绍幼儿饭量

幼儿初入园时，教师并不了解幼儿的饭量如何。因此，当家长提出这个问题时，教师可以请家长介绍一下孩子在家的饭量。这样就可以让教师照顾幼儿进餐时更加心中有数。

**了解幼儿园的食谱**

尽管我们不主张幼儿偏食，但和成人一样，幼儿对食物也存在自己的偏好。如有的幼儿喜欢吃面食，有的幼儿就是不喜欢吃炒饭等。教师可以请家长在接孩子时，留心一下幼儿园的晚餐食谱，如果是幼儿不太喜欢的饭菜，那么回家后家长让幼儿再吃一点儿也无妨。

### （二）小班幼儿家长提出的典型问题
#### 问题一：孩子总是"吃手"怎么办？

**在线咨询**

我家月月特别小的时候有一段时间总是"吃手"，后来就不再吃了。但不知从什么时候起又开始"吃手"了。现在孩子的指甲都不用剪，长一点儿就啃一点儿。我每天都跟他讲：这样做不卫生，可孩子就是不听。有时候，不啃指甲，又咬衣服领子、袖子，这到底是怎么回事？怎样才能帮孩子改掉这个习惯呢？

**行为解读**

**身体原因**

有些孩子啃咬指甲不是习惯的问题，而是因为身体原因。如果幼儿体内缺乏微量元素锌或者有蛔虫，就有可能会出现啃咬指甲的行为。这类孩子还可能同时嗜食一些其他的东西，如纸、墙皮等。

**很好玩**

孩子一般在一岁内会有吃手的行为，到两岁时这种行为基本就会消失，但并不意味着孩子大了就不会出现这种情况。有时候，孩子偶然把手放在嘴里啃一啃，感觉很刺激，于是常常不自觉地去啃。还有的时候，成人给孩子穿得衣服不合适，如，领子总是蹭着脸、袖子过长、衣服上有绳等，孩子偶尔一两次咬衣服，觉得很有意思，如果没有得到及时的纠正就形成了习惯。

**模仿同伴**

小班幼儿特别喜欢模仿，有时候，孩子看到别的小朋友啃指甲，就会产生模仿心理，也跟着啃指甲。

**没事儿做**

如果孩子生活太单调，总是没事儿可做，没有人和他一起玩儿一起交流，没有吸引他注意力的事情，也容易养成这个毛病。如午睡睡不着，没事儿可做，就咬被子角。

**心理紧张**

当孩子遇到恐惧的事情、看恐怖的电视或受到大人严厉批评时，心里就会紧张。为缓解紧张的情绪，孩子常常会咬自己的手指甲，久而久之，不良的习惯就形成了。有些家长发现自己的孩子总是啃东西，就用打手的方法来吓唬孩子。这不仅不能纠正孩子的行为，反而会使孩子愈发紧张，从而加重这种行为。

## 出谋划策

### 做个检查

如果幼儿出现啃咬指甲的行为，教师可以建议家长先带孩子去医院做个微量元素的检查，通过化验检查可以确诊是否需要补锌，或者驱虫。找到病因，对症治疗，孩子自然会停止啃指甲。在这期间可以根据医生的建议在饮食上做些调整。

### 勤修手指甲

有的孩子指甲比较长，孩子没事儿做就啃着玩儿。教师可以提示家长定期给孩子修剪指甲，让孩子知道指甲长了，里面会藏着小虫虫，把它放在嘴里会很不卫生，更不能用牙齿咬，容易造成对指甲的伤害，活动不方便。家长在帮助孩子修剪指甲时，都要征求孩子的同意。

### 转移注意力

现在大多是独生子女家庭，孩子回到家没有伙伴，没什么有意思的事做，时间长了孩子就容易养成寻找依赖物的习惯。教师可以建议家长丰富孩子的生活内容，培养有益的兴趣爱好，转移孩子的注意力，从而减少对物品的依赖。如，减少让幼儿独立看电视的时间，鼓励孩子画会儿画、玩会儿玩具、到户外和同伴玩一玩等。当孩子空闲时间少了，自然就顾不上他的手指甲了。

### 减轻孩子的心理压力

如果孩子是因为心理过于紧张而采取啃手、咬衣服的方式缓解自己的压力，教师可以建议家长改变对孩子的教养方式，给孩子更宽松的环境，减少对孩子的要求和限制。同时，帮助孩子从其他渠道排解自己的紧张感。如跟爸爸妈妈说说心里话，让孩子用绘画的方式表达自己的情绪。当孩子做错事情的时候，握住孩子的双手耐心地听孩子讲一讲自己的想法，并对孩子的行为表示充分地谅解。这些活动，可以使家长比较清楚地了解孩子的内心感受，了解使孩子感到压力的原因，从而帮助孩子减轻或解除压力。

### 使用替代品

为了帮助孩子克服已经形成的习惯，教师可以建议家长找一些合适的替代品。如，长的果丹皮、把水果切成细长条等，当孩子嘴里有这些东西时，会暂时放弃他啃手指甲的欲望。另外，孩子都很喜欢小贴画，教师可以建议家长在他常常啃的那个手指头上贴一张他特别喜欢的小贴画。因为喜欢贴画，孩子可能就舍不得去啃了，慢慢地，啃手指的次数就会逐渐减少。

### 穿舒服的衣服

如果孩子养成了啃衣服的习惯，教师要提示家长，在给幼儿选择衣服的时候，要尽量避免选择容易引发孩子这些行为的衣服。如，衣服袖子不要过长、不要立领的衣服、不穿有绳子的衣服等。

### 给孩子直观的体验

幼儿对成人的说教往往不放在心上，但具体形象的事物往往能触动幼儿的心灵。教师可以建议家长给孩子接一盆清水，让孩子洗过手后，亲眼观察水的颜色的变化，从而了解吃手是非常不卫生的。孩子亲眼看见之后，会收到立竿见影的效果。

## 问题二：孩子总有攻击性行为怎么办？

### 在线咨询

我家同同总是与周围的小朋友发生矛盾，不是抓人就是推人。作为家长，常常因此跟班上小朋友的家长赔礼道歉。我也非常头疼，道理讲也讲了，打也打了，就是没用。难道我家同同不适合集体生活吗？

### 行为解读

#### 不顺心思

在同伴交往中，当孩子的需要得不到满足时，认为自己受到了委屈时，就会用攻击性行为保卫自己的权益。如，自己心爱的玩具被抢了，自己的小椅子被别人坐了，一些孩子就会像条件反射一样马上产生另一种更激烈的攻击反应，造成攻击性行为。

#### 就是我的

小班的孩子能够把自己与外界、他人分开，喜欢与同龄伙伴及熟悉的成人交往，但在交往中带有明显的自我中心倾向。他们常常把公用的物品当做是"我的"，他们不会像大孩子那样用言语与同伴进行协商，而是采取抢的方法得到自己想要的东西，有时甚至会抓咬同伴。他们对玩具表现出极强的占有欲，于是就出现了频繁的攻击性行为。

#### 模仿行为

小班的幼儿好模仿，他们会根据自己已有的生活经验对一些暴力行为进行无意识的模仿，并将自己的同伴作为攻击的目标。如，孩子做错事时，家长采取暴力的方式对待孩子，那么孩子学到的无疑也是这种解决问题的办法。当他们遇到问题时，就会将所看到的、体验到的付诸行动。

### 引人注意

现在的孩子，在家中大多备受成人的关注，孩子往往是家庭的中心。当他们习惯了备受关注，时时处处有人跟随左右时，一旦家长因工作忙碌，疏于和孩子交流时，他们就会有受到冷落的感觉。于是，就会采取自己的方式来吸引成人的注意，有的孩子为了发泄自己的"怨言"，就会借助一些攻击性行为来表现自己，以引起他人注意。

### 手比嘴快

小班幼儿正是口语发展的关键期，他们能用简单的语句来表达自己的意愿，但是说话不够连贯、吐字还不太清楚，词汇也很贫乏，表达能力有待进一步发展，且行动往往先于语言。当自己有需求时，还不能用语言来表达，只好直接付诸行动，用动作替代语言来表达自己的愿望，情急之下就会采取打人的方式达到自己的目的。

## 出谋划策

### 理解要先于教育

喜欢的玩具得不到、被成人忽视、别的小朋友不愿意和自己玩……当孩子的一些情绪无处发泄时，就有可能和小朋友找茬，动起手来。教师可以建议家长先"冷处理"，待其平静之后，再询问原因，切不可不问原因就批评，否则将适得其反。另外，建议家长对幼儿所说的话要表示理解，再指出他做的不合适的地方。如，"妈妈相信你是一个好孩子，不是故意抓别的小朋友，只是你想拿到那个玩具，就不小心抓到别人的手。对吗？"当孩子感到家长是理解自己的，就会愿意倾听家长后面所讲的道理。如果上来就批评，孩子是很难用心去倾听、体会家长所讲的道理的。

### 就事论事，教方法

家长错误的教养方式，如打骂、训斥、惩罚等，在这种环境下，久而久之孩子也学会了用武力解决问题。因此，教师要提示家长，如果孩子的这种行为和自己的错误影响有关，那么家长首先要调整自己的教育方式，改变孩子，先改变自己。另外，要通过家长会、家长园地等途径的宣传，使家长了解，这个年龄阶段的幼儿之所以攻击性行为较多，和他们缺少交往方法、不会协商解决问题有关，属于幼儿的年龄特点。建议家长认真观察孩子在交往中出现的问题，就事论事，帮助幼儿逐渐积累交往经验，学习一些解决问题的办法，使其体验良好的交往带来的乐趣。如，"如果你也喜欢这个玩具，应该先问问别人，'能让我玩一会儿吗？咱俩换换玩儿。'别人同意了，才可以拿。"

### 转移注意

孩子们日常接触的电视节目中，不乏有打斗嬉闹的场面，由于孩子缺乏判断能力，又好模仿，所以时常在兴趣盎然的打斗游戏中伤及无辜，而自己却不以为然。教师可以建议家长与幼儿多看一些故事性强的动画片，转移幼儿的注意力。另外还可以建议家长把幼儿单纯的动作模仿转移到其他的方面。如把对奥特曼打怪兽的动作模仿转移到乐于助人的好品质上去，在寓教于乐中发展幼儿积极的情感。

### 强化好行为

越是貌似强硬的幼儿往往内心越敏感、越脆弱。教师可以建议家长多发现他们身上的闪光点，及时地给予鼓励和赞赏，使他们感受到自己是被关注和认可的。当幼儿感受到受人喜爱带来的快乐时，才会主动地调整自己的行为。

### 学讲理

用动作解决问题是幼儿成长过程中的必经之路，随着年龄的增长，语言表达能力逐渐发展，幼儿开始越来越多地运用语言与同伴交往，于是，就出现了争吵、协商。因此，教师可以建议家长引导幼儿用语言解决问题，当幼儿有进步时，要及时赞赏。

### 游戏体验：知道伤人的后果

当幼儿采取攻击性行为，伤害了其他同伴时，教师还可以建议家长运用移情的方法，帮助幼儿认识到自己的错误。如，"小朋友的手被你抓破了，多疼啊！想一想，上次你摔倒腿受伤时，疼得直哭。你得给小朋友带几个创可贴，还要帮助他贴好。"让家长根据情况，引导自己的孩子亲自向同伴道歉，还可以视情况帮忙处理伤口，或给同伴一个自己最喜欢的小礼物表示歉意。

问题三：孩子说谎怎么办？

### 在线咨询

有时候，我明明看见是彤彤把垃圾丢在地上，可是我反复询问她都不肯承认。"妈妈，真的不是我扔的。"我们来园迟到了，您问我们怎么晚了，我还没说话，彤彤就说："我没起晚，是妈妈睡懒觉。"那天，我们明明没说早来接她，她却告诉您："爸爸、妈妈说今天吃完中午饭就来接我，我今天要去奶奶家。"面对孩子的谎言，我们该如何处理呢？识破它还是置之不理？

### 行为解读

#### 怕批评

孩子或多或少都有因某种错误被家长或教师批评的经验，所以，当他们做错事时，出于对自己的保护，便采取逃避的办法，任凭家长反复询问他们都矢口否认，而成人常常将幼儿的不承认错误理解为撒谎。

### 想得到赞赏

幼儿希望得到成人的赞赏和奖励，他们都有被人认可的需要。所以有时候他们会为了得到赞赏，而编造一些"谎言"迎合成人。

### 把想象当现实

幼儿的世界充满了想象，而幼儿又常常将想象与现实混淆。这个年龄阶段的幼儿常常分不清想象与现实，把想象的事物当作现实的事物，即兴、随意地把自己听到的事儿、看到的事物经过自己的想象加工后套用到现实的人或事上去，出现没有逻辑、不真实的"撒谎"。

### 不良习惯

当幼儿做错事或者闯祸后，有些家长或教师对孩子说："如果你能诚实地告诉我，我就不会批评你。"结果，当孩子真的承认错误时，却对孩子严厉批评，使孩子从此不敢勇敢地面对自己的错误，而是采取撒谎的方式。当撒谎偶尔一次两次被成人信以为真时，就会让孩子形成撒谎的不良习惯。

## 出谋划策

### 不扣帽子

尽管幼儿说谎的原因有很多，但大多都称不上坏习惯。因此，教师要提醒家长，切勿用责备和质疑的口气来询问孩子，更不要不分青红皂白地严厉指责或给孩子扣上"不诚实"的帽子。要用理解和尊重的态度与幼儿交流，鼓励幼儿敢于承认自己的错误，并在提出希望的同时表示谅解。如果幼儿不愿承认，也不要强求。家长可以用语言暗示幼儿，如，"谁没有犯过错呢？妈妈相信你是个诚实的好孩子，能和妈妈说一说事情到底是怎么回事吗？"

### 教育要一致

教师要提示家长切忌父母之间教育态度不一致，其中一方袒护孩子的错误，而在孩子面前争执，给孩子以可乘之机，导致孩子继续撒谎。

### 给台阶下

对于那些把假象当现实，或渴望成人赞赏而说谎的幼儿，教师可以建议家长当孩子说谎的时候，给孩子找一个合理的解释，给孩子一个台阶下，让孩子的自尊心得到满足。如，"一定是你太想念奶奶了，梦中梦到爸爸妈妈要带你去看望奶奶吧！"

### 合理想象

把想象当现实是孩子的年龄特点，所以我们要充分尊重孩子，满足孩子想象力方面的表现欲。教师可以建议家长和孩子一起自编故事，或者经常与孩子一起玩假扮游戏，使孩子的想象力与创造力得到充分地释放，并锻炼其语言表达能力。不能一味地批评、指责，这会损伤孩子的创造与想象意识，或者对孩子的表现听之任之，会使孩子习惯性地将想象的事物当作现实的事物，导致孩子缺乏理智，为成长埋下隐患。

**作品感染**

可以用文学作品来影响孩子。如给孩子讲："手捧空花盆的孩子""皇帝的新衣"等故事，引导孩子明白要做诚实孩子的道理。

### 问题四：孩子总是沉溺于动画片怎么办？

**在线咨询**

我们家丁丁特别喜欢看动画片，一看上动画片，总是没完没了，连饭都不想吃了。一天到晚都要黏在电视机前，不让他看就会大吵大闹。甚至晚上上床后，还沉浸在动画片的故事情节里，兴奋得难以入睡。我们该怎样引导孩子呢？

**行为解读**

**兴趣爱好**

动画片的内容新颖有趣，充满幻想、色彩鲜艳、形象生动，这些都十分符合幼儿审美心理和发展的需要。就像成人，有的喜欢看体育节目，有的喜欢看电视剧，有的喜欢看军事节目。幼儿爱看动画片是很正常的事情，这也属于他们的兴趣爱好。

**没事儿可做**

有些家长工作比较忙，孩子从小就由老人或保姆照顾，老人精力有限，保姆相对来说又缺少教育方法，使得孩子的生活比较枯燥乏味。再加之大多数孩子都是独生子女，缺少与同伴游戏和交往的条件，生活不够丰富多彩，常常没事儿可做。于是，便渐渐对动画片产生迷恋，通过看动画片满足自己渴望新奇、渴望交流、渴望获得新知的愿望。

**能满足好奇心**

幼儿天生具有强烈的好奇心和求知欲。动画片在给孩子带来娱乐的同时，还蕴涵着许多知识和经验。因此，看动画片可以满足幼儿的好奇心和求知欲，丰富幼儿的多种经验。

**出谋划策**

**和孩子一起看动画片**

孩子喜欢看动画片就像一些爸爸喜欢看球赛，妈妈喜欢看韩剧一样，所以教师可以建议家长不妨抽出一些时间与孩子一起观看动画片。这样，既可以增进亲子之间的感情，又可以在一旁对动画片中的内容进行适当的解释，防止孩子过于沉浸其中，分不清假想和现实。

### 帮助幼儿选择适宜的内容

幼儿年龄小，对事物的判断能力弱，而幼儿又喜欢模仿。所以，教师要提示家长，一定要对幼儿所看的动画片内容进行选择，少看带有惊险动作、战争等内容的动画片。还可以建议家长将幼儿对动画片的兴趣转移到图书上来，使孩子从简单的视听享受，逐步过渡到欣赏图片和文字阅读上。如幼儿喜欢看《西游记》，家长可以购买幼儿版的《西游记》图书，和孩子一起阅读。在书中重温动画片里的故事，孩子一定会很乐意，由此来慢慢地培养孩子对阅读的兴趣。

### 多陪伴孩子，丰富幼儿生活

对于那些因生活枯燥乏味，无事可做而对动画片着迷的孩子，教师要建议家长尽量抽出时间多陪伴孩子，让他们感受到来自父母的关怀。如晚上回家后和孩子一起玩玩具、到小区里找同伴一起游戏、给孩子讲故事等。对周末的生活也要做一些计划，如带幼儿去公园、到同伴家串门、参观科技馆、植物园等，丰富孩子的生活，开阔视野。

### 培养有益的兴趣爱好

对于那些沉浸在动画片中的幼儿，教师可以建议家长，在丰富幼儿生活内容的同时，多观察自己的孩子对哪些事情比较感兴趣，进而培养幼儿有益的兴趣爱好。如幼儿对拼插玩具、绘画或者智力游戏棋感兴趣，家长可以多创造条件，多提供孩子相关的玩具或游戏材料，供孩子进行操作想象和表现。

### 约定时间

幼儿的自控能力不强，因此，教师可以请家长在和孩子就看动画片的时间达成一个约定。幼儿年龄小，没有时间概念，家长可以用好玩的定时器来提醒幼儿看动画片的时间。当幼儿能够按照之前的约定，控制看动画片的时间，家长可以给幼儿一个小的奖励。另外，在看完动画片后，家长可以请幼儿讲一讲，动画片里都有哪些角色，发生了什么事情。这样还可以提高幼儿的语言表达能力。

### （三）中班幼儿家长提出的典型问题

问题一：孩子做事慢怎么办？

**在线咨询**

我的孩子做什么事儿都磨磨蹭蹭，每件事都得催她好几遍。吃饭慢、洗漱慢、穿衣服慢，好像总是不慌不忙，不温不火，我们拿她真是一点儿办法都没有。您说这算不算是个问题呢？怎样才能让孩子做事快一点儿呢？

**行为解读**

### 就是慢性子

对于孩子来说，磨蹭的原因有很多，而这其中最容易被家长忽视的就是幼儿的气质类型。人的气质类型可以分为胆汁质、多血质、黏液质和抑郁质四个气质类型，黏液质和抑郁质类型的人多数都是"慢性子"，这是孩子不易改变的先天气质。这些孩子相对安静、缓慢，做事慎重、仔细，动作慢，这样的气质利弊共存。

### 等着别人帮

除了天生的"慢性子"，孩子的"磨蹭"往往和家长不当的教养方式有很大关系。有些家长对待孩子的事情总是事无巨细，大包大揽，慢慢地，孩子就失去了独立做事的积极性和主动性，依赖性也会越来越大。因为孩子知道，反正到最后爸爸妈妈都会来帮我。因此，就会磨磨蹭蹭，拖拖拉拉，等着别人帮。

### 边做边玩

幼儿的注意力非常容易受其他事物的干扰，因此，孩子做一件事情的时候，常常会做着做着就忘记原本该做的事情，出现边做边玩的情况。家长不了解幼儿的年龄特点，就会认为孩子磨蹭、动作慢、做事拖拉。

### 怕做不好

有时孩子磨蹭不是故意的，而是因为他对所做的事情没有信心，担心做不好。比如，孩子有可能还没有掌握穿衣、洗漱的基本技巧，动作比较笨拙。还有可能是家长让孩子做的事情超出了孩子的能力范围，致使孩子缺乏勇气和信心，怕出丑或做不好，所以就瞻前顾后，犹豫不定，动作慢也就再所难免了。

### 缺乏时间观念

这个年龄阶段的幼儿对时间的概念是比较模糊的，很难感受到时间对自己的意义。家长总是说"快点儿""赶紧的"，孩子却不了解为什么要快点儿，快点儿和慢点儿有什么分别。

### 不想做

部分孩子往往对感兴趣的事，动作就麻利、迅速。对不感兴趣、不喜欢的事就磨磨蹭蹭。有些家长不尊重孩子的意见，不管孩子在做什么，就打断孩子，命令孩子按他们的规定做事，或布置一些孩子不想做的事情，致使孩子产生抵触情绪。无奈之下，孩子只好采取"磨蹭"的方式，能拖一会儿是一会儿。

### 适当等待

如果孩子属于天生"慢性子",那么,教师要劝解家长首先必须接受这样的现实,然后再想办法慢慢改变。无论如何不能起急,否则家长生气,对孩子也没有任何帮助,还会影响亲子关系。因为与生俱来的性格不是一朝一夕就能改变的。成人要抱有一种理解和体谅的态度,从点滴做起,帮助幼儿逐渐提高做事的速度。

### 帮助孩子掌握方法和技巧

如果孩子是因为能力达不到而造成动作慢,教师要提示家长,切勿因孩子慢、做不好就包办代替。要通过观察,找出孩子做哪些事情时比较慢,然后再耐心地帮助孩子逐渐掌握做事的方法和技巧,并引导孩子调整做事的步骤和顺序,进而节省时间。如,家长可以把要做的事情和幼儿一起进行分析,将它分成几步。第一步怎么样,第二步怎么样。每做完一步,家长可以提示孩子"想一想,下面要做什么了?"当孩子的条理性增强后,再和孩子一起寻找节省时间的小窍门,提高效率。在这个过程中,教师要提示家长避免孩子形成贪图快而马虎、敷衍的习惯。

### 提个醒儿

如果孩子是因为注意力分散而做事慢,教师可以建议家长,在孩子忘记要做的事情时,给孩子提个醒儿就可以了。如,"刷完牙再玩儿,做事要一心一意啊。"不过有时候也可以让家长换一下方法,让孩子亲身体验"磨蹭"给自己带来的损失,让孩子为自己的行为负责。如,当孩子早晨起床时,磨磨蹭蹭地起床、穿衣服、洗漱。家长可以让孩子按自己的节奏做事,而这样做必然会迟到,老师会询问他迟到的原因,甚至可能会因此失去得到准时来园的小红花。当孩子体验到由于磨蹭带来的烦恼时,便会逐渐地提高做事的速度。

### 讲清"为什么要快"

如果幼儿是对时间概念比较模糊而做事磨蹭,那么,教师可以提示家长,除了要适时地给孩子提个醒儿,还要讲清快的原因。如,不快点儿饭就就凉了,吃完了肚子不舒服,就没办法出去玩儿了。

### 多给孩子锻炼的机会

改变孩子,先改变自己。对于因教养方式不当,常常包办代替的家长,教师通过深入的交谈,引导他们改变教育观念,改变自己的教养方式,逐步退出"包办代替"的角色。只有家长放手让孩子多锻炼,孩子才有发展的空间,才有进步的可能。如果看见孩子动作慢家长自己先着急,忍不住帮助孩子,那无异于剥夺了孩子的发展机会，孩子的动手能力就越来越差。这样就会形成一个恶性循环。教师还可以向家长详细介绍幼儿在园都有哪些事情时可以独立完成，哪些是正在培养的，让家长心中有数。

**摘下贴在孩子身上的"标签"**

当家长总是把"你太慢啦！""怎么这么磨蹭"这样的语言挂在嘴边，无异于给孩子贴上了一个标签。而幼儿对自己的评价往往受成人评价的影响，他也会认为自己很慢，那么就容易出现"破罐子破摔"的情况，为自己的磨蹭找到理由。教师可以建议家长，换一种方式和孩子沟通，如，"你今天比昨天快多了。""妈妈相信你一定能很快完成这件事情。""只要专心，你一定也能很快完成这件事情。"

**制定时间表**

教师还可以建议家长和孩子一起制定一个切实可行的"晚间生活计划表"以及"周末生活计划表"，帮助孩子在制定时间表的过程中，熟悉自己一天的学习、生活内容，进而增强时间观念。制定之后还要和孩子一起商量奖励与否的标准。如，能够按计划、按预定时间完成，家长一定要立即表扬。坚持一段时间就可以给予奖励，从而激发孩子的内在动力。如果没有进步或者退步，就不给予奖励，或扣除一个原有的奖励。

**寓教于乐**

喜欢游戏是幼儿的天性，面对磨蹭的孩子，教师可以建议家长在游戏中，帮助孩子逐渐提高做事的速度。如和家长比赛，看谁穿衣服快、看谁先洗漱完等，这些游戏能激发孩子进取心。也可以玩一些计时游戏，如看两分钟内数出多少豆子，一分钟能做完什么事情。孩子在这种互动游戏中，会努力使自己快起来，渴望赢得第一，磨蹭的毛病也会在不知不觉中改掉。

**利用文学作品引导行为**

文学作品对幼儿有着特殊的教育意义，生动有趣的故事，能够触动幼儿的心灵，使孩子感悟到在说教中无法体验到的道理。因此，教师可以建议家长针对孩子磨蹭的问题，给孩子讲有关珍惜时间的故事。如《等明天》《龟兔赛跑》《"马上"小猴》的故事等。讲完故事后，可以针对故事中的问题和孩子交流，引导孩子从故事中吸取经验，养成做事认真有序的好习惯。

### 问题二：孩子不和别人交往怎么办？

在线咨询

我家健健平时在家里特别爱说话，和家人聊得可起劲了。可一带出去却像变了一个人，很少说话。每次我带孩子在小区广场玩的时候，健健总是自己一个人玩，从不主动和其他小朋友一起游戏。当别的小朋友主动找他的时候，他总是退缩。别人走后，他又远远地看着人家玩。不知孩子是什么心理？怎样才能让他和别的小朋友一起游戏呢？

## 行为解读

### 喜欢独处

有的孩子性格比较内向，喜欢做一些安静的活动。如自己玩玩具、看书、看电视，不太喜欢主动与其他同伴交往。幼儿的这种性格常常被成人误认为胆小。其实，仔细观察就会发现，他们并非不合群，只是他们更喜欢独处。

### 受成人的影响

有的家长工作比较忙碌，很少有时间带孩子去交朋友。也有的家长自身就不喜欢交往，因此也忽略对孩子交往能力的培养。还有一些家长对孩子过分疼爱，总怕孩子和其他小孩在一起吃亏受委屈，这种情绪潜移默化地影响着孩子，使他们总是怀疑别人，感到外面世界的风险，因此不敢和别人交往。

### 以自我为中心

现在的孩子大多是独生子女，他们缺少交往的伙伴，因此也缺乏交往的技巧。现代的高楼式居住环境也给孩子们的交往带来不利的影响。另外成人对孩子无微不至的照顾和保护，使他们更习惯于"以自我为中心"，缺少与外界交往的技巧。久而久之，同伴的共处对他们也失去了原本应有的吸引力。

### 害怕遇到挫折

如果家长对孩子要求过高，就会使孩子凡事都缺乏自信心，害怕失败，害怕遇到挫折。在同伴交往过程中，就会表现出不敢和小朋友一起玩，害怕自己没有别的小朋友表现好。

### 慢热型的性格

有的孩子在与人交往的过程中属于慢热型，对新环境，新朋友熟悉的时间相对需要长一些。当他们在一个不熟悉的环境中，一般都会选择先观望，当别人主动邀请他们一起游戏时，也会先拒绝。

### 不受同伴欢迎

有的孩子并非不愿意与同伴一起游戏，只是因为缺乏交往的技巧，在群体中喜欢拔尖、态度生硬或者有攻击性行为等原因，使得同伴不欢迎其加入。慢慢地，他们体会不到与同伴交往的快乐，在同伴那里得不到回应，就会逐渐放弃与他人交往，而选择独自游戏。

### 对游戏内容不感兴趣

幼儿不愿与小朋友一起游戏，还有可能是因为别人玩的游戏或者玩具不能激发他的兴趣，不能让他们有一起参与游戏的欲望。

### 帮孩子扩大交友圈

如果幼儿是因为缺少与同伴交往的机会，没有与同伴交往的环境或者受家长影响而缺少交往兴趣的，教师可以建议家长要尽可能地花些时间为孩子创造更多的交往机会。如可以带自己的孩子和邻居、同事、亲戚的孩子或同班的小朋友广泛地接触，当孩子接触面广、视野扩大时，更容易找到情投意合的朋友，对他们的深入交往也更有好处。另外，孩子特别喜欢模仿，教师还可以建议家长根据幼儿这一年龄特点，出去串门时尽可能把孩子带上。这样，可以使孩子有机会接触各种各样的人，从成人那里受到潜移默化的影响，有机会学习一些社交礼仪和规矩，体会到交往的乐趣。

### 具体问题具体分析

如果孩子在与他人的交往中不受同伴欢迎，教师要建议家长仔细观察幼儿的交往过程，找到孩子不受同伴欢迎的原因，进而进行有针对性的指导和帮助。如，对莽撞、没轻没重的幼儿，要提醒他动作要小心，不要伤着别人；对常常动用"武力"的幼儿，要引导他学会用语言与别人商量问题；对吝啬的幼儿，要鼓励他与同伴分享，体验大家一起游戏的快乐。只有培养孩子无私、诚实、勇敢的品格，在小伙伴中才能具有吸引力。在这个过程中，教师要注意提示家长，不要一味地说教，更要避免"不许打人啊""别那么小气"等言语的负面强化，要用积极的语言引导幼儿，如"如果能和别的小朋友一起玩这个玩具，一定比自己一个人玩更有意思，小朋友们也会很高兴，会很喜欢你。"同时，教师还可以建议家长，当幼儿遇到交往中的问题不知如何解决时，可以采取"移情"的方法，引导幼儿换位思考，或者通过文学故事，让幼儿学会更多与人交往的技巧和解决交往问题的办法。

### 鼓励孩子与同伴分享

如果孩子因为对游戏内容、玩具不感兴趣，或者因不熟悉游戏而担心遇到挫折和失败，不愿意加入同伴的游戏，教师可以建议家长让孩子带上自己喜欢的、特别熟悉的玩具或图书与同伴一起分享。在这个过程中，孩子会因为对游戏内容和材料熟悉而产生自信，也会因是自己带来的物品而更加主动和他人交流，别的小朋友也会更愿意亲近他。

### 和孩子一起交朋友

如果家长看到自己的孩子想加入同伴的游戏，但又因为害羞、腼腆而犹豫不决的时候，我们可以建议家长除了及时鼓励以外，还可以带着孩子一起去交朋友。当孩子在一个陌生的环境和群体中，有爸爸妈妈做自己的依靠，他们会更安心地去和他人交往。而家长要根据孩子的情绪，以及和同伴交往的状况适时退居幕后。

### 制作"好朋友联系本"

许多孩子其实并非缺少结交朋友的机会，幼儿园中同班的小朋友、邻居家的小孩儿、父母同事的孩子等都是潜在交往对象，只是当幼儿结识了一些新朋友后，因为缺少后续的深入交往，而使孩子的交往能力无法得到进一步发展。其实，对于幼儿来说，保持固定的交往活动对幼儿交往能力的发展有很大帮助，慢热型的幼儿尤其如此。教师可以提示家长，带孩子一起制作一个"好朋友联系本"，留下好朋友的电话，进而保持联系。如果家长带孩子通过交往结识了一些新朋友，家长要引导幼儿与这些新认识的朋友保持联系，以便有更深入的交往。在此基础上，还可以让家长引导孩子制订"好朋友约会计划"，让孩子和他的好朋友共同制定约会的时间和地点，以及要做的事情。

### 选择适合的小朋友一起玩儿

孩子的年龄不同、性格不同，选择的朋友也不同。教师一定要引导家长，多观察自己的孩子，根据孩子的年龄和性格帮助他们选择合适的朋友。如果自己的孩子比较内向，就避免让他和特别外向的孩子一起游戏，因为内向的孩子和外向的孩子在一起时，容易产生自卑感，经常会冷冷地在一旁观看，不积极参加游戏。刚开始时，最好先把性格比较内向的孩子请到家里来，孩子在和内向的孩子交往中产生了愉快体验之后，再扩大交往圈，过渡到和外向的孩子一起玩。在幼儿的交往过程中，和同龄幼儿交往最能提高孩子的交往水平，但是，教师也要让家长根据孩子的情况而定，如孩子各方面能力都比较强，心理年龄也比同龄幼儿偏大，那么就可以选择一些大一点儿的朋友；如果孩子胆小儿、缺少自信也可以选择一些比自己年龄小的孩子做朋友。

### 增加孩子的安全感

对于因家长个人情绪和教养方式不当造成孩子缺乏安全感，不敢离开成人，不相信同伴，教师可以建议家长调整自己平时的言行，并通过一些和朋友有关的故事培养孩子乐观、与人为善的性格。同时，也要给孩子更大的空间，把自己的担心和紧张"藏一藏"，避免消极情绪对孩子的影响，使孩子畏首畏尾。

### 问题三：孩子脾气越来越倔怎么办？

在线咨询

我家孩子原来挺乖巧的，升入中班后脾气却越来越倔。我说东她偏往西。让她洗手吃饭，她却赖在电视机前不动，任凭大人怎么跟她商量都不行！最近，又天天念叨着要穿裙子，别的衣服一概不愿意穿。我们说破了嘴皮都不听。孩子如此倔犟、任性，我们又该怎么办呢？

### 想要家长满足自己的需要

美国著名的心理学家马斯洛说过："人的一切行为都是由需要引起的。"幼儿反常的行为，尤其是任性、乱发脾气、较劲时，往往是他们想要引起成人对他们自我需要的关注。

### 看看你有多爱我

大多数幼儿开始发脾气时，只是希望自己的需要得到满足，当这种情绪继续发展下去，幼儿就会产生这样一种心理，"看看爸爸妈妈有多爱我""是不是在乎我""看你们什么时候来哄我"。孩子任性、倔犟并不完全是他们认为自己有道理，而是事情已经发生，没有办法收场，干脆就倔犟到底，给家长出个难题，看看他们能怎么办。

### 逆反

随着年龄的增长，心智的成熟，幼儿渐渐有了自己的主见，希望按照自己的喜好和意愿行事，家长们就会忽然觉得孩子"不听话了""不好管了"。4～5岁这一阶段正是孩子成长中的第一个逆反阶段。

### 由家长的迁就造成

成人的教育方式在幼儿性格形成中有很大影响。面对幼儿的需要，家长不讲原则，一味的迁就，就会使幼儿形成倔犟的习惯。然而，任何一种个性都有优势和不足，倔犟的孩子意志力一般比较坚定，做事执著，但遇事不会变通，比较偏激。在孩子的教育过程中，家长一味地追求"让孩子自主""给孩子自由"，任何时候、任何事情都以孩子的想法和要求为准，从而形成了家长俯首帖耳，孩子"称王称霸"的局面。

### 了解孩子的真正需求

在面对孩子的倔脾气时，教师要提醒家长，首先要做的是弄清楚孩子的心理，了解孩子真正的需求是什么。如果孩子的需要是合理的，家长一定要满足孩子。如果是不合理的，家长也要向孩子说明原因，并且坚持原则。

### 冷处理，允许孩子发泄自己的情绪

当家长已经说明了原因，幼儿仍旧听不进去时，我们可以建议家长尝试冷处理。所谓的冷处理，就是在幼儿较劲、倔犟时，家长暂时离开他，并撤销对他的一切注意，包括目光、动作、语言，让幼儿感受到家长冷淡与不欢迎的态度。但这并不意味着不闻不问，不理睬，而是面对孩子的倔犟不慌不急，保持冷静，心里要有明确的原则和目标，不要被孩子的"不依不饶"乱了阵脚。在这个过程中，要允许孩子发泄自己的情绪，不要怕孩子哭，怕孩子闹，一哭一闹家长就服软，只会助长孩子的倔脾气。有些孩子在发脾气时会采取自虐、攻击等极端的方式，家长要在保证幼儿安全的前提下，让孩子发泄。不要远离孩子，要保证孩子在自己的视线中，因为孩子发脾气的主要原因还是想吸引家长的注意。

### 让孩子承担任性的后果

在孩子发脾气后，家长可以尝试让孩子承担任性的后果。如孩子看动画片不肯吃饭，家长可将饭菜收走，使他承担肚子饿的后果。该睡觉时孩子不睡，家长可以表明态度，减少陪孩子游戏的时间。这样既不会使问题继续恶化，又不会让孩子感到自己可以为所欲为。

### 注意观察孩子的情绪变化

对于大多数家长而言，往往掌握不好冷处理的"度"。时间过长，担心影响孩子身心健康，时间太短，又怕半途而废，收不到良好效果。因此，教师要提醒家长，在采取冷处理和承担后果的方法解决问题时，一定要注意观察孩子情绪和心理的变化。因为，孩子刚开始倔犟是因为需要没有得到满足，当家采取冷处理后，幼儿渐渐地就会对家长的爱产生质疑，进而觉得委屈和失落。家长这时候再去亲近、安抚孩子，便可以让孩子重新感觉到家长的关爱。如，"妈妈看得出来你很难过，其实妈妈很爱你，我也很不舒服。"

### 延迟解决问题

倔犟的幼儿一般都比较情绪化，一旦不好的情绪上来，就很难控制。如果硬来，只会让幼儿情绪更加失控。成人可以给孩子一个台阶下，允许幼儿先按自己的意愿做事，待他情绪稳定后，找一个恰当的时机，如，孩子玩玩具的时候，或者入睡前讲故事时再引导他分辨是非、明确规则，这时的沟通便是有效的。

### 原则性的问题，坚决说"不"

孩子虽然已经有了越来越多的想法和主意，但毕竟他们的生活经验相对于成人来说还少之又少，对事情的分析和看法往往还停留在表象，不能全面地进行分析。因此，涉及原则性的问题，教师要提醒家长还是要坚决地说"不"。但是，一定要用孩子能理解的语言，向孩子说明原因。

### 积累经验，多征求孩子的意见

对于处在逆反期和脾气倔犟的幼儿，成人切忌以硬碰硬。教师可以请家长注意总结孩子一般在什么情况下会任性、发脾气，针对这样的事情，要在之前征求孩子的意见，和孩子达成约定。另外要请家长多注意，随着年龄的增长，孩子自我意识越来越强，渴望得到尊重和平等的对待。家长要避免用命令的语气、刺激的言语，以免孩子产生抵触的心理。

## 问题四：孩子总爱告状怎么办？

**在线咨询**

墨墨最近变得特别爱告状，回家的路上，就向班上的小朋友告状，在家玩的时候，就向爸爸或者奶奶告状，带他到小区里和邻居家的伙伴玩耍，一会儿就告了邻居家的孩子好几次状，让我觉得特别尴尬。您说，我该不该理会他呢？又该怎样回应他的告状行为呢？

**行为解读**

**表现自己**

随着幼儿年龄的增长，幼儿的规则意识也逐渐提高，当幼儿发现他人的行为与自己所了解的规则和要求不一致时，就会找成人告状，以此表现自己，向他人证明自己是个好孩子，自己不会那样做。

**寻求帮助**

有的家长总是包办代替，致使孩子形成了眼中的依赖心理，遇到问题和困难，首先想到的就是告诉家长，到家长那里寻求帮助。

**随口说说**

我们常常遇到这样的情况，有的幼儿告完状，还没等大人开口就走了。这样的孩子告的状都是一些再琐碎不过的小事，并不是希望成人有什么说法，只是随口说说，说完就走。

**婉转地表达自己的需要**

有时候，幼儿反复告状是在婉转地向成人表达自己的需要，希望能够得到成人的准许。如孩子想看动画片，又怕妈妈不同意，于是反复到妈妈那里告爸爸的状，说爸爸又在看电视，爸爸已经看了好长时间了，对眼睛不好。

**出谋划策**

**了解孩子的表达是否真实可信**

幼儿正处于自我中心期，他们的想象往往和现实掺杂在一起，因此会在情绪或经验的影响下，把事实加以随意扭曲或改变，有时也会因表达能力的不足而使事实大打折扣。因此，教师要提醒家长，当孩子告状时，一定不能急于下结论，对孩子的话偏听偏信，全盘接受。如幼儿向家长告状，说某某小朋友打她。而事情的经过是，别人的玩具她想玩，那位小朋友不同意，她就去抢，双方幼儿都拿着玩具不肯松手，过程中把手弄疼了。因此，当幼儿告状时，家长要通过与幼儿对话，或者询问教师，了解孩子说的话是否真实，表达是否准确。

**和孩子一起寻找解决交往问题的方法**

如果幼儿因为不会解决与同伴交往中的问题而向成人告状，教师可以建议家长和孩子一起进行讨论，找出解决问题的方法，并进行总结，让幼儿明确哪些问题可以自己解决，不需要告状。如，当你发现某个小朋友做错事的时候，可以小声地提醒他，告诉他这样做不对；当某个小朋友做的事情让你不高兴时，你可以明确地告诉他，你不喜欢这样，这让你很不高兴；当某个小朋友不愿意和你一起玩儿时，你可以和他商量或者换个伙伴。并且，针对这些总结过的内容，反复地进行强化。当幼儿再因为上述事情告状时，家长就可以提醒他："想一想，这件事可以怎样解决？爸爸相信你一定可以自己处理好。"

**有选择地应答**

面对幼儿所告的状，教师要提醒家长既不要完全不当回事，也不要全部放在心上，要学会有选择地应答。有道理的、合理的，家长一定要认真对待，并跟孩子一起进行分析和探讨；遇到只是满足于"告"的过程的，家长可以随声附和一下就行了。进而，让幼儿逐渐明白哪些事情是要告状的，哪些是不值得一提的。

**试试"被告状"**

爱告状是中班幼儿典型的年龄特点之一，但无论是教师还是家长都不能任其自然发展。因为，告状本身说明幼儿关注他人的缺点和错误，如果幼儿形成习惯，容易养成挑剔的个性。因此，教师可以建议家长尝试一下移情的办法。在家中，当着孩子的面，家长之间互相给他告状，"墨墨乱扔玩具""墨墨没有礼貌""墨墨看动画片时间太长了"。当孩子对此反感之极时，家长再和他一起分析自己的告状行为，让他说一说总是被别人告状是什么感觉。进而引导孩子要多观察他人的优点，学会宽容他人，这种方法有时候胜过成人的言语说教。

**（四）大班幼儿家长提出的典型问题及应对策略**

问题一：孩子总是明知故犯怎么办？

在线咨询

我家牛牛是个非常憨厚的男孩子，却常常因为粗心大意、动作莽撞造成一些麻烦，每次跟他谈话的时候，他都非常痛快地承认自己的错误，并主动表达自己的决心。"妈妈，我错了，我下次一定不这样了。""要是真把别的小朋友弄受伤了，那个小朋友肯定特别疼。您原谅我吧！我改了。"他把我们给他讲的道理都背下来了，还换着花样地承认错误。可是，错是认了，道理也懂，却没见他改，难道是我的教育方法有问题吗？

### 习惯性地承认错误

无论是家长还是教师，都容易犯一个错误，就是当孩子做错事时，都要求幼儿承认错误，而且还要看认错的态度是否积极主动。如果孩子嘴里不说出认错的话，成人一定不罢休，只有嘴上认了错，才认定孩子是真知道错了。这样下去孩子便摸透了成人的心理，不管三七二十一，先承认错误，争取"宽大处理"。而至于"错在哪"孩子并不清楚。

### 把特点当做了缺点

幼儿的世界不同于成人，这种不同也包含着"错误的标准"不同。如在孩子看来，书除了可以看还可以玩。而成人则将幼儿用书盖房子的行为当成一种错误去教育。再如，幼儿活泼好动、凡事都充满好奇心，对一些新奇的东西总喜欢摸一摸，动一动，而成人却认为孩子莽撞、随意。在成人将幼儿的年龄特点当缺点和问题进行教育的情况下，即使教育再多次，幼儿仍旧会明知故犯。

### 不知道怎么错了

家长大多比较关注结果，孩子当时承认错误只是满足了家长心理的需要，至于孩子怎么错了，应该怎样做？孩子并没有真正明白。因此再遇到类似的情况时，孩子还是不知道自己错在哪里、怎样做才是正确的。家长就会觉得上次不是已经讲过了吗，怎么还明知故犯呀？

### 追问一句"错在哪儿"

对于做错事就急于承认错误的幼儿，教师可以请家长追问孩子一句"错在哪儿"？然后，再帮助孩子分析这个错误对自己、对同伴有哪些影响。

### 站在孩子的角度想一想

在家长责怪孩子"屡教不改"时，教师要请家长针对幼儿明知故犯的事情仔细思考一下，这到底是孩子的缺点呢，还是孩子的特点？试着站在孩子的角度上想一想，也许就会发现并非孩子错了，而是自己理解错了。

### 治标还要治本

知道了什么是"错"，"错"在何处？并没有从根本上解决问题，治标还要治本。教师可以建议家长和孩子单独谈一谈，让他说一说同样的问题换个方法可以怎样做，并将自己的建议悄悄地渗透在你们的谈话中，让他了解以后再遇到类似的事情可以怎样处理得更好。

**承认之后还要承担**

除了让幼儿明确自己错在何处，怎样做才是正确的，教师还要提醒家长，在幼儿承认错误后，还要让孩子自己承担事情的后果。只有这样，幼儿才会对自己的错误产生更加深刻的印象，进而避免同样事情的发生。如当幼儿总是因莽撞弄坏东西时，家长要求幼儿参与或独立收拾打翻的物品。

### 问题二：孩子只能赢不能输怎么办？

**在线咨询**

家里人和孩子下棋，只要我们赢了，他就又哭又闹，不依不饶。我们能让着他，别人谁总是让着他呀？我们该怎样引导孩子呢？

**行为解读**

**赢习惯了**

许多父母为了培养幼儿对某件事情的兴趣，在刚开始接触时，会故意输给孩子，让孩子体验赢了的快乐，进而增强孩子的自信心。这样做的结果是孩子对任何事情都会产生只能赢不能输的心理。

**个性好强**

有的家长对孩子的要求比较高，总给孩子灌输争第一的观念，当自己没得第一时，就担心家长批评自己或者不喜欢自己。有的幼儿个性又很好强，凡事都喜欢争第一，输了首先过不了自己这道关。

**被他人嘲笑过**

有的幼儿之所以特别在意输赢，可能有过输了被人嘲笑的经历或体验。他人的言语和态度在孩子的心中留下了深刻的印象，认为输了是非常不好的。

**出谋划策**

**慢慢过渡**

如果孩子已经形成了只能赢不能输的个性，一下子转变恐怕有些困难。教师要提醒家长切勿采取生硬的办法，可以让孩子先赢几次，但是家长在输了之后，要有意识地在孩子面前说一些"输了没关系，下次再努力"之类的话，并表现出轻松的样子，继续和孩子下棋。然后有意和孩子打成平局，最后再慢慢的过渡到让孩子输棋，使孩子有一个逐渐适应的过程。

**观看比赛**

教师可以请家长跟孩子一起看一些比赛，看完后，让孩子说一说有几名运动员，他们取得的成绩一样吗。进而，引导孩子懂得任何比赛，都会有输有赢。运动员都努力了，但冠军只有一个，每个运动员都为获得第一名的人而高兴，并不会因此大发脾气。在这个过程中，也引导孩子逐渐懂得"重在参与"的道理。还可以给孩子讲一些运动员输了不气馁的故事。

**明确规则再比赛**

教师可以提示家长在和孩子比赛前，要讲清楚规则，在明白规则后再开始比赛。或者和孩子一起协商玩法，制定比赛的规则，这样孩子更乐于接受和遵守，输了也就不好意思发脾气了。

**孩子扮演裁判**

成人还可以采取变化角色的方法，让孩子担任裁判。如，爸爸妈妈进行比赛，让孩子当裁判。让孩子感受到爸爸妈妈对待输赢的正确态度。如果家长能够以积极的心态去面对失败和挫折，孩子一定会受到潜移默化的影响。另外，当孩子遇到失败时，父母不要抱怨孩子，要用积极态度鼓励孩子继续努力。同时，家长还可以和孩子一起分享自己应对挫折和失败的经验，帮助孩子从失败走向成功。

**允许孩子发泄**

孩子失败后，心情难免会沮丧，甚至哭闹、发脾气，教师要告诉家长，这很正常。成人应该允许孩子发泄，不必批评指责或讽刺孩子，待孩子平静之后，再与他一起分析问题。

**给孩子感受挫折的机会**

现在的孩子很少体验到挫折和失败，这也是他们面对失败时过分在意、沮丧的原因之一。因此，教师可以建议家长，适当地创造一些机会，让孩子经历一点点挫折和失败。如带孩子参加一些竞赛游戏，家里经常开展一些亲子的竞赛游戏，平时生活，给孩子出一些小难题，进而培养孩子解决问题，克服困难的能力。

**及时给予肯定**

当孩子比赛失败后没有哭闹时，成人应该及时给予肯定。如微笑、点头、言语鼓励等，并向孩子说明奖励他的原因。

**问题三：孩子过于好动怎么办？**

`在线咨询`

我发现我家东东特别好动，做什么事情都坚持不了多长时间，注意力也很容易分散，有时候我都怀疑他是不是有"多动症"。还有半年就该上学了，我该怎么办呀？您有什么好的建议吗？

## 行为解读

### 多动症

活泼、好动是幼儿的年龄特点，但是，如果幼儿的"好动"行为显著多于同龄幼儿，而且这种"好动"已经影响到幼儿正常的学习、游戏、生活，那么就应该考虑是否属于"多动症"。

### 控制能力较弱

大部分幼儿的"好动"并非属于病理性的，只是相对于其他幼儿来说，性格更外向、更活泼一些。在需要专心做某件事情时，比其他幼儿注意力容易分散、坐不住，自我行动的控制能力较弱。

### 环境影响

有时候，幼儿注意力容易分散、好动，与幼儿从小成长的家庭环境和成人的教育方法有关。比如，孩子独自做某件事情时，成人总是进行干扰，一会儿送点儿吃的，一会儿送点儿喝的，或者家庭成员过多，总是在旁边吵吵嚷嚷的，让孩子无法专心做自己要做的事情，也会让孩子形成这个习惯。

### 习惯不好

有些家长认为孩子就应该无拘无束，不受任何束缚，忽略了对幼儿良好行为习惯的培养，对孩子缺少应有的和必要的要求。当幼儿面临入学时，家长才意识到没有培养孩子良好的学习习惯，孩子坐不住，不能专心做事，影响学习效果。

## 出谋划策

### 医院就诊

当家长与教师沟通这个问题时，教师要根据幼儿日常的行为表现进行初步地判断，分析幼儿的"好动"是否属于病理性的。不过，在这里我们要强调地是，尽管教师对注意障碍、多动症有一定的了解，可能曾经也接触过这样的幼儿，但毕竟我们不是专业的医生，不能做出准确的判断。因此，教师在向家长介绍过幼儿的在园表现后，如果问题确实比较严重，可以建议家长带孩子去医院进行检查或者找专家再次进行咨询。

### 亲子共同制定规则

如果幼儿的好动、不专心，属于习惯方面的问题，教师可以建议家长和孩子一起，制定活动的规则。如让孩子自己选择一个喜欢的地方，看书 10～15 分钟，但是不能离开自己所选择的地方，然后再根据孩子的表现，逐渐延长时间。教师还要提示家长，规则一定是亲子共同指定的，也就是说，幼儿对所做的事，所要达到的要求要心中有数，而这些要求又必须是幼儿认可的，能够并乐于接受的。

### 制定行为记录表

在和幼儿共同制定规则之后，家长还应该和孩子一起，根据所制定的规则，制定一个行为记录表，用以记录幼儿遵守规则的情况。如哪天能够按约定坚持15分钟专心完成一件事，就可以在日历上画一个笑脸。并和幼儿达成约定，能够坚持一周得到笑脸就可以换取一个小的礼物。

### 创造良好的环境

"改变孩子先要改变自己。"因此，教师要引导家长，要想帮助孩子改变坐不住、不专心的习惯，先要从自身做起，为幼儿创设良好的环境，树立良好的榜样。我们可以建议家长根据家里的条件，尽量给幼儿提供独立的房间，如果无法实现，也要在家中为幼儿开辟一个相对封闭、独立的小空间。再为幼儿选购一套适合孩子身高的桌椅，让幼儿有游戏、学习的专门位置。家庭成员之间还要达成约定，幼儿在做自己的事情时，不要去打扰孩子。家长可以做一些自己的事情，如看书、工作等，尽量不要分散孩子注意力，不在一旁看电视、大声聊天、吃东西等。

### 用游戏的方法提高控制能力

有的家长为了提高幼儿的控制能力，让孩子专门练坐，这种方法是不可取的。教师可以建议家长用游戏的方法提高幼儿的自我控制能力。如让孩子玩多米诺骨牌、具有一定难度的拼图等，这些游戏既需要耐心又需要专心，否则很难发现其中的乐趣。另外，也可以让幼儿统计家中物品的数量，或者准备一些瓜子、火柴、糖果，让孩子数数，提高有意注意的时间。

### 学习一些安静的活动

对于那些天性比较活泼、好动的幼儿，我们可以为家长提供一些建议，让家长带孩子学习一些安静的活动，以培养幼儿的控制能力。如书法、各种棋类、乐器等。

## 问题四：孩子私自将幼儿园物品带回家怎么办？

**在线咨询**

昨天洗衣服的时候，我发现孩子兜里有一个小印章。我仔细想了想，从来没有给她买过这样东西。我问孩子小印章是谁的？孩子说是幼儿园的，我一听就急了。孩子怎么会出现这种行为呢？我该怎样处理这个问题呢？

**行为解读**

### 没有归属概念

一般来说，4岁前的幼儿对于什么东西属于自己，什么东西不属于自己，界限并不十分清晰。孩子会认为这个玩具我玩过就是我的。因此会出现私自将幼儿园物品或同伴的物品带回家的现象。他们很多时候只是单纯地喜欢这件东西而将它放入囊中，就像从路上捡回一个小瓶盖一样。这个年龄段的孩子还不具备有意"偷拿"的意识和能力，把幼儿园的东西拿回家，大多是无意行为。

### 太喜欢了

幼儿园的玩具新鲜而有趣，有的孩子因为喜欢而控制不住占有的欲望，遇到特别喜欢的就装进自己的兜里。还有的幼儿是想带回家让家长看一看，或者让家长照着这个样子给自己买。

### 控制不住

5~6岁的幼儿已经能很清楚地分辨自己和他人的物品，知道拿集体或别人的东西不对，但他们也会"明知故犯"。原因是较难控制自己的意念和行为，而将喜欢的物品拿回了家。因为是有意的，所以拿回家的东西通常会"藏"起来，不易被发现。

### 顺手放进兜里

多数孩子经常会把喜欢的物品放进兜里，随身携带，以便展示给同伴或好朋友看。也许孩子玩完玩具忘记是幼儿园的，顺手把它装进兜里。

## 出谋划策

### 悄悄地送回来

如果孩子是第一次出现这种行为，教师一定要提醒家长，千万不要打骂孩子，不要给孩子扣帽子，但要教育幼儿不是自己的东西不可以没经过他人的同意将它归为己有，然后和老师沟通，让孩子悄悄地把东西送回来就可以了。

### 学会分享

出现问题后，家长可以平和地与孩子交流。幼儿园的玩具是大家的，不能据为己有，如果小朋友都这样做，幼儿园就会没有玩具了。

### 不妨借回家

如果孩子想让爸爸妈妈看看幼儿园的玩具或者喜欢玩，没玩够，家长也要告诉孩子，可以跟老师商量，看看能不能借回家，玩完以后再送回来。

### 互换玩具

有的孩子年龄小，对物品的归属感不强，没有意识到幼儿园的玩具属于集体，不属于个人。教师可以建议家长，通过与同伴互换玩具的方法，增强幼儿这方面的意识。如与邻居家的孩子交换玩具、图书，约定好归还时期。

### 给孩子提个醒儿

对于这种情况，父母除了培养孩子提高自己的自控能力，明确不能未经允许拿幼儿园的东西之外，还要采取相应的措施，帮助、教育孩子。如离园时可以对孩子说"想一想，有没有不小心带回家的东西，玩具喜欢待在幼儿园的家里"等。

### 表明态度

当看到孩子把幼儿园或小朋友玩具拿回家时，家长要严肃地告诉孩子这种做法是不对的。不要因为怕孩子挨老师批评而袒护孩子。同时和老师交流，多关注孩子的行为，让孩子知道不管是多喜欢的物品不是自己的不能私自拿走。

## 问题五：孩子总是丢三落四怎么办？

**在线咨询**

我们孩子都快上学了，干什么还是丢三落四、马马虎虎的，一会忘了带作业本了，一会铅笔盒忘幼儿园没带回来，刚告诉的事情还没做就忘了，你说这可怎么办呀？

**行为解读**

遇到这种情况我们家长不要着急，其实孩子丢三落四、马马虎虎是比较常见现象，通常发生这种情况大致有几种原因，你要分析自己的孩子属于哪种原因。

### 性格急躁，专注力不够

有些孩子性格本身比较外向、毛躁，不会安静地倾听。往往在做事情的时候，经常还没有听完或听清别人要求，就急忙去做，这样一来，没有听清任务要求，就无法把事情做完整。

### 缺乏独立性，依赖性过强

生活中总有一些孩子由于成人包办过多，因此过度地依赖成人，逐渐养成了孩子衣来伸手、饭来张口的习惯。久而久之，在孩子的思想中形成了只要有成人在什么事情都可以不用自己操心。这样一来，一旦脱离了成人的帮助，孩子就会手忙脚乱、丢三落四。

### 生活随意，缺乏条理

很多时候，成人总以为孩子还小，生活中不用收拾自己的物品。没有给孩子培养和建立生活规则的意识。玩完玩具不用收回原处、脱掉的衣服到处乱放、自己的文具四处乱摆，孩子逐渐养成无序、随意的生活，导致经常找不到自己的物品。

### 记忆力较弱，接受任务过多

在生活中有很多幼儿，孩子自身发展相对较弱，理解能力较弱。当他们听到一件事情时或者要做一件事时，自己会想半天才能够慢慢理解。这样的孩子如果一次接到过多的任务、要求时，往往会只理解了其中的某项任务，从而忽略其他。

## 出谋划策

### 培养孩子专注度

对于性格急躁、注意力容易分散的孩子，成人在生活中可选择孩子最有兴趣的游戏，培养孩子的专注度，如拼图、棋类游戏等。时间逐渐延长，难度也可逐步增强。当对这样的孩子提要求时，要引导孩子对别人的讲话要认真听完，不理解或没听清的，应学会有礼貌地再询问一遍，有意识地培养孩子办事认真、善始善终的良好习惯。

### 培养孩子独立性

生活中家长没有必要做孩子的管家，而要教给孩子方法，提供条件和机会。在无微不至照料下的孩子，自然认为成人都会替他把该带的东西准备妥当。如果父母突然不管了，这时孩子当然什么都忘得一干二净了。

因此家长不要帮助孩子收拾整理自己的物品，但要具体地教幼儿如何做才不会忘东西。如大班幼儿需要带书包，在前一天晚上睡觉前就引导幼儿自己整理、检查，置于桌上或明显的地方。这样逐渐就不会慌乱和丢三落四了。

### 培养孩子记忆力

培养孩子良好的记忆力。首先，成人可以在家和孩子玩有趣的亲子游戏，如亲子阅读、智力游戏、推理游戏等，使孩子的多种感觉器官参加活动，提高其记忆力。游戏中用孩子能理解的语言交谈，并向孩子提出明确要求，调动孩子的有意记忆。

其次，从日常生活中微小细节上培养孩子的注意力和记忆力。比如，和妈妈一同出门前，让孩子帮助妈妈检查要带的东西；上幼儿园前从头到脚检查自己，看看还缺什么东西没带，如玩具、手绢等。当孩子忘记了某件事情，不要马上提醒他，让他自己回忆。

最后，做事情前为孩子提少量的要求，当孩子完成后再继续提出其他要求。

### 培养孩子条理性

给孩子立点规矩，健全生活制度。家长应指导孩子，把自己的东西放在固定的地方，以便拿放方便。如：脱下来的衣服、用过的物品一定要物归原处，孩子仍然忘记时，父母就得适时提醒他，"你都收拾好了吗？""用完后有没有记得放回去呀？"生活中需要给孩子提供分门别类放东西的地方，并坚持引导孩子从哪里拿的东西，用完后仍放回原处。

最后，当我们的孩子在生活中仍旧出现丢三落四、马马虎虎的行为时，我们的家长也不要着急，可以适当让孩子感受丢三落四、马马虎虎的心情，引导孩子记住这个教训。让孩子有忘记带东西的经验，或掉东西后造成的困扰和尴尬场面。孩子便会注意自己的生活态度，过着规律、整洁的生活。在此还要提醒家长们，我们的孩子最喜欢模仿父母的生活态度，如果你也是经常忘东西、迷迷糊糊的，孩子可能也会遗传到你的个性。所以，父母或家人不要经常丢三落四，为孩子做好榜样。

# 第四章 智慧树——给你支招

**导言**

无论你是一名年轻教师，还是成熟教师，也许令你烦恼的不是如何组织好幼儿的一日活动，不是课题研究中的种种艰辛，更不是屡见不鲜的个别幼儿，而是幼儿家长。因为你有扎实的专业知识和丰富的教育经验，使你在面对与幼儿有关的种种难题时，总是能够迎刃而解。然而，面对文化背景、脾气性格、教育需求等各有不同的幼儿家长，你却常常产生力不从心、不知所措的感觉。偶尔还会产生一些小摩擦，发生一些不愉快。难道你只能背后抱怨几句，然后听之任之、不予理睬吗？抑或是直接指责家长的行为，告诉他们做的根本不对？前者会让你失去一个合作伙伴，后者会让你从此更加难以沟通。那么，你又该如何面对这几十位迥然不同的合作伙伴，使家长和教师的合作有效而又愉快呢？走进"智慧树"，它会帮你找到答案，使你从容面对每一个合作伙伴。

本章内容针对各种类型的家长，从"放映机""广角镜""金钥匙"三个方面进行诠释，希望能够帮助教师正确解读家长的行为，更加自信地面对各种类型的家长。

"放映机"展现家长工作中的一个个难题；"广角镜"帮助教师从多个角度进行解读；"金钥匙"会告诉你处理这一个个难题的实用方法。

## 面对不配合的家长

**放映机**

＊特特是个特别爱挑食的孩子，教师希望通过与家长沟通，达成共识，帮助特特改掉这种不良的饮食习惯。可是当教师向家长反映这个情况时，特特的妈妈却说："我们家人都不爱吃青菜，所以孩子也不爱吃。您就别管他了，多给他点儿肉吃就行了。"

＊园里的保健制度规定，带药的幼儿，家长要写清幼儿姓名、药名、吃药时间、剂量。可平平的妈妈每次都把药往教师手里一放，做个口头交代就匆匆了事。教师再好的记性也记不清楚呀！

＊下周数学活动要组织幼儿学习测量轻重，教师请家长帮助幼儿制作一个天平秤。因为比较麻烦，担心家长没时间，所以提前一周就贴出了通知。可

是，一个星期过去了，还是有几个家长没帮幼儿准备天平秤。

## 广角镜

### 没时间配合

在你对家长的种种不配合行为而抱怨、发牢骚时，你是否想过，这个年龄阶段幼儿的家长，一般都是正当壮年，在单位里处于中流砥柱的位置，工作压力非常大。下班后，有可能还要带着工作回家。另外，他们还有烦琐的家务，以及需要照顾老人等。因此，有些家长的"不配合""不支持"也是出于无奈，完全是没有时间配合、支持教师的工作。

### 性格使然

在做家长工作时，我们常常会遇到这种情况：刚接新班时，发现有的家长总是把教师反复提醒过的事情当耳旁风。因此，就认定这位家长不配合工作。实际上，当我们双方接触一段时间，彼此了解后才发现，原来有的家长的性格就是大大咧咧、马马虎虎、丢三落四，并不是故意不听老师的话。是啊！人的性格一旦养成是很难改变的，你若是因为家长的性格马虎就认定其不配合工作，不是冤枉了他们吗？

### 认为没有必要配合

有些家长不关注幼儿园开展的活动，也不清楚教师组织活动的意义，特别是幼儿园在新的教育观念的影响下，更加注重幼儿的能力、情感方面的发展，不像从前以知识、技能为标准，因此家长也不易直接体验到家园配合的重要性。他们以多年前的旧观点、旧思想看待家园配合问题，认为教师就是看管好孩子，不出危险就行，配不配合无关紧要。

### 家长能力达不到

在学前教育这个领域中，大多数家长都是外行，所以，看似一个简单的任务，对于幼儿教师来说也许是手到擒来，对于他们来说却是难上加难。所以，有些时候并不是家长不想配合教师的工作，而是教师请家长协助完成的事情超出了家长的能力范围，或者教师交代得不够具体、清楚，使家长不知从何下手。

### 家长也有自己的教育观念

虽然家长们在幼教领域是外行，但他们也都有自己的教育观念、教育方法。有的家长缺乏正确的教育观念，会认为"挑不挑食没什么大不了""孩子受了欺负就要还手"；有的家长注重学习，了解一些新的教育理念，但是又缺乏相应的教育方法，会存在"我也知道孩子的缺点，但是没办法"这样的问题；还有一些家长知识水平较高，认为自己的教育观念才是正确的，教师的建议太"小儿科"，所以完全不去理会。

### 给家长帮个忙儿

对于愿意配合但又因种种原因不能进行较好配合的家长，我们要尽量与家长换位思考，站在家长的立场上考虑问题，在多理解的同时还要尽可能地予以帮助。如：家长有事儿不能参加家长会，教师可以另找时间与其沟通，或者将重要内容写出来给家长。要知道，家园合作不是只有家长帮助教师，教师也要适时、适当地给予家长必要的帮助。家长和教师的感情也会在这样的你来我往中逐渐建立起来。

### 给家长提个醒儿

对于容易忘事，做事马虎的家长，教师可以给他们提个醒儿。如：有些家长总是不看班级通知，班里的事情不能及时了解。教师可以在早来园、晚离园时适时地提醒家长，以免耽误一些重要的事情。有些家长时常忘记给幼儿准备备用衣裤，幼儿衣服脏了或湿了都没有衣服更换。教师要经常提醒这样的家长，并逐渐帮助家长养成良好的习惯。

### 拓展交流的途径

多种多样的交流途径，能够使更多的家长有机会、有时间加入到家园合作的队伍中。教师可以通过"调查问卷"，了解每位家长的休息时间，对他们何时便于参加班级活动、亲子活动做到心中有数。然后，根据家长的具体情况采取集体、小组、个体等多种开放形式，使每位家长都有机会参与班级活动。比如，可以通过面谈、家长园地、家园联系手册、电话约访、短信交流、班级博客等多种形式和手段与不能经常来园的幼儿家长保持沟通和联系，使家长有更多的渠道了解幼儿园的工作，进而配合教师的工作。另外，教师可以在开学初公布本学期幼儿培养目标；在家长园地里每月公布月工作目标，每周公布活动安排。在开展新的主题活动之前，首先把主题活动的计划和网络图醒目地展示出来，让家长先有目的地进行关注。还可在家长园地中增设"最新动态""请您配合"等栏目，引导家长了解活动目标与内容，并一步步参与到活动中来。通过亲子活动和家长观摩，让家长在参与体验中，感受孩子在活动中获得的发展，了解家园配合教育的必要性。对于家长配合完成的亲子作品，以作品展示的方式及时地反馈，当家长为班级活动提供帮助后，要及时通过口头或文字的形式表示感谢，以激发家长参与活动的积极性。

### 任务要适当

教师要了解本班家长的工作性质、家庭资源和兴趣特长等相关信息，请家长配合工作时要因人而异。在不便于全班家长配合的情况下，可充分挖掘个别家长的优势。这样既不会让家长产生心理负担，还能事半功倍，调动家长的积极性。如，有的家长擅长画水墨画，教师可以请家长配合我们开展与中国文化相关的主题，来园助教，教幼儿画水墨画。让家长帮助收集的材料要易于准备，请家长协助幼儿进行手工制作的活动，要提供样品，或说明具体的制作方法和步骤，使家长一目了然。教师切忌每天给家长布置不同的任务，让家长应接不暇，又没有能力完成。任务要在家长能力范畴之内。

**讲清"为什么"**

在教育幼儿的过程中，我们常常说：除了告诉幼儿"做什么"，还要让幼儿了解"为什么"这样做。只有当幼儿了解"为什么"的时候，才会发自内心地、主动地去做，家长工作也是如此。可是，教师总是要求家长配合，却很少考虑家长的感受。试问，家长真的了解教师的用意所在吗？是不是有的家长担心教师对自己不满意，所以硬着头皮配合；或者觉得教师很麻烦，总是让家长配合这个配合那个，什么都推给家长。如果家长是这种想法，又怎会很好地与教师进行配合呢？所以，面对家长，我们同样要讲清"为什么"。如：幼儿园规定带药的幼儿，家长必须填写服药记录单，是为了保证给幼儿按时、正确地用药，保证幼儿的安全。如果不这样做，就可能出现服错药或者不准时的情况。再如，家长不按教师要求去协助幼儿收集主题材料，幼儿就会缺少感性经验的积累，进而影响后面深入地参与主题活动。因此，哪怕一些再细微的小事，教师都可以通过日常交流、通知、温馨提示等方式让家长了解教师的用意，让家长了解这种配合对幼儿的帮助。教师与家长站在孩子的立场上谈配合问题，一切都会迎刃而解。

**提高自身的专业化水平，以理服人**

随着社会的进步，家长的育儿水平普通提高，教师也要放下架子，鼓励家长参与幼儿园教育，多肯定家长好的教育方法，积极采纳家长的合理建议。这样做不但帮助教师拓宽思路，而且调动了家长的积极性、主动性，让家长拥有参与幼儿教育的兴趣，使家长感到自己有价值，产生成功感和自尊感，有利于形成教育合力，促进家长对幼儿园工作的配合。另外，教师也要提高自身的专业化水平，不断学习，积累经验，并针对不同的家长，给予不同的家教指导，使家长能够认同教师的看法，并主动配合教育。

附：

## 探索3～6岁幼儿生活自理能力培养的家园一致性教育策略

范惠静　　郑淑敏

生活自理能力，简单地说就是自己照顾自己生活的能力。它是一个人应该具备的最基本的生活技能，也是人生存能力的具体体现。幼儿年龄小，可塑性强，容易接受各种影响和教育，幼儿期正是生活自理能力和良好生活习惯初步养成的关键期。

家庭和幼儿园是培养幼儿生活自理能力的两个重要场所，直接影响着幼儿生活自理能力的提高及习惯的养成。家园只有同步教育，才会获得事半功倍的效果。我们可以从以下五个方面有所了解。

**家长与教师的教育观念要一致——重视**

生活自理能力的培养是幼儿期重要的学习课程，原因有三：一是机会难得，生活课程只有孩子在幼儿园阶段才可以系统学习，才可以得到教师有目的、有计划的引导，若教师与家长忽视在此阶段培养孩子的生活自理能力，以后就不会再有专门的教育机构来与家长一起研究培养了；二是生活即教育，孩子在学习生活自理的过程中，很多能力也会随之发展起来，如系扣子、系鞋带、用筷子等都会提高孩子小肌肉的灵活性及手眼协调能力，因此，家长与教师不能剥夺孩子发展的机会和权利，凡是孩子自己能做的就让他们自己做；三是受益终身，孩子从小就具有生活自理能力，容易形成独立自信的品格以及良好的生活习惯，将来会有助于孩子成功。因此，教师与家长一定要在思想上高度重视对孩子生活自理能力的培养。

为使家长与教师在教育观念上达成一致，我们采取以下策略。

1. 入园前期，教师运用家长调查问卷的方式，了解家长对幼儿生活自理能力培养的认识及观念，并分类记录，以便日后分类研讨；聘请园外专家为将要入园的家长及教师做相关内容的讲座，转变家长与教师的教育观念，提高其对幼儿生活自理能力重要性及教育价值的认识。

2. 入园初期，教师组织召开班级小型专题家长座谈会，依据不同层次不同需要的家长分别召开不同专题的座谈会。例如召开有挑食问题的幼儿的家长会、隔代抚养幼儿的家长会、自理能力较弱幼儿的家长会等，创设平台使教师与家长之间、家长与家长之间相互交流，共同认识到生活自理能力的培养在幼儿发展中的作用。

3. 平时充分利用家长园地，开辟"幼儿自理能力培养论坛"，随专题的陆续开展定期宣传自理能力培养的重要性。例如，在研究喝水问题时，可以选择"白开水对幼儿健康的重要性"等文章与家长分享，并有针对性地对个别家长进行访谈。

**家长与教师的教育内容要一致——同步**

幼儿生活自理能力的培养内容大致包括：进餐、饮水、如厕、盥洗、睡眠、着装六个方面，其中每一方面的内容在不同年龄阶段又有不同的要求。目前，家长与教师在对幼儿生活自理能力教育内容方面的认识上还存在简单、粗浅、不够全面和系统等问题。因此，我们在研究中根据幼儿的身心发展特点将这六方面的内容先进行细化，然后再根据班级教育主题、节日、季节特点以及幼儿的具体情况灵活安排。

为使家长与教师在教育内容上达成一致，我们采取以下策略。

1. 在每个学期前向每个家庭发放《幼儿亲子手册》(含生活自理能力培养部分)，帮助家长了解本学期幼儿在生活自理能力方面的具体教育内容，使家长有一个整体的认识和了解。

2. 利用家长园地或班级网页，每月、每周向家长公布幼儿园本月及本周生活自理教育的具体内容和目标。

3. 为每个幼儿建立家园联系小信箱，教师可以有针对性地与个别家长联系，重点强调近期具体的教育内容，以及个别幼儿的发展情况。

### 家长与教师的教育要求要一致——明确

培养幼儿生活自理能力的具体要求与教育目标和内容紧密相连，家长与教师在明确教育目标与内容的同时，还应进一步熟知每项具体教育内容的要求，以便双方对幼儿进行教育时做到要求一致。我们对需要明确要求的每项教育内容进行了详细规范，这里仅举一例。例如：3~4 岁的小班幼儿进餐教育内容有一项是"使用小勺独立进餐"，其具体要求为：幼儿独立一手握勺，一手扶碗，勺舀食物不宜过多，身体前倾，嘴在碗的上方进食。

为使家长与教师在教育要求上达成一致，我们采取以下策略。

1. 在要求制定初期，教师与家长一同教研。教师根据幼儿身心健康发展规律及同年龄段幼儿的一般发展水平，事先制订每项内容的具体要求，供课题研究组(含家长教研员)一起研讨，特别是家长要参与建议，分析讨论每项内容的具体要求，斟酌幼儿在家庭中是否也可以做到，最终形成明确的要求。同时利用家长园地公告，教师随各项教育内容的推进呈现具体的教育要求，供每个家长审阅，特别强调的是每当教师更换新内容或新要求时，应提示家长，如口头提示或书面贴通知提示，对较大年龄的幼儿，可以让孩子提示家长到园地进行了解。

2. 在要求贯彻时期，兼顾共性与个性。若有些家长还不能清楚地理解某项教育内容的具体要求，那么家长可与教师个别交流，教师会进一步讲解或演示给家长，直到每个家长都明确要求为止。同时，教师还可以有针对地对个别家长进行开放观摩，在家长与教师双方各自需要的基础上，确定开放时间和观摩内容，然后进行个别交流，进一步明确要求，进行有针对性的指导。

3. 在要求落实后期，注重效果与反思。教师对所有家长开放幼儿半日活动，家长会在实际情境中看到自己的孩子是如何按照要求自理每个生活环节的，观摩后教师与家长会根据幼儿的生活自理情况进行研讨与交流，从而进一步发现问题，解决问题，促进和巩固幼儿良好自理习惯的养成。

**家长与教师的教育方法要一致——适宜**

在培养幼儿生活自理能力的教育过程中，我们常常听到有些家长或教师这样对孩子说：自己吃、快闭眼、自己洗、快点穿……这些都只是对幼儿提出要求和命令，这种命令式的话说多了根本不起作用，反倒会引起孩子的逆反心理。对孩子的教育，成人一定要有适宜孩子年龄特点的"小招术"才行，因此，教育方法至关重要。

为使家长与教师在教育方法上达成一致，我们采取以下策略。

1. 在每个学期初，各班家长根据自己孩子的发展情况及问题自愿结成不同的家园共育研讨小组，由班级教师有计划地定期开展研讨活动，也可以由家长之间自发地随机开展教育方法的讨论，家长与教师共同参与研究，并将总结出的好方法在其他家长中进行推广。

2. 教师有计划有目的地组织开展小型研讨会，例如，当教育内容进行到整理床铺时，教师可重点请两方面的家长参与小组研讨，一是请在培养孩子整理床铺方面有困惑的家长；二是请培养孩子整理床铺方法有效的家长现身说法，教师与家长一起认真分析成因及所要尝试的方法，供家长参考。

3. 通过多种途径推广家园有效的教育方法。

（1）在家园共育栏中定期公示教师在培养幼儿生活自理能力方面的成功案例，也可以创设"教你一招"的小栏目，使幼儿园与家长、家长与家长之间充分交流互动。

（2）定期举办家长开放日活动，请家长来园观摩幼儿在园的生活。如请家长来园观摩幼儿进餐，使家长了解教师用哪些方法来培养孩子在餐前、餐中、餐后的卫生习惯是有效的。

（3）有目的地召开家长座谈会或网络互动，促进大家之间交流教育经验。

（4）教师有针对性地进行入户指导。

**家长与教师的教育评价要一致——客观**

家长与教师如何根据幼儿的年龄特点，形成幼儿之间、家长与幼儿之间、教师与幼儿之间的横纵向评价体系，关系到我们开展研究的实效，也与幼儿的发展情况息息相关。评价跟进，宏观调控，才能确保幼儿生活自理能力教育取得实效。我们在研究中重点采取以下两种方法进行评价：

1. 自我肯定法：此方法是自我评价的一种方式，是在幼儿之间建立的对自我行为进步充分肯定的方法。教师鼓励幼儿每天都要看到自己在生活自理能力方面的点滴进步，并对自己进行肯定，如奖励自己一朵小花，向大家汇报自己的进步等。值得注意的是，自我评价往往是纵向的，他人评价往往是横向的，因此，在评价时，要慎用横向评价，以免挫伤某些孩子的自尊心和积极性。另外，在自我肯定时，要客观公正，不能只是一味地强调自己进步了，自己很棒，教师要引导幼儿明确自己的哪些行为和做法值得肯定，哪些还需要改进。

2. 行为核对法：行为核对法是自然观察法的一种，是在教师与家长之间建立的对幼儿行为判定的评价方法。教师将大家通过研究获得的每个年龄阶段每项内容的评价指标及行为列出表格，然后核查行为是否发生或出现。我们在对幼儿生活自理能力进行评价时，将各项指标体系分解为若干行为标准，分阶段对不同的方面进行观察。

教师与家长在运用行为核对评价时，不要因为某个具体行为不到位就全盘否定孩子的能力，要多看到孩子某些行为的进步，加以鼓励和肯定。对确实存在问题的某些行为，也不要夸大强调，要采取正面的方法加以解决。

为使家长与教师在教育评价上达成一致，我们采取以下策略。

1. 教师与家长在共同研究的基础上制定《幼儿生活自理能力发展评价方案》，以使教师与家长达到一致的评价标准及方法。

2. 采取多种形式进行评价沟通，如"观察反馈表""信息反馈条""家园联系手册"等，不断改进和充实评价方案。

3. 课题组定期组织各实验园进行相互观摩研究现场会，分享与调整评价方案，使评价方案在实施中日趋完善，也使家长与教师在评价幼儿生活自理能力时更加客观公正。

良好生活习惯的养成是一个长期的坚持过程，一旦放松，幼儿的不良习惯很容易反复。因此，家长和教师首先不能操之过急，应针对孩子的问题寻找合理的引导策略，应给幼儿逐步尝试的机会。其次，要坚持一贯性的培养，特别是家长要坚定信念，持之以恒，为了孩子终身良好习惯的养成，更好地促进幼儿和谐、全面、健康地发展而坚持。

## 面对护短的家长

**放映机**

　　＊飞飞在幼儿园只要遇到没接触过的事情，就先哭鼻子。他最常说的一句话就是"老师，我不会"。教师想就此事和家长进行沟通，可是家长却是回避的态度。他们不断地为孩子的这种表现寻找各种理由，反复向教师介绍孩子的优点，根本就不正视孩子发展中存在的问题。

*豆豆常常和小朋友发生矛盾，攻击性行为较多。教师在和家长反映这个问题时，家长却说："别的小朋友还经常打我们豆豆呢。"

*有的幼儿总是忘记老师布置的任务，家长怕老师批评孩子，就为孩子承担一切责任。说自己工作太忙，忘记帮孩子完成任务，忘记给孩子带老师要求准备的东西。

## 广角镜

### 担心老师不喜欢孩子

家长之所以处处维护自己的孩子，不一定是因为他们看不到孩子的缺点和问题，而是担心教师会因此而不喜欢自己的孩子。于是就想方设法替孩子遮掩。

### 家长的个性过于好强

有的家长自己非常优秀，性格也比较好强，当教师向家长反映孩子的一些问题时，好强的父母自然很难接受，他们认为自己很成功，孩子也应该和他们一样，处处比别人强才对。因此，不能面对孩子的问题。

### 认为教师在告状

有时候，家长为孩子护短与教师和家长沟通时的语气、态度有很大关系。试想如果你是家长，教师不分青红皂白上来就说孩子今天又闯了什么祸，又出现了什么问题，你的心情也一定不好受，本能地抵抗教师说的话。

### 不相信教师的话

家长和孩子之间是一种血缘关系，他们对孩子的爱往往比较感性，人们常说"父母眼中自己的孩子总是最好的"。而且，他们看到的往往是幼儿在家中的表现，对于幼儿在集体中的表现，他们往往是不了解的。所以，当教师向家长反映幼儿在园中的表现时，他们总是很难相信老师说的话。他们会说："孩子在家从来没出现过这样的问题呀！"

## 金钥匙

### 说明自己的初衷

教师在和家长进行沟通时，一定先要说明自己的初衷，让家长了解每个孩子在成长过程中都会出现这样或那样的问题，每个孩子也都有自己的优点和不足，这是很正常的事情。同时，要让家长感到老师非常喜欢自己的孩子，沟通只是想帮助孩子更好地成长，不会因为孩子有某方面的问题就不喜欢孩子了。

### 单独约谈，解除顾虑

教师在和家长沟通交流时，尤其是交流幼儿存在的问题时，最好能避开其他家长，找个适当的时间，和家长单独约谈，让家长感受到教师对孩子的重视和关爱。在交流过程中，要以诚相待，不要让家长产生被批评的感觉。

**和家长一起分析原因**

教师转变方式，将家长理解的"告状"变成谈心，和家长一起分析孩子出现问题的原因是什么，找到问题的症结。这时，家长会感到你是理解孩子的，是在就事论事，而不是挑孩子的毛病。另外，还要和家长一起商量，可以采取哪些办法帮助孩子。那么，阻隔在你和家长之间的那堵墙自然而然就会消失，家长自然也就和你敞开心扉，无所不谈了。

**创造机会让家长了解孩子在群体中的表现**

教师要通过各种途径帮助家长了解幼儿在集体中的表现，从而对幼儿形成全面而正确的认识。如，家长开放日、亲子活动等。当家长亲眼看到孩子在集体中的表现，看到孩子与同龄孩子之间存在的差距，他们才会意识到问题的存在，也才会认真考虑教师的建议。

**让家长理解替幼儿承担责任对幼儿的影响**

家长袒护自己的孩子，担心被老师批评，这是可以理解的。但作为教师，我们要让家长了解，总是替孩子承担责任，把"怪我""这事不怨孩子"放在嘴边，这样会让孩子养成怨天尤人，推卸责任的不良习惯。家长只有了解了自己这样做对孩子产生的不良影响，才会积极主动地与教师配合。

附：

**"我们家孩子没问题！"**

闻　昕

我工作二十多年，接触了很多不同类型的家长，深深感觉到了家长工作的多样性和复杂性，但是仔细琢磨，这里也是有规律可循的。虽然每个幼儿及其背后的家长都带着各自不同家庭背景和文化的烙印，而且家长之间也会在性别、性格、文化层次、职业、兴趣爱好、习惯以及其他方面上有所差异，面对孩子，他们的教育理念和方法也不尽相同，但是只要我们老师依据一定的原则，做到从孩子出发，从实际出发，个性化、有针对性地与家长平等沟通，协商解决问题，那么越是"个性"的家长越能考验我们的专业智慧，越能促进我们的专业成长。下面这位家长足够"个性"，我们的共育经历也充满了精彩。

豆豆大大的眼睛，胖胖的身体，2岁入园时体重已达45斤，属于肥胖儿。为了孩子的身体健康，我决定和豆豆的爸爸好好谈谈，商量一下帮助豆豆减肥的策略。谁知刚一开口说到超重，豆豆爸爸就火冒三丈，说："我们家孩子没问题，一点儿都不超重，他身体好着呢！他从来不生病，动作也灵活着呢，我们不需要减肥！"面对豆豆爸爸的反应，我虽然很吃惊、尴尬，但也还是接受了，因为我通过其他方面观察也发现豆豆爸爸是那种护短型的家长。对这样的家长不能心急。于是我又找来幼儿园的保健医生帮忙，保健医生给豆豆爸爸提供了关于幼儿体重测量的指标以及许多关于肥胖儿的最新研究材料，并帮他给豆豆制订了减肥的短期计划和长期计划。面对我们的真诚和执著，豆豆爸爸这次要心平气和得多，但他仍然不承认豆豆超重，而且还说："你们不能让孩子饿着，一定要吃饱，要不然我跟你们急！"看着豆豆爸爸的认识有了一点点松动，我便趁热打铁组织了一次家长半日开放活动——户外体育活动游戏"小兔拔萝卜"，想借此机会让豆豆爸爸亲自发现豆豆的超重问题，从而真正转变观念，参与到对豆豆的教育帮助中。

活动中，孩子们扮演的小兔子需要走过独木桥，钻过山洞，爬过草地，最终才能拔到萝卜。在这一系列过程中，几乎所有小朋友完成得都很轻松，这时，豆豆出场了。只见他拖着笨重的身体，根本跳不起来，他摇摇晃晃地走过独木桥，该钻山洞了，他费劲地趴在地上像一个小圆球，好不容易钻出来还没过草地呢，却早已累得气喘吁吁，任凭老师、家长和小朋友怎么喊加油，他都起不来。活动结束后，豆豆爸爸着急地找到我说："老师，今天看到豆豆的表现实在让我太吃惊了，照这样发展下去可怎么办呀？"显然豆豆爸爸已经意识到了问题的严重性。于是，我便和豆豆爸爸重新约时间在一起好好沟通，并详细制订了计划，比如在饮食上进行控制，饭前一碗汤，多食青菜和水果，少吃主食；比如加大孩子的活动量，我们为他量身定做了许多适合他的游戏活动，并监督他克服不好动的习惯。我们最后还一致认为，一定要在家在园给孩子一致的要求，只有坚持配合才能真正有效地解决问题。

经过几个月的共同努力，豆豆的体重有了明显的变化，户外活动也有了很大的进步，我还把精彩片段录下来给豆豆爸爸看。豆豆爸爸眼睛里饱含着泪水，不住地说："谢谢老师，谢谢老师！"

尊重家长，用真诚赢得家长的心，用专业获取家长的信任，换位思考，与家长共同商讨孩子的成长大事，我相信，这样的"道理"对于任何家长都适用，这样的"道理"就是家长工作最根本的一条规律。

## 面对家长的不适当要求

**放映机**

　　*户外活动是幼儿一日生活中最基本的内容之一，冬季进行户外活动更是对增强幼儿体质具有非常重要的作用。可是，总有个别家长对老师说："天太冷了，你们可别带孩子户外活动啊！"

＊小班开学第一天，洋洋的奶奶就对老师说："我家洋洋每天都要大人陪着睡，还得摸大人的耳朵才睡得着，午睡时老师也得陪着她，让她摸着老师的耳朵。"

＊早晨来园时，月月妈妈送完孩子没有走，不停地往班里看。突然，她大声地对着教师说："难怪我们家孩子病了呢！你们怎么不关窗啊？赶紧把窗户关上吧！"

## 广角镜

### 缺少正确的保教观念

当我们抱怨某某幼儿家长不理解教师的工作，总是提出一些不合理或者过分的要求时，你是否想过，也许教师认为的不合理要求，家长却认为是再合理不过的。家长站在个人的角度考虑问题，他们并不知道自己的要求会影响教师的正常工作，不符合幼儿发展的需要，会影响幼儿某方面的发展。的确，许多家长并不知道怎样做才是正确的，怎样做是不合适的，总是从自己的意愿和经验出发照顾孩子、教育孩子。这样看来，有些家长提出的不合理要求并不是成心为难老师，而是因为他们缺少正确的保教观念。

### 眼里只有自己的孩子

现在的孩子真的是众星捧月，家庭中孩子和成人的比例可以达到 1：2、1：4，甚至更高。而在幼儿园里，孩子与教师的比例却是家长很少关注的问题。一些家长眼中只有自己的孩子，根本没发现自己提出的要求在集体条件下是不可能实现的。相反，会认为教师对幼儿照顾不周全，不能满足他们的需要。还有一部分家长仍然以几十年前的旧观点看待幼儿园教师的工作，认为教师其实就是阿姨，和保姆差不多。无论家长提出什么要求都应该满足，教师就应该满足家长提出的所有要求。

### 家长的表达方式问题

部分家长因为性格的原因，表现出态度比较强硬，说话也比较直接。因为自己觉得教师与自己平等、亲近，不把教师当外人。所以有时与教师交流起来表达的语气过于生硬，让教师难以接受。

## 金钥匙

### 晓之以理，讲清利弊

对于那些因教养观念不正确而提出不适当要求的家长，教师可以通过谈话、家园宣传栏、家长会等家园共育形式向家长宣传正确的教养观念，介绍正确、具体、操作性强的教育方法，使家长认识到自己的要求对幼儿的发展会造成怎样的后果，教师之所以不答应自己的要求是有原因的。当家长认识到其中的利害关系，也就很容易接受教师的建议了。如，通过家长园地向家长宣传冬季锻炼对幼儿身心发展的重要作用。在家长会上向家长介绍教师是如何根据冬季的天气特点组织幼儿户外活动的，既达到锻炼的目的，又不让幼儿着凉。另外，教师还可以与提出不合理要求的家长进行单独约谈，让家长了解，为保证幼儿户外活动的安全，教师和保育员要一起组织户外活动，如果让他的孩子独自留在班上，无人照看，是非常容易发生危险的。

**使家长了解教师面对的不只是你的孩子**

对于那些以旧观念看待幼儿教师工作，以及眼里只有自己孩子的家长，教师要尽可能的创造条件，使家长有机会通过多种形式和渠道，了解教师的工作是面向全体幼儿和家长的。如，通过家长助教的形式，在充分利用家长资源的同时，使家长体验到幼儿教师工作的辛苦。通过半日开放，让家长亲眼看到教师要照顾、教育好几十名幼儿的辛劳。

**教师的态度要明朗统一**

有时候，面对家长提出的不适当要求，教师要学会婉转但又坚定地说"不"，让家长明确教师的态度，避免模棱两可，或者教师间态度、做法不统一的状况发生。如，开学初，有家长提出让教师专门看自己的孩子入睡时，有位教师这样告诉家长："您的心情我能理解，我也会尽可能照顾好您的孩子，让孩子逐渐适应在园午睡，但是如果我专门看您的孩子，别的孩子得不到老师的照顾，哭喊严重，您的孩子也会受影响，肯定也睡不好。我们三位老师照顾三十个孩子，肯定没有您一个人照顾一个孩子周全，但我们在这方面非常有经验，一定会让孩子休息好的。您放心吧！"几句话既让家长意识到教师是面向全体幼儿的，自己的要求有些不合适，同时也安抚了家长的情绪，让家长可以比较放心地离开。家长再提出其他要求时，也会先想一想自己的要求是否合理。对于不合理的要求，教师一定要从为孩子好的角度，说清楚不能同意的理由，让家长感到教师之所以不同意是有理有据的。

**坦诚相待**

教师要充分了解本班家长的不同特点，对于那些总是提出不同要求、对教师"发号指令"的家长，教师要在日常一点一滴的小事上，使他们感受到教师对他们提出的要求很上心，并及时予以回复。同时，也要通过自己出色的工作，逐渐地感化家长。如，家长忽略的事情给他们提个醒儿；能伸手帮一下的事情就主动帮个忙；与这样的家长沟通得频繁一些。通过对孩子无微不至的照顾，以诚相待，逐渐赢得他们的尊重。在家长会上，教师要向家长宣传正确的教育观念，让家长了解教师与家长是平等的，两者是合作关系。还可以在家长园地介绍一些"如何与教师进行沟通"等方面的文章，让家长认识到尊重教师就是尊重自己，是个人良好修养的体现。

附：

## 你们应该听我的

闻　昕

要过六一了，孩子们热情地准备着要表演的节目。这一天，毛毛妈妈不高兴地对我说："为什么不让毛毛跳舞？我家毛毛跳舞可好了！"可是据我观察了解，毛毛根本就不喜欢跳舞。我曾经叫毛毛一起进行排练，毛毛总是东张西望，动作领悟较慢，也跟不上其他小朋友，还哭哭啼啼地说："我不跳，我不跳。"毛毛妈妈是一个全职妈妈，是家里的主心骨，里里外外都是她张罗，而且她对毛毛也有着高期望高要求，而毛毛却在妈妈的强势之下越发显得退缩。毛毛妈妈甚至对我们老师都忍不住时常要指点指点："老师，你们应该听我的，我觉得你们班的采光不好，会影响孩子视力的。""老师，你们应该听我的，你们的窗户每天开多久呀？时间太长孩子会生病的。""老师，你们应该听我的，你们墙上的那些画颜色不好看。"……

最初我每每都会谦虚地把毛毛妈的"热情指导"接受下来，但时间一久，我也快崩溃了。毛毛妈这么喜欢给别人强加自己的意志不仅仅影响着我们的正常工作，而且最主要对毛毛的健康成长也不利呀！怎么办？先让她真正了解幼儿园吧！于是，我首先利用每周家长约谈时间给她介绍了幼儿园一日生活的具体安排，以及背后深刻的理念，并让她认识到我班教室的墙面并不是随意布置的，而是根据我班的近期目标和孩子的年龄特点以及实际发展水平而设计的，有着丰富的功能。其次，我又邀请她来参加家长助教活动，和老师共同备课、共同准备活动材料，一起为孩子们组织一次集体教育活动。活动结束后，毛毛妈感慨万分，拉着我的手说："老师，你们真不容易啊！幼儿园真没我想象的那么简单！在活动中我也看到了毛毛的表现，我对她的期望太盲目、太高了，我太不了解孩子了，还是你们说得对！"活动使她对幼儿园和班级有了更深的了解，第二天她就写了一篇长长的活动感悟贴在了家长专栏上，我也被她的真诚感动了。

后来在她的主动申请下，她还成了我班家委会的一员，经常与我们坐在一起讨论班级工作，探讨对毛毛的科学教育方法，这时的她也早已不再像过去那样喜欢说"你们应该听我的"了，而是变成了一个虽然仍然直来直去但却是真正关心孩子成长、关心班级工作的热心家长。毛毛是妈妈变化的最大受益者，她从妈妈的阴影下走了出来，逐渐找回了自信和快乐；而我们教师也因有这样的家长而不断反省、不断进步，品尝着家园共育的果实。

215

# 面对隔代家长

## 放映机

\* 贝贝的爸爸妈妈特别忙，接送孩子的任务全都落到了爷爷身上。可是每次请家长配合的事情，爷爷总是以"不知道啊！""没听说！"回应教师，让教师不知如何与他交流。

\* 晚离园前，教师在班级宣传栏贴了一个通知，请家长协助幼儿收集家中的废旧物品，丰富幼儿园的"小超市"，还可以投放到"美工区"，供幼儿进行手工制作。乐乐奶奶看了这个通知，很不乐意地说："怎么让孩子自己带东西呀？再说了怎么能让孩子玩这些废品呢？"

\* 为了鼓励幼儿准时来园，教师准备了漂亮的小红花。早晨来园的时候，一一奶奶送孩子来园迟到了很长时间，教师对孩子说："一一加油，老师给你准备了一朵特别漂亮的小红花，希望你明天准时来园得到它。"一一的奶奶却说："昨天我们就没得到，今天特意早出来还是晚了，您就给孩子一朵吧！"

## 广角镜

### "隔辈疼"

中国有句俗语："隔辈疼。"这句话是有一定道理的。已经步入晚年的老人们将自己全部的爱都给了自己的儿女，如今，儿女长大成人，他们又将这份爱转移到孙辈身上。许多老人为人父母时，因当时的条件、环境自认亏欠儿女，就想在孙辈身上进行补偿，对孙辈自然也就更加疼爱。

### 心有余而力不足

有些家长因工作忙碌或长期不在孩子身边，教养孩子的责任就完全落在了老人身上。而老人毕竟精力有限，身体也不是很好，他们既要照顾孩子，还要操持家务，有些老人自己的晚年生活也安排得多姿多彩。因此，在配合幼儿园教育方面，不一定是不理解教师的良苦用心，只是年事已高，心有余而力不足。如，教师请家长周末带孩子去踏青时，也许老人身体不好，无法完成这个任务；教师请家长和孩子一起收集资料时，也许老人既不懂得上网，也无暇和孩子一起去书店查阅书籍。

### 陈旧的思想观念

幼儿园里，教师每天都会面对隔代的幼儿家长，有姥姥、姥爷，有爷爷、奶奶，由于年龄的差距，有时候教师会感到他们没有年轻的家长容易交流，有时候还容易产生一些小的误会。这主要是因为大多数老人的教育观念比较陈旧，与教师和年轻家长在观念上存在着一定的差异。老人更多的是关注孩子的身体情况，认为不哭不闹、不生病就行了。当孩子出现一些不良的行为习惯问题时，祖辈往往不太关注。而这时如果和老人谈这些问题，往往会让他们误会成老师嫌弃他们的孩子或者老师不喜欢他们的孩子。

### 对"幼儿园""幼儿教师"的理解存在偏差

教师感觉与老人不容易沟通还有一种原因，那就是老人对"幼儿园"以及"幼儿教师"的理解还停留在过去的时代。他们往往认为幼儿园就是"托儿所"，就是看管、照顾幼儿的地方；"幼儿教师"就是哄孩子的。因此，从心理上不重视与教师的交流和沟通，也不重视教师的看法。

## 金钥匙

### 理解老人的心情，不要强求

作为教育者，我们要充分理解老人疼爱孩子的心情，不要动不动就说老人糊涂，不明智。教师不应该强求老人像年轻父母一样支持配合你的工作，而要酌情而定。另外，在实际工作中，我们还常常看到这种情况：因教师某件事情没有交代清楚，或老人在理解上出现偏差，有的老人就会产生急躁情绪，进而对教师发牢骚，甚至发脾气。作为教师，无论老人是蛮横无理，还是倚老卖老，教师都应注意把握言行的分寸，对待老人要更加细致、热情。为人师表要求我们要给幼儿树立榜样，要尊重长辈，即使他们有不对的地方，也不能与其争执。

### 以身作则，建立情感

对于那些思想比较陈旧的老人，教师要努力通过自身良好的形象，待人接物、为人处世上的周到、周全，以及专业水平使老人逐渐改变对"幼儿教师"的看法，赢得老人的尊敬、信任与支持。另外，教师也要根据老年人的特点，在工作中更加注意细节。比如，组织活动时，搀扶一下老人；出通知时，字写得大一些，方便老人看；跟老人交代事情的时候，语速慢点儿，音量稍大些或者写好字条请老人带回家给孩子的父母。人与人相处，情感作用很大，教师要通过自己的努力工作和老人之间建立起一定的感情，让老人感受到教师对他的尊敬与照顾。

### 重要的事情和父母谈

尽管老人文化水平低、思想观念相对陈旧，对孩子有一定影响，但我们并不能因此责怪老人，要学会让老人接受新观念，在教育理念和方法上跟上时代的脚步。如果有些事情实在无法和老人说清楚，教师可以和父母谈，让父母协助我们做老人的工作。如，有的幼儿某方面的行为习惯不好，教师在与老人进行沟通后，不能取得他们的支持，观念上无法达成一致，教师可以与幼儿父母进行沟通，并嘱咐父母就此事与老人再次进行交流，取得他们的理解和配合。

**对老人也要适时引导**

老人对孩子特别是隔代的孩子愿意全心全意地付出，他们对孩子的爱是无原则的，只要孩子提出要求，哪怕不合理，老人都会不打折扣地满足，有求必应，能自己做的绝不让孩子动手。对于班里这样的老人，教师要心中有数。可以单独组织隔代家长会或用约谈的方式，浅显地告诉隔代家长一些教育原则和教育方法，告诉他们迁就孩子并不是爱，要对孩子有要求，从小培养孩子的独立能力。

附：

## 隔代教养对幼儿心理健康的影响

李　奕

我们先来看看三个孩子的故事。

**小明的故事**

小明的父母在国外，他长期与爷爷奶奶共同生活，3岁后上幼儿园，与老师谈话时总是左顾右看，不能直视教师的目光。经常不论是集体上课还是其他安静活动，他总是不能融于集体，总是自己站起来做一些动画片中的攻击性动作，自由游戏中也是自己玩，体育游戏也不能遵守游戏规则。

在一次去中华民族园春游进餐时，老师看到小明吃完了，就亲切地问"小明还吃吗？"同时又递给他一个面包，他迅速斜视了一下老师把头甩到另一方向表示不吃了。老师又递给他一根火腿肠，他不看老师，迅速把火腿肠从老师手里"抢"走，吃了起来。一会儿发饮料，旁边的小朋友递给他，他不接，小朋友放在旁边，不再看他时，他迅速拿走，用吸管插时，插不好，生气地看了旁边小朋友一眼，并不请别人帮助，烦燥地使劲插了几下，插好喝了起来。

户外游戏时，小朋友们在玩"狡猾的狐狸"，大家都闭着眼睛，等老师请自己来当"狐狸"，小明不闭眼，跑到滑梯处去使劲敲打滑梯。

在一次的家长开放日时，小朋友都在安静进餐，小明自己拿筷子打枪并大声说话，教师及他奶奶提醒也不能停止。用手抓饭，掉了满桌的饭粒。奶奶笑着说："就你吃得热闹。"

开放活动结束后，小朋友都被接走了，在活动室，教师与小明的奶奶进行了交谈：

老师："小明在家里喜欢玩电子游戏吗？"

奶奶："他在家里可乖了，不像在幼儿园这样，就喜欢电子游戏，用电脑玩游戏可棒了。吃饭也自己吃，不像别人家的孩子还让喂。"

老师："小明在家经常与您交谈吗？"

奶奶："基本自己玩，还弹钢琴，有时说幼儿园小朋友的事，××小朋友与他一起打仗了，当奥特曼战士了等。"

老师："小明的父母现在回来了，经常和他在一起玩吗？与他谈话吗？"

奶奶："他爸爸、妈妈忙，很少回来，有时带他去玩一天。"

老师："小明不太会与小朋友交往，希望您和他妈妈、爸爸多与他说说话，为他创造与成人及小朋友交往的机会，鼓励他大胆地用正确的方式表达自己的需要，逐步适应集体活动。"

小洋的故事

小洋从2岁开始与姥姥、姥爷一起生活，父母工作很忙，很少来看他，小洋在幼儿园情绪不稳定，经常因为一点小事与小朋友发生矛盾，然后气急败坏地大哭大叫拍桌子。在小朋友自由结伴游戏时，他经常找不到伙伴，但小洋有着很强的动手能力及创造能力，会用废旧材料制作玩具，经常受到小朋友和老师表扬。

一天小朋友在上床睡觉时，一个小朋友经过小洋的小床时扶了一下，他生气地说："别摸我的床！"另一个孩子看到了也去摸了一下，小洋更生气了就要打人，并且大声喊叫："别摸我床！"又有几个孩子来摸，他一边推小朋友，一边哭，并且摸一下床，向小朋友做扔东西状，说："把脏东西扔你们身上！"老师请小朋友都离开，小洋情绪才稳定下来。

老师："小洋你摸一下小床脏了没有？"

小洋："没有。"

老师："小床没有脏，你却那么生气，舒服吗？高兴吗？"

小洋："不舒服，不高兴。可是他们就是不能摸我的床！"

春节过后，老师和小朋友一起讨论节日中最高兴的一件事，小洋说："我哪儿都没去！没有高兴的事！"同时做出很得意的样子。有的小朋友说去庙会了，小洋说："破庙会。"有的小朋友说买了新玩具很高兴，小洋说："破玩具，我们家有！"讨论后老师让小朋友们把自己高兴的事画出来时，小洋画了与爸爸、妈妈、姥姥、姥爷一起去公园的情景，画面丰富、生动，并且给老师讲了他们去玩的经过。在讨论活动中，小洋经常采取这种方式来吸引老师和小朋友的关注，如果老师提醒他或者批评他，他会更高兴地看着老师笑，好像在表扬他。而老师的表扬有时候能暂时改变他的不良行为，多数时候他会表示逆反。

一年当中第二次见到小洋的爸爸是在一次家长会上，于是留下来与其谈小洋的情况，希望父母要多关心小洋。从教师这方面分析小洋的一些不良行为根源在于依恋的情感得不到满足，于是情绪不稳定，例如：每到周三，许多小朋友被接回家就不寄宿了，小洋不知道有没有人来接，就会一天都烦燥，易怒；如果几个周末没有见到父母，星期一来幼儿园就会不高兴，用不良行为来吸引老师和小朋友的关注，获得满足。

小洋的父亲说："最近我也发现了他的一些不好的习惯。这几年他在姥姥家，我们没有重视对孩子的教育，老人也只管孩子吃饱了就行了，都没有什么文化；同时小洋也养成了许多不好的生活习惯，孩子与他们在一起想干什么就干什么，不摔不碰就没人管了，家里的事也不好跟您多说。最近我们准备自己带孩子了，孩子还得自己来管！希望老师多费心。"

闹闹的故事

闹闹与爷爷、奶奶一起生活，由爷爷接送，一般在幼儿园寄宿。闹闹与爷爷非常好，每次来接都扑到爷爷身上，非常高兴，在幼儿园里他经常说的一句话是："我爱我妈妈。"有时周一从父母家来，他会哭着不停地对妈妈说："妈妈我爱你，妈妈我爱你！星期五来接我。"而到了周末往往妈妈没有来，闹闹同样高兴地跟爷爷回家，星期一来幼儿园对老师说："我妈又考试，我家又装修……所以我妈妈下星期来看我！"

春节长假后来园，闹闹拉着妈妈不肯松开，说妈妈答应带他去玩，结果哪儿都没去就又该上幼儿园了，妈妈由耐心变为急燥，把他推给老师生气地走了，闹闹的火山终于喷发了，踢幼儿园的东西，摔玩具，不肯听老师的劝说，只喊"妈妈我爱你"，并大哭不止，小朋友们都害怕地躲开他，户外游戏他找小朋友玩，大家都躲开了，他就越生气，开始打人，有意识地做一些危险的事，以不和大家在一起来发泄不满情绪。

一次美术课后，同桌的小朋友忘记了写名字，随后用了他的笔写了一个名字，他就要把小朋友的画给撕掉，老师把画收起来了，他又打人，又发脾气，对小朋友的道歉不接受，非要打小朋友，对老师的劝告不予理睬。最后，一名老师将他带离教室，半小时后他才平静下来。回班后他依然对小朋友表现出恶狠狠的样子。

周末离园前老师与其爷爷进行了对话：

老师："闹闹在家里也经常发脾气吗？"

爷爷："在我儿这一般没事，有一次半夜非要找他妈，哭了一个多小时，最后把他送去了。"

老师："妈妈每次接他回自己家，他也这样吗？"

爷爷："他妈妈很少接他，来了就惯着他，要什么给什么，把奶奶家床单剪了，妈妈说他在练习用剪刀，不能批评，没法说。"

老师："春节没有带他去玩，他在家发脾气吗？"

爷爷："他妈说在家比在幼儿园哭闹更凶，一不如意就哭一两个小时，烦死了，都不愿再接他了。"

从爷爷的谈话中，我们发现了妈妈从不管到一味骄纵，答应孩子的事不去实现，孩子对母亲的情感依恋不够稳定，得到了又总怕失去，妈妈高兴了顺从他，不高兴了就放在奶奶家不管不问，致使孩子由情感宣泄转化为不良行为。

**故事背后的理解与分析**

1. 祖辈对孩子的关注程度和关注方式。

总体来看，祖辈对孩子在其视线之内活动时，对孩子关注程度较低，与孩子做平行活动多，即各做各的事，与幼儿共同游戏少，语言交流少，当孩子提出要求时才关注孩子的需要，不太注意孩子心理发展情况，不了解孩子想什么，不太注意孩子的情感变化，认为不哭不闹、不生病，孩子就很好。

当孩子出现一些不好的行为习惯时，如打人、随便翻动东西、发脾气、蛮横、摔东西、对他人不礼貌时，祖辈往往不太关注这些行为会对孩子今后发展产生什么不良的后果，而是说说就算了，孩子听不听，是否有改进并不关注，能提出规则却不坚持要求。甚至有的老人认为孩子小没什么，树大自然直，孩子哪儿都好，不承认孩子有心理问题，不对孩子的问题进行正确的指导。

2. 祖辈对孩子的教养方式。

祖辈对孩子多表现为爱孩子，无条件满足孩子的需要，能纵容孩子的天性，孩子精神环境极大宽松，没有压力，极度自由，为他们提供了模仿、探索的机会。但从心理发展方面看，祖辈并不能代替孩子的父母，孩子对父母的情感依恋需要不能得到满足，隔代教养对孩子的心理健康发展并不尽如人意。

（1）过分的溺爱和放纵容易使幼儿过于"自我中心"，影响自我意识的发展，形成自私、任性的不良性格。

自我意识是人类特有的意识，是作为主体的我对自己，以及自己与周围事物的关系，尤其是人我关系的认识。自我意识的发展让幼儿从"自我中心"中摆脱出来，使其正确认识自己并正确认识别人。幼儿积极的自我意识往往来自于成人的教养方式。幼儿时期不仅要学会了解别人，又要学会如何使自己适应别人，同时还开始学会把自己和别人的行为相比较，在成人帮助下学会简单地评价别的同伴的行为和自己的行为。经过对全班幼儿的调查发现，凡是隔代教养的幼儿与父母直接教养的幼儿存在明显的差异。

老年人格外疼爱孩子，往往陷入无原则的迁就和溺爱之中。同时又由于隔辈人都是独生子女，老人又怕照顾不好，儿女们责怪，于是更加事事依着孩子。孩子有了错误也不及时纠正，孩子不合理的欲望也常会无原则地满足，而当父母对孩子进行教育时，祖辈又会出面干涉，时间长了，孩子会认为自己是家庭的"主宰"，稍不合意就通过发脾气等任性行为达到目的，以满足自己的非分要求。孩子的自我认识、自我控制、自我评价得不到良好的发展，以至于孩子从小不会自我调节和控制自己的行为，想做什么就做什么，自己的愿望得不到满足就会产生情绪波动强烈，或攻击性行为，不能与同伴友好相处，不融入集体。

（2）过分保护扼制了孩子的独立能力和自信心的发展，增强了孩子的依赖性，使孩子过于娇气，适应社会能力差，表现为胆小、退缩、不会交往。

陈鹤琴先生曾说过："凡是孩子自己能做的事，让他自己去做。"这样才能培养孩子的独立性、自主能力和责任感，增强孩子的社会适应能力。而不少祖辈往往包办孩子的一切事情，怕孩子吃亏就不愿意让孩子与其他孩子一起游戏，怕孩子摔倒就为孩子扫清一切障碍。这种心理不仅是不现实，也是不可能的；相反这样做只会为孩子在心理上造成不良的影响。

（3）仅凭借祖辈的爱，满足不了孩子的情感需要。

有人说母爱是最伟大的，良好的情绪情感是儿童心理健康的重要标志，它是通过良好的家庭教养方式来获得的。从心理发展过程来看，0～5岁这一时期的儿童最需要的是父母的关怀，满足他们对父母正常的情感依恋，这对幼儿今后的心理健康发展起着极其重要的作用，这种情感的需要是祖辈们不能满足他们的。而祖辈的迁就溺爱无形中滋长了孩子的依赖性，容易形成任性、骄纵、蛮横等心理弱点和不良习惯。只有使孩子被爱的需要得到满足，孩子才能心理健康发展，正如马斯洛的"需要五层次论"所说的"只有一个层次的需要得到满足后，才能产生更高层次的需要"。而祖辈的爱更多地在满足幼儿的生存需要和安全需要，而对于更高层次的需要——情感归属的需要只有父母才能满足，否则孩子不会产生被激励、被尊重的第四层次需要，情感没有得到稳定的归属。孩子往往表现为对正面鼓励教育方法不接受，甚至用不良行为来吸引成人的关注，从成人的批评中获得满足，久而久之影响了幼儿心理的健康发展，养成不良的行为习惯。

（4）教育意识的缺乏和教育方法的不当使孩子错失了形成与他人合作、关心他人、热心帮助他人等友好交往品质的良机。

父母在幼儿与他人交往过程中总是引导孩子如何与小朋友友好游戏，与同伴发生纠纷时，比较冷静，注意引导幼儿用正确的方法解决问题。而祖辈总是从自己孩子的"利益"出发，想方设法为孩子讨回"公道"，往往说某某是坏孩子，下次你也要把他怎样才对，这样"不吃亏"的教育很容易使孩子滋长骄横、霸道的不良习性。在集体生活中这样的孩子因为"不吃亏"，经常与小朋友发生纠纷，不能友好游戏，他们内心并不快乐，"不吃亏"的教育对孩子的心理健康产生了不良的影响。

**对幼儿教师的教育建议**

1. 教师要正确理解"隔代亲"感情基础。

教养第三代，使老人能够体会到自我价值感，他们往往全身心投入地去教育第三代，同时也满足了他们对孩子的依恋情结，老人与孩子同有一种天然的亲密感，与孩子在一起总是那么开心、亲密、和谐，孩子成了老人生活的中心。他们对孩子有一颗慈爱、宽容的心，希望孙辈健康、平安、快乐地成长。孩子在老人身边感受不到压力，使隔代教养显得自然、和谐。为此，教师面对孩子的祖辈时应充分认识他们对孩子无私的爱，并在各种机会中与之沟通，争取家园教育在合作中达成一致。

2. 教师和年轻的父母要主动与祖辈沟通，帮助他们转变教育观念，掌握一定的教育方法，取得教育上的协调一致。

为老人提供学习的机会，开拓老人的视野。借助教育知识讲座、家教书刊或介绍一些好的教育实例来丰富老人的家教知识，提高家教质量，当发现老人的教育方法不妥时，应侧面提醒，帮助老人改变教育态度和方法，指导老人更多地关注幼儿的心理健康。如，幼儿教师可以通过家长会的形式向老人介绍幼儿心理特点，用孩子的具体实例来帮助老人分析如何对幼儿进行正确的指导，分析不良的教养方式给幼儿心理发展造成哪些影响，对幼儿目前存在的问题提出指导建议。同时也可采用个别交流的形式与老人共同分析孩子发展现状，在教师对老人的理解基础上，提出家园共育措施，或可以通过共同带幼儿郊游、参观等活动，自然地向老人渗透教育观念与方法。

3. 教师应指导年轻的父母明确自己的教育责任。

作为教育工作者，教师在教育幼儿的同时，也担负着指导家庭教育的责任。我们立足于幼儿心理健康的角度向孩子的父母提出以下几点建议：如果孩子长期与祖辈在一起生活，首先即使再忙，也要每周抽出时间和孩子在一起，观察孩子的心理需要，并且及时满足他们。节假日要把孩子接到自己身边共同生活几天，陪孩子游戏、玩耍、学习，与孩子交流，倾听孩子的心声，尽到父母应尽之责，加强亲子感情。如果暂时不能去看孩子，一定要让孩子有一个心理准备，向他们讲清原因，让他感受到父母的关爱随时都在自己身边。因为孩子十分敏感，讲明白对孩子来说也是一种安慰。如果身在异乡，也要利用电话、书信、电子邮件等先进的通讯工具与孩子经常联系，与祖辈沟通、了解，关心孩子的生长发育等情况，虽然远在异乡，也要让孩子感受到父母深深的爱意。

总之，隔代教养作为一种客观存在的家庭教育方式，对孩子的心理健康发展产生着极大的影响，所以，我们应清楚地认识到隔代教养为幼儿心理发展造成的不利影响，在隔代教养过程中不断研究、探索克服其不利影响的有效方法，使现有的隔代教养方式得以改进，使孩子们快乐、健康地成长。

# 面对总是生病的孩子的家长

## 放映机

\* 早晨来园的时候，老师听美美有点儿咳嗽，就对妈妈说："孩子是不是不舒服呀？"美美的妈妈说："是呀！周六周日两天都没事，昨天刚来一天，晚上回家就咳嗽了。这孩子也不知道是怎么了，一来幼儿园就生病。"

\* 前几天班上有个孩子得了手足口病，幼儿园立即根据上级要求停班。几天后，班上另外一名幼儿家长电话通知教师，自己的孩子被传染上了，而且情绪非常激动，言语中充满了对幼儿园的不满。

\* 天天平时吃饭胃口特别好，体形偏胖，在幼儿园体检时被界定为肥胖儿。教师与家长沟通，希望能够一起控制孩子的饮食，家长却不赞同，他们认为孩子能吃是好事，胖点儿挺可爱的。可是，天天常常因为积食、上火、消化不良而生病。一旦病好了，天天的家长就又开始大鱼大肉地给孩子吃。

## 广角镜

### 认为教师照顾不周

幼儿生病有多种原因，如季节变换、抵抗力差、自身体质差、成人照顾不周等。幼儿入园前因为有专人照看，家长非常了解孩子的身体状况，环境相对单一，因而生病较少。幼儿入园后，因为环境、看护人、习惯和时间表的变化带来许多不适应。这些对孩子的生理、心理都提出了新的挑战，再加上孩子年龄小，抵抗力弱，因而很容易生病。但是，有些家长并不会考虑这些因素，认为幼儿园孩子太多，教师照顾不周到，也许户外活动没给孩子添衣服、喝水太少、空调温度不合适等。

### 缺乏健康常识

尽管幼儿园的卫生消毒工作非常严格，但仍旧避免不了一些传染性疾病的发生。因为幼儿的生活环境不仅包括幼儿园，他们接触的人群也不仅包括幼儿园里的同伴，他们还会和邻居、亲戚的孩子接触，和家长去一些公共场所等。而传染病是有潜伏期的，如果班上某位幼儿身上带菌，却还没有症状，保健医生和教师都是很难发现的。当幼儿发病时，即使停班，也可能已经传染了其他幼儿。然而，许多家长并不考虑这些因素，他们会认为幼儿园卫生消毒工作不到位，保健医生或教师没有及时发现等。

### 保育观念不正确，方法不得当

有些家长在照顾孩子时，观念不正确或者做法不得当。如，天气稍凉一些，就给孩子捂得严严实实；在幼儿园吃了晚饭，回家后仍旧给孩子大鱼大肉地吃着；休息时就待在家里，不注意带孩子锻炼身体；不论什么季节，只要孩子想吃冷饮从不阻拦。以上种种做法致使孩子抵抗力逐渐降低。

## 金钥匙

### 向家长介绍幼儿园卫生消毒及保育工作

许多教师非常注意向家长介绍班级活动，幼儿的在园表现，以及正确的教育方法等，但是对于幼儿园的保育工作却常常疏于宣传。实际上教师可以在学期初的家长会上，或者通过班级宣传栏向家长介绍幼儿园的卫生消毒工作。如，水杯、毛巾的消毒；被褥、床单多长时间清洗、晾晒等，让家长认识到幼儿园是非常注重这方面工作的。另外，教师还可以向家长介绍班级如何进行通风、室温的控制，幼儿饮水量、户外活动如何根据天气、幼儿活动量给幼儿增减衣服等。其实，这些是我们每天都做的工作，而家长并不十分了解，产生误会也是在所难免。所以，教师切不可忽视这方面的宣传。

### 有针对性地丰富家长健康及保育常识

对于那些缺乏健康保育常识的家长，教师要注意有针对性地加以引导。如，在班级宣传栏介绍冬季户外活动对增强幼儿抵抗力的意义，肥胖对幼儿身体的危害，幼儿的饮食健康，冬季如何给幼儿穿合适的衣服，一些常见传染病的基本常识等。另外，教师还要向家长宣传晨、午检的意义，并请家长为了自己的孩子和所有孩子的健康，一定要积极配合。同时，也要请家长注意观察孩子的身体情况，如身上出疹、发烧等都要及时去医院检查，并将幼儿检查结果及时告知教师。在排除传染的可能后，再将幼儿送到集体中。

### 关注节假日及季节变化

在节假日到来前以及季节变化时，教师更要多加关注孩子的健康问题，提醒家长少带幼儿去人流密集的地方，注意个人卫生。季节变化时，及时通过家长园地向家长宣传健康知识。

### 对体弱儿多照顾

对于那些先天体质比较弱的幼儿，教师要和家长单独进行沟通，了解家长的需求，让家长感受到教师对孩子的关爱。在日常生活中，教师在照顾这些幼儿时要更加细心。如饮水量、进餐量、穿衣、午睡等。也要多观察这些孩子，当孩子身体有异常时，及时告知家长。

## 温馨提示

有些年轻父母，工作忙碌，又不太懂得怎样照顾孩子，使得孩子常常生病。教师要注意经常给这样的家长提个醒儿。如，孩子穿得太单薄，身体不舒服应该让孩子适当地休息，该给孩子换厚被子了等。另外，即使教师知道幼儿是因病缺勤，也要注意打电话了解幼儿身体恢复情况；如果幼儿需要长期休息，教师最好能够进行家访，切不可不管不顾，让家长觉得教师缺少责任心。

附：

### 家园携手，让"小豆芽"大变身

张文杰

"健康第一"是幼儿园教育的首要任务。健康既是幼儿身心和谐发展的结果，也是幼儿身心充分发展的前提，健康是幼儿的快乐之源。离开健康，幼儿就不可能尽情游戏，也不能专心学习，甚至无法正常生活；幼儿时代的健康不仅能够提供幼儿期的生命质量，而且为一生的健康赢得了时间。

随着人们生活水平以及健康意识的不断提高，幼儿园中的体弱儿、"病秧子"似乎越来越少，然而，仍旧有这样一些幼儿的存在。他们需要教师更多的呵护与照顾，需要家园合作，共同努力，才能帮助他们健康茁壮地成长。

我所在的中班，曾经有这样一个小女孩，她叫乐乐。从这个小名中，不难看出，乐乐的爸爸妈妈一定希望他们的女儿快乐地成长。然而，乐乐的身体健康状况却不容乐观。通过对乐乐一段时间的观察，我发现乐乐主要存在以下健康问题：

第一，身高体重虽然在正常范围内，但仍旧比较瘦弱。

第二，相对于同龄幼儿来说，其饭量比较小，从不添饭，胃口较差，没有什么饭菜是她特别喜欢吃的，同时对于一些很少吃的食物，如蘑菇等，基本不吃。

第三，眼睛下方经常肿胀，有很大的眼袋，眼睛缺少光亮，头发没有光泽，皮肤晦暗，总是没精打采。

第四，动作发展方面较差，动作不协调，力量较差，喜欢安静的活动。

第五，抵抗力比较差，经常感冒，所以来园常常是"三天打鱼，两天晒网"，生病的时候鼻炎一般都会发作。

第六，直到5岁时午睡仍旧会尿床，有时做着操或参加着集体活动，也会尿裤子。

作为教师，面对乐乐的身体健康状况，我十分担心。于是，我主动与乐乐的家长进行交流，寻找造成这一问题的原因。通过交流，我发现乐乐的家庭背景对乐乐的健康有很大的影响。乐乐的父母是外地留京的大学生，为了能够在北京安家立业，一直忙于事业，生育时母亲35岁，父亲40岁。怀孕期间，母亲工作压力很大，常常加班加点。父亲在银行担任管理工作，母亲是公务员，家庭经济状况良好。每天车接车送，幼儿和父母及保姆住在一个各方面设施都比较健全的市中心的小区内。乐乐的爸爸妈妈工作忙碌，因此回家时间不固定，饮食和睡眠也缺少规律。父母一直认为自己生育晚，怀孕期间又没有注意营养和休息，孩子出生时体重偏轻，成长过程中也较一般的孩子体质弱，容易生病，所以十分注意对乐乐身体的照顾。孩子稍微有一点儿咳嗽就赶紧吃药，天气稍变一点就赶紧加衣服。为了防止幼儿晚上起床小便着凉，直到4岁多仍旧用尿不湿。其父母在教育问题上非常注重早期的智力开发，利用业余时间给乐乐报了许多兴趣班，如钢琴班、绘画班、拼音班、思维训练班等。回到家后，也把时间安排得满满的。

通过家园沟通，为我从多角度分析乐乐的健康状况提供了依据，以下是具体的分析：

第一，从遗传方面看，该幼儿的父母在生育时年龄较大，已经错过了最佳生育期，再加之父母在孕前没有调整好自己的身心状态，对幼儿今后的身体状况造成了一定的影响。

第二，从母亲的孕期情况看，母亲在孕期没有注意休息和补充营养，饮食和睡眠都没有规律，没有给胎儿的成长创造一个良好的环境。

第三，从家人生活方式方面看，由于幼儿父母饮食、睡眠都没有规律，所以对幼儿产生了消极的影响，幼儿常常半夜不睡，早晨不起，或者没精打采。饮食方面，幼儿经常吃零食，吃饭时间不固定，再加上父母没有时间做饭，老人也常常凑合，所以幼儿没有养成定点进餐的习惯，胃口也比较小。很多食物家中基本不做，幼儿也就养成了偏食的习惯。

第四，从生活环境方面看，幼儿所在家庭无论其经济条件还是所在社区环境都很好，但是并没有充分地加以利用。幼儿车接车送，休息时间被许多兴趣班填满，且都是安静的活动。老人身体不好，父母没有时间，都没有时间和精力带孩子进行体育锻炼，致使幼儿身体得不到锻炼的机会，形成了喜欢静不爱动的性格。

第五，从父母的教养观念方面看，乐乐的父母都属于高级知识分子，非常注重幼儿智力的开发，但却忽略了健康对幼儿的重要意义，没有认识到健康是幼儿各方面发展的基础和前提。另外，由于父母生育年龄晚，又觉得孕期亏欠孩子，所以对幼儿呵护备至，小心翼翼。幼儿就好比温室的花朵，越养越娇气，受不了外界环境一点儿变化。

正是以上种种原因，影响了幼儿的健康状况。

问题的症结找到了，我与乐乐的父母进行了比较深入的谈话，将我的分析一一告诉家长。家长对此十分认同，他们没有想到，乐乐身体弱，抵抗力差，容易生病，恰恰是自己造成的。在对这个问题达成初步一致的看法后，我和乐乐的家长又围绕着"怎样让乐乐健康茁壮地成长"进行了商议。之后，我们确定了以下三个策略：

第一，父母树立榜样，养成科学、合理的生活习惯。

父母是孩子的榜样，幼儿受家长潜移默化的影响，这些影响中既包括良好的生活习惯，也包括不良的生活习惯。乐乐受父母影响，生活作息缺少规律，这对健康造成很大影响。要想改变这种现状，父母首先要调整自己的生活作息时间，为孩子树立良好的榜样，养成科学合理的生活习惯。乐乐的父母表示，以后无论多忙，他们都会有一个人专门负责乐乐的睡眠，以保证乐乐充足的睡眠时间。妈妈还说，以前半夜回到家孩子已经睡了，可总是忍不住想跟她亲昵一会儿，所以常常把孩子叫醒。自己这种做法太自私，也太不负责任，以后一定不再这样做。同时，我还建议家长，即使假期或周末在家，也尽量要按照幼儿园的作息时间安排生活。

第二，少吃零食，注重饮食健康。

幼儿的饮食习惯、口味往往受家庭的影响，而饮食是否科学、健康，又与家长的饮食观有很大关系。乐乐的家庭经济条件很好，可是父母却缺少健康的饮食观念，致使乐乐养成爱吃零食、偏食、进餐不定时的习惯。我建议乐乐的家长可以带乐乐去看看中医，调节一下脾胃功能。另外，可以根据乐乐的营养状况有针对性地进行食补，减少零食的摄入量。家庭中也要调整饮食结构，尽量丰富一些，让乐乐尝试接受各种食物。

第三，全家动起来，提高幼儿锻炼的兴趣。

体育锻炼对幼儿体能的发展、运动兴趣的培养都是十分重要的，健康的身体离不开体育锻炼。然而，乐乐父母所给予她的看似优越的生活，车接车送，学习各种兴趣班，恰恰剥夺了孩子锻炼的机会和时间。因此，我建议乐乐的父母要根据乐乐的身体情况进行适宜的锻炼。比如周末全家去公园游玩，晚上在小区里散步、跳绳，学习游泳或者其他一些体育项目等。

经过家园双方一个学期的努力，乐乐的脸色逐渐红润起来，胃口也比从前好了很多，户外活动也比从前活跃了，另外，也不再像以前那样容易生病了。无论是家长还是幼儿园的老师们，都欣喜地发现乐乐已经不再是从前那个弱不禁风的"小豆芽"。

家庭教育往往渗透在家庭生活中的方方面面，起到潜移默化的作用，家长的生活习惯、健康观念往往影响着孩子。作为教师，我们不仅要关注影响幼儿健康的园所因素，同时要善于发现、全面分析、积极引导对幼儿健康有重大影响作用的家庭因素。只有家园合作，携手努力，才能让幼儿健康快乐地成长起来。

# 面对在幼儿园受伤了的孩子的家长

## 放映机 📽

\*区域游戏的时候，娃娃家忽然传来一阵哭声，教师跑过去一看，原来是丁丁和豆豆两个人因为争夺一样玩具打了起来，丁丁把豆豆的脸抓破了。晚上离园的时候，豆豆的妈妈看到孩子的脸受伤了，非常不高兴。

\*"老师，昨天晚上我给孩子洗澡的时候，发现一一的腿上有一块青紫，她昨天是不是摔着啦？""噢，我们没看见孩子受伤呀！孩子也没有跟我们说，您问过孩子是什么时候摔的了吗？""孩子也说不清楚，我问她有没有小朋友推她，她一会儿说有，一会儿又说没有。"家长见教师也不知道原因，就没再说什么。

\*午饭前讲故事的时候，小朋友们都认真地听着，可是平平却像给老师伴奏一样，不停地摇晃着椅子，老师看他这样影响小朋友，又担心他摔着，就提醒他安静坐好。可是提醒了好几次，平平都控制不住。一不小心，真的把嘴磕在了桌子沿上。家长不问青红皂白，直接将教师告到了园长那里。

## 广角镜 🔍

### 认为教师责任心不强

当幼儿受伤后，尤其是教师在没有及时发现，不能向家长描述清楚整个事件的原因及过程时，家长就会将责任归结到教师身上，认为教师照看不周，责任心不强，不能照看好幼儿。

### 孩子受了欺负

有些幼儿受伤，是因为同伴间发生矛盾。其中一名幼儿有攻击性行为，造成另外一名幼儿受伤。当家长看到自己的孩子在与同伴争执中受伤，就会认为自己的孩子受了欺负。家长哪能眼看着自己的孩子受欺负呀？于是就会找老师主持公道，要找"欺负人"的孩子家长评理，甚至要教训"欺负人"的那个孩子。

### 担心留下后遗症

如果孩子在幼儿园受伤比较严重，如骨折或者脸上受伤，家长肯定会特别紧张，担心留下后遗症，或者"破相"，影响孩子外貌等。

**全家的"宝贝儿"**

现在的孩子大多都是全家几口人照看一个，走到哪儿都有大人跟随。尽管家长们精心照看，仍旧避免不了磕磕碰碰。家长们往往可以原谅自己的粗心大意，可若是孩子在幼儿园磕碰，家长们就很难释怀了。所以，当孩子在幼儿园受伤后，家长们肯定是心疼得不得了。有些家长甚至会有这样一种想法，我们家孩子长这么大都没摔过一个跟头，怎么一上幼儿园就受伤了呢？如果教师处理得欠妥当，没有得到家长的理解和谅解，家长就容易记在心上，得理不饶人，到园长那里投诉。

**不了解孩子的年龄特点**

幼儿天性好动，交往能力有待提高，在与同伴相处中容易发生争执，甚至出现攻击性行为，动作发展也很不协调，这些年龄特点都是幼儿容易发生磕碰不可忽视的因素。而幼儿园一个班三十左右个幼儿，一位教师带班，保育员有自己要完成的工作，只能根据情况进行配合，因此，很难同时关注到每个孩子的动态。但家长们往往不了解孩子的这些年龄特点，当孩子受伤后，有些家长就会将全部责任归结在教师身上。

**金钥匙**

**换位思考，用诚恳的态度以心换心**

如今，幼儿园里年轻教师越来越多了，好多教师尚没有为人父母的角色体验，有的即便是已经做了父母，在与家长沟通时，也常常会遇到难以达成共识的局面，这就需要教师更加体谅为人父母的心情，并从父母的角色去体会家长的心情和需求。孩子在集体活动中有时手或头碰破一点儿皮，家长接孩子时十分惊讶、十分心痛是肯定的，而有的教师表现出若无其事的态度，认为家长大惊小怪。很有可能就是因为教师的这种态度，小事才演变成了大事。家长会觉得教师冷漠，对工作不负责，进而影响家长与教师的关系，人为地给家园沟通设置了障碍。如果教师从孩子父母的角色去心疼孩子，或是换个角度想想，如果受伤的孩子是自己的孩子，那就会很自然地理解家长的心情，处事态度也会大不相同，那么家园沟通就不会受阻。无论运用何种方式、何种技巧与家长沟通，最为关键的是要以诚待人，以心换心，同时努力提高自己的道德修养和理论水平，这样才可以架起心与心之间的桥梁。

**放下心理包袱**

面对这种情况，也许你会很紧张，很为难，但请你相信，这是在所难免的。我们暂且排除所有教师的原因不说，幼儿天性好动，交往能力有待提高，动作发展还很不协调，这些都是幼儿容易发生磕碰、同伴间发生争执的客观原因。所以，不要慌张，放下心中的包袱，赶快弄清楚事情的始末缘由是最重要的。

**表达歉意**

试想，你是家长，孩子高高兴兴来园，却没能平平安安回家，你也一定会非常心疼。所以，不要推卸责任，将事情的过程仔细地讲给家长听，并表达自己的歉意，同时还要安抚家长的情绪。

**妥善处理并表达对孩子的关爱**

事情已经发生，你要做的就是尽快请保健医生为孩子检查并处理好伤口。过去，我们常常看幼儿伤得不重，就自己进行处理，实际上这样做是不正确的。尽管我们都学过幼儿卫生学，也懂得一些处理伤口的方法，但我们毕竟不是专业人员。如果幼儿只是轻微的擦伤、碰伤等，教师可以在离园时，当面向家长解释。这时，为避免家长集中接孩子，时间仓促说不清楚，教师可以请家长稍等一下，待人少时再向家长详细说明情况。也可以教师间协商好，一个教师负责照看其他幼儿，另一个教师抽出时间与家长沟通此事。在这里，我们特别强调一件事情，不是幼儿有明显的伤口，教师才跟家长交代，对于幼儿摔倒了，没有伤口的情况，教师也不可忽视。如，有的幼儿摔倒时碰到头部，观察没有伤口，幼儿也没有任何不舒服的情况。教师一定要多留意，多询问幼儿，见到家长时，要告诉家长，"今天孩子不小心摔倒了，我们仔细检查过，孩子没有受伤。但摔倒时碰着头了，我们观察了一天，孩子没有说不舒服，您晚上回家再继续观察一下，如果有什么问题再沟通。"如果幼儿受伤很严重，需要去医院，教师一定要赶快和家长取得联系，不要拖延。教师还要根据情况，打电话询问孩子的恢复情况，或者到家中进行慰问，表达自己对孩子的关爱。

**提高幼儿的自我保护意识和自我保护能力**

尽管这些事情是在所难免，但事后还是要仔细分析原因，发现工作中的问题，避免类似事情的发生。比如，有的幼儿动作发展特别不协调，上下楼容易摔跤，教师可以让其排队时站在离老师比较近的位置，还要鼓励家长有意识地让幼儿多运动。对于那些经常因同伴矛盾而受伤的幼儿，在分散活动时，教师要都多关注，及时制止并引导。同时，教师还要对幼儿进行安全教育，培养幼儿的自我保护意识。

附：

### 用真诚的心化解矛盾

张 伟

新年的时候，我收到一条短信："张老师，感谢您一直以来给予悠悠的关照，感谢您的真诚和体谅，值此新春之际，祝您和家人身体健康万事如意！"

看到这条短信，我不由得想起和悠悠家长前段时间发生的误会，一时百感交集。

暑期的一天，天气非常热，离园后，悠悠的妈妈将她接走，在街上转了一圈，突然发现孩子的脸上有些红印，就询问起孩子来，孩子说是班里的一名教师打的，激动的妈妈找到园里与我们对质，当时，正值我在现场，虽然我一个劲地证明、解释，但家长始终就是不相信，姥姥还在电话里对我大发雷霆、说了许多过激的话语。我特别的委屈，上班那么多年，我还是第一次碰到这样的事情。后来，家长要求换班，领导没有同意，理解并相信自己的老师不是那样的人，能处理好和家长的矛盾。当时，我的压力很大，这以后该怎么相处啊，过于热情、显得虚假，好像我们真做了什么亏心事；矜持冷淡，只会让误会持久下去，这不是我们教师的职业道德。家长以后会戴着有色眼镜看我们吗，再发生什么问题怎么办？但是冷静下来，我又想为什么会发生误会呢，一定是我们的工作做得不细，如果工作细致，教师注意观察孩子、及时与家长沟通就会避免误会的发生。作为教师，我们要换位思考，理解体谅家长的心情，我暗下决心，一定要用自己的努力，化解矛盾，重新取得家长的信任。

于是，我一方面嘱咐班上老师要更加细致地工作，加强晨、午检，发现异常及时与各位家长联系，一方面在要求孩子遵守规则时，一定要告诉孩子为什么要这样做，讲透道理，避免误会的发生。一方面主动和家长沟通，我们时常发短信，悠悠妈来信："对于这件事给您带来的麻烦真的很抱歉！"我回信："没关系，我能体会到一个做母亲的心情，愿善良和真诚的人可以互相体谅和谅解。"有时，我还反映孩子在园的情况，赢得家长的信任。面对孩子一如既往地对待，有时我能感到家长送孩子时不安的眼神，我都会像原来一样迎上去，亲切地问一声："悠悠早啊，今天你很漂亮啊。"如果晚了，我会摸着她的头说："怎么迟到了，是不是又睡懒觉了。"让家长感到教师的态度没变，还是那么的亲切。有一次，悠悠对我说："我喜欢张老师，张老师特别善良！"我惊讶地看着她，小小的孩子还知道"善良"。我问她："什么是善良啊？"悠悠歪着头想了一下，"善良就是有好东西分给大家！"我们都笑了，我说："我好感动呀，你们这么懂事，我更喜欢你们了！"悠悠大声说："既然张老师这么喜欢我们，那我们更要努力！"此时，我的心里涌上一股暖流，多么天真可爱的孩子啊，一种作为教师的自豪感油然而生。

要开家长会了，我想这正是一个沟通的好机会。在我和班上老师的精心准备下，家长会如期举行了。会上，我全面分析了班上每个孩子的优势与不足，还和家长进行了互动，请家长们说说幼儿期到底什么是最重要的培养，我们用了许多实例说明我班缺失的一些良好习惯，并给家长们支了许多招。我们还图文并茂地介绍了园里的几位特色教师，讲他们的专业技能、获奖情况，特别是和孩子们活动中的爱心体现，让家长们感到幼儿园的每个教师都是高素质、爱孩子的教师。在讲到家园共育的时候，我讲到有的幼儿会把想象当现实，把想象的事情说得有板有眼。这是孩子们的年龄特点，听到孩子的告状，家长更要问清原因。如果你听不明白，或是容易造成误会的话，请您及时与我们沟通。当我们教师与家长的教育方法不一致时也欢迎家长积极及时与我们探讨。彼此建立在尊重的基础上来解决问题。

会后，许多家长纷纷写来家长会的反馈意见，感到受益匪浅，像上了一堂育儿课。悠悠妈妈和爸爸都来了，俩人认真地记录着，会后特意找到我郑重地对我说："张老师，我真是很受启发，孩子放到你们班，我真是放心了！"听到这些发自肺腑的话语我特别欣慰，这句"放心了"，是对我们工作的最大肯定。我欣喜地感到了信任重新又回到了我们中间。悠悠妈又问了孩子在园里的表现，我说她又聪明又能干，在夸孩子的同时，也不避讳孩子的问题，真诚地向她反映孩子在和同伴交往时有时特别厉害，经常发生冲突。悠悠妈妈说因为她在班上最小，她老怕孩子吃亏，所以，就经常对孩子说别人打你你就打他，可不能吃亏的话。我对悠悠妈妈说，家长的言语态度将直接影响孩子的成长及幼儿性格的形成，要培养孩子学会客观地看待自己和他人，引导孩子乐观、自信，朋友越多越幸福。将来是合作的社会，谁善于合作谁就赢。如果你要让孩子朋友多多、愉快地成长，那家长就要有一种积极的对人对事的态度。她很赞同，表示以后要注意对孩子这方面的教育。我觉得与家长沟通，前提是互相尊重和理解，我们老师平时就要注意与家长的沟通情况，不能等出了问题才匆忙与家长沟通，这时候的沟通往往是不理性的，双方多少都会有些情绪化。在与家长交谈时要尽量挖掘孩子身上的优点和进步，委婉地提出不足，并与家长一起探讨解决方法！

三八节的时候，悠悠的妈妈找到我，要送我礼物，被我婉言谢绝了，我对她说："您的理解与信任是对我们最大的支持！"打那以后，悠悠妈特别支持班上的工作，帮助收集各项活动所需的资料、积极参加亲子活动等。慢慢地，我们发现，悠悠也变了，变得越来越可爱了，和小朋友一起玩，不再那么厉害了，冲突少了许多，有礼貌了，也能和小朋友友好地玩了，看到她的进步，我感到特别欣慰！

作为一名教师谁都愿意得到别人的尊重与信任，但当遇到误会的时候，尊重与信任发生了倾斜，作为教师，不要寻找客观原因，我们要寻找自身的不足，努力改正自身的缺点，相信时间会证明一切。要用自己的胸怀去包容，用自己的真心去感染，用自己的真诚去化解，这就是作为一名教师的职业道德。

# 面对高学历的家长

## 放映机

＊磊磊是班中的"小自由"，集体活动时，他总是想说便说，随意打断别的小朋友回答问题；区域游戏的时候，频繁更换游戏区，对哪个区都感兴趣可哪个游戏都不能深入开展。眼看就要上小学了，老师真为孩子着急。于是老师和妈妈就磊磊规则意识不强的事进行了沟通。妈妈却说："我看许多幼儿教育的书，孩子应该自由成长，不能约束太多，要不然孩子就不聪明了。"

＊平平的妈妈这两天总是欲言又止的样子，老师问家长是否有事，平平妈妈说："孩子马上就要上学了，我们在家里教孩子 100 以内加减法，可是幼儿园才学 10 以内加减法，是不是太容易了？另外，幼儿园什么时候才教拼音呀？"

＊乐乐在班中很少表达自己的想法，绘画时常不敢下笔，或者画得很小，经常表现得很胆小、不太自信。当教师向家长反映这个问题时，妈妈也认同教师的评价，但又不知从哪些方面入手进行引导和培养。教师对此提出了几点建议，妈妈非常配合，隔一段时间就与教师沟通乐乐最近的情况。

## 广角镜

### 有自己的教育观念和方法

在家庭教育方面，高学历家长大部分都具备相当的教育素质，在教育孩子方面有自己的想法。他们关注孩子的成长和发展，主动积极地吸收科学的教育理念。大多把对孩子的教育放在第一位，即使在繁忙的工作之余，也会抽空读一些关于如何教育孩子的书。他们认为孩子应该身心自由、健康地发展，成人应为孩子提供一个宽松自主的成长环境。在教育方式方面，高学历家长大多属于积极型的教养方式，关注孩子的个性，在家庭教育中具有较高的民主意识，能注意到孩子的个性和发展需要。

### 做法偏颇

在高学历家长中，由于其本身的知识背景和社会背景不同，对社会的理解和对孩子的期望不同，一部分家长对幼儿教育存在两种比较偏颇的看法。一类家长对孩子抱有过高的期望值，他们不注重培养幼儿参与激烈的社会竞争的能力，往往只注重子女的智力开发和知识学习。为了不让孩子输在起跑线上，他们对幼儿教师的要求就是多教几首歌、多算一些算术题、多认识几个字。甚至有的家长在孩子还只是中班的情况下，就要求教师为幼儿升小学进行知识储备，相对忽视了对孩子性格、气质、兴趣、意志力等非智力因素的培养。还有一类家长，虽然也对幼儿怀有很高的期望，但他们主张幼儿教育要尽量减少束缚。他们虽不要求幼儿识字、学算术，但也会忽略幼儿良好的行为习惯、意志力等非智力因素的培养，反映在对幼儿园教育的要求上，就是"让孩子撒开来玩"，只注意到给幼儿游戏的自由，却忽略了对孩子应有的规范与社会规则意识的培养。因此，当教师与这样的家长进行交流和沟通时，他们往往大谈自己的教育观念，他们认为教师和家长间不存在谁专业、谁业余的问题，自己的想法就是正确的。

### 对家庭教育的实际操作层面存在困惑

尽管高学历家长投入了很多心血研读教育论著，也了解和掌握了一些家庭教育原则，但在具体操作层面，还存在着很多困惑。教育理念、教养态度转化为教育实践的能力还存在问题。再者，高学历家长在实际教育过程中往往存在知行不一的现象，常常在生活、交往细节方面忽略自身行为对孩子产生的影响，忽视了在实际生活的点点滴滴中教育孩子的原则。

### 愿意提意见和建议

高学历的家长除了关注自己的孩子，对班级工作也总是有自己的想法，善于发现问题，提出自己的意见和建议。作为教师，对于班级工作是站在教师的角度去整体考虑，而家长是站在自己的角度。所以，家长提出的意见和建议有时候会让教师觉得很好，而有时候教师会觉得家长的意见和建议不合理。

### 家园共育意识强

在教育责任方面，高学历家长的责任感很强。如在家园关系方面，家长都要求"家园合作，共同教育"。他们认为，进入幼儿园是孩子踏入社会的第一步，家长的责任不仅不能转移给教师，相反，家长应该积极配合教师，共同帮助孩子成长，孩子的健康成长需要家园双方共同努力。因此，他们更加注重与教师的沟通、交流、配合。对于教师组织的活动总是能够积极地帮助收集资料，按照教师的建议配合教育，重视教师的评价，主动与教师沟通。

### 认为教师水平不高

家长中人才济济，有硕士或博士学历，有单位的领导或专业人才，而现今幼儿教师的学历虽然普遍得到了提高，但大多是后续学历，原始学历还是比较低的。因此，幼儿教师在文化水平上还是需要进一步提高的。高学历家长在与教师的接触中，在心理上会觉得比教师更高一筹，认为学前教师的专业就是"小儿科"，难免会有居高临下的表现。

## 金钥匙

### 提高自身专业素养

作为教师的我们，尽管在教育幼儿方面比家长经验丰富，但在其他方面还需要不断地学习。要通过继续深造提高文化水平，同时还要通过广泛地阅读、多方面地学习不断地提高个人修养和素质，不仅在教育孩子上能够指导家长，同时还要用自身良好的修养赢得家长的信服。

### 对家长的意见和合理建议表示感谢

家长关注幼儿园的工作，关注班级活动是好事，无论家长提出的意见或建议是否可取，教师都要对家长的这种主人翁精神予以肯定，让家长感受到幼儿园是开放办教育，以广阔的胸襟接受家长的监督和建议，不要认为家长"事儿多"。在此基础上，对于家长不合理的意见或建议，教师要向家长解释清楚原因，对合理的部分要采纳。

### 为家长之间的交流搭建平台

高学历家长一方面因自身素质较高，对家庭教育有一定的理解，所以，家长之间能够进行比较深入的沟通与交流；另一方面又因为各自忙于自己的事业，很少有时间和机会相互交流。因此，幼儿园可以利用自身优势，为家长提供一个交流的平台。如，定期举办"家长交流会""家长论坛"或者利用网络平台，根据幼儿普遍存在的问题，每次都提供一些可供家长集中讨论的话题，以此激发家长参与的热情，为家长创造更多交流的机会。

### 开展与幼儿园班级教育密切相关的亲子活动

根据高学历家长中存在的对幼儿园教育认识的一些误区，幼儿园要引导家长关注、了解班级的教育活动，引导家长了解幼儿的兴趣和需要，认识幼儿园中保育与教育的关系、知识学习与兴趣培养的关系及幼儿自由与规范的平衡关系。教师可以利用每月一次的家长开放日，举办一些与班级主题教育密切相关的亲子活动，让家长在与幼儿的互动中更好地了解幼儿园，更好地认识班级的教育活动，从而能够发现与调整自己的教育误区，主动将视线转移到幼儿平时的教育活动中，配合教师进行教育活动。

### 专业的指导

尽管家长通过学习形成了一定的教育理念，掌握了一些教育方法，但因为家长并没有接受系统的培训，教育经验也非常有限。所以，他们往往比较主观、片面。根据高学历家长教育理论与教育实践相脱节的现象，幼儿教师可以利用自己丰富的实践经验，对高学历家长的家庭教育指导要偏重于教育技巧的指导与教育细节的提示。教师可以利用家长平时接送孩子的时机，根据孩子当天的表现，随时进行相关提示；教师也可以利用每周的"家园联系卡"，详细分析幼儿一周的表现，对相关教育技巧进行比较具体的指导；在班级举行一些集体活动时，教师可抓住时机，提醒家长关注一些教育细节，引导家长有意识地做到身体力行；家长还可以随时将自己的意见或在教子过程中的疑惑写在家园联系手册上，教师每天翻阅，并进行解答；同时，教师每周都要记录"家园联系卡"。针对幼儿本周表现出来的问题，教师应提出相应的、具体详细且实践性强的指导建议，并请家长给予反馈，以更好地进行下一步的指导与教育行为。

附：

### 一次家长助教带来的改变

徐 冉

在今年的工作中，我遇到了这样一位家长，她是月月的妈妈，也是一名大学老师，可以说是一位学历比较高的家长，有着很好的气质和素养。每次接送孩子的时候无论是面对班上的小朋友，还是其他家长或者是老师，在月月妈妈的脸上你总是能看到温柔的笑容，和别人说话时她也很客气。如果是你看到这样一位知性、斯文的妈妈，你一定会觉得月月的气质也应该与妈妈相差无几吧！其实，恰恰相反，月月不仅调皮、倔犟，言行也非常散漫，她的性格甚至有些像男孩子。因此，常常让教师感到无奈和头疼。每次排队，无论哪个小朋友挨着她，都有人告状，说她插队；吃饭的时候，经常一边吃饭一边踢人；看书的时候明明是别人的书，她却抓住不放，书撕坏了，她还口口声声说别人的不是；集体活动时，她一趟一趟去厕所，有时候干脆钻到桌子底下待着。如果哪一天月月没有来幼儿园，老师会觉得轻松许多，少处理许多她和同学间的矛盾。

眼看就要上小学了，作为教师，我非常担心。其实，就月月的表现我曾经和妈妈进行过多次的沟通交流。原本以为月月妈妈学历高，又同样是老师，在孩子的教育问题上肯定能和我们产生更多的共鸣。可是月月妈妈的想法却有些偏执，她认为孩子的童年就应该是无拘无束的，这样孩子才会快乐，所以平时在家里妈妈对月月也就没有过多的要求，任凭她想做什么就去做。

看来家长们都有着自己教育孩子的观念和方法，也认为自己的方法是正确的，如果我们一味地改变家长的教育观念，可能会因此产生不必要的矛盾。我们不能说家长的教育方法不对，只是家园教育的思想不同而已，不管家长怎么做，最终的目的都是为自己的儿女好。

本学期，班里开展了《我眼中的琉璃厂》的主题活动。一天，我教孩子们画水墨画，画完以后我让孩子们用毛笔在纸的空白处写上自己的名字，孩子们都觉得很新鲜，只听见有的孩子说："真好玩儿，用毛笔写字。"这个时候就听见月月自己嘟囔着："这有什么新鲜的，我妈妈经常用毛笔写字！"听到月月说妈妈会写毛笔字，我就和月月聊了起来，月月告诉我说："妈妈喜欢写毛笔字，还教我写过呢！"得知这一消息，我想：孩子们对写毛笔字这么好奇，班里的老师自身也没有这方面的特长，月月妈妈又懂得书法，何不利用这一家长资源，让月月妈妈来幼儿园进行一次助教活动呢！我和月月妈妈就这件事进行了沟通，月月妈妈很高兴地答应了，也表示很愿意参与幼儿园的活动。

活动当天，月月妈妈准备得非常充分，把平时练习写字的一套东西全带来了。活动开始了，孩子们都很兴奋，看到小朋友的妈妈来上课，情绪更高了。孩子们你一言，我一语地谈论了起来，还有的孩子因为感兴趣都迫不及待地问起了问题："阿姨，您带的这是什么东西啊？""阿姨，这些我们在参观琉璃厂的时候也见过。""阿姨……"听到孩子们的种种提问，月月妈妈一时也不知道说什么好，站在一旁的我赶快帮着组织："孩子们，老师知道你们看见月月妈妈来给我们上课很高兴，对这些东西也很好奇，可是你们你说一句我说一句，阿姨都不知道该听谁的了，如果你们真的想知道，就赶快安静下来，听月月妈妈给我们讲一讲。"听到我说的话，孩子们终于安静下来了。活动中，孩子们学习的热情高涨，但是，可能是太兴奋了，一时就把老师的话抛在了脑后，一会儿这个小朋友提问，一会儿那个小朋友举手，听到孩子们的声音越来越高，月月妈妈也开始组织纪律。刚开始，有的小朋友听到月月妈妈的话，都不说了，可是一听到旁边的小朋友在谈论，就又跟着说了起来。月月妈妈只好面带无奈的笑容。我一看，再这样下去就成了孩子们的讨论活动了。我赶忙对孩子们说："孩子们，我们可是要上学的小学生了，让阿姨看一看，谁是幼儿园里的小学生，知道安静倾听，有问题举手。"听到教师的要求和鼓励，学习氛围立刻变得有序起来。

活动过后，月月妈妈和我就今天的助教活动进行了谈话。月月妈妈说："我原来以为幼儿园的活动很容易组织，不需要对孩子有什么要求。今天亲身体验了一次，才发现跟我想象的并不一样。孩子年龄虽小，但也有要求，用他们能理解并乐于接受的方式去组织纪律，才能让活动顺利进行，保证每个孩子都有收获。"这次助教活动过后，我发现月月妈妈在教育孩子方面有了很大的改变。她对月月多了一些要求，少了一些放纵，还经常和我们沟通反馈孩子在家的表现，和我们一起探讨教育孩子的方法。

改变孩子，先要改变家长。随着月月妈妈教育观念的改变，教育方法的调整，月月也在逐渐地发生着变化。

## 面对总是要求教师多照顾自己孩子的家长

**放映机**

＊幼儿刚刚升入中班，可心的妈妈送完孩子总是不走，站在班门口久久不肯离去，教师以为家长有什么事，就上前询问。可心妈妈说："我们家孩子比别

的孩子更依恋大人，麻烦您多和她亲近，多抱抱她，让她尽快和你们建立感情！"

*宣宣是个比较内向、胆小的女孩子，因此，妈妈总是叮嘱教师多照顾宣宣，多给宣宣锻炼的机会，多让宣宣当老师的小助手，帮老师做事。

*乐乐是个体弱儿，身体比较单薄，家长对孩子的照顾可谓是无微不至。每天来园，家长都要嘱咐教师多照顾孩子。比如，起床上厕所时，要先给孩子穿一件衣服再去；冬天户外活动时，要给孩子全副武装好才能出去；喝水时一定要看着她多喝点儿。

## 广角镜

### 体弱儿生活上需要多照顾

作为教师，要教育照顾好一个班那么多孩子已经很不容易了，有些家长还总是要求教师多照顾他们的孩子，教师就会觉得这样的家长事儿多。实际上，有些家长之所以会要求教师特殊照顾，有可能是出于孩子身体的原因，比如，孩子身体确实不好，或者是体弱儿等。

### 引起教师的格外关注

有些家长要求教师多照顾自己的孩子，主要是因为看见教师要照顾那么多小朋友，所以有些不放心。担心教师不能公平地对待自己的孩子或者忽略自己的孩子。于是，就会嘱咐老师这个，嘱咐老师那个，反复对老师说，多照顾自己的孩子。家长认为只有这样，才能引起教师的注意，自己心里才会踏实。

### 特殊照顾的另一层意思

还有一些家长要求教师多照顾照顾他的孩子，实际上是有另外的含义，那就是对教师某些方面的工作不满，又不肯直接表达出来。教师一定要用心品味，理解家长的真正意思。如，有的家长认为教师对孩子要求比较高，而自己的孩子有些方面较弱，担心教师会不喜欢自己的孩子，批评自己的孩子。于是就会通过"多照顾照顾我们"这样的话来间接地表达自己的意思，其内在的含义是，别对我家孩子太严格，对他宽松一些。

## 金钥匙

### 满足家长的合理要求

作为教师，我们既要面向全体，又要注重个体。无论家长是否提出多照顾自己孩子的要求，教师都要全身心地付出，尤其对那些因为种种原因确实需要教师特殊照顾的幼儿。如体弱儿、生病的幼儿、单亲家庭的幼儿、因家庭因素没办法得到精心照顾的幼儿等。教师在照顾好全体幼儿的基础上，一定要尽可能地满足家长合理的需求。

### 通过教师间的通力合作照顾好个别幼儿

除了体弱儿原因，还有一些幼儿也需要教师多加关注，给予更多、更精心的照顾。如，有的幼儿自理能力比较弱，穿衣、吃饭都比别的小朋友慢半拍，如果得不到教师及时的照顾，饭菜就会变冷，衣服不能及时穿上就会着凉。再如，有的幼儿特别胆小，缺少自信，如果教师不能多给他们鼓励，多创造锻炼的机会，就会使幼儿的个性得不到良好发展。但是，教师要照顾那么多幼儿，不可能有更多的精力放在个别幼儿身上，这就需要教师间，教师与保育员间通力的合作。当教师照顾全体幼儿时，保育员可以从旁协助，对个别幼儿给予及时的照顾。在组织活动时，教师也要在指导全体幼儿的同时，对个别幼儿予以更多的关注和指导。

### 做得好还要注意宣传

教师对幼儿的爱，应该如春雨般润物细无声，更多的是一种默默的、不求回报的无言的爱。可是，对于一些家长总是因不放心、不信任教师、担心教师照顾不周等要求教师特殊照顾的家长，教师要经常与家长进行沟通，告诉家长自己是如何根据孩子的特点进行特殊照顾的，让家长了解教师为孩子所做的努力。这种宣传，不是为了赢得家长的感谢而是为了让家长更放心。

### 让家长安心

有些家长总是将这句话挂在嘴边，他们只是希望从教师那里得到一个肯定的答案，就会放心地离去。尤其是一些老人，好像只有说了这句话才安心。作为教师，只要一句"好！您放心吧！"就能满足他们的心理。

### 征询家长对教师的意见

如果家长是因为对教师工作不满，不好意思直接表达，用这种方式间接地传递这个意思，教师一定要找个机会，婉转地征询家长对教师的意见，让彼此敞开心扉。如，在家长请教师多照顾时，教师可以对家长说："您放心，我们会精心照顾每个孩子，不过，因为孩子多，难免有不周的地方，所以如果我们忽略了什么，还希望您多提醒。"当家长提出自己的意见时，教师再有针对性地与家长深入谈话，避免让家长心中积攒一些不满，使问题扩大化。

附：

## 重温家长的一封来信

梁琴书

对于刚入园的幼儿来说，分离焦虑在所难免，而家长也是常常放心不下，顾虑重重，总想利用接送孩子的间隙把孩子的性格、特点及在家生活的点点滴滴介绍给老师，希望老师能多了解自己的孩子。然而为了稳定幼儿的情绪，让幼儿尽快度过"分离焦虑"期，老师们一般都会建议家长把孩子送进班后能尽早离开。这样一来，老师就没有多少时间去倾听每位家长细心和琐碎的嘱托，有时对家长的做法偶尔还会产生厌烦情绪。家长与老师之间不能实现充分的沟通，于是，家长给老师的纸条和信件也就渐渐多了起来。

老师，请让昭昭多喝水，他容易上火；

老师，浩浩不会提裤子，请老师帮帮他；

琪琪喜欢唱歌、跳舞，请老师多给她展示的机会；

楠楠自尊心比较强，希望老师能多鼓励、多表扬，这样她会表现得更好……

然而，在那段紧张、喧闹、繁杂的日子里，老师们工作一天回到家里，身心疲惫，只想独自清静一会儿，有时连饭都不想吃，更何况是阅读家长的纸条和信件了，最多是一目十行或心不在焉地扫上两眼就扔到一旁。几个月过去了，当幼儿逐渐适应了幼儿园的生活，我的心也终于静了下来，一切进入正常。那日无意间打开抽屉又翻出了一封已尘封多日的家长来信。信是我们班岳岳妈妈在岳岳入园之初写来的，信里主要介绍了岳岳各方面的基本情况。静下心来重温这封信，当时的种种情境好像又重回眼前，我这才发现原来当初这封并没有引起我特别注意的信，竟包含着许多教育的信息和契机。

比如岳岳妈妈在信中不仅介绍了岳岳的出生年月日、家庭生活环境、生活习惯、兴趣爱好，而且还把孩子的性格特点也做了详细介绍。岳岳有点胆小、喜欢安静，适应新环境比较慢；自理能力较差，大小便不能独立，不会使用蹲坑，只习惯用坐便盆；睡觉前如果环境不安静，容易哭闹，需要语言疏导和安抚；自尊心强，遇事不能强迫而要通过讲道理来说服……

回想起来，岳岳确实是一个有点"特别"的孩子。刚入园时，他不像别的小朋友那样哭、闹或追着老师不放，他反而把自己封闭起来，固执地待在寝室，不参与任何活动，一旦来到小朋友中间，就大哭大闹，要不就退缩在墙角跟儿。岳岳胆子小到连大小便都不敢自己去，我坚持让他练习上厕所，可他为了躲避上蹲便，竟多次尿湿裤子。我曾经为此又急又气，很简单的事情他怎么就做不到呢？现在读他妈妈的来信我才知道，岳岳甚至在外面玩时如果要小便都会强烈要求回家坐他的小尿盆，而且他有很强的自我保护意识，面对不熟悉的环境他会非常小心、谨慎。如果当初我认真读信，早点了解到这些情况，我也不会强拉着岳岳去尽快适应环境，也不必过早地去训练他的自理能力，引起他更大的焦虑和排斥。

岳岳一到午睡时就哭闹，我左哄右劝、搂着抱着都无济于事。偶然有一次我带他到区角玩了一会儿，等他情绪稳定了，寝室里也安静了，这时候带他上床，他听着我给他讲的故事很快就睡着了。在进行排队游戏时，岳岳总喜欢搬着小椅子坐在最前面，站队时爱当排头，参与游戏时也总爱挑角色。我告诉他要谦让，要和小朋友轮流来，当我把他的小椅子往后移动时，岳岳一脸的不高兴，甚至还会委屈地掉下眼泪来。其实，岳岳的这些表现家长都在信中有所提醒，比如岳岳妈妈在信中曾特意强调："岳岳是个敏感且很要强的孩子，他喜欢当领导者，平时和小朋友一起玩，只喜欢当火车头、当老鹰……总之，他喜欢指挥别的小朋友玩，但他又不太会交往。"如果我当时认真读信，意识到这一点，就会抓住岳岳的个性特点，以他为"核心"，利用老鹰抓小鸡的游戏，既满足他张扬个性的愿望，又引导他熟悉小朋友，和同伴多接触，有意识地培养他与同伴之间的交往能力。这样的话就会少花很多冤枉工夫呢。

过去，我把家长对孩子的琐碎介绍看做是"溺爱过度""自我夸耀"，今天，我却把它视作非常珍贵的教育资源。带着兴趣仔细研读家长的信件，耐心听取家长的意见和建议，会帮助我们更快更准确地把握幼儿的个性特点，从而找到更适宜幼儿的教育策略和方法，事半功倍，帮助幼儿更快更顺利地度过入园适应期。

# 面对出现问题的孩子的家长

## 放映机

　　\* 洋洋的小动作特别多，做什么事都很难坚持，容易兴奋和激动，嘴里还总是发出一些奇怪的声音。教师根据多年的经验，认为孩子有可能是多动症，希望通过与家长的沟通引起家长的关注。洋洋妈妈却说："我小时候就这样，您看我现在不是挺好的吗？"

　　\* 小班刚开学，为了减少幼儿的分离焦虑，教师在过渡环节时，播放了孩子们喜欢的动画片，可是，晴晴看到教师开电视，就哭着冲出活动室，一个人跑到阳台躲起来，接下来的几天都是如此。教师通过观察还发现，晴晴从来不与人正视，和别人说话时眼睛也是看着别的地方。当教师和家长沟通这个问题时，晴晴的妈妈说："这个我们还真没注意，只发现她不喜欢看电视。您说，这是什么问题呢？"

　　\* 在一次和可心妈妈的谈话中，教师告诉可心的妈妈，可心午睡时有个不好的习惯，妈妈说："我在家也发现了，她总是用手摸小便的地方，我没好意思跟您说，也不知怎么会这样，应该怎么办？"

## 广角镜

### 缺少心理健康方面的常识

　　尽管家长们都承担着教育孩子的责任，但对于幼儿教育领域的知识经验还是比较匮乏，对于幼儿发展中有可能出现的问题，特别是幼儿心理发展的问题，如"手淫""自闭症"等，更是很少了解。所以，当教师与家长沟通时，往往容易让家长产生误会，认为教师的评价不正确。这些不是什么问题，孩子大了自然会好，教师有些夸张，言过其实。

### 护短

还有些家长并非没有发现孩子的问题，只是担心教师会因此嫌弃自己的孩子。还有的家长对亲子关系存在错误的认识，把孩子当自己的附属品，而不是一个独立的个体。当教师反映孩子的问题时，会让他们感觉没有面子，好像是在说自己，所以极力替孩子遮掩，不愿承认。

### 没有对比

教师与家长沟通此类问题时，往往都会讲述一些幼儿在园的表现，而这些恰恰是家长很少有机会看到的。家长看到的主要是幼儿在家庭生活中的表现，他们没有看到其他幼儿的表现，也不了解这个年龄阶段的幼儿各方面应该是怎样的，因为缺少对比。所以，当教师与家长沟通时，家长的第一反应常常是"孩子在家不是这样的"，或者"没发现孩子这种情况"。

### 苦于没有办法

对于家长而言，在他们熟悉的领域，熟悉的岗位上，也许他们是工作上的佼佼者，但对于幼儿身上出现的问题，他们确实无能为力，不知道孩子为什么会出现这样的问题，也不知自己该做些什么来帮助孩子，更不知这是否属于正常现象。因为这不仅涉及教育问题，还涉及心理问题甚至医学问题。

## 金钥匙

### 做足"功课"再沟通

许多教师对于与问题儿童的家长进行沟通，都感到有一定压力。有的教师明明知道孩子在某方面确实存在着明显的问题，却因为担心家长接受不了，最终选择了沉默。还有的教师虽然责任心很强，跟家长比较坦诚，但因为方式方法的原因，使得家长不能了解自己的初衷，让家长误以为自己嫌弃孩子，造成不必要的误会。因此，在与家长沟通前，教师一定要做好以下几方面的"功课"，以保证沟通的效果。第一，在与家长进行深入谈话前，一定要对幼儿的行为表现进行充分的观察，积累大量真实、客观的案例。这样在与家长谈话时，才能让家长更准确地了解自己的孩子，令家长信服。必要时还可以在征得家长同意的情况下，将幼儿在园的表现用录像的形式展示给家长，或者请家长在不影响幼儿活动的情况下，亲自观察自己的孩子。第二，与原班教师沟通。与原班教师沟通不仅是为了了解幼儿以前是否存在这样的问题，以及幼儿行为的发展和变化，还可以在原班教师那里了解教师是否针对此问题与家长进行过沟通，以及家长的态度，对此事的看法等信息，从而达到知彼的目的。第三，查找相关教育心理学资料，进而分析问题的性质。幼儿出现的问题，有的是性格使然，也有的是受家庭教育等因素的影响，还有的则属于行为、心理、精神方面的问题。教师在与家长沟通前一定要尽可能多的查找相关资料，弄清楚幼儿是否为真正意义上的问题儿童，再考虑如何与家长沟通。

**单独谈话**

由于这类谈话需要交流的时间比较长，相对又比较私密。所以，教师最好和家长约定好时间，在相对安静的环境中进行单独地谈话，避免其他家长的打扰，以保护幼儿和家长的隐私。同时，谈话时间充裕，也利于家园双方沟通得更加深入。如果时间仓促，问题谈得不透彻，不但达不到预想的效果，还不能使家长明确教师的意思，造成误会。

**循序渐进介入谈话**

试想，如果你是孩子的家长，在自己眼中一向活泼、可爱、健康的宝贝儿，经教师一说居然是有问题的，这往往会让家长难以理解和接受。因此，在和家长沟通幼儿的相关问题时，教师切忌过于直接，最好是在日常交流中先通过点滴地反馈，让家长心理上有所准备。在这个过程中，教师也可以了解家长对孩子的看法，为后面的谈话做好准备。在正式谈话时，教师也要注意循序渐进。比如，先向家长反馈一下孩子各方面的发展情况，自身的优点，或者讲一讲孩子在园里发生的一些趣事，让家长感受到教师对孩子的关注和喜爱。也可以先让家长介绍一下孩子在家的情况，教师从家长的介绍中找到谈话的切入点，再向家长详细反馈自己发现的问题，这样会更加自然。

**和家长共同分析问题**

在向家长反馈孩子的问题时，教师要避免对孩子进行主观地评价。如，"我认为您的孩子可能有多动症倾向""您的孩子可能患有自闭症"等。最好先向家长客观地描述自己观察到的几件具有代表性、能说明问题的事情，然后和家长一同分析问题的性质、原因。这样既能避免家长对教师产生误会，又能从家长那里获得更多的信息，使教师对问题的分析更加准确。如，"您觉得孩子之所以出现这种情况，可能是什么原因呢？""您在家里是否发现类似的问题呢？""您认为这个问题会对孩子有什么影响吗？"

**提出可行性的建议**

帮助家长发现孩子发展中存在的问题并不是我们的最终目的，作为教师，我们有责任指导家长采取适当的教育方法，引导孩子获得更好的发展。因此，教师在和家长沟通前就要思考，我们应该提供什么建议给家长。其中，既要包含在园时间，教师准备如何做；也要包含在家里，希望家长如何做，以及双方如何配合。当然，除了之前预设的，教师还要根据谈话内容，以及家长的想法，完善自己的建议。

附：

## 一封来自新生家长的信

### 范　萍

孩子们在入园之初都会出现不同形式、不同方面、不同程度的适应困难，而家长们也同样经历着一段复杂的适应期。比如在此期间我班的雯雯就发生了两次咬人事件，第一次是在玩插雪花片时，雯雯和汤嘉玲争抢玩具，结果汤嘉玲的手臂被雯雯咬了一口；第二次是雯雯和张竟文抢椅子，结果张竟文的肩膀也被雯雯咬了一口。事情发生之后，我把雯雯"咬人"的情况反映给了她的家长，希望能引起她家人的重视，第二天，我收到了李雯妈妈的一封信。

尊敬的范老师：

您好！首先感谢您这几天来对雯雯的关爱和照顾。谢谢！您辛苦了！

这是我在深夜被雯雯吵得无法入睡的情况下才决定写这封信的。今天，她的奶奶告诉我，雯雯又犯了错误，对此我深感抱歉！同时也很自责没能教育好我的孩子。在家里，她一直都是很乖巧的，发生这样的事情我简直无法相信。这两次事情发生后，雯雯在夜里表现得极度恐惧，哭闹不止，我认为这是她在幼儿园里受到委屈后的最真实的表现。为了杜绝此类事情再度发生，我们还是考虑让雯雯退园。

每个家长都希望自己的宝宝能有一个快乐的童年，我也不希望我的宝宝在噩梦中哭闹不止。自从入园以来，心里的恐惧感让我的宝宝夜里一直睡不好觉。我分析如下：

1. 她比较瘦小，别的小朋友总是抢她的玩具，她对这个群体失去了信任，内心充满恐惧和不安，由此产生本能的自我保护意识，"咬人"事件也就自然而然发生了。

2. 水蜜桃班有十几个小朋友，每个小朋友最多也只能分摊您十几分之一的爱，李雯很弱小，她也急需得到您的保护，而每次别的小朋友抢她的玩具或椅子时，您不能及时制止，她抢不过别人，又得不到庇护，情急之下就咬了别人。我并不是为她开脱，无论谁受到伤害，这都不是我们想要的结果。我们只希望她在幼儿园里玩得开心！

3. 从这两次事情的发生来看，范老师您也一定很反感，为了您的工作能够顺利完成，也为了保护我女儿幼小的心灵不再受到伤害，我再一次恳请您让她退园！

请您考虑、批准！

谢谢！

雯雯妈妈

2007 年 9 月 28 日夜

读着雯雯妈妈的来信，我的心里很不是滋味，我能感受到她对于雯雯的那份真切的关爱，但也感觉出了她对我们幼儿园工作的种种误解。看来，在"咬人"事件的处理中，我确实有疏漏之处。我该如何引导和帮助幼儿尽快适应幼儿园生活，如何与家长有效沟通，取得他们的信任和支持呢？我决定和雯雯妈妈好好沟通，争取获得她的理解，让雯雯重新回到班集体。

我拨通了雯雯妈妈的电话，但是她拒绝了我的约谈，于是，我决定亲自登门进行家访。交谈中，我首先做了自我检讨，承认自己太刻意解决孩子们之间的表面冲突，而忽略了雯雯内心的感受，没有真正帮助雯雯适应幼儿园的生活，尤其是同伴交往这方面。同时我也真诚地表示，能收到雯雯妈妈这样的一封信虽然令我很震惊，但我很感激，因为这是家长重视孩子、重视幼儿园工作的表现，是对老师的信任，遇到这样的家长是老师的幸运。面对我的诚恳，雯雯妈妈的态度变得缓和了起来。这时雯雯靠近我，我把她搂进了怀里。问起她最近的睡眠情况和情绪状况。雯雯妈妈说："这几天孩子在家好多了，可总是吵着说没人和她玩。"听完我马上就接过雯雯妈妈的话，引导她认识到雯雯现在这个年龄正是和小朋友一起游戏进行同伴交往发展社会性的重要阶段，封闭在家很不利于她的身心成长。雯雯妈妈开始意识到退园并不是解决问题的办法，自己根本无法为孩子提供与同伴游戏、与人交往的条件，孩子退园以后将面临更多的问题。看到雯雯妈妈眼神中流露出的犹豫和困惑，我建议她抽出一定时间与雯雯一起游戏、看书或交流，经常带雯雯去公共场所，鼓励她主动与小朋友接触。当然，我也表示班里的老师和小朋友非常希望雯雯能回到幼儿园。这时，雯雯妈妈的脸上终于露出了笑容，她点点头，雯雯一听也高兴得跳了起来。我想或许雯雯妈妈也有这样的想法，当老师的主动一些，给他们一个台阶，问题就解决了。

第二天，我热情地迎接她们母女的到来，我邀请雯雯和妈妈一起参加我们的亲子游戏"快乐时光"。雯雯戴着小狗头饰，由妈妈领着去看望邻居小朋友，有"小猫""小鸡"和"小兔"，雯雯扮演的"小狗"依次向他们问好，大家在一起快乐地游戏。雯雯妈妈看到女儿在幼儿园有趣的游戏活动中获得了很多快乐，也情不自禁露出了欣慰的微笑。雯雯妈妈终于同意让雯雯重返幼儿园。

雯雯重新回到幼儿园，是雯雯和妈妈对我的信任，也是对我的考验，我从以下几个方面调整了自己的教育策略，并争取获得了雯雯妈妈的一致配合。

246

从情感入手，让雯雯对老师产生依恋感。每天早晨我总是以灿烂的笑容迎接小朋友和家长们的到来，当然包括雯雯和她的家长。遇到下雨，我会主动帮雯雯的家长把坐在自行车后座儿上的雯雯抱下来，并细心帮雯雯擦拭淋湿的脸颊。当雯雯和家人说再见时，我就用亲切的语言、温和的态度、温暖的爱抚吸引和打动雯雯，从而缓解她的分离焦虑。我常常用拉拉手、摸摸头、拍拍肩、亲亲脸、搂搂小肩膀的动作让雯雯感到妈妈般的温暖，每当她想妈妈时，我就把她搂在怀里，缓缓地拍着她，嘴里轻轻地说些安慰和鼓励的话。有一次，雯雯妈妈走后，她赖在地上大哭，我忙过去扶她，还没站稳，她又赖到地上，不仅哭得更厉害，还把裤子尿湿了。我给她换上干净的裤子，让她依偎在我怀里，她很快她就安静了下来，终于，脸上露出了笑容。在活动中我也常常牵着她的小手，鼓励小朋友们和她一起玩。当雯雯妈妈来接孩子时，我也会与她仔细交流雯雯在园的情况，听取她的意见，并对雯雯在家需要接受的引导提出我的建议。

通过言语交流，引导雯雯明辨是非。克服入园焦虑，建立对老师的安全依恋，是雯雯适应幼儿园的前提，但是要想和小朋友友好相处，首先还需要具备一定的是非观念和情感体验。有一次在玩"会说话的五彩瓶"时，雯雯和小朋友又发生了冲突。当时陈涵正坐在地上给五彩瓶排队，李雯也想玩，上去就拿，结果陈涵不给，于是她就踢了陈涵一脚，陈涵大哭起来。我马上跑过去，抱起大声哭泣的陈涵，轻轻地抚摩并安慰她："宝贝，这真让人难过，是吗？"我要让雯雯听到陈涵被踢后的心情。接下来，我又对李雯说："雯雯，你踢了陈涵，这种行为伤害了她。你不能这样做，因为这样会让小朋友难过。"我要让雯雯明白什么是不能接受的行为。"雯雯，我知道你很生气，因为陈涵有许多五彩瓶而你也想玩。但是你不能踢人，如果生气你可以去踢球，或告诉老师你的感受，好吗？"我要让雯雯明白我是理解她的心情的，并向她说明了什么是可以接受的行为。"雯雯，你可以告诉陈涵你也想玩五彩瓶，可以商量和她一起玩，或者轮流玩，这样大家就不会争吵了。"我要帮助雯雯找出适宜的解决办法。"现在，雯雯，你向陈涵道歉，说声对不起；陈涵，我们接受雯雯的道歉，好吗？来，一起拉拉小手，又成为好朋友了！"终于，在我的引导下，雯雯和陈涵重归于好了。这样一个沟通的过程，正是雯雯学会倾听并产生共情的过程，它帮助雯雯走出了与小朋友和睦相处的第一步。

创设环境，培养雯雯的社交能力。要培养雯雯的社会交往能力，首先离不开语言表达。我和雯雯妈妈商量先从礼貌用语和文明行为入手，对雯雯进行尊重、理解、谦让和友爱的情感教育，让她学会主动说"请""谢谢""对不起"等文明礼貌用语，并能实现家园一致，在家里家外都得到巩固和坚持。其次，要着重培养雯雯掌握一定的交往技能。我利用丰富多彩的集体活动，为雯雯营造良好的交往环境，如在亲子活动、体育游戏和拼版等活动中提高雯雯合作分享的能力，又如让雯雯带自己心爱的玩具和好吃的食物到幼儿园与同伴分享，并请雯雯的妈妈也来到我们的活动现场，与大家一起手工制作，与其他家长一起分享育儿经验和心情，这些都在潜移默化地影响着雯雯和妈妈。雯雯和小朋友之间的冲突越来越少了，雯雯妈妈的顾虑和担心也越来越少了。

雯雯从委屈、不安、不适应、和小朋友冲突到依恋老师，和小朋友友好相处，雯雯妈妈从想退园到同意再次尝试，再到对幼儿园非常满意，这无不显示着家园共育的重要性。我越来越清楚地认识到，孩子的成长无小事，家园共育责任重大，为了孩子的健康和快乐成长，教师和家长一定要共同携手，在理解和信任的基础上协调一致，为孩子营造有利的成长环境。

# 面对家长间的矛盾

## 放映机

\* 晚离园时，琪琪的爷爷因为着急接孩子无意中碰了乐乐爸爸一下，乐乐的爸爸有些不高兴，再加之担心老人使劲挤，会碰到自己的孩子，于是两人在楼道里大吵起来。双方家长都跟班上老师抱怨对方家长的做法过分，甚至要继续和对方纠缠。

\* 早晨来园的时候，润润妈妈来得特别早，她对老师说："昨天我接了孩子以后，就陪孩子在院子里玩儿，润润跑得特别快，不小心把咱们班平平碰倒了，我本想过去说声'对不起'，可平平妈妈冲过来就对着我们家润润大喊大叫，话说得特别难听。您说，这家长怎么素质这么低呀！"

\* 轩轩和冉冉发生过好几次矛盾，不是抓了冉冉，就是打了冉冉。晚离园时，冉冉的爸爸接了孩子站在门口不走，一直等到轩轩的奶奶来接孩子。双方家长见了面，冉冉的爸爸堵在轩轩奶奶前面就是不让开，他让冉冉奶奶回家好好教育自己的孩子，如果再发生这种情况，他就要亲自教育轩轩。

## 广角镜

### 孩子受委屈，家长失去理智

尽管当今的家长较之过去在文化水平方面有了很大的提升，但是，因为大多数孩子都是独生子女，孩子成为许多家庭的核心。家长自己在单位里受点儿委屈、吃点儿亏，都不会过于计较，但是一旦涉及孩子的问题，尤其是看到自己的孩子在和同伴交往中受了委屈，一些家长就失去了理智，变得尖酸刻薄甚至是粗俗无礼。

### 不了解事实的真相

有些家长并不了解这个年龄阶段幼儿今天吵，明天好的年龄特点；也不知道吵架、争执、闹别扭是孩子学习交往的必经阶段，是他们从独自游戏向同伴交往所迈出的重要一步；更不知道幼儿在向家长诉说某件事情时只是截取一个片段，站在自己的立场上讲述事情的经过。而有些家长更是没有耐心了解整件事情的经过，在分析问题、判断问题时完全站在自己的角度上，家长之间的矛盾就这样产生了。

### 家长的素质涵养参差不齐

幼儿园里面的每一个孩子都来自于不同的家庭，因此教师在教育生涯中会遇到各种各样的家长。无论家长原本的涵养如何，但是大多数家长在幼儿园这种环境下，还是能够表现出良好的道德素养，彼此之间礼貌谦让。但是家长的素质毕竟是参差不齐的，有的家长对于别的孩子所犯的小错误不够宽容，不肯原谅，跟孩子较劲儿，于是将怒火转移到其家长身上。其实同在一个班，幼儿之间朝夕相处难免产生矛盾，几十名家长早晚见面，彼此间因为孩子的事产生一些小的分歧和矛盾也是在所难免的。

### 认为教师处理不当

家长之间产生矛盾，多数都是因为孩子之间的问题，可能与教师没有直接关系。但是，家长们往往会向教师倾诉，请教师主持公道。这时候，如果教师没有及时回应家长，或者家长认为教师并没有如自己所期望的那样处理问题，就会产生这样一种想法，认为还是自己解决比较好。于是，双方家长就有可能争执不休造成矛盾激化。

## 金钥匙

### 角色定位要准确

教师在处理家长间的矛盾时，往往会倍感压力。其实，在这个过程中，最主要的就是要对自己的角色定位准确。当家长向我们讲述另一个家长的行为如何不对时，教师切不可把自己当成"法官""裁判"。如果我们把自己定位为指出谁对谁错的人，那么非但不会化解矛盾，消除误会，反而会雪上加霜，让双方矛盾激化。这时候，我们更像是生活频道中的矛盾调解员，只有对自己有一个正确的定位，才会让自己的言行更加适宜。在不了解整件事情的情况下，在没有与另外一位当事人沟通的情况下，我们可以先这样对家长说："谢谢您能够这么信任我，虽然这件事情属于家长之间的矛盾，并不牵涉教师，但您能够先和我沟通，没有发生更大的冲突，说明您还是很明智的。既然您信任我们，我一定会帮助您解决好这件事情。您先别生气，待我了解一下事情的经过咱们再沟通。"如果教师不够敏锐，责任心不强，认为家长间的矛盾和教师没有关系，对家长的话不予理睬甚至让家长自己去解决，待事情特别严重时，就会变得难以收拾。

### 换位思考，化解矛盾

在与其他家长之间发生矛盾后，家长们往往会陷入到一种自我思考问题的模式当中去，即站在自己的角度反复地回忆、思考事情的经过。这样做的结果往往是越想越觉得自己有理。试想如果双方家长都是这样站在自己的立场上思考问题，那么，事情的发展也就不言而喻了。教师要做的就是引导家长走出自我的思维模式，尝试站在对方的立场上思考和处理问题，结果就可能大不相同了。教师可以把他们的感受和想法讲给对方听，进而帮助他们去理解别人。如，"也许那个家长有急事，太着急了，才不小心碰着您的孩子，可能他也想道歉，但是一看您急了，就把道歉的事儿给忽略了。""那个家长看您的孩子长得那么高，那么壮，所以特别担心自己的孩子受伤，才会那么生气。事后，他也觉得那天对孩子说话声音太大了。如果是您，肯定也会特别担心的。"当然，这些话一定是在教师了解了双方想法的基础上再去说的，避免不明真相就将双方家长请来进行沟通。

### 引导家长为孩子树立榜样

归根结底，家长最重视的还是自己的孩子。家长之间之所以产生矛盾也基本都是触及自己的孩子的利益。所以，在处理家长矛盾时，我们不妨引导家长多考虑自己的做法对孩子的影响，让家长注意到自己的言行对孩子起到了怎样的示范作用。如，"今天我和孩子谈过了，您和另一个小朋友的家长争吵时，她有点儿害怕。""孩子那么小，并不理解大人之间为什么会这样，这使他们非常紧张。""孩子之间发生矛盾时，我相信，您和我们一样都会引导孩子用沟通交流的方式来解决问题，咱们应该用自己的行为给孩子树立榜样，让他们知道，有了矛盾，怎样才是最好的解决问题的方式。""孩子之间闹别扭是常有的事，您瞧，两个孩子已经和好了，咱们大人就更不应该计较了。"

### 不要纠缠谁对谁错

一般情况下，处理家长之间的矛盾没有必要让双方家长都到场，同时进行沟通。因为，家长不是孩子，他们即使真的意识到自己当时有什么过错，也不会在一场争吵过后，向对方表示歉意。所以，大多数情况下，教师只要做好双方家长的工作就可以了。如果家长希望能够坐下来一起谈一谈，教师也要提前跟双方约定好，没有必要再纠缠当时谁对谁错，因为对错有时就是一个误会造成的，总是围绕过去的对与错进行谈话，只会让矛盾越来越深。

**提前做工作**

家长之间因为孩子产生摩擦是常有的事，尤其是新小班，家长之间还不是很熟悉，也没有建立起情感。因此，提前做工作会在一定程度上起到防患于未然的作用，避免这种事情的发生。如，在新小班的家长会上，教师要鼓励全体家长一起努力，彼此间多一份宽容、多一份理解，为自己以及全班的孩子创设一个温馨的班级环境。避免家长之间的争吵影响孩子的心理健康，使家长认识到自己处理问题的方式方法会影响孩子。还可以向家长介绍一些处理问题的方法。如，自己的孩子让同伴受伤，家长应该带自己的孩子一起表示歉意。孩子之间发生矛盾，家长应该引导孩子思考自己有哪些不对，对他人要学会宽容。平时，教师可以多组织一些亲子活动，为家长之间的交流创造机会，从而更快地建立情感，让家长认识到自己良好的人际关系也会让幼儿从中受益。另外，可以制作班级联系册，或通过班级网站，为家长之间有更多机会交流育儿经验创造机会，在交流过程中，家长间会愈加亲密，愈加友好，遇到事情也就会更加宽容，更好协商。

附：

### "咬"出来的启示

余 青

离园的时间到了，家长们都迫不及待地抱起自己的小宝贝，问长问短。我也被几位家长围了起来，询问孩子的情况。这时两位家长逐渐升高的声调传了过来。萌萌的妈妈对啸啸的姥姥说："你看你的孩子把我家孩子都咬出牙印了，你得好好管一管。"啸啸的姥姥斥责自己的孩子："你怎么搞的，咬人了！"我急忙赶了过来。只见两位家长都拉长了脸，很不高兴。

啸啸2岁多，刚入园不久，语言发展较好，但不善于用语言与同伴交流。他想和小朋友玩时，总是拍拍、推推、抱抱，有时还咬人，时常把别人弄哭，惹得不少小朋友不愿意跟他玩。

当我赶到两位家长跟前时，啸啸的姥姥正举起手来要打孩子。我立刻拦住老人，把啸啸拉到自己的身边，对萌萌的妈妈说："萌萌受伤了，我跟您一样心疼，您看，啸啸的姥姥已经知道了这件事情，我也一定会和啸啸的家长一起努力，帮助啸啸尽快改掉这个缺点的。"我又问啸啸："你为什么要咬萌萌啊？"啸啸说："我是亲她，没咬她。"我转身问萌萌："啸啸平时可喜欢和你玩了，今天还给你吃糖呢，对吗？"萌萌点点头说："对。"两位家长严肃的面孔都松弛了下来。我对萌萌的妈妈说："啸啸有时对我表示亲热时，也是这样咬，我知道他是喜欢我。他还不会用更好的方式来表达自己的感情。"这时，啸啸的姥姥也说："都怪我们平时没把这个当回事，让萌萌受伤了。我们一定会和教师配合，帮助孩子改掉这种习惯，教他早日学会用语言进行交流。"一番话让萌萌妈妈不好意思起来，她连忙说："我刚才有些急，话说得不妥，请原谅。"啸啸姥姥赶紧说："都是啸啸不对。"说着把萌萌拉到身边说："萌萌还疼吗？姥姥一定批评他。"又对啸啸说："喜欢萌萌可不能咬啊，咬人多痛呀！该对萌萌怎么说呀？"啸啸说："对不起，我以后再也不咬了。"一时的紧张气氛被一阵欢声笑语吹得无影无踪。此后，萌萌的妈妈常带些好吃的给啸啸，啸啸的姥姥也常拿来玩具让萌萌带回家玩。每天离园后，也常见两家的大人与孩子在大型玩具旁愉快交谈和嬉戏打闹的场面。

通过家庭和幼儿园的密切配合，啸啸推人、咬人的坏习惯也基本上改正了，初步学会了用语言与同伴交流，能够与大家和睦相处，共同游戏。

事后反思，如果家长来接孩子时，我及时与萌萌家长联系，就可以避免家长间的争执；如果在啸啸咬我表示亲热时，我能举一反三，及早采取教育和预防措施，这种事情也是可以避免的；如果幼儿入园前家访时，教师能更加详细地了解孩子在家的表现与习惯，做到心中有数，有目的地进行教育，那么这种现象也会减少许多。如果能在开学初召开家长会时，结合孩子的年龄特点，把可能发生的问题、遇到的难题、解决的办法预先讲清楚，也会减少家长之间的争执与误会。

作为2～3岁班孩子的老师，在幼儿园的一日生活中必须细针密缕。沟通幼儿园与家长、孩子与孩子、家长与家长之间的联系尤为重要。因为孩子小，家长处处呵护，最怕孩子受委屈。老师要及时地把孩子在新环境中产生的新问题、成长中的细微变化、一日生活中的喜怒哀乐传达给家长，求得理解，取得共识。同时还要及时交流看法、解除误会，把矛盾消除在萌芽状态，给孩子创造一个有利的成长环境。

# 第五章　家园互动经典案例

**导言**

　　作为一名年轻教师，从我们走上工作岗位的那天起，就有许许多多的第一次在等待着我们，而每经历一个第一次，就意味着一种成长。此时此刻，也许第一次家长半日开放活动就在你的眼前，第一次亲子运动会正在悄然临近，第一次亲子郊游就要开始，而你已经准备好了吗？面对幼儿园中形式多样的家园活动，从理论到实践，这之间又有多长的一段路需要你去探索。本章内容将通过一个个生动详尽的家园活动案例，帮助你缩短理论与实践之间的距离，有准备地去面对一个个家园工作中的第一次。

## 快来参加我们的运动会

郭小艳

　　4月中旬的一天，当孩子们听到"幼儿园要开运动会"的消息后，安静的活动室顿时变得沸腾起来，小朋友们边跳边喊："太棒了！真是太棒了！"刘臻小朋友高兴地说："我参加过运动会！我们玩的是滑板车比赛！""我记得上次火炬接力赛时咱们班得了第一名，大三班是第二名，大二班是第三名。"小宇说。佳佳说："第一名是金牌，第二名是银牌，第三名是铜牌，奥运会的时候就是这样的。"雨辰说："那我们做奖牌吧！给全幼儿园的小朋友制作奖牌，运动会发奖的时候可以让他们都戴着。"雨辰一边说一边手舞足蹈起来。妞妞顺着雨辰的思路接着说："那还应该有奖台呢，我们还要做奖台。"孩子们你一言，我一语，积极地表达着他们对运动会的憧憬，以及自己的创意。我的眼前似乎已经呈现出运动会上一幕幕热闹的比赛场景。

　　在接下来的一段时间里，我们围绕运动会的举办，展开了一系列的活动。活动中，我们不仅关注到了幼儿自主性的发展，为幼儿创造自主活动的空间，同时也注意到利用家长的资源，通过多种方式吸引家长参与到活动中来，伴随活动的开展，家长的参与配合也越来越深入。

### （一）运动会前的"热身"

　　首先，我们在家园栏内以通知的形式告之家长，近期本班要开展"我们的运动会"这一主题活动，并详细地介绍了这个主题中的主要活动，以及对于幼儿各方面发展的意义，家长们对此十分关注。在这之后，每隔一段时间，我们就利用离园后的时间与一些家长进行简短地沟通，请家长和幼儿共同收集有关运动会的资料、视频、奖牌等内容。同时，在家长的建议下，我们也及时将近期班级活动动态通过家园专栏向家长进行通报。为了鼓励全体家长积极参与到我们的活动中来，我们又通过"感谢信"的形式对积极配合参与活动的家长在家园栏内给予了及时的肯定和感谢。通过这一系列的热身活动，家长们的热情都被调动起来，运动会已经不仅仅是幼儿和教师期望的盛会，也是家长们热烈盼望的活动。

### （二）充分利用家长资源，发挥家长智慧

在教师和家长共同协商"运动会"相关内容的过程中，家长们不断产生新的想法，使我们的活动越来越丰富，越来越完善。海娜的爸爸是新闻主持人，他认为，自己的孩子不够勇敢，尤其在公共场合表现不够大方，而自己的职业是新闻主持人，建议班上竞选运动会主持人的活动。这样孩子们可以在比较熟悉的小群体中展现自己，增强自信。姐姐的奶奶拍手表示赞同，这位老人家的转变让在座的教师和其他家长都感到惊讶，因为她平时总认为孩子在幼儿园吃好喝好不生病就足够了，长大自然什么都学会了。最后还是老人家语重心长道来的一席话解开了大伙儿心中的疑惑。原来她现在经常收看少儿频道的节目，电视节目里的孩子个个聪明、可爱，表现很大方，而自己的孙子都大班了，还事事都依赖着她，不愿意主动做事情，干啥都先等着家长。浩浩的妈妈是小学教师，也表述了自己的看法，浩浩在平时表现还比较大方，但大班孩子面临入小学，从幼儿园到小学的转变，需要我们家长和教师共同配合为孩子做好方方面面的准备，如上学后，班里都有小组长、课代表等分工，这是幼儿园没有的。利用运动会中小主持人的评选，可以初步培养孩子的竞争意识，帮助他们今后更快适应小学生活，对此其他家长也表示赞同。

1. 海娜爸爸和我们一起制订主持人的竞选标准。

怎样引导孩子竞选主持人呢？身为电视台主持人——海娜的爸爸自告奋勇，表示愿意调整工作时间来园里参与孩子的活动。活动当天，海娜爸爸的到来极大地调动了孩子们参与活动的积极性。他们围着这位主持人叔叔唧唧喳喳地问个不停，把平时在电视中能言善谈的海娜爸爸忙得满头大汗。海娜的爸爸给我们详细介绍了做主持人应该注意的问题，在他的指导下，孩子们共同讨论

商量，制定出了我们班的主持人竞选标准。标准如下：

（1）站姿要挺拔有精神；

（2）发音要清楚，声音要洪亮；

（3）表情和肢体语言要适宜；

（4）勇敢不紧张。

2. 告知家长竞选信息，请家长帮助孩子进行前期准备。

教师以发放便条的形式通知全班家长，告之他们班级要开展竞选运动会主持人的活动，以及开展此项活动的目的和竞选标准，希望家长们在家引导自己的孩子多练习，形式不限。在准备竞选的这几天中，我们收到了班级众多家长来自口头、短信或便条形式的认可。

3. 和家长一起分析孩子的特点，引导家长帮助孩子正确对待输赢。

随着竞选主持人的活动逐渐接近尾声，有的幼儿因竞选成功而高兴，有的因为落选而气馁……家长们的心情也随着孩子的输赢而变化着。针对幼儿的不同状况，我们在家园专栏中刊登了一封致家长的信。具体内容如下：

### 怎样帮助孩子正确对待输赢

在班级竞选主持人的活动中，有的孩子经过准备终于如愿以偿地评上了小小主持人，有的孩子却落选了。这两天我们陆续收到了家长的短信。如："老师，您好！我家孩子被选上主持人了，高兴得都跳起来了。这样的活动增强了孩子的自信心，望以后多开展。谢谢！"又如："老师好！晚上回家后，孩子情绪不太好，说小朋友投票，自己没被选上，很失望。请老师帮帮她，让孩子正确对待失败。谢谢！"

从上面两条短信中，我们可以清楚地看出，大班幼儿已经具备了较强的竞争意识，面对成功和失败，他们会表现出明显不同的两种情绪。他们会为自己的"成功"而高兴；同时也会因"失败"而气馁或伤心。作为家长，无论孩子是成功还是失败，我们都要将这种经历作为很好的教育资源，抓住这一难得的教育契机，帮助孩子学会正确看待成功和失败。因为，正确面对成功和失败的态度远比成功和失败本身所具有的意义要重要得多。对于"成功"的幼儿，我们要提醒他们不骄不躁，学习别人的优点，让自己变得更优秀。对于"失败"的幼儿，要引导他们看到自己也是有优点的，不要因此失去信心，同时也要鼓励孩子这次没成功，就要在这方面多努力，向成功的小朋友学习，使自己在这方面不断进步。

针对幼儿的情绪变化，我们又带领幼儿开展了"我也行"的教育活动，帮助幼儿树立良好的自信心。在接下来的"我要当裁判""我要当拉拉队员"等竞选活动中，幼儿表现相当出色，他们逐渐学会了大方地进行自我介绍，并说明当裁判、当拉拉队的理由。有的幼儿在家长的帮助下，创想出了属于自己独有的竞选方式，如刘雨辰小朋友带来了精彩的才艺展示——变魔术。夏珩在竞选演说时已经把自己当成了裁判，仿佛在真实的比赛现场一样，使用了口哨、手势等较标准的动作。

作为教师，在设计这一主题活动时，"竞选运动会主持人"的活动并不在我们的预设范围内，但通过家园互动，我们充分利用家长资源，发挥家长的智慧，产生了这个活动。幼儿在这一活动中得到了多方面的锻炼，也使我们的活动更加丰富和有趣。

### （三）亲子共同设计亲子运动项目

随着活动的逐步深入，幼儿的关注点转移到了设计运动会的项目上。于是，我们请幼儿回家跟爸爸妈妈商量，喜欢什么样的运动项目，并用绘画和文字的形式表现出来。简单的字幼儿自己写，复杂的就请家长代劳。在"我和爸爸妈妈设计的运动项目"中，孩子们设计了很多好玩的运动项目，如滚铁环、投沙包、跳皮筋等，另外还有双人骑车、推小车、跳竹竿、跳大绳等，有比赛给家长穿衣服、有蒙脸摸人等。这是孩子和家长共同设计、创造的，既古老又有趣。通过实践尝试和投票选举，我们班的亲子运动项目制定为"小青蛙跳荷叶""袋鼠跳""帮爸爸妈妈穿衣服"三个。

### （四）亲子共同参与反馈活动

运动会当天我们的小小主持人、裁判、拉拉队员表现得非常精彩，得到了各位家长、小朋友们的一致好评。运动会结束后，我们引导幼儿讨论了这些游戏项目的优缺点。孩子们对"小青蛙跳荷叶"这个游戏比较感兴趣，纷纷表达自己的意见。辰辰小朋友觉得妈妈捡荷叶的时候很累。珩珩觉得还很慢，等得有些着急。李可认为"帮妈妈穿衣服"这个游戏有些难，张雨轩却认为越是难越是有意思……讨论中幼儿大胆表述自己的想法，不过，大家一致认为以后再设计项目的时候要考虑到时间的长短以及难易程度等。

这次运动会，除教师和幼儿外，家长们也是非常重要的参与者。因此，我们不仅引导幼儿参与了总结反馈工作，还请家长们共同参与我们的反馈活动，为下次活动积累宝贵的经验。具体反馈情况如下：

**运动会后家长做出的反馈**

|  | 优 点 | 改 进 |
|---|---|---|
| 奖 牌 | 奖牌的制作过程非常辛苦，表示出对幼儿的佩服。 | 铜牌的颜色太深了，浅点更漂亮。<br>奖牌可以再结实一点。 |
| 奖 台 | 奖台的制作很有创意。<br>颜色也很漂亮。 | 奖台有点小，可以再大点。<br>奖台的包装纸破了，下次用结实点的纸包装。 |
| 主持人 | 仪表大方，吐字清楚。<br>站姿标准，没有说错话。 | 感情要再浓一些就更好了。<br>表情要再放松再自然一些。 |
| 裁 判 | 声音很大，很有感染力与号召力。 | 讲规则的时候要讲得清楚、流利。 |
| 拉拉队 | 服装得体，舞蹈动作优美。<br>表情可爱夸张。 | 时间上可以再短一些。<br>动作要再整齐一些。 |
| 运动项目 | 好玩，有趣，愿意跟幼儿一起玩。 | "小青蛙跳荷叶"这个游戏，家长来回摆放荷叶有些累，从时间上来讲也有些拖沓。 |

在整个亲子运动会开展过程中，幼儿从一开始得知要开运动会的消息，到积极投入运动会的准备筹划工作，再到亲自报名竞选主持人、裁判员、拉拉队以及运动会项目设计等工作，以及最终按照集体的意见实现运动会的顺利开展，这中间的每一步都是由幼儿、家长、教师共同设计并参与完成的。

在本次活动中家长对班上各项工作的积极配合给我留下了深刻的印象，正是由于家园配合紧密，才使我们的活动开展得更加丰富和精彩。从中我意识到作为家长是非常愿意参与孩子在园的活动当中来的，为了促进孩子的进步更是会不遗余力。作为教师，关键是要在活动中调动和激发家长们的潜力，使他们了解活动的意图和目的，从而一起投入到活动的设计和实施当中来。在活动开展过程中教师应及时与家长沟通，了解他们的想法，适当的接受家长的建议，并在必要的时候对家长的教育行为做出正确科学的引导。

# 幼小衔接，您准备好了吗

崔红健

一位国外的学者曾经说过这样一句话：当一粒种子被移植到另一片土壤的时候，这粒种子可能会长得更加茂盛，也可能会枯萎。其实，这就好比幼儿从幼儿园教育过渡到学校教育，当外部条件发生变化时，如果没有足够的准备，面对这突如其来的新要求新环境，幼儿就会产生明显的不适应，以至于影响入学后的生活和学习。因此，做好幼小衔接工作一直是家长、教师共同关注的话题。作为教师，我们又应该如何与家长合作，形成教育合力，帮助幼儿做好充足的准备，去迎接他们学生时代的到来呢？这就需要我们充分利用多种家园共育的途径，发挥每种途径的作用。

### （一）发放家长调查问卷

每年大班，我们都会遇到家长咨询有关孩子入学的一些问题，家长们普遍担心孩子知识学得少会输在起跑线上。如："大班学得东西够不够，上小学后能不能跟得上进度？""周围的家长都让孩子提前学，我们不学，以后跟不上小学进度，产生自卑心理怎么办？"等，为了了解每一名家长对于幼小衔接问题的看法，以便采取措施有针对性地进行指导，我们从家长和幼儿两方面出发，设计了一份需要家长和孩子共同完成的问卷。问卷内容如下：

幼小衔接亲子问卷调查

| 家长说 | 孩子说 |
| --- | --- |
| 家长面对孩子入学有哪些担忧？您认为幼儿入小学后哪几方面能力有待进一步培养？ | 要上小学了，你最担心的是什么？ |
| 您的孩子自己能做的事情依赖家长吗？ | 你认为学校是什么样的？和幼儿园有什么不一样的地方？ |
| 您认为幼小衔接工作应侧重于哪几方面开展？ | 你喜欢什么样的老师？你在学校遇到问题你会怎样解决？ |

根据家长问卷反馈的信息显示，大多数家长存在着以下问题：重知识、轻能力，认为幼小衔接就等同于提前学习小学的知识，忽略对幼儿入学适应能力方面的培养。针对问卷中收集的共性问题，我们把重点放在引导家长明确孩子在上学之前能认多少字，会做多少题是次要的，重要的是要关注孩子对知识有探索的欲望，面对问题肯开动脑筋思考。

### （二）召开家长专题座谈会

为了帮助家长走出"幼小衔接"的误区，我们将调查问卷的情况汇总后召开了家长座谈会，帮助家长明确为什么需要衔接，衔接的主要内容是什么，怎样进行衔接。

1.明确为什么要进行衔接。

幼儿教育与小学教育是两个不同的教育阶段，存在着明显的差异，而这正是幼儿要面对的。

（1）师生关系的变化。

在孩子眼里，幼儿园老师扮演着多种角色，和他们一起游戏、生活、学习。而进入小学就不一样了，小学老师要完成教学任务，主要精力放在教学上，要求严格、学习期望高，对学生生活关心的机会较少，老师与学生的交往，主要在课堂上，师生个别接触的时间很少，新入学的孩子就可能会感到这种新的师生关系有些不能接受，甚至感到生疏和压抑。

（2）授课方式的变化。

在幼儿园，教学活动具有直观性、综合性、趣味性和多样性的特点，即使到大班末期，一节课 30～40 分钟里，也是教师的示范、讲述和幼儿的操作、练习以及集体的讨论相结合。小学是正规的课堂教学方式，以老师的讲解为主，强调文化知识的系统教育和读、写、算等基本技能训练，课间休息和游戏时间很短。所以，很多幼儿会出现注意力不集中的问题。

（3）人际关系的变化。

孩子入小学后与在幼儿园朝夕相处的同伴分离，来到一个新的环境，这就需要重新建立新的人际关系，结交新朋友，寻找自己在团体中的位置并为班级所认同。

（4）家长和教师期望值的变化。

孩子在幼儿园期间，家长和老师主要考虑的是孩子的身心健康，吃好，玩好，学习好，与同伴相处好，期望的是孩子活泼，快乐，健康。而一旦孩子入了小学，家长和教师的期望值就会发生很大的变化，对孩子给予新的期望和压力，为了学习而减少了孩子游戏、看电视的时间等。出现了作业与考评，还有考试、分数以及排名次，这都是孩子要面临的压力。

（5）学习环境的变化。

幼儿期的自由、活泼、轻松的学习环境转换成为分科学习、有作业、受教师支配的学习环境，这种环境如果孩子不能很快适应，那么就很容易使孩子产生学习障碍。因此，解决好这些问题，是做好幼小衔接的关键。

结论：从上述种种差异中，我们不难看出，习惯和能力方面的准备远远大于知识储备。这个观念不仅要有，而且要将其落实。

2. 探讨如何培养生活自理能力。

在了解了幼儿园与小学的主要差异后，家长们逐渐对为什么开展衔接工作有了正确的认识。既然知识的储备不是最重要的，那么什么才是最关键的、最需要我们着重培养的呢？在家园共同分析和讨论中，我们认为培养幼儿的生活自理能力是非常重要的。

如果家长包办代替过多或干涉过多，就会剥夺孩子动手的机会，应在生活中创设一些做事情的机会。如摆餐具、扫地、倒垃圾等，帮助孩子形成较强的生活自理能力，同时注重增强孩子的独立性的培养，家长可以让孩子从做些力所能及的事情入手，在家的时候指导孩子自己能做的事情不依赖家长，如整理床铺，学会根据天气的变化自己增减衣服等，让他们养成良好的生活习惯。

有的家长担心孩子经常东西丢三落四，这就需要在日常生活中给孩子提供做一件完整事的机会，然后指导孩子完整做事的程序，让孩子形成一套完整的经验，有始有终地负责到底。家长跟幼儿交代事情时只说一遍，让幼儿集中注意力去记，从记一样到好几样。耐心听，不插话。听完后让幼儿做，家长要检查幼儿倾听和记忆的效果。

3. 充分发挥家园专栏的作用。

当家长对幼小衔接的意义及目的有了初步的认识后，我们充分发挥家园专栏的作用，进一步提供方法上的支持。

通过家园专栏向家长提供短小精悍的文章和资料，摘抄一些刊物上幼小衔接的文章内容，提供具体解决问题的措施，使家长的困惑通过专栏得以解答，认识到培养孩子的学习能力很重要。同时，通过家园栏对家长问卷中普遍困惑的问题提供建议，开展了"幼小衔接为您支招"的版块内容。如针对"记不住老师布置的任务怎么办""孩子上课坐不住怎么办"等家长普遍关注的问题给予具体的建议。

另外在家园栏通过征稿的形式引导家长对关注的某一个话题进行讨论，鼓励家长积极投稿。针对一些话题，请家长们"七嘴八舌谈看法"或"经验大家谈"等。通过观点的碰撞、经验分享提升家长有关幼小衔接的认识，掌握育儿策略。

4. 家园一起走进小学。

为了让家长更直观地了解幼小衔接工作，配合幼儿园做好幼儿入学的充分准备，实现从幼儿园到小学教育的顺利过渡，我们事先和附近的一所小学联系好，按照约定的时间，组织家长和幼儿一起参观小学。家长有了这次参观的经历，对小学生活有了具体的了解，同时也直观地感受到幼儿园在幼小衔接工作方面的侧重点，有助于引导家长积极配合幼儿园有目的地开展幼小衔接准备工作，为幼儿进入小学做好充分的准备。我们还建议家长在周末或其他合适的时间带孩子到就读的小学附近转转，让孩子了解学校的位置、附近有哪些建筑物等，知道学校的名称、地址，小学和幼儿园的环境有什么不同等，从而让幼儿对学校有一个总体的了解，使孩子明白上小学能学到更多的本领，能认识更多的朋友。

另外，还可以邀请邻居上小学的哥哥姐姐到家里和孩子一起看书、游戏，通过聊天让孩子了解小学校园里有趣的事情。如小学都开设哪些课程，每天安排多少课，每节课的时间是多少，在课间都有什么活动安排等。通过这种交流，帮助幼儿提前熟悉、了解小学生活，从而对即将开始的学校生活有一个大致了解。暑假期间，家长可以按照学校的上、下课时间调节孩子的作息时间，让孩子的作息习惯与小学生活相接轨，避免孩子在刚上小学时早上起不来，产生厌学情绪。

5. 邀请小学教师与家长座谈。

幼儿园的孩子升入小学后，到底应该具备哪些习惯和能力，知识准备有哪些？这是家长们最为关注的内容。为此我们专门请来小学教师针对家长们关心的问题进行零距离交流。小学老师既给家长解答了很多急需了解的问题，又有针对性地提出了一些建议，使家长对孩子入小学前的准备有了一个比较明确的认识，便于家长采取措施，为孩子入小学做好有针对性的准备。家长为孩子即将进入小学而产生的焦虑情绪得到了有效缓解。

幼小衔接工作是每年大班的工作重点，我们在充分调研的基础上，根据不同层面家长的问题，分别采用讲座、研讨、参观小学、座谈等多种形式，满足家长的需求。不仅使家长重知识、轻能力的观念得到了转变，还帮助家长掌握了更多实用的科学育儿方法。对于每一个适龄入学的孩子来说，从幼儿园到小学的转变是巨大而关键的，教师和家长不仅要从物质上帮助幼儿做好入学准备，更多的是从心理上鼓励和支持幼儿，使他们对小学生活充满期待，带着对幼儿园的美好记忆，迎接学生时代的到来。

# 我们一起去郊游

刘　维

"小朋友，下周三我们要去郊游了。"我的话音刚落，孩子们兴奋得欢呼起来！"噢！我们要去郊游啦！太好了！""那么谁来说一说，我们要坐车出去玩之前需要做些什么准备呢？""带好吃的。""告诉爸爸妈妈。""还要带照相机。"……孩子们你一句我一句纷纷讨论开来，好不兴奋。

然而作为老师要准备的远不止于此，想要顺利地组织一次郊游活动并不是一件容易的事情。怎样能既保护孩子兴奋好奇的心理，又能让家长放心地把孩子交给自己，最终顺利地进行郊游活动？这就需要教师精心的计划和合理的安排。

## （一）通知家长

幼儿园组织幼儿外出活动自然离不开广大幼儿家长的支持与信任。考虑到现在家庭大都是独生子女，往往在家外出时都是几个大人看一个孩子，生怕孩子出什么意外，那么在这种情况怎样让家长能放心地把孩子交到老师的手上也是一个值得用心考虑的问题。

据此，我们以幼儿和教师的口吻分别制作了两份出游通知。

**以幼儿的口吻**

为了让家长体会到幼儿对于郊游活动期盼与兴奋之情，我们首先以幼儿的口吻拟定了一张活动通知书，在信中告知家长交友活动的时间、地点以及需要准备的物品等，使家长对本次活动有初步的了解。

亲爱的爸爸、妈妈：

　　你们好！告诉你们一个好消息，幼儿园定于 2010 年 10 月 20 日星期三上午八点半，组织幼儿园中、大班小朋友到大兴留民营去进行采摘活动——拔花生、挖红薯。幼儿园给小朋友准备了面包、香肠、矿泉水、湿纸巾、面巾纸等，请您给我们准备一个大小合适的双肩背包吧，这样就可以装东西啦！别忘记给我们准备好一把小铲和一个塑料袋，请您等着品尝我们丰收的果实吧！

　　谢谢亲爱的爸爸、妈妈！我们需要您的大力支持！请您赶快到班上老师那里报名吧！

中一班小朋友

2010 年 10 月 18 日

**以教师的口吻**

与此同时，为了让家长对本次郊游活动的内容和意义有更多的了解，同时更加放心地把孩子交到自己的手上，我们还以教师的口吻拟定了另一张家长通知。

家长您好：

　　孩子的天性之一是爱好大自然，他们有着强烈的好奇心，大自然的一切是那么的稀奇、神秘，是那么的妙趣横生，充满快乐！郊游活动可以满足孩子的好奇心和兴趣需要。金秋时节，孩子投入大自然的怀抱、能呼吸新鲜的空气，有利于促进孩子走、跑等大肌肉动作的发展。孩子在感受大自然的同时，还可以开阔他们的视野，学到更多的知识。孩子通过参加采摘活动，知道秋天花生、红薯等农作物成熟了，秋天是收获的季节，还能得到许多愉快的情绪体验，感受到集体出行的乐趣，让孩子和我们一起去秋游吧！

## （二）制订出行计划

　　幼儿因其特定的年龄特点，外出时免不了会出现一些危险情况或意想不到的意外状况。而幼儿园教师数量毕竟有限，不可能像家庭出游时那样做到好几个大人随时关注一个幼儿。而安全问题又是幼儿所有活动的必要前提，因此为了安全有序地出游，与幼儿一同讨论、制订出行计划也是必不可少的内容之一。

　　1. 服装鞋帽：外出玩时穿什么样的鞋最舒适、最安全？为什么？

　　2. 安全教育：怎样乘车是最安全的？坐车时应该注意什么？外出玩的时候怎样才能不掉队？

　　3. 环保意识：郊游的时候大小便怎么办？用过的垃圾和果皮纸屑如何处理？

　　4. 礼貌教育：引导孩子对外出活动时给我们提供帮助的司机、导游应该说些什么；怎样注意保持车内地面、椅子的清洁？

　　5. 科学探究：组织孩子开展相关科学探索活动"花生、红薯长在哪里""怎样使用铲子"等。

　　为了让家长对郊游有进一步的了解，方便家长回家进行配合教育。教师还可将和孩子进行的相关讨论整理后以"外出游玩，小朋友的话"为题，公布在家园专栏内使家长及时了解活动进展。

## （三）及时了解，相互沟通

　　面对幼儿园里组织孩子们外出，大多数家长都会给孩子报名积极参加，但也有一部分家长有着这样那样的担心。

　　这就需要教师及时了解家长的心理，消除家长的顾虑。面对特殊情况，教师需要通过与家长进行有效的了解和沟通或提供有针对性的建议，合理地解决问题。

　　1. 面对身体不适的孩子。

　　收到郊游通知后，小小妈妈语气犹豫地对我说这次郊游小小不去了。看她似乎有什么难言之隐，我便笑着问她是不是有什么原因。

听到我问原因，小小妈妈不好意思地说："小小晕车，坐车会吐，我怕给您添麻烦！"果然，小小妈妈不是不想让孩子参加郊游，只是担心孩子晕车的问题，我忙说："没关系的，如果晕车不是很严重还是让孩子去吧。您放心，外出前，幼儿园的医生会给孩子服晕车药的。我会把她安排在靠前面的座位上，特别照顾她的，您放心吧！"听了我的话，小小妈妈终于放心地笑了，说："那太好了，麻烦您了。"

2. 面对活泼好动的孩子。

轩轩的妈妈发来短信说轩轩特别想跟幼儿园一起出去玩，但是他一到外面眼睛就不够使，总喜欢到处跑，上一次我带他出去玩，一眨眼的工夫就没影了，差点没丢了！我担心这么多孩子一起出去老师照顾不过来，怕给老师添麻烦，所以有些不敢给他报名！作为教师，了解到家长的担心后我首先向轩轩妈妈强调集体郊游的机会很难得。其次引导家长在家庭中配合进行幼儿出游的安全教育。最后，我告诉家长因为轩轩之前出现过类似经历，因此出游的时候老师会格外关注他，请家长放心。

3. 面对娇养的孩子。

发完出游通知第二天早上入园时，我发现乐乐满脸不高兴的样子，便问她为什么事情不开心。这时乐乐爸爸先开了口："伤心了，因为我没给她报名。"我好奇地问为什么。于是乐乐爸爸道出了原因，说和家长出去玩儿的时候乐乐总是一步都不肯走，需要家里大人轮流背着，班上这么多小朋友都需要老师照顾，老师哪有时间背她呀！听了乐乐爸爸的话我心里有了数，便问乐乐："乐乐你想和小朋友一起出去玩吗？"乐乐深深地点点头说想。于是我又问乐乐："那咱们玩的时候你自己走行吗？"乐乐高兴地点了点头。

很多情况下家长借口不让孩子参加集体外出活动都是出于某些顾虑又不便直说。这时就需要老师细心地观察，发现问题的原因从而及时帮助家长解决问题，实现家园间的有效沟通。

### （四）临行前发短信进行温馨提示

为了让家长更加放心地把孩子交给我们，同时也考虑到部分家长会因为工作忙，而忘记了幼儿园的安排。所以外出前一天，教师最好通过短信平台或便条再一次提示家长。

各位家长：

您好！明天就是孩子们期盼已久的秋游采摘活动，为了孩子的顺利出行，您准备好了吗？为了孩子们活动能顺利进行，希望您做到以下几点：

1. 明天天气晴，气温18℃，风力2～3级，穿衣指数：适宜给孩子穿棉、毛衣类服装，也可根据孩子的需要，外穿一件马甲，方便孩子根据冷热及时穿脱。

2. 要去郊游了，孩子往往会激动难耐，建议您今晚要引导孩子早些入睡，保证孩子第二天能按时起床、来园，有充足的精神参加活动。

3. 明天早上幼儿七点半至八点入园，在幼儿园吃早饭，八点五十准时上车。

4. 幼儿园给孩子准备了食品和水，为了孩子的饮食安全，请家长不要给孩子带太多零食。

5. 明天孩子采摘花生、红薯，请您给孩子准备好小铲、塑料袋。

6. 请您按照每天固定的时间来园接孩子。

班上老师祝全体小朋友秋游愉快！感谢您的合作！

中一班教师

2010 年 10 月 19 日

### （五）外出归来

郊游归来幼儿园趁机开展相关的系列教育活动，教师要引导家长继续关注孩子的活动，配合幼儿园开展的相关活动，帮助幼儿丰富已有的生活经验和知识经验。如生活活动"剥花生"，认知活动"果实分类"，艺术活动绘画"秋天的色彩"等。

家长是我们教育工作中的合作伙伴，虽然只是一次小小的外出采摘活动，却步步都离不开与家长的沟通与交流——从开始出游通知的设计，到向家长传达外出活动计划，过程中更是要细心观察发现不同家长各自的顾虑并及时给予正确的引导和建议，出游前细心的嘱托以及最后外出归来引导家长根据此次活动引导幼儿丰富生活知识经验，每个环节都充分考虑到了家长的参与。也是通过这每一个环节，使家长充分感受到教师科学的教育观念，以及对家长的理解、对孩子的关心，从而进一步为建立良好的家园关系打下基础。

# 六一游艺会

卫 蕾

六一儿童节快到了，幼儿园以开展全园性游艺活动的形式来庆祝。游艺活动是以"游艺"为主题，让幼儿在欢乐自由的游戏中，体验节日的气氛，感受节日的欢乐。

为了准备游艺活动，六一儿童节来临之前我班教师引导幼儿和家长一起设计本班的游艺项目，讨论并制订游艺活动的规则，共同制作游艺材料以及商讨游艺流程、场地、时间，划分区域，准备奖品，活动服务等各项内容；活动当天，参与游艺会的家长更是积极配合，使得游艺活动顺利有序地进行。

在此过程中既锻炼了孩子，也使家长意识到对幼儿来说生活经验和动手能力培养的重要性。另外，通过这次活动教师充分体会到家园间相互沟通的重要意义，进而提高家长的育儿能力，促进幼儿的发展。

### （一）家长积极参加活动的创意筹划工作

为了让家长充分参与到此次游艺活动当中来，本次活动前教师分别利用网上倡议、邀请家长来园共同探讨活动的游艺项目和在网上公布活动方案征集广大家长意见等多种方法和途径，使家长及时了解活动的进展，从而参与游艺活动的创意策划工作。

**在网上发出倡议——邀请家长参加游艺活动的筹划准备**

在和幼儿讨论有关六一游戏活动如何进行的同时，为了让家长对本次活动有进一步的了解和关注，教师在班级 QQ 群里向幼儿家长发布了六一儿童节幼儿园开展全园性游艺活动的消息。并在信中发出倡议，诚挚邀请家长共同参与班级的游艺活动。

---

**倡议书**

家长您好：

六一儿童节就要到了，幼儿园将开展全园性的游艺活动。由于中班孩子年龄较小，生活经验不够丰富，对于游艺活动比较陌生。为了更好地开展活动，让幼儿在自己的节日里能够开开心心体验节日的氛围，享受游戏的快乐，需要我们共同为孩子营造节日的气氛。今年的六一活动与往年不同，以往都是老师准备，孩子们参加活动，为了把准备游艺活动的过程作为孩子学习、锻炼的过程，今年我们准备与您和孩子一起共同筹划准备这个"六一游艺会"。在活动中引导孩子尝试解决生活中的小难题，尝试做事情前有自己的计划等，体验成功后的快乐。

在此，我们诚挚地邀请您积极参与我们的活动。您可以出主意、想办法，献计献策，也可以抽出时间与老师共同筹划、商讨、准备。我们期待您的参与！谢谢！

中二班教师<br>××年××月××日

---

收到信息后，许多家长在群里面进行了回应：添添的妈妈说如果需要什么材料我们可以帮忙准备。辰辰的爸爸说可以出主意，和孩子一起想想玩什么游艺。有的家长问老师需要什么，可以怎样帮忙。有的家长甚至表示可以到园里和老师一起策划一下。

### 邀请部分家长来园共同策划游艺活动方案

结合家长的具体情况，教师最终选择了几位既热心，同时时间相对比较充裕的家长来和我们一起进行策划和准备的工作，并且共同选定一天晚上，等孩子离园后和家长们聚在了一起共同策划游艺活动方案。

教师首先向家长介绍了六一游艺活动的目的、意义、形式及幼儿的年龄特点，同时还向家长介绍了近期班内和孩子们开展的一些有关六一游艺的活动，并在孩子们已有经验的基础上，征求家长的建议，请他们一起策划符合幼儿实际水平又有趣的游艺项目。

听到我说征求家长的意见，宁宁的妈妈迫不及待地说自己在网上找了一些游艺项目，不知道合适不合适。这时飞飞的妈妈也说了几个以前带孩子去游乐园玩过的游戏。家长们争先恐后，提出了许多的游艺项目，有些甚至是我们作为教师闻所未闻的，我暗自感叹家长对于孩子倾注的心血之多，对于此次活动的重视程度之高。

### 公布活动方案，征集广大家长和幼儿的意见

活动方案是征集了不少，然而这些游艺项目幼儿是否感兴趣，是否能吸引孩子们来玩，大家并没有把握。为此我们将这几位热心家长想出的游艺内容及时发布在班级 QQ 群里，请大家一起论证这些游戏是否适合孩子玩，并请家长在家里和孩子进行讨论。

毕竟，活动的主体是孩子，所以与此同时教师在班里组织幼儿针对爸爸妈妈想出来的游艺项目发表一下自己的看法，并对自己喜欢的游戏进行投票，在此基础上初步确定了游艺项目。如在家长提出的投球、夹豆、钓鱼、贴鼻子、猜谜语、吹蜡烛、走迷宫、套圈、投飞镖等众多游戏项目中，幼儿对走迷宫、钓鱼和投飞镖最感兴趣。

最终我们将这三个项目确定为班里的六一游艺项目，同时把幼儿的意愿在QQ 群里反馈给了家长。

### （二）教师家长相互沟通——如何准备制作游艺材料

确定了游艺项目的内容后，准备游戏材料的问题就摆在面前了。在网上家长们你一言我一语，乐乐的爸爸提议："老师都挺忙的，家长们谁有时间一起分分工，把游艺项目的材料都准备出来吧。"

**相信孩子的能力**

老师看到家长们热心地在进行着分工，急忙与家长沟通并提出建议：随着孩子年龄的增长，能力不断提高，都有了自己做事的愿望，我们成人应该给他们提供独立做事的机会。如果孩子从小成人时时处处都安排好，长大后孩子就不能很好地独立。对于孩子来说，学习不只是知识的积累，更重要的是在日常生活与实践中能力的培养与提升。

经过网上老师与家长们互相商量和讨论后达成了共识——在准备材料的过程中，凡是在教师的引导下幼儿可以自己操作、准备的，就让孩子们自己来完成。幼儿能力达不到的，再请家长帮忙。有了这样的指导思想，家长们更加明确了目标。

**孩子们的杰作**

之后的时间里悠悠的爸爸自告奋勇说要帮忙做钓鱼竿，文文的妈妈也表示能从单位借来大的飞镖盘。老师则决定和孩子一起负责绘制图标和设计迷宫图。这时又有家长提出疑问："孩子自己能设计迷宫图吗？"老师说："相信孩子，没问题的。"

第二天老师组织小朋友们一起设计迷宫图。对于迷宫，幼儿有一定的经验和浓厚的兴趣，很多孩子都有迷宫书，他们每天凑在一起比比画画走迷宫。当老师请小朋友自己设计迷宫时，孩子们画出了具有丰富想象的迷宫。老师在此基础上，与幼儿一同用椅子在活动室里摆出了孩子们自己设计的迷宫。

教师在网上与家长进行了沟通，把白天与幼儿设计迷宫的事情告诉家长。家长们都很惊讶："真想不到孩子们这么能干，要不是老师说，我们又给孩子包办代替了，真是好心办坏事呀。"老师："是啊，我们要相信孩子，不要好心地剥夺了孩子发展的权利。"

通过网上与家长不断地交流互动，吸引了更多"潜水的"家长加入到讨论中来，并开始关注活动发展的动态。随后教师和家长开始了分头准备和制作游艺材料。

**（三）临时增加游艺活动项目——再次与家长探讨教育观念**

游艺项目已经确定，可孩子们又有了新的主意，有的孩子说自己参加过的游艺会里有许多吃的东西。经过与幼儿讨论，我们又增设了"水果沙拉小屋"。对于幼儿新的创意，老师跟家长进行了通报，老师和家长对"吃什么""怎么吃"琢磨开了。

可接踵而至的是家长们的质疑——有的说吃沙拉不太卫生；有的说那么多班的小朋友都来参加活动不太现实；还有的家长认为孩子不能动刀子来自己切水果等。

面对家长的种种担心和疑问，老师向家长进行了解释："我们能够理解家长的担心，我们会提前教育孩子注意卫生和安全，还会开展相关的活动。卫生方面，我们邀请家长一起来帮忙！"随后对于开展"水果沙拉小屋"的细节，老师和家长又一起进行了几次分析讨论。笑笑的妈妈建议："可以用一些比较干，水分少的水果，像香蕉、哈密瓜、苹果、圣女果这样的水果。"佳佳的姥姥说："把水果切好后放在盆里用保鲜膜盖好，吃完一盆再打开一盆，就相对卫生一些。"飞飞的妈妈说："到时候我来帮忙，洗水果、切水果，提前做准备。再给每个小朋友一个盘子一把叉子，让他们吃个够。"还有的家长主动请缨当天来帮忙，做服务工作。

游艺前还需要准备什么呢？孩子们想到了要认识和熟悉要去游艺的班级、在楼道里和上下楼梯时要注意安全、要遵守游戏的规则等。家长和老师想到是要准备游艺活动时需要用的东西，以及场地布置、活动流程等，这些都要提前做好精心的安排。当老师说到有的游艺项目可以由孩子来担任服务和组织工作时，佳佳的姥姥惊讶地说："这些事孩子哪干得了呀？"老师说："孩子们其实很能干，只是家长没有发现。"飞飞的妈妈问："老师，孩子们都能干什么呢？"老师说："可以当引导员呀，别的班小朋友到我们班来玩，他可以指引小朋友们玩我们班的游艺项目啊，也可以与老师一起负责一个项目，还可以当"水果沙拉小屋"的服务员，孩子们可以干的事可多了。"佳佳的姥姥也不禁感叹道："看着是这么一个孩子们玩的活动，没想到里面还有那么多的道道呢。"

### （四）游艺活动当天家长积极参与

游艺活动当天，与老师一起为游艺活动做准备的家长们，都很早来到幼儿园。有的带来了游艺材料，有的带来一次性手套，她们洗水果、切水果，忙得不亦乐乎。孩子们也特别兴奋，尤其是有自己家长来参加活动的孩子更是感到自豪。

活动过程中，每个孩子拿着一张标志卡，任意选择自己喜欢的游艺项目。每参加完一个游艺活动后，负责该项目的老师和幼儿就在卡上做标记确认，卡上收集了多个印章后，到兑奖处兑换奖品。家长们则忙着准备水果沙拉，把盛好的沙拉分发给游艺中来这里休息的小朋友；在游艺区服务的小朋友，有的跟着老师负责游艺项目，有的跟着家长分发沙拉、收拾桌子，有的指引外班的小朋友玩游艺。

看着佳佳给小朋友端盘子服务那认真的样子，佳佳的姥姥说："以前在家什么都不让她干，现在看见孩子在幼儿园这么能干，像个小大人似的，到了我们佳佳该轮换给别的小朋友服务时，佳佳还舍不得走呢！看来我们以后在家也不能什么事情都帮她做了，像老师说的那样，不能好心剥夺了孩子锻炼的机会。"

### （五）活动后的家长感言

游艺活动结束了。在一个个有趣的游戏活动中，孩子们尽情体验幼儿园游戏活动的乐趣与魅力，感受着节日的快乐。孩子享受着童年的快乐，这种形式受到了孩子们和家长的热烈欢迎。

教师将游艺活动的照片发到网上，家长们看后纷纷发表自己的感受。有的说：以前真的没想到孩子这么能干，这次与孩子们在一起准备才发现孩子的可塑性太强了。有的说：老觉得孩子还小，什么都干不了，不相信孩子，现在想想以前包办代替太多了。有的说：看到孩子们玩得那么开心，老师真不容易呀！参与活动的家长更是积极表示以后有机会还来参加，跟老师能学到不少教育孩子的方法呢！

由于家长的参与，虽然这是一次打乱班级的全园性六一游艺活动，但游艺活动的现场井然有序，老师、家长、服务的幼儿各司其职，游艺活动中孩子玩得十分开心。家长们看到了孩子的潜力，看到了孩子的变化，家长也很高兴。

作为教师，家园互动的目的不是让家长为老师做什么事情，而是通过家长参与幼儿园组织的活动，在与家长共同策划、共同学习、共同探讨、共同准备、实施活动的过程中，能够更加了解孩子的需求，更加关注孩子的成长；对老师来说，家园共同参与配合开展大型活动，能够让家长了解和理解老师的工作，能够融洽相互之间的关系，特别是通过共同参与策划、准备游艺会的过程，感受体验到教师的教育方法和策略，看到孩子活动中的表现，让家长非常信服教师的话，孩子发展的事实让家长的观念逐步发生着转变。

# 自助餐——面点品尝会

齐素艳

一位爷爷急切地走到医务室问医生："幼儿园为什么不是每天都吃煮鸡蛋呀？我们自己带行吗？"

当家长刚从老师手里接过孩子时，马上就俯下头问孩子："宝贝，今天在幼儿园吃什么了？你吃了多少呀？"

"老师，这孩子在家不吃菜，在幼儿园吃得怎么样呀？"

"孩子在幼儿园吃过饭，回家还用给孩子吃吗？""芹菜如何才能去掉怪味道，如果用水焯的方法，会影响它的营养成分吗？幼儿园怎么做芹菜呀？""我家孩子特别爱吃麻酱，每天吃多少合适呢？""幼儿园用什么方法给孩子补钙呀？"……

这些都是经常会出现在幼儿园的场景，很显然，孩子在幼儿园吃得怎么样是家长们十分关心的问题。针对家长的这种心理，我们通过多种途径与家长交流幼儿园的膳食管理。如召开以"膳食管理"为主题的家长委员会，向家长发放膳食情况调查问卷，请家长参加幼儿自助餐活动，通过幼儿园网站、幼儿园大厅内的显示屏向家长介绍饭菜的制作方法，聘请家长当膳食顾问，开展专题讲座等，请家长配合幼儿园共同管理好幼儿膳食。

为了增加主食花样，我园更是举办了以"孩子爱吃的小点心"为主题的面点品尝、评比活动。其目的主要是通过请家长参加面点品尝、评比活动，使家长更加了解幼儿园的膳食情况，并感受到幼儿园欢迎家长参与膳食管理；在活动中和家长一起评选出适合孩子食用的面点，增加幼儿在园的主食花样；通过家长提出的意见、建议和专家的点评，从孩子的实际需要出发，提高炊事人员的烹饪水平。为此我们还专门设计了活动方案，邀请幼儿及幼儿家长共同参与。

### （一）活动前期准备

我园十分重视这次与幼儿、家长合作，共同开展的家园活动，在活动开展前也是做足了功课。前期的准备工作也是考虑得十分的充足——主要包括动员炊事班、邀请相关专家莅临指导、召开班组会细化职责分工，以及最终拟定邀请函向家长代表发出诚挚邀请。

#### 动员幼儿园炊事班

在活动主题明确后，幼儿园首先找到了后勤的厨师师傅们，向他们说明本次活动的意义和目的，希望能够发挥师傅们的主观能动性，为孩子们的健康成长，精心设计并制作丰富的面点；并且针对此次活动进行了进一步的说明——活动要求每名炊事员至少创新四种以上花样，并将评分标准向大家进行说明。

#### 邀请专业人员现场指导

如今的家长已不再停留于让孩子吃饱吃好的要求层次上了，怎样使饭菜做得既合孩子口味，又能科学合理地进行营养搭配成了幼儿园营养配餐的新主题。为了增加此次活动的专业性和科学性，幼儿园从广大家长的实际需求出发还特地请来了区妇幼保健院负责幼儿营养的大夫作为嘉宾参加本次活动，在活动当天莅临现场进行专业的指导和点评。

#### 召开班组会细化职责分工

在前面两项准备工作落实到位后，幼儿园又组织召开了各班组长会。在会上对此次活动的目的和初衷做出了详尽的说明，并对全体教师进行动员，提出了全员参与的活动理念。

会上选请保健医生、教师、保育员代表当评委，还对活动当天的会场布置、家长接待、来客登记、照相、摄像等具体工作职责进行了细化分工。

#### 向家长代表发邀请函

最后，幼儿园为邀请家长前来共同参与本次活动，还特别拟定了一份邀请函。信中主要向家长说明了开展此次活动的目的和时间内容方面的安排，并邀请家长前来共同参与。

---

**邀请函**

尊敬的家长同志：

　　您好！

　　为改善幼儿的伙食，增加主食花样。我园拟于 2010 年 4 月 17 日（周六）8 点 30 分，在幼儿园二层多功能厅举办以"孩子爱吃的小点心"为主题的面点品尝、评比活动。特别邀请您和您的孩子来当评委，为炊事员制作的每一样面点进行打分、评议。届时还邀请了区妇幼保健院负责幼儿营养的大夫，从营养的角度对各类面点进行点评，丰富我们的科学喂养知识，请您准时参加。

　　谢谢！

---

### （二）活动开展

**准备就绪**

前期工作准备就绪后，终于迎来了品尝会正式举办的日子。活动正式开始前，按照计划好的方案，老师们提前进行了会场布置；家长接待、来客登记照相、摄像等专业人员也全部到位。炊事员也早早就开始在伙房忙碌着，精心烹制面点，并在 8 点 25 分准时将各式面点摆放在了会场中间的桌子上。

按照通知 8 点 30 分前家长带着孩子陆续到会，当他们看到满桌丰盛的主食时，抑制不住惊叹，开始拍照、发感慨："这么多花样，快照下来，回家我们也学着做。""幼儿园伙食就是好……""伙房师傅真棒……"等。

**品尝会正式开始**

8 点 30 分品尝会准时开始，由主管幼儿膳食的副园长亲自主持。活动内容主要分为五大部分：

1. 园长发言。

开场园长便把本次活动的目的、意义及幼儿园的膳食管理向前来参与活动的家长做了详细的介绍，让家长们更加深入地了解了我园幼儿的膳食情况。

2. 请炊事员介绍自己的作品。

这个环节主要是请几位厨师师傅分别对自己制作的面点的构思、过程和相关的营养学知识对大家进行一一介绍。

3. 家长幼儿品尝打分。

现场我们将预先设计打印好的《面点品尝评分表》放给每位家长，请各位家长和幼儿作为美食评委根据评分表上的标准对每一种面点进行品尝、打分。

## 面点品尝评分表

| 编号 | 食品名称 | 色形俱佳<br>2分 | 味道可口<br>2分 | 营养搭配<br>2分 | 创新性<br>2分 | 适合幼儿<br>2分 | 合计<br>10分 |
|---|---|---|---|---|---|---|---|
| 1 | 黑芝麻酥 | | | | | | |
| 2 | 四喜包 | | | | | | |
| 3 | 五彩紫菜包 | | | | | | |
| 4 | 白鹅酥 | | | | | | |
| 5 | 香蕉酥 | | | | | | |
| 6 | 小笼包 | | | | | | |
| 7 | 广味叉烧虾 | | | | | | |
| 8 | 菊花酥 | | | | | | |
| 9 | 玉兔宝宝 | | | | | | |
| 10 | 凤尾卷 | | | | | | |
| 11 | 双色小花卷 | | | | | | |
| 12 | 元宝酥 | | | | | | |
| 13 | 营养寿司 | | | | | | |
| 14 | 龙眼包 | | | | | | |
| 15 | 猪蹄卷 | | | | | | |
| 16 | 鱼肉麦穗包 | | | | | | |
| 17 | 小蜗牛 | | | | | | |
| 18 | 蝴蝶卷 | | | | | | |
| 19 | 蒸笑脸 | | | | | | |
| 20 | 黄桥烧饼 | | | | | | |
| 21 | 巧克力开花 | | | | | | |
| 22 | 珍珠烧麦 | | | | | | |
| 23 | 三彩小贝壳 | | | | | | |
| 24 | 菊花卷 | | | | | | |
| 25 | 白皮酥 | | | | | | |
| 26 | 烧面包 | | | | | | |
| 27 | 荷叶肉松卷 | | | | | | |
| 28 | 莲蓉蛋黄酥 | | | | | | |
| 29 | 花生椰丝酥 | | | | | | |
| 30 | 五彩小卫星 | | | | | | |
| 31 | 麦穗小肉包 | | | | | | |

（注：每一项都请按10分制进行打分，敬请评委提出宝贵意见和建议）

在这个环节中，家长们一边饶有兴致地品尝、打分，一边对造型各异的面点赞不绝口。孩子们在评选中充当小小品尝家的角色，对厨房叔叔阿姨精心设计制作的面点进行品尝。这些好吃、营养又好看的面点深受小朋友们的喜爱。尤其是造型独特形态各异的面点，更是引起小朋友们的追捧。如造型可爱的"五彩小卫星"、好看又美味的"麦穗小肉包"等面点被小朋友们和家长一扫而空。

家长与孩子们一起品尝面点

4. 公布评比结果。

5. 请卫生保健院的专家进行现场点评。

这个环节主要是由专家向大家介绍各种食物的营养搭配及有些面点制作的具体改进方法。通过点评从科学的角度使家长、炊事员明确了经过怎样的合理搭配达到平衡膳食的目的，如何将孩子不爱吃但又营养丰富的食品做得让孩子乐于接受，引发孩子们的食欲，且利于孩子的吸收等，使大家受益匪浅。

**（三）活动之后**

面点品尝活动之后，家长们普遍反映幼儿园的伙食不仅花样多、品种全，而且做工精细、搭配合理、营养丰富，非常适合孩子们。希望幼儿园多举办类似的活动，同时也提出了很多合理化建议。针对家长的建议我们认真做了记录，以便为今后更好地改进工作提供依据。

品尝会后，经常有家长主动对幼儿伙食提合理化建议，并将自己在家里为宝宝制作的花样，提供给幼儿园。幼儿园也根据活动中家长、孩子共同的评议，从中选出原料、营养、色泽搭配俱佳，外形吸引孩子们的花样添加到幼儿食谱中，丰富了幼儿的伙食花样。

对于整个活动过程，教师进行了整理和反思，并通过宣传栏，将整个活动进行展示。

由于家长的广泛关注和参与，使得这次品尝面点的活动取得圆满成功。在活动筹划和开展的过程中，家长们积极配合，提出了很多令老师们眼前一亮的好建议，从而丰富了活动的内容；与此同时，通过亲自参与活动家长们也体会到幼儿园对幼儿身心发展的关注和教师在设计和实施活动过程中的辛劳和不易，从而更加配合家园工作。

面点品尝活动展示栏

# 发生地震后

王  伟

2008年5月12日四川汶川发生了8.0级强烈地震后,举国上下都沉浸在痛惜、关心、哀伤的气氛中,每天大家都在关注着灾区又有多少人获救……

那些日子孩子们来到幼儿园谈论最多的就是关于地震的话题。小宇一进班就对我说:"王老师,昨天我和爸爸妈妈看到电视里播放汶川地震了,房子都倒了,还有人被压在水泥板底下,他们会不会死呀?"我告诉他:"他们的确很危险,解放军叔叔正在奋力抢救他们。"芊芊显得有些恐惧,拉着我的两只手越攥越紧,抬头对我说:"我害怕,我们这里会不会地震呀?"我安慰她说:"地震不会经常发生,只要我们遇到地震知道怎样躲避,就会有更多逃生的希望。"

## (一)家园互动——请家长参与帮助幼儿收集地震逃生知识

对于地震幼儿提出各种各样的问题:"地震是怎么回事?为什么会发生地震?如果我们这里发生了地震应该怎么办?"有的小朋友说如果地震就要赶快跑,小宇说:"爸爸告诉我地震是不能跑的,这样更危险。"听了孩子们的争论,我对他们说:"地震的确会给我们带来生命危险,让我们回家一起和爸爸、妈妈收集地震时应该怎样逃生、保护自己的资料。"

我们把孩子们急需了解有关地震时如何逃生的想法,以通知的形式张贴在了家园互动栏,活动得到了家长们的积极配合,许多家长纷纷将和孩子一起收集的资料带来幼儿园,家长们一致认为这样的活动非常有教育价值,也很及时。有的家长告诉我们,这样的教育是非常必要的,在日本,都要对孩子们进行防震自救的相关教育,还主动表示要为我们提供一些相关的影像资料。我们和孩子们将爸爸妈妈一起收集的资料、图片,以及我们和孩子们共同收集的报纸图片布置成展板,孩子们通过观看、讨论,懂得了地震的危害并了解了地震时的求生方法以及震级等相关知识。

教师和幼儿根据收集的资料布置的墙面

## (二)家园合作——地震逃生演习

随后还组织幼儿观看影像资料,更直观地学习当地震来临时如何有效的安全自救。并总结出了遇到地震时自救的方法。

在了解了相关地震知识以后,我们带领幼儿在教室进行了演练,当发出

"警报"（吹哨子）孩子们就近躲在桌子底下，并用手护着头部，有的幼儿迅速躲进卫生间的墙角等较安全的地方。孩子们通过一系列的活动，对地震有了进一步的了解，同时也不再那样的惊慌。我们把幼儿在园演练过程的照片展示在家园栏，引导家长回家和孩子进行演练。家长们非常配合，有的家长还将在家演练的照片带来和大家分享。

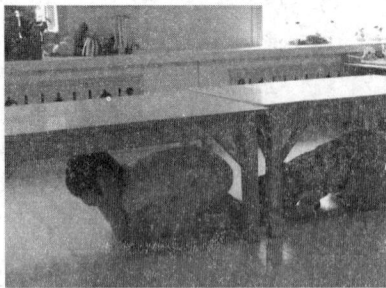

孩子们进行地震逃生演习

### （三）邀请家长参与——共同体验"地震模拟车"

随着活动的深入，有的家长看到媒体上介绍武警消防总队有地震模拟车，建议幼儿园能与他们联系，请专业人员来帮助孩子们掌握一些必要的防震自我保护知识。我们将家长们的建议告知了园领导，园领导非常重视，通过多方联系5月22日清晨8点30分，北京市防灾馆的地震模拟车准时停在了幼儿园门口。全园师生及部分家长进行另外一次地震模拟体验。

地震模拟车上有一个大概10平方米的地震模拟屋，里面摆着小方桌、小椅子，还有电暖器、灶台和小柜子等，看上去很像一个真实的家。车上的控制器可以控制"地震"的开始、结束以及震级数。我们首先请武警叔叔给老师、小朋友们及家长们详细介绍了地震的相关知识、应急避震的保护措施和震后自救知识。我们还在模

地震模拟车

拟屋里添置了孩子们喜欢玩的积木，爱看的图书，还有几瓶矿泉水，使得环境更接近孩子们的日常生活。随后在消防员叔叔的指导下，孩子们在老师家长的带领下5人一组轮流登上了地震模拟车。"地震"完全是在孩子们毫无准备的情况下开始的，很有真实性和突发性。果然有些孩子在"房子"开始晃动起来的时候惊呆了，站在那里不知所措，在老师、家长的引导下，才意识到要往桌子底下钻。通过模拟演练，师生及家长们进一步掌握了逃生的技能和方法及自我保护和自救互救的意识。

### （四）在家长的提议下组织为灾区捐款活动

地震后社会各界人士为灾区踊跃捐款，几天来早上陆续有孩子拿着钱给老师，说要给灾区的小朋友捐款买水、买玩具。我们一方面觉得捐款不适合孩子，同时还担心捐款活动会让家长不理解，所以一直没有采纳。一天敏敏的爸爸带着几名家长找老师提建议：现在的孩子平时更多的是得到周围人的关爱，希望老师能通过地震这个时机培养孩子们关爱他人，利用孩子们想为灾区捐款的形式，让孩子们为灾区的小朋友献一份爱心。敏敏爸爸的话得到了家长的呼应。我们将家长的建议与园领

导进行了及时的沟通，园里出面与红十字会联系着捐款的相关手续。我们则组织班里的孩子们一起做捐款前的准备，如草拟"爱心捐款倡议书"、制作捐款箱等。

两天后的早晨，我们在园门口放置了捐款箱，在"为灾区的小朋友们献一份爱心"的横幅下，全园的老师、家长和孩子们都纷纷参与到为灾区孩子们捐款献爱心的活动中。很多小朋友们拿出了自己的零花钱，有的小朋友拿来了自己的存钱罐，在爸爸的帮助下，将整个存钱罐里的钱全部倒进了捐款箱。不知什么时候，捐款的队伍排成了一条长龙，还有一些社区的老人们也纷纷加入到了这支爱的队伍里。许多家长们找到我们说："献爱心活动让孩子们从小学着去关爱身边的人，现在大多都是独生子女，孩子们在优越的环境下，应该学会爱、学会感恩、知道珍惜我们幸福的生活。"

### （五）家长积极配合——为灾区献爱心

一方有难八方支援，灾区小朋友的安危牵动着大家的心。为了帮助灾区的孩子们从失去家和亲人的伤痛中走出来，我园的刘老师有幸参加了中国教育学会组织的赴汶川支教活动。得知这个消息后我及时把它告诉了班上的孩子们，孩子们都希望刘老师能将他们的问候直接带给灾区的小朋友。孩子们拿出笔用心地画出了一张张充满爱心的画，每个孩子回家在爸爸妈妈的帮助下将问候的话语用录音机录下来，很多孩子还纷纷从家里带来了自己喜欢的书、学具、玩具、吃的等，让刘老师

在家长的要求下组织孩子们为灾区捐款

一定帮他们带去。琪琪指着她的画对刘老师说："我的妈妈是医生，她也去汶川给那里的病人看病去了。"她指着画中的妈妈说："这是我的妈妈正在给受伤的小朋友（画中躺着的小朋友）做手术。"她又指着在画的中间有一束美丽的鲜花说："这是我送给她（画中受伤的小朋友）的鲜花，希望她早点好起来，回到学校读书。"孩子的话让在场的老师流下了热泪，同时也意识到这次主题活动意义的重大。

地震是残酷的，它无情地夺去了很多生命，造成了无可挽回的巨大损失。然而正是在这样无情的灾难面前，孩子们学会了关心别人，用自己的爱去温暖和帮助那些生活在灾难中的人们；知道尽管我们无法阻止灾难的发生，却可以尽自己所能自救逃生，甚至是挽救

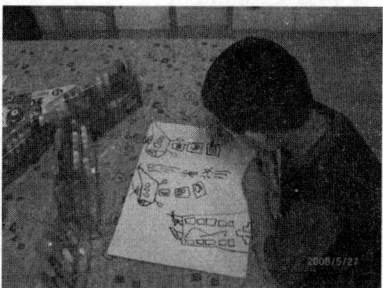

孩子们认真地为灾区小朋友画画

生命、帮助遭受灾难的人们尽快走出阴霾。

　　这次地震主题活动本来只是从孩子的关注点出发，希望通过系列活动增加孩子的自救和逃生意识。没想到受到家长们如此程度的关注和配合，在家长们的积极建议下继而衍生出了为灾区捐款献爱心等公益活动。我认为这也恰恰说明家长的文化素质和认知水平在不断地提高，他们关注的不再是孩子在幼儿园吃什么、喝什么、玩儿什么这样的简单生活问题，而是更加关注在幼儿园和家庭的教育下自己的孩子会成为什么样的人——我认为这才是教育的最终目的所在。

# 家园互动主题活动——我爱我家

戚　伟　　杨　静

　　我园坐落在宣武门的西南角，幼儿园的孩子们大都住在附近。因园所旁边的图片社办公楼要翻盖，占地面积较大，因此许多幼儿家庭需要搬迁。大班幼儿随着认识水平和思维能力的不断提高，他们越来越渴望参与设计、布置新家中自己的房间。在日常生活中，无论是同伴间的聊天，还是师幼间的交流，似乎都围绕着这个话题在进行。"我希望我的房间是粉色的。""我想让爸爸妈妈给我的房间安装一个小动物形状的灯。"……这些美好、快乐的憧憬正是他们自我意识的表达，自主性发展的体现。结合幼儿这一兴趣点，我们确定了"我爱我家"的主题活动。

## （一）主题活动线索

　　在主题活动的开展中，我们紧紧围绕幼儿的兴趣点，以"我的房间我做主"为切入点，逐渐深入，过渡到"爸爸妈妈和我一起布置家"。希望通过这些活动，进一步促进幼儿自主性的发展，敢于用多种形式、材料，以自己独特的方式去积极的创造和表现自己对"家"的热爱。

### 制订计划书

　　活动开展之初，我们和孩子一起制订了"设计我的新家"的计划书。根据幼儿的讨论，我们把这个计划分成了三部分，依次是：发现不一样的家、设计我的新家、分享我的新家。为了让每位幼儿的计划书得到展示，我们提供了一整面墙的空间，将所有幼儿的计划书都展示在上面，这样做的结果就是，墙饰真正成为了幼儿活动的一部分，它与幼儿的活动息息相关，互相发生作用。在这三部分中又分成若干小活动，孩子每完成一样，就在对应的内容下画"√"。大班的孩子即将进入小学，设计这个计划书，可以促使幼儿有序地、一步一步地做事情。

### 制订活动规则

　　计划书制订好了，我们又开展了"我们应该怎样做"的讨论活动，引导幼儿共同商议，制订此次活动的规则。这些规则实际上就是我每次活动的综合目标，在环境与活动的互动中，实现大班幼儿合作化共同学习，为孩子提供学习的机会。

整个"我爱我家"主题活动中所需材料简单，内容易学，种类丰富，趣味性强，玩法多样，不受时间、空间的限制，是幼儿游戏的一部分，也是教育幼儿的重要载体，对增强幼儿体质，开发幼儿智力，丰富幼儿生活，形成勇敢、坚强的品质和活泼、开朗的个性都具有良好的作用，是对幼儿进行全面教育的好契机。

**（二）主题开展中的家园互动**

随着主题活动的开展，幼儿不再满足于在纸上设计自己的房间，在头脑中创想房间的颜色和格局，他们渴望着自己的意愿真真正正地得到落实，渴望自己的房间就是自己设计中的样子。幼儿意愿的实现与家长的支持和帮助是分不开的。因此，家园携手，共同开展这一主题活动，已经是势在必行。只有这样，家长才能了解孩子的想法，支持他们的创想，使幼儿的活动走得更加深入。也只有这样，教师才能从家长那里得到更多新的信息，进而拓展主题思路，使幼儿的活动更加丰富多彩。在这种合作中，双方可以互相学习，互相促进，取长补短，幼儿也将因家园合作而受益匪浅。

**家园共同开展教研活动**

第一次教研活动的内容定为：幼儿的房间在设计及布置时应注意哪些问题？在教师和家长们的共同研讨中，我们得出了两个结论：

1. 要创设温馨愉快的房间。房间中温馨愉快的布置能最大限度地解除外界给予孩子的压力和紧张感，使孩子体会到生活的美好、精神的愉快。

2. 创设整齐、美观、舒适的房间环境。住房不论大小，都应布置得整齐美观，使人感到舒适。房间里光线要充足，色彩宜柔和协调。写字台应放在窗前光线充足明亮的地方，有利于学习。床应放在光线较弱的地方，有利于休息。如果父母与孩子同居一室，在布置房间时，应给孩子留下一个小天地。衣物、书籍等放在适合孩子取用的地方，并且让孩子自己布置，培养孩子爱美的心理，从小养成良好的生活习惯。

为了不占用家长更多的时间，在晚餐后到离园的一个小时中，我们又组织家长们进行了第二次教研活动，内容定为：引导幼儿设计什么样的房间？

通过研讨，家园双方一致认为，应引导幼儿创设体现自己特色的房间环境，使房间具有以下的特点：

1. 以尝试创新、舒适为主线，突出尝试精神，体现房间亮点。

2. 以适用性为主线，创设合理的房间，布置、设计巧妙。

3. 以互动为主线，强调家长、幼儿互动；教师、幼儿互动；家长、教师互动，让房间会说话。

4. 注重以主题房间为主调，让幼儿按照一个主题有更多的自主时间进行

279

学习、探索、设计。

**家园共同备课**

在家园共同教研的基础上，我们又进一步开展了家园共同备课，组织家长与教师一起设计活动，分析教材，做教学活动的前期准备，不断改进教学方法，共享教育资源。

1. 准备什么样的材料？

问题提出：准备大的仿真材料还是小的材料？为什么？

研究后的结论：与幼儿共同收集大的材料，不但可以让幼儿大胆地进行创作还可以为小班弟弟、妹妹的娃娃家提供玩具。

2. 准备什么样的工具？

问题提出：准备真的工具还是日常用的小剪刀、胶条？为什么？

研究后的结论：准备真实的工具有些危险，还是要为幼儿们准备一些小剪刀之类的工具，教会幼儿从小使用工具和安全使用工具，这对锻炼幼儿生活能力有很大的帮助。

3. 怎样分组进行指导？

问题提出：怎样按照家长的特点分组指导幼儿进行制作？

研究后的结论：我们将家长进行组合，由创造性强的家长和做事情细致的家长分成一组，互相取长补短，能给幼儿不同的帮助和促进。

4. 用什么样的语言引导幼儿更适宜？

问题提出：什么样的指导语更适宜指导幼儿，能指导得到位、准确，促进幼儿发展？

研究后的结论：我们先为家长创设问题情境，请家长来扮演幼儿。把两种不同的指导语给家长，让家长感觉两种不同的指导语对自己的帮助各有什么不同，进而了解什么样的指导语不但能给予具体到位的帮助，还能进一步激发幼儿的思考，找到解决问题的办法。

讨论过后，我们请家长进行总结：什么样的指导语能促进幼儿的发展？为什么？

家长们总结出了一些适宜、有效的指导语：

(1) 请你想一想还有什么好办法？

(2) 我是这样想的，你一定有更好的方法吧？

(3) 比一比，什么样的材料才适合？

(4) 工具怎样取放才能更安全？

(5) 在做这件事中，想一想你能做什么？他能做什么？如果一个人完成不了怎么办？

5. 活动后家长有哪些收获？

问题提出：经历了这次活动，您有哪些反思？

研究后的结论：

（1）游戏在幼儿发展中具有重要作用，幼儿在游戏中获得的发展是多方面的。

（2）生活中许多废旧材料都可以用来开展活动，许多工具也是幼儿可以尝试使用的。

（3）让幼儿学习制订活动计划，对于培养幼儿做事的计划性非常有帮助。

（4）引导幼儿从多种途径搜集与主题活动相关的信息和材料有利于他们活动的深入进行。

（5）在与幼儿互动的过程中，指导语要适宜，并且具有启发性。

**家园共同收集活动材料**

1. 材料：冰箱纸盒、电视纸盒、酸奶盒、旧凉席、盖帘、大型积木、木条、三合板、榻榻米板、颜色鲜艳的布料、纱帘。

辅助材料：颜料、排笔、水粉笔、彩色即时贴。

2. 工具：锯、钉子、锤子、细铁丝、订书器、打孔机、剪刀、针线。

**（三）家园合作，共同开展主题活动后的反思**

在"我爱我家"这个主题中，我们让幼儿通过自己的学习进行探索，强调幼儿的自主活动，为培养幼儿的创造性表现能力提供了广阔的发展空间。在丰富多彩的活动中，我们常常发现孩子们正努力地运用美术表现形式及稚嫩的表达技能来表现自己对世界的理解。这时特别需要教师和家长细心的洞察和自然的介入与恰当的指导，而不是挫伤他们的积极性，家长和教师的批评和控制都会扼杀幼儿创造性的成长。所以在活动中教师、家长及时而有效的指导策略显得尤为重要，它为培养幼儿创造性表现能力提供了广阔的空间。在实施过程中，我们与家长边实践边反思，努力贯彻以下几项原则，使自己的言行能顺应幼儿的发展：

**融洽的氛围**

创造一个和谐的环境，让每位幼儿都会在此感到自在，良好、宽松、自由的氛围会激发幼儿的创造欲望，使得创造能力不断提高。然而作为一个家长、教师，要做到不能把自己想法的不同，强加给幼儿身上，这无疑对幼儿是一种压制和打击。那如何才能与孩子们真正融洽呢？

要真正走进他们的内心世界，在活动中，家长、教师要先做"倾听"者，注重观察，通过观察，全方位地理解幼儿。然后用平等、信任的口气与幼儿交流。当孩子创作成功时，要用情感带动幼儿，为他们欣喜；当孩子们遇到困难时，要给他们鼓励的表情、动作和需要提高改进的语言暗示，让他们感觉家长、教师亲切、舒服，做到与幼儿之间的巧妙接触。我们会发现孩子们有许多的奇思妙想，我们就引导幼儿大胆地运用不同的形式表现出来，激励幼儿运用自己的语言表达、表现。

### 灵活的指导

师生互动、生生互动、幼儿与环境的互动，孩子兴趣的转变不断发生着变化，教师要灵活地处理，提高教育的随机性，促进幼儿发展。

活动中幼儿常会有许多大胆、新奇的想法，教师要灵活地把握有价值的教育契机，在尊重幼儿意愿的基础上帮助、引导幼儿充分地发挥创造性。如孩子在参观未装修的新居后，对布置房间产生了浓厚的兴趣，我们就鼓励孩子纷纷拿起画笔设计儿童房，由于孩子们有一定的生活经验，孩子们创作的欲望十分强烈，如"宇宙世界"主题的家具应该是什么样的？设计什么样的床更适合"宇宙世界"这个主题？幼儿们想了想说："月亮似的吊床更适合'宇宙世界'这个主题。"家长巧妙的提示与引导能激发幼儿们丰富的想象。

### 恰到好处的介入时机

在孩子的创造表现时，常常会遇上不可预知的困难，作为家长、教师，不应直接干涉幼儿的活动，而更多地应是观察和了解，寻找恰当的时机及方法介入。如孩子们在制作房子时，一位幼儿正为怎样连接而发愁，家长会说："听听别人有好方法，可能对你有提示！"家长的一句话提醒了他，他四处寻求帮助，在同伴的启发下，他用打孔机先打了两个孔，然后用线绳将两个立柜连接在一起，同伴的赞许使他树立了继续创造的信心。可见，在孩子面临困难时，家长、教师的一个暗示或一个手势，也许就能让孩子茅塞顿开。

### 独到、平等的欣赏

由于幼儿思维方式与家长、教师不同，他们常常用自己的思维水平和理解方式去看待周围的一切，所以他们表现出来的东西往往很稚气，因此我们要了解这一切，当孩子大胆进行种种表现时要报以欣赏的态度，这样就会大大增强孩子的自信心、自尊心。

我们应学会站在幼儿的视点看待问题，多观察、多了解、多反思。如在"我们的环保家具"活动中，孩子们用废旧的纸盒制作了一个太阳能的落地灯，它还能随着温度的高低改变灯的颜色，给居住的人以舒适的感觉……在孩子的心目中它不是一个普通的灯、柜子、床，而是他们精心打造的得意之作。

孩子与成人一样渴望成功，当遇到困难时会特别依赖成人，这时教师应该尽量让他们自己去发现和改正，家长、教师不轻易改动幼儿的作品，鼓励幼儿尝试运用不同的表达方式进行新的表现，进一步激励幼儿创造表现的欲望。

家长、教师只有在了解幼儿创造性表现能力特点的基础上，站在幼儿的位置换位思考。我们会发现他们是探险家、美术家、手工制作家、辩论家、科学家……只有了解、欣赏、才能让家长、教师在教学活动中真正为幼儿创造出利于自我表现、发展的广阔天地。

**附主题活动内容：**

主题一：我的房间我做主

1. 介绍收集我家的照片。

2. 发现家的相同和不同。

3. 收集欣赏的儿童房间图片。

4. 自愿分组，确定人数。

5. 给我的家起名字。

6. 合作设计我的新家。

7. 装修我的家（铺壁纸、地板）。

8. 寻找做立体家具的材料。

9. 制作立体家具（我的房间我做主）。

10. 设计环保家具。

主题二：爸爸妈妈和我一起布置家

1. 分组谈话：我们家需要什么家具。

2. 我们一起收集材料（分工收集）。

3. 设计：我们家的设计图。

4. 我们准备工具和使用。

5. 分工、分配任务。

6. 我们一起制作家具。

7. 分享活动：我们制作的家具。

家园互动活动

1. 与家长一起备课并介绍此活动的由来，让家长了解活动的目的。

2. 和家长交流活动过程中如何与孩子互动，商量制作的内容。

3. 和家长讨论活动需要的材料和工具，预设可能出现的问题及应对的策略。引导家长在游戏前能和孩子们一起商量并制定使用工具的安全措施。

4. 活动中指导家长用正面的、鼓励性的语言与孩子互动。

5. 教师以身作则为家长树立榜样，指导家长在活动中尊重孩子的想法、鼓励孩子自己解决问题。

6. 和家长一起共同发现每组制作作品的优点，给予鼓励。

7. 对活动中表现突出的家长给予表扬鼓励。

# 家园互动主题活动——我爱北京

郭小艳

虽然北京 2008 年举世瞩目的奥运会已经落下帷幕，但直到九月份开学孩子们仍然沉浸其中，漂亮的烟花，雄伟的体育场馆仍是孩子们津津乐道的内容。然而鸟巢真的像电视里看到的那样吗？它为什么被修建成鸟巢的形状？外国运动员喜欢去北京哪些地方游览？他们最喜欢吃什么中国食品……一系列问题在孩子小脑袋里挥之不去，孩子们深深地为自己生活在首都北京而骄傲自豪。为此我们和孩子们一起开展了主题活动"我爱北京"，通过多种形式和渠道吸引家长参与、配合主题活动的开展，促进了孩子的发展。

## （一）家长园地及时呈现班级活动动态

考虑到"我爱北京"这一主题若想深入开展，光让孩子在幼儿园看图片、听老师讲还是远远不够的，最好是能够带着孩子去亲身实地地体会北京的文化。然而由于幼儿园的局限性，老师又不可能带孩子到那么多地方去出游参观。

所以在决定好要开展这个主题后，我们首先充分利用家长园地内的"家园直通车"栏目，将此次主题活动的设想和初衷及时传递给了家长。

各位家长：

您好！

假期回来，孩子们长大了、懂事了，他们更加关注身边发生的事，在幼儿园会经常谈论有关奥运会或和家人、小伙伴一起去看比赛的事情等，在班级的教学工作中，我们准备以幼儿的兴趣点"北京的名胜古迹"和"北京小吃"为主线，开展"我爱北京"主题活动，在班级教室中我们会创设与活动相应的墙面环境和区域活动，并在家长园地里创立"我爱北京"主题活动专栏，希望家长关注动态的主题活动内容，在主题开展的过程中，及时了解主题活动的进展情况。

近期，建议您利用双休日带孩子到北京的著名景点去观光游览，有意识地配合幼儿园进行爱家乡、爱祖国的教育，了解北京的文化，激发幼儿爱家乡的情感，并请您关注孩子的行为表现，主动地与幼儿一起收集资料，配合活动的进展。

感谢您的合作！

大一班全体教师

××年××月××日

## (二) 通过短信平台提示需家长支持配合的内容

除了家长园地，短信也是和家长交流沟通常用的一种方式。有些家长虽然非常重视孩子的教育，但是由于工作繁忙，没有时间接送孩子，经常是由祖辈代其接送孩子。相比之下爷爷、奶奶往往更加关心孩子的生活问题，相应的班上的家长专栏内容不能被其关注。因此，教师又给孩子的爸爸、妈妈发了一条短信，邀请幼儿家长参与到活动中来，帮助孩子一起收集关于北京特色文化的资料。

没想到短息发出的第二天，就有很多家长和孩子带来了从家收集来的资料，有的是用 U 盘拷来的；有的是跟家长一起上网查询，然后写在纸上的；有的是让孩子记住后告诉大家的。经过分享，教师挑出幼儿在讨论过程中最感兴趣的北京特色景点和文化，并将其整理罗列出来。

## (三) 建立多种渠道，让家长参与主题活动

根据幼儿的兴趣需要，我们在班级中开展了一系列有关"我爱北京"主题活动。在这个过程中，我们把主题活动的内容和趣闻趣事利用家长园地、班级主题新闻角、班级 QQ 群以及日常交谈等多种沟通渠道和家长分享交流，使家长及时了解班级的主题活动进展情况，同时也虚心吸纳家长提出的建议。

### 与家长个别交谈

在"我爱北京"主题活动过程中，孩子们在语言表达、交往能力、动手制作等方面，都有了很大的提高，看到孩子的点滴进步，我们及时与个别幼儿家长进行交流，表扬鼓励孩子的进步，使家长产生愉快的情绪体验。

同时，我们也把活动过程中发现的问题及时与家长联系，共同寻求教育的策略，如活动中孩子们的兴趣渐渐地出现了分化的现象，有些孩子对北京的名胜古迹很感兴趣，但个别孩子对北京的名胜古迹的热度已渐消退，又对京剧和北京小吃产生兴趣……于是，我们在关注这些孩子的同时，与其家长进行沟通，共同发现幼儿的兴趣趋向。建议家长在闲暇之余带领孩子参观北京小吃店，或者将家长了解到的北京小吃讲给孩子们听，还可与孩子一起收集资料，拿到班里一起分享，增长幼儿参与活动的自主性，丰富孩子的生活经验，满足孩子的兴趣需要。

### 与家长分享案例，引发家长思考

为了更好地与家长进行交流，我们将家长分成两组，召开了小型班级家长会。会上，将教师的一篇观察日记制作成幻灯片，和家长一起进行讨论分析案例，帮助家长提升育儿经验。

案例：

在一次谈话活动中，教师问幼儿："北京都有哪些好玩的地方？"

徐家骏说："我去过八达岭野生动物园，看到好多野生动物，还骑了骆驼。"笑笑接着说："我和爸爸、妈妈、奶奶到昌平坦克博物馆，去看坦克，还有装甲车和飞弹车。"毛洪棣说："我喜欢去北京风雷京剧团看我孙叔叔唱京剧，他什么京剧都会唱，最拿手的是'苏三起解'，孙叔叔的儿子会耍金箍棒，还会表演'大闹天宫'呢！"

教师接着说："你知道风雷京剧团在哪儿吗？"

毛洪棣说："我家在宣武区，风雷京剧团就在离我家不远的地方。"

杨一辰着急地说："我和妈妈去京剧屋了，买了一张北京地图，上面有我去过的好玩的地方。"说完他跑着从自己的小柜子里拿出了一张北京地图说："你看！这是故宫还有天坛，它们挨得可近了。"他一边说一边用手在地图上指着。

教师追问："你是怎么找到的？"

杨一辰说："我妈妈告诉我的。"

教师继续抛出问题："你们能在地图上找到刚才说的这些好玩的地方吗？"

杨一辰找了找说："不行，我妈妈没有告诉我。"

母晟说："我姥姥家在大兴，地图上有吗？"杨一辰等几个小朋友的目光在地图上寻找着。

徐家骏伸出手指抢先说："在这儿呢！"

教师问："你是怎么找到的？"

徐家骏说："我认识上面的字（大兴）。"

毛洪棣又说："门头沟有我伯伯的山庄，我喜欢和爸爸一起去山庄玩冰车，你知道门头沟在哪儿吗？"杨一辰说："我来找找吧。"找了一会儿，没有找到。

笑笑说："老师你帮我们找找吧。"于是，我带着他们一起找了起来……

教师又提出了新的问题："小朋友，我们除了可以用地图找到这些好玩的地方，还可以用其他的方法吗？"

笑笑说："我家车上有导航仪。"

教师问："你们知道什么是导航仪，它是干什么用的吗？"

毛洪棣说："我爸爸告诉我导航仪是指路用的，想去哪儿，它可以告诉你，只要用笔在导航仪中间部位写出地名，再按确认，它就告诉你怎么走。"

徐家骏说："我爸爸手机里有GPS，要想去哪玩儿，要先输进去想要去的地方，然后设定自己的位置，但是GPS很费电，一般要一边充电才能一边播放，挺麻烦的……"

**教师提问：**

通过以上对话，您发现孩子的兴趣是什么？

**家长答案：**

1. 孩子愿意和同伴说自己去过的地方。

2. 发现孩子们对地图产生了兴趣。

3. 孩子们喜欢北京的名胜古迹，知道故宫、天坛、八达岭等地方。

**教师提问：**

通过观察孩子们之间的对话，您发现家长为此做了哪些工作？为幼儿的学习提供了哪些支持？

**家长答案：**

1. 家长带孩子到八达岭、坦克博物馆、京剧团等地方去游玩。

2. 孩子喜欢京剧，家长带孩子去看戏了。

3. 给孩子买地图。

4. 家长告诉孩子什么是导航仪、导航仪的用途、使用方法和导航仪使用中的问题。

**教师提问：**

你看到教师在和孩子的互动过程中，教师做了什么？有什么作用？

**家长答案：**

1. 提出问题"好玩的地方在哪儿"引发孩子思考。

2. 帮助孩子寻找他们玩过的地方。

3. 教师问"你是怎么找到的"启发孩子说出查地图的方法。

4. 教师问孩子什么是导航仪，它是干什么用的，引导孩子表达自己的认知，可以让其他的小朋友分享其经验。

**教师提问：**

您觉得孩子在和家长、同伴、教师的互动过程中，获得了什么？

**家长答案：**

1. 家长带孩子到各个地方去玩，可以开阔孩子的眼界、丰富孩子的知识、积累有关经验。

2. 杨一辰能够说出地图上的两个地名，这是家长告诉他的。

3. 孩子知道在地图上可以找到这些好玩的地方，开始尝试使用地图。

4. 知道有风雷京剧团、故宫、天坛、坦克博物馆等地方。

5. 因为有相关经验，所以有在同伴面前讲述自己经验的愿望。

6. 孩子在讲述的时候，显得很自信、自豪的样子。

在对案例逐步分析过程中，家长受到了启发，纷纷表示自己对孩子关注不够，原来看似简单的事情里面有着那么多教育的内容。以后双休日要多带孩子去游玩，多观察孩子，跟孩子交流，对孩子感兴趣的事多启发教导。通过对具体案例的分析，更加直观地让家长感受到了家长参与配合活动对孩子的教育意义。

**（四）抛砖引玉，调动家长参与热情**

为了引起家长对于此次活动的关注，教师们身先士卒用自己的实际行动感染家长。教师发现孩子对北京小吃有浓厚兴趣，于是，班上三位老师利用周末时间，一起去实地考察北京小吃店。考察活动主要包括如下几点内容：

1. 向店家说明此行意图。

2. 对工作人员进行了实地采访。

3. 品尝了北京小吃。

4. 对店面、特色食品进行了解、拍照。

5. 购买北京特色小吃。

回到幼儿园，我们召开了班级特色家长会，首先我们让家长品尝北京小吃，然后，请家长说一说自己所吃的食品以及对北京小吃的认识，初步了解家长已有经验。在此基础上我们请家长欣赏幻灯片，向他们介绍北京小吃，了解北京文化，家长感受颇深，纷纷表示非常愿意带孩子去参观、品尝北京小吃，感受北京文化。

随着主题活动的不断深入，也有更多的家长参与到活动中来，积极配合班级工作。带孩子实地考察，与孩子一起收集所需资料等。最令人感动的是当我们决定要在表演区表演京剧《孙悟空三打白骨精》，但苦于没有服装时，家长从孩子那里得到消息后，和孩子一起展开了自制服装的活动，利用废旧材料制作了大量的道具，如金箍棒、月牙铲、九齿钉耙等，还为唐僧、孙悟空、沙和尚等各个角色表演制作了所需的服装、头饰等，为幼儿的表演创造了条件。

### （五）邀请爸爸妈妈"游"北京

为了进一步展开主题活动，在班级里我们还创设了"我爱北京"温馨的主题活动环境，在爸爸妈妈"游"北京的时刻，孩子们分别担任着不同的角色为家长展示自己独特的一面。

1. 表演节目组。

幼儿在家长和教师的指导下认真地排练并表演"苏三起解""孙悟空三打白骨精""红灯记"等著名京剧选段。

2. 建构组。

利用酸奶盒、鸡蛋盒、纸杯、易拉罐等废旧材料，幼儿搭建了"鸟巢""水立方""长城"等北京有名的建筑。另外，孩子们还创造性地搭建了"古怪游乐场"等，在搭建的过程中充分体现出了幼儿丰富的想象力和创造性，分工、合作的意识和能力让家长们惊叹不已。

3. 小小讲解员组。

这个组的幼儿主要负责讲解四个版面的主题内容。

（1）楼道墙饰——主题活动"我爱北京"的由来。

（2）活动室墙饰——北京的名胜古迹。

（3）活动室墙饰——介绍京剧的相关知识。

一名幼儿在讲解北京的名胜古迹

（4）活动室墙饰——介绍北京著名小吃。

4. 小吃制作组。

小吃是众多北京元素中孩子们最喜欢和关注的内容之一。选择这个组的幼儿亲手制作品种多样的北京小吃，并向家长介绍自己的作品，请家长们品尝。

5. 脸谱制作组。

这个组的幼儿主要是根据收集来的京剧脸谱的图案，在蛋壳上进行装饰性的绘画。

幼儿在制作小吃

展示过程中，孩子们明确自己的角色，没有一个孩子像以往一样拥到爸爸妈妈的怀抱里，而是坚守在自己的岗位上，以主人翁的角色出现在家长的视线之内，家长也给予了极大的支持，有序签到，倾听讲解，安静观看节目，细细品尝北京小吃……孩子们自己给家长一项一项地讲述我们班的主题墙饰——北京有名的建筑、介绍京剧、讲解北京小吃，介绍我们班的新闻角，使家长亲身感受到了孩子是在真实的环境中学习、在动手操作中快乐地成长着，展示活动得到了家长的一致称赞，又一次深深打动了家长。

活动中家长积极支持和配合班级工作，真正体会到孩子们在活动中一步步地成长。然而此次主题活动的意义远远不止于幼儿能力的锻炼和提升与家长的教育观的逐渐改变，家园互动的过程也让我们作为教师学会了如何做好家长工作，进一步提升了我们做好家长工作的能力，为建立良好的家园沟通和交流氛围打下了良好的基础。当看到家长欣赏的目光，听到家长赞赏的语言，我们感到深受鼓舞，觉得自己的努力没有白费。

# 家园互动主题活动——我爱运动

刘 婷

## 主题由来

户外运动是大班幼儿最喜欢的活动之一，通过科学、有序的体育活动可以促进幼儿走、跑、跳、攀登、钻爬、投掷等动作发展，提高力量、速度、耐力、灵敏性、柔韧性、协调性、平衡性等身体素质，为幼儿的健康成长打下基础。但有趣的活动也常常因为各种原因受到影响，其中之一就是来自家长。

"我家孩子感冒了，户外活动时让他多穿点……"

"老师，孩子有点咳嗽，别让他跑步了！"

"孩子脚有点不舒服，能不出去了吗？"

"这两天挺冷的，还出去户外运动吗？"

"今天预报有雨，是不是就不出去了？"

"我们孩子说肚子有点不舒服，别让他出去了！"

"早晨我摸孩子头有点热，出去玩时让他在一边看着吧！"

"孩子吃药了，十点运动时就在一边待着吧。"

"孩子说腿有点疼，能在屋里玩不出去吗？"

……

这样的"嘱咐"老师一定不陌生！身体不适、家长担心、天气不好都成为影响幼儿户外运动的因素。而这些问题都是出自家长的嘴，并不是孩子亲口所说的。我曾经问过一个孩子："你的腿真的很疼吗？走到幼儿园没事？一点运动都不能做吗？"孩子犹豫一下回答："妈妈说我腿疼！"可见，运动受到影响的因素主要来自家长，家长的过分疼爱和消极处理方式打击了孩子运动的积极性，影响幼儿正常的身体成长，也会潜移默化给幼儿留下错误概念——运动不重要！老师也曾试图正面引导并解决，但大多因为"几句话不能说通家长""家长会认为老师不尊重他的意见""会让家长感觉到老师不疼爱孩子"等顾虑而不敢做工作。怎样能既爱护幼儿身体，让他们进行科学合理的运动，又调动家长配合健康教育的积极性，使幼儿健康地成长，使运动成为孩子的终身爱好和习惯呢？

2008年北京奥运会、残奥会圆满结束后，运动健将的骄人成绩和英姿深深影响着每一个人。幼儿也常常兴奋地议论："我看郭晶晶跳水了！她真棒！""我知道咱们举重得了好几块金牌。""我喜欢刘翔……"幼儿不仅认识了很多夺金英雄，也知道了很多运动项目，还产生了模仿的愿望，爱运动的热情渐渐高涨。教师抓住这个教育锲机，把喜欢运动员、为奥运会激动的情感，升华为发展运动技能、养成运动的习惯、激发创造性体育游戏的兴趣，真正把"爱运动"作为影响幼儿一生伴随幼儿健康成长的重要条件。由此展开"我爱运动"主题活动。鲜活的主题活动产生了。

### 主题活动

第一部分：感知——调动经验，激发兴趣，丰富认知。

**活动一："51金"冠军棋**

1. 把"我爱运动"主题活动的意义、目标及主要活动写成文章贴在家长园地，引起重视和共鸣，得到了家长的肯定和支持。

2. 请家长帮助收集北京奥运会"51金"图片，和幼儿共同将图片按夺金顺序摆设成游戏棋，讨论出难度渐进的玩法：掷骰子走到相应位置并说出图片上运动员的名字、运动项目的名字、比赛方式、怎样锻炼、模仿练习、进行比赛。

由奥运会"51金"图片组成的棋盘

3. 以"冠军棋"调动孩子们参与游戏的兴趣，使主题活动渐渐深入，贯穿主题活动始终。

4. 家园共育。在家长园地中展示幼儿玩棋的照片，请家长帮助幼儿丰富对运动项目的认识。

**活动二：我最喜欢的运动员**

1. 请幼儿说说自己最喜欢的运动员，激发对运动员的崇敬之情。

2. 教师收集运动员的故事，如"佟文的最后25秒""张娟娟0的突破""6岁练举重的龙清泉""仲满和他的法国教练""军人运动员肖钦"……通过感人的故事帮助幼儿看到运动员鲜亮的成绩背后所付出的艰苦，并对更多的运动项目有了进一步了解。

3. 请幼儿把这些情感表现成生动有趣的画面展示在主题墙，进行分享交流升华情感。

4. 家园共育。请幼儿把自己喜欢的运动员介绍给家长，让家长帮助收集相关信息，丰富认识。

**活动三：我可以……**

1. 激发幼儿讨论："我能成为奥运冠军吗?"激励幼儿根据自己的水平和能力大胆设想。

2. 肯定幼儿的梦想，并引发思考：想要实现自己的冠军梦，应该做哪些准备和锻炼呢？通过表达交流后大家把为实现梦想应做的所有锻炼内容都画出来，像连环画和分解图一样，有的小朋友为实现自己的"乒乓冠军梦"竟画了十个锻炼内容：跑步、举重、跳绳、跳高、跳远、射击、做操、压腿……可以看出，孩子们的梦想与自己的实际能力是有差距的，教师应该引导幼儿从梦想回到现实，培养计划性。

3. 家园共育。请家长帮助在日常生活中有计划地做事，如，一个星期学会收拾自己的玩具，应该分成几步做？这是一次承上启下的

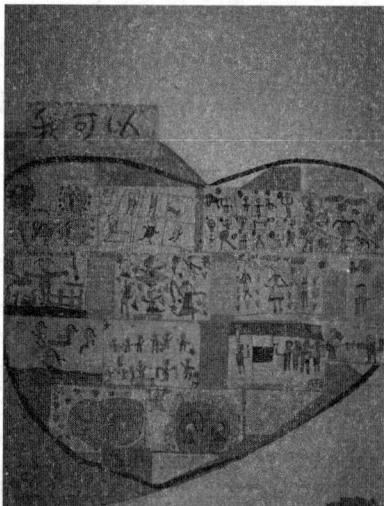

幼儿画的主题画"我可以……"

活动。它发展了幼儿的自我意识，使运动与幼儿的生活更加紧密，使家长了解主题活动进程，能够产生具体的指导和帮助，也引领主题活动进入第二阶段——操作。

第二部分：操作——实际操作，学习知识，掌握技能。

**活动四：制订大二班运动计划**

1. 引导幼儿正确分析自己，运用已有经验，综合运动知识，学会分类归纳，培养计划性，激励共同学习的情感和科学锻炼的行为。

2. 引导幼儿发现"梦想"中的问题：有些锻炼内容太难，是幼儿阶段

做不了的，锻炼哪些具体的动作能为我们实现梦想打下基础呢？幼儿的户外活动经验被调动出来，说出"可以做跑、跳、走、钻爬、投掷、平衡、球类的练习"。于是教师把这七项基本动作中的具体内容边说边用简图记录出来：脚尖走，半蹲走，倒退走，脚跟走，旋转走；侧跑，转圈跑，接力跑，绕圈跑，倒退跑；套圈，投飞盘，投远，抛接球，投篮；走直线，走梅花桩，单脚站，走平衡木，闭眼走；侧钻，正钻，手膝爬，手脚爬，匍匐爬；跨跳，向上跳，夹包跳，双脚跳，单脚跳，向侧跳，跳绳；球、圈、小保龄、小飞镖。

3. 全班小朋友每人认领一个动作，画出简图，与老师的项目名称组合在一起，详细的"大二班运动计划"生动地展现出来。接着大家讨论出实施计划的步骤：每周锻炼并在周五测查2～3个动作，全班小朋友都通过就在项目图上贴个"√"，七个基本项目的所有动作都要练习，不能偏漏。

4. 家园共育。把运动计划告诉家长，请家长帮助在家里也有计划地锻炼，同时注意养成良好的卫生和行为习惯，这样才能成为真正健康的小朋友。

每天户外运动前幼儿都会看着"大二班运动计划"图商定当天的锻炼内容，使每天的户外锻炼更有目的性和针对性，有计划地向着自己的目标一步步迈进，真正成为运动的主人。

大二班运动计划

**活动五：身体的秘密——外部器官**

1. 在强健身体、发展动作的同时，激发幼儿对身体奥秘的关注。师生共同从外部器官和内脏两方面开始探索。

2. 在家长帮助下收集身体外部器官的知识资料，老师负责制作人体模型。大家在一起进行汇总：每个幼儿介绍自己找来的某个外部器官的知识，分享经验，理解后把它画出来，贴在身体模型中相应的位置。如，耳朵由耳膜、耳道、听小鼓组成，声波振动鼓膜传到中耳，由听神经末梢传递到大脑。耳朵听声音能帮助残疾运动员辨别方向完成动作，小朋友要注意保护耳朵，不用手抠它，

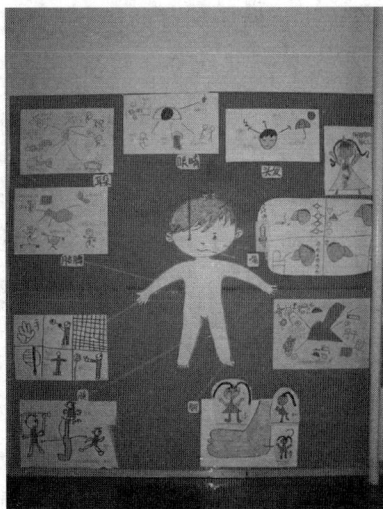
理解身体器官

和别人说话时轻声……胳膊由骨头和肌肉组成，它非常有力量，能做射击、举重等动作，跑步时摆臂可以加快速度，练体操时它能帮助掌握平衡，小朋友要加强对胳膊的锻炼，不推人，不摔倒，保护胳膊……许多运动项目都用到腿，它有力量、支撑身体，所以要加强跑跳的练习，也要注意让腿休息，运动后学会放松……脚能完成很多运动项目，踢球更离不开它，脚上都是小骨头小肌肉，所以要特别注意保护，不踢硬东西，好好走路避免崴脚，穿合适的鞋让脚舒服地长……

3. 家园共育。与家长分享器官的知识，知道怎样在运动中发挥它们的作用，怎样在运动中保护它们，家园联合起来，共同探索学习。

**活动六：身体的秘密——内脏**

1. 利用家长资源，请当医科大学老师的小朋友父亲把详实的资料制作成图片集，讲给孩子们听，带领幼儿进行一次对生命的"侦探"，使深奥难懂的内脏知识通过形象化的讲解被孩子们所理解。幼儿用简单有趣的作品表达自己的认识：大脑的作用很神奇，帮助记忆、帮助运动、帮助说话，一定要保护好大脑，不能碰自己和别的人的头……心脏就像血液加工厂，为全身制造新鲜血液……肝脏是身体的排毒器，把细菌和废气都排出去让身体更健康……胃能把吃进来的食物分解，送到全身，让身体更有劲……

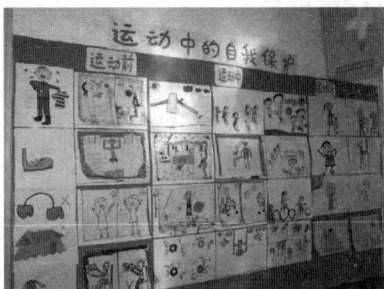

幼儿画的主题画：
"运动中的自我保护"

2. 将惟妙惟肖的绘画作品展现出来，反应在主题墙饰，继续起到教育作用，引导幼儿初步了解身体主要部位的功能及保护方法，使环境成为不说话的老师。

3. 家园共育。请家长带幼儿参观"人体奥秘科普展"，上网获得相关知识。

**活动七：运动中的自我保护**

1. 将我园"培养幼儿自我保护的意识与能力"课题研究渗透于日常教育教学中。在"我爱运动"主题活动挖掘自我保护教育内容。调动幼儿已有经验和自我保护技巧，在老师的引导下有序进行分类、归纳、整理、提升。请幼儿按运动前、运动中、运动后的顺序说出具体的自我保护措施，并用简图记录。幼儿的表现有：运动前少喝水，脱掉厚衣服，检查鞋的安全，穿柔软的衣服等；运动中不做危险动作，学新动作要有老师看护，练习器械要在四周无人的地方，注意场地安全不去边角处，按游戏规则玩，听清老师指令等；运动后不大口喝水，不用凉水冲头，不立刻坐下来休息，把器械放归原处，用深呼吸和慢动作帮助身体放松等。

2. 图文表达后和幼儿共同把这些内容创编成朗朗上口的儿歌，每天户外运动前边念儿歌边进行自我检查：

开开心心去运动，心里想好做什么。

听清老师指令语，各种规则要注意。

衣服脱在运动前，双脚鞋带要系好。

运动之前先小便，少量喝水不压胃。

衣服塞到裤子里，不带异物进操场。

从头到脚活动开，保证身体更灵活。

3. 家园共育。将创编的儿歌贴于家长园地，使家长看到幼儿的创造力，知道爱运动对幼儿生活产生的影响，也使幼儿从游戏和学习中得到的知识又回馈到自己的生活中，使知识服务于自身。

**活动八：一米有多长？**

1. "我爱运动"主题中大多以社会领域、健康领域、语言领域教学活动为主，在主题相关内容的拓展下应该注重多元智能的发展，以多领域的教育来实现，各个领域的教育在整个主题中相互渗透、有机结合。

2. 利用"10米跳板""110米跨栏"等运动知识，拓展数学教育。如"米"这个字引起了幼儿的注意时，教师及时提出挑战性问题"一米有多长？"引发幼儿的探索学习。

3. 幼儿进行了新奇有趣的猜想："一米是大人的一大步！""一米有小朋友两个胳膊长！""一米有桌子那么长！"但是小朋友和老师的质疑也不断涌来，孩子们陷入思索。教师出示一米尺，告诉幼儿这就是一米，幼儿发现大人的步子、自己的手臂都不能准确地描述出一米，激励幼儿"用什么东西能摆出一米长呢？"激励大家立刻动手试验，就地取材。幼儿有用水彩笔盒、积木、书、笔、剪子、图画纸、玩具等在一米长的纸条上摆出来。在摆的过程中发现技巧：材料要沿着一米纸的一边摆直，材料间不能有缝隙，要选择一模一样的材料，最后不够的部分可用小物体或手指代替……幼儿边摆边用数字和简图记录，如：13把剪子＋1瓶胶水，6个大长方积木，5个露露罐＋1个小圆柱积木……在交流时锻炼幼儿用清楚准确的语言描述自己的试验。

4. 家园共育。在家中进行测量活动，认识尺子，学会记录和表达。

**活动九：来称重**

1. 当幼儿对"千克"产生了好奇时提出"一千克有多重？""怎样知道自己有多重？""怎样知道谁重谁轻？"等挑战性问题，引导幼儿说出看看、摸摸、抱一抱的方法，并发现最准确的方法是用秤去称。教幼儿学会看地秤，一个格代表一千克，大家排队站上去称出自己的重量，画好重量卡，再用漂亮的数字重量卡去比较。人太多了，怎么比啊？我引导幼儿：可以按重量组、中量组、轻量组分头去比，最后再大排队。于是小朋友自然分成10~20千克组、20~30千克组、30千克以上组，很快按从重到轻的顺序排出三队，再把这三队连在一起，用报数的方法找到自己在班中小朋友重量的排位。

2. 激发对测量的探究兴趣，发现运动中的科学知识。

3. 家园共育。利用家庭生活中逛市场的机会，使幼儿对各种各样的秤和测量方法有所认识。也使家长了解到幼儿园课程的丰富和全面。

### 活动十：多种方法量操场

1. 在学会一些测量方法的基础上激励幼儿：能不能量量我们的大操场？

2. 告诉幼儿：操场上的方格两块是一米。请幼儿结伴自选方法进行测量和记录。聪明的幼儿立刻一步迈两格地数着，得出结论：操场的长是22米宽19米。接着幼儿发现了高跷也可以当测量工具，于是一人摆一人数，还发明两根高跷轮换摆和一根高跷定位挪动两种方法。操场上的孩子们都像测绘专家一样，这样的活动让他们体会到学习数学的快乐。

3. 家园共育。家长可与孩子玩"量步"游戏，发现测量、记数与运动的关系。

### 活动十一：身体量一量

1. "没有工具怎样测量？"幼儿立刻说出"可以用手""迈大步""两臂伸直""用脚量"等方法。我再次鼓励幼儿动起来，用身体工具量一量班里的窗台、玩具柜、教室、洗手池、床、钢琴的长宽？小朋友仍然两人一组量着数着，还发现测小地方时用小工具，如用手量玩具柜、水池子，量教室的长宽等大地方时用大工具——身体躺在地上一身一身地数测……幼儿的方法大胆又科学。

2. 家园共育。将经验运用到家中，鼓励孩子量量家里的环境和物品并记录下结果带回来分享，这样将测量技巧巩固延伸，使家长了解幼儿的学习情况，也锻炼了孩子的讲述能力。

### 活动十二：绘画"动起来的运动员"

1. 在开始画运动员时，幼儿笔下的人物大多是直直地站着，跨栏、弓箭、乒乓球拍、杠铃等器械都在人的四周"飘"着，怎么看都不像运动员。于是教师做了一个关节处都用线连接的大人偶，让幼儿观察"身体上哪里变化了人体就动起来了呢？"大家立刻发现是"关节弯曲人体就动了。"

2. 通过欢快的互动，互相观察，清楚地看到关节的弯曲才有了下蹲、跑步、跳跃、挥拍、挺举等动作。这样，幼儿在绘画时大胆地画出关节的弯曲，运动员真的动了起来。

3. 家园共育。展示幼儿的绘画作品，请家长帮助幼儿制作《运动手册》，将孩子在家锻炼的内容用连环画形式记录下来，一周后在班内展示共享。

幼儿绘画作品展示："动起来的运动员"

### 活动十三：动物中的运动冠军

1. 感知动物的多样性是科学领域的目标，我们把它与主题结合起来，进行了"动物中的运动冠军"活动。

2. 请家长帮助查找动物资料和图片，翻阅游览动物园的照片，收集"动物中的动物冠军"信息，为幼儿在集体活动中的展示做好准备。

3. 家园共育。参观动物园，通过上网、看书、收集图片等方式帮助幼儿学会用多种形式获取自信，了解更多动物知识，认识动物中的运动"高手"。

### 活动十四：欣赏"运动员进行曲"、唱"国歌"

1. 在主题活动中挖掘艺术领域教育价值。运动场上常常响起的运动员进行曲和国歌。在欣赏过程中幼儿感受到乐曲的雄劲有力，跟着它的节奏把自己变成小运动员。在听国歌时，复杂的歌词并没有影响幼儿的学习，大家引吭高歌，仿佛自己就站在领奖台上看着国旗冉冉升起，幼儿在音乐活动中感受美表现美创造着美。

2. 家园共育。带幼儿看天安门升旗仪式，感受国歌的雄壮有力，升华情感。

第三部分：总结经验，运用知识，创造性地表达。

### 活动十五：召开运动会

1. 当幼儿的情感、态度、能力、知识不断丰富、发展的时候，主题活动也接近高潮。我大胆地激励幼儿"我们也开个运动会吧!"将"冠军棋"里的计划步步实现，使幼儿感受到接近梦想的激动，也使幼儿一段时间的运动水平得到检验和展示。

2. 家园共育。

(1) 请家长参观班级环境，教师介绍"我爱运动"主题活动的经过和幼儿发展，使家长真实感受孩子的变化和成长，感受"爱运动"给孩子带来的好习惯、求知欲、竞争意识、学习能力、表达水平、社会交往、生活能力等方面的提高。

(2) 介绍与主题相关的个性化活动区活动：

运动区——做为主题活动中"运动计划"基本动作发展的补充，鼓励幼儿自排游戏表，尝试一物多玩和练习小器械。

建构区——以"搭建运动场馆"命名，学习、运用和巩固数、量、形、比例、对称、力等相关概念，发展空间知觉。

美劳区——主题引导下丰富美劳内容，制作"站（动）起来的运动员""金牌""拉拉棒"，为建构区制作辅助材料等，不断丰富美劳主题。

益智区——在原有棋牌、迷宫、数学、拼图的基础上，结合主题制作"奥运棋""国旗牌""运动棋"等。

科学区——主题中有关测量的领域学习延伸到活动区中，创设"测量工具大集合"，并以挑战性问题"怎样让重变轻""怎样让冷变热""磁铁的秘密"引发体验猜想、验证、记录等过程和方法，解决实验活动中的问题。

语言区——投放"分享阅读"读本，使幼儿有条件巩固阅读技巧丰富相关知识。

表演区——经典童话剧自编自演；"分享阅读"读本的创意表演；创编奥运操。

活动区随主题发展和活动需要在变化着，幼儿不断为自己的活动创设条件，进行着自然而真实的学习。如学习乒乓球的小朋友就找到了用武之地，平时不爱说话的幼儿通过"读本"大胆清楚地讲述故事，对画画细致讲究的小朋友以"运动员的故事"为题创作连环画，体弱但爱动脑筋的幼儿在测量区找到了自信……幼儿的多元智能得到发展。

（3）使家长详细了解下一步活动进程，知道具体做哪些事，激发长参与运动会的积极性。

**活动十六：运动会计划**

1. 筹备运动会：参考奥运会的过程和内容，制订运动会名，分运动队，起队名，选队长，定项目，画项目图，排序，规划场地，准备器械，制作金牌，练入场式，逐项锻炼，发邀请信，最后彩排……幼儿的计划性迅速提高。

2. 家园共育。将运动会计划展示，使家长随时了解活动进程，做好心理和物质的准备。

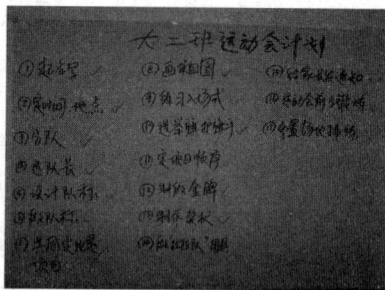
大二班运动会计划

**活动十七：起队名**

1. 幼儿运用在"动物中的运动冠军"中学到的知识，给自己队起响亮的名字——旗鱼队、鲨鱼队、黑豹队、老虎队，并设计绘制了队标。教师找来清楚形象的动物图案，请幼儿涂色、剪贴制作胸标。

2. 幼儿自选分队：按照自己的喜爱和要求（每队9人）分队，竞赛队成立。

3. 家园共育。将幼儿分组成立运动队的消息公布于家长园地中，让家长知道孩子是哪个队的，队友都有谁，队长是谁。为孩子即将成为一名小小运动员而感到高兴，并为小运动员们加油，感受到紧张快乐的学习气氛，积极关注热火朝天的运动会进程。

活动中的队名及队标

### 活动十八：竞选队长

1. 为发展幼儿社会性，提升自我认知意识和大胆、客观地展现自己的态度，进行一次竞选队长的活动。

2. 小朋友和老师推荐出相对集中的几名人选，大家再投票选举出票数最多的四名队长，体现公平、积极、友好、欣赏的原则。选出队长后，真诚地为他们鼓掌，并请四位队长发表感言，得到了大家的鼓励和支持，激发责任感和任务意识。

3. 老师将队长的感言记录在海报宣传纸上，贴于主题活动墙饰中，帮助幼儿获得集体的信任，产生自豪感，同时激励全班幼儿产生集体荣誉感，愿意帮助队长，为自己队取得好成绩而努力。

4. 家园共育。把竞选队长的经过写成真实又富有童趣的文章，贴于家长园地中，使家长看到孩子们的成长和进步，与幼儿一起感受成功的喜悦，激励幼儿当好队长和小运动员，同时也给予他们一些经验，如队长应该多付出，可以请个小助手，想好要做什么事，听清老师的指令等。

### 活动十九：定项目

1. 体育运动大致可分为竞技体育和趣味体育两种类型，幼儿的运动会应该以趣味体育活动为主，要实现人人参与、发展基本动作、培养竞争意识和集体荣誉感。项目可以从日常运动中来。

2. 教师带领大家以"大二班运动计划"中的基本动作为主设计成趣味比赛项目，并邀请家长参与进来共同竞技：跨栏、绕障碍跑、父子接力、母女绕圈跑、走小岛、父子套圈、侦察员、父子滚翻、全家打鸭子、人枪虎。一共10个项目。

3. 在制订过程中，幼儿能考虑到要七个基本动作都有，合理巧妙地使用场地和器械，穿插家长项目，最后是集体的趣味游戏。整个制订过程充分调动了幼儿积极性，发展思维，提高计划性。

4. 家园共育。此活动前可请幼儿对家长的运动水平进行一个小调查：爸爸妈妈喜欢运动吗？会什么运动项目？最擅长什么？一周做几次运动？想参加运动会吗？敢和其他家长比赛吗？通过这些问题了解家长的运动水平，激发家长参加运动会的兴趣和激情，更合理地设计运动会项目，也使家长了解自己要参加什么运动项目，从而做好身心准备。

### 活动二十：运动会分组准备

1. 按照"运动会计划"请幼儿根据自己的能力选择工作组：画项目图组，规划场地组，制作金牌组，准备器械组。尊重个体差异，发展多元智能。

2. 老师在大彩纸上写好项目名称，幼儿两两一组选择项目进行绘画。老师在大气、有趣、简单、可爱的项目图完成后帮助写上玩法规则，使项目图不仅体现幼儿自主、作品艺术性，也起到了指导作用。

3. 规划场地组和老师一起设计场地，学会合理安排空间，发展方位知觉。

4. 制作金牌组的小朋友分工合作，像流水线作业似的利用废旧纸版画圆、剪圆、剪金、粘金（银）、打孔、穿绳，一块块"金镶玉"就做好了。

5. 家园共育。完成的项目图可以在楼道内展示给家长，使家长详细了解项目内容、顺序和具体玩法规则，在家中帮助幼儿有目标地练习，也准备好自己的运动项目。

### 活动二十一：练习入场式

1. 向家长发出邀请函，运动会就要召开了。带领小朋友们合着熟悉的《运动员进行曲》练习入场式。在队列队形变换、找方位、定转向点、基本体操、共同行进中，培养幼儿的团队合作意识和协同能力，也点燃幼儿的运动热情，使小小的操场变成了大大的"鸟巢"。

2. 家园共育。请家长帮助幼儿上网观看各种运动会的入场式，也可以带幼儿到住址附近的运动场馆观察跑道是什么样子的，练习绕圈跑。

### 活动二十二：健康运动会

1. 召开运动会。

开始：贴队标，进入场地。请家长按场地规划区就坐、拍摄。提安全要求。

进行：入场式，绸带操，分项目比赛。

结束：颁发优秀运动员、优秀队长奖、金镶玉奖牌，合影，家长留言。

2. 家园共育。

（1）在运动会前召开家长会，介绍运动会的详细流程，请家长安排好工作积极参加，着运动装，热情主动，给孩子树立健康、积极的形象，使整个半日活动成为家长与幼儿共同参加、共同快乐、共同发展的过程。

（2）在开始部分时，请家长们分工协助运动会，自愿参加帮助四队幼儿贴队标，搬小椅子，摄像，照相，悬挂运动会项目图横幅。

（3）请家长按要求在拍摄区准备，并做好运动准备。

（4）请家长在运动会中听清指令、关注进程，但不要过多帮助幼儿，要相信孩子并给他们大胆表现、勇敢竞赛和独立解决问题的空间，同时也努力展现自己的运动风采。

（5）结束部分，请家长在老师准备好的《家长感言》中写下对运动会和健康教育的感想，使家长通过亲身参与、共同活动感受到幼儿园健康教育的重要性，欣赏教师为促进幼儿健康成长所做的科学引领，改变不重视户外活动的思想从而积极配合幼儿园教育活动。

运动会场地准备

小运动员精神抖擞地入场了

家长和孩子共同参与的游戏项目

家长参与优秀运动员和优秀队长的评选与颁奖

**活动二十三：运动会后我还要……**

1. 运动会结束引导幼儿分析自己在运动会中的表现，找出强项和弱项，把弱项做为自己新的运动目标，提高自我评析能力，公正、客观、正确地评价自己和他人，也准确找到自己的弱项，激励幼儿自主锻炼。

2. 请幼儿将新目标画下来，全班作品合订成《我的新目标》，在户外运动时幼儿提出"我们自己安排锻炼"，如自主划分场地、取用器械（梅花桩、跨栏、垫子、高跷、跳绳、沙包等）练习自己的项目，安全运动。使幼儿成为运动的主人，爱运动、会运动的情感和技能将会影响幼儿一生，使他们健康地成长。

幼儿自己制订的"锻炼计划"

3. 家园共育。把"运动会后我还要……"的简单活动过程写成文贴于家长园地中，使家长了解运动会及整个主题活动对幼儿的影响，对健康教育的促进，使爱运动的好习惯在家园共同努力下留在幼儿身上，跟随一生。通过展示《我的新目标》，使家长了解孩子具体的技能发展状况，帮助其继续锻炼。

**家园互动促进和谐发展**

整个过程体现了人人参与、家园互动的精神。幼儿那种勇敢、团结、大方的表现深深感动着家长。很多家长在留言中写出了相同的感受。

**家长有关运动的话**

父母对孩子都寄予着很多期望，但"健康、快乐"肯定是放在第一位的，而幼儿园的教育也正是以促进幼儿身心健康发展为目标的，所以开展科学、符合年龄特点、有计划的教育活动才能使家园共育携起手来，使家长成为学前教育的支持者和参与者，改变消极、旁观的态度。

从一位母亲的留言中我们看到家长观念的变化：

孩子的快乐告诉我们活动的成功，孩子的合作告诉我们班级的理念，孩子的健康告诉我们老师的用心，孩子的大气告诉我们育人的文化，孩子的明理告诉我们班级的氛围，孩子的坚持告诉我们良师的执著。四幼的科学理念，大二的文化引领，我们与大二共成长。

从一段段热情洋溢的感言中，我看到了家长对幼儿园教育教学理念的肯定和理解，以及由关注学习知识向重视能力、素质的提高促进幼儿德智体美快乐发展的观念转变。在主题活动初期，家长参与收集资料，在家庭中形成小运动团体，帮助幼儿完成测量、绘制插图等工作，更在最后的运动会上倾情参与，真正融入到幼儿园的教育环境中，也以自身积极、健康、主动的言行为幼儿树立了榜样。在这里，主题活动作为很好的教育媒介使幼儿园与家庭相互衔接，共同为幼儿的发展创造良好的条件。